Original illisible
NF Z 43-120-10

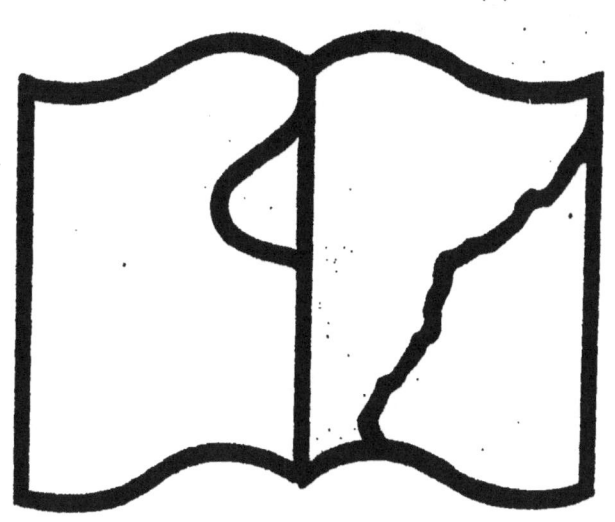

Texte détérioré — reliure défectueuse
NF Z 43-120-11

"VALABLE POUR TOUT OU PARTIE
DU DOCUMENT REPRODUIT".

LA
FRANCE PITTORESQUE
DE L'OUEST

1ʳᵉ SÉRIE GRAND IN-8°

PROPRIÉTÉ DES ÉDITEURS

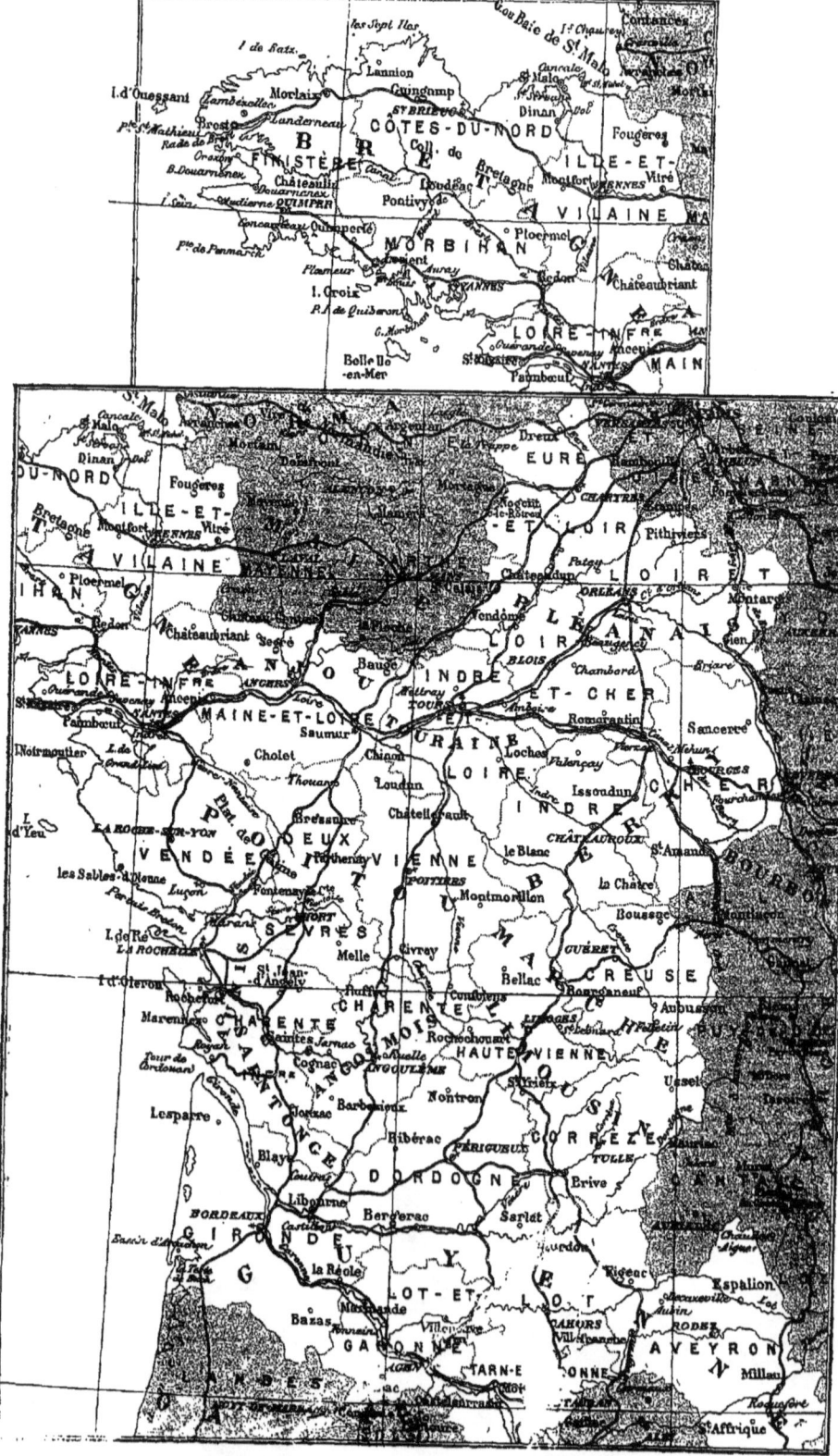

Carte des provinces et des départements de l'Ouest décrits dans ce volume.

LA
FRANCE PITTORESQUE

DE L'OUEST

HISTOIRE ET GÉOGRAPHIE DES PROVINCES

DE BRETAGNE
ANJOU, TOURAINE, ORLÉANAIS

BERRY, POITOU, LIMOUSIN

ANGOUMOIS, AUNIS, SAINTONGE

GUYENNE

ET DES DÉPARTEMENTS QU'ELLES ONT FORMÉS

PAR ALEXIS-M. G.

Membre des Sociétés de géographie de Paris, de Bruxelles, d'Anvers.
Socio corresponsal de la Sociedad geografica de Madrid, etc.
Auteur de la *France coloniale illustrée*, etc.

DEUXIÈME ÉDITION

TOURS

ALFRED MAME ET FILS, ÉDITEURS

M DCCCC

La description complète de la FRANCE PITTORESQUE, par F. Alexis-M. G., comprend quatre volumes : le NORD, l'EST, l'OUEST, le MIDI.

Ces quatre parties sont, du reste, entièrement distinctes et indépendantes. LA FRANCE COLONIALE en est la suite logique.

TABLE

DES PROVINCES ET DES DÉPARTEMENTS
COMPRIS DANS CE VOLUME

BRETAGNE	1. ILLE-ET-VILAINE
	2. CÔTES-DU-NORD
	3. FINISTÈRE
	4. MORBIHAN
	5. LOIRE-INFÉRIEURE
ANJOU	6. MAINE-ET-LOIRE
TOURAINE	7. INDRE-ET-LOIRE
ORLÉANAIS	8. LOIRET
	9. EURE-ET-LOIR
	10. LOIR-ET-CHER
BERRY	11. CHER
	12. INDRE
POITOU	13. VIENNE
	14. DEUX-SÈVRES
	15. VENDÉE
LIMOUSIN ET MARCHE	16. HAUTE-VIENNE
	17. CORRÈZE
	18. CREUSE
ANGOUMOIS	19. CHARENTE
AUNIS ET SAINTONGE	20. CHARENTE-INFÉRIEURE
GUYENNE	21. GIRONDE
	22. DORDOGNE
	23. LOT
	24. AVEYRON
	25. LOT-ET-GARONNE
	26. TARN-ET-GARONNE

NOTA. — Après une étude générale de la province et du département, la revue des villes et des communes suit dans l'*ordre d'orientation des arrondissements et dans l'ordre alphabétique des cantons*.

Les chefs-lieux d'arrondissements sont en caractères **gras**, de même que les localités les plus intéressantes à divers titres. Les CHEFS-LIEUX DE CANTONS sont en PETITES CAPITALES.

Bien qu'on développe de préférence les villes importantes, on cite au moins en note toutes les communes de plus de 1 500 habitants (ou 1 000) pour quelques départements avec le chiffre de leur population, d'après le recensement officiel du 31 décembre 1896.

Les petites *cartes des départements* contiennent au moins tous les chefs-lieux de cantons, toutes les communes de plus de 3 000 habitants (⊙ rond pointé); en outre, les côtes d'altitude des points culminants, les rivières et les chemins de fer.

LA FRANCE PITTORESQUE

DE L'OUEST

BRETAGNE

5 DÉPARTEMENTS

ILLE-ET-VILAINE, COTES-DU-NORD, FINISTÈRE, MORBIHAN, LOIRE-INFÉRIEURE

Sommaire géographique. — La Bretagne, la plus occidentale et la plus maritime des provinces de France, est une péninsule de forme triangulaire, baignée par la Manche et l'Atlantique.

C'est une région de plaines accidentées, de 120 mètres d'altitude moyenne, basses au sud-ouest sur la Loire, relevées de l'est à l'ouest par les collines dites de Bretagne, les monts du Menez, ceux d'Arrée et la chaîne des Montagnes-Noires. Son point culminant n'atteint que 391 mètres : c'est la chapelle Saint-Michel, dans le Finistère.

Battues par une mer furieuse, les côtes bretonnes sont rocheuses et granitiques au nord et à l'ouest, où elles sont généralement élevées et où elles offrent une multitude d'échancrures en forme de fiords, grâce à elles s'ouvrent en forme de baies et d'estuaires au sud, où elles sont basses et souvent marécageuses.

L'hydrographie intérieure comprend notamment : la Rance, l'Aulne, le Blavet, la Vilaine et la Loire, ainsi que l'étang de Grand-Lieu, le canal de Nantes à Brest et celui d'Ille-et-Rance. Le climat breton ou armoricain, essentiellement maritime, est humide, doux et constant.

De nature généralement granitique, le sol de la Bretagne est médiocrement fertile, et, malgré les progrès de l'agriculture, il produit moins de froment que de seigle et de sarrasin ; dans bien des parties croissent à peine des ajoncs et des bruyères rabougries ; les prairies, souvent tourbeuses ou marécageuses, nourrissent un grand nombre de bêtes à cornes, qui sont généralement de petite taille, ainsi que les moutons et les chevaux. La Bretagne récolte beaucoup de chanvre, de pommes à cidre et d'excellent miel, et possède de nombreux parcs à huîtres. Elle extrait du granit, des ardoises, du sel marin et de la tourbe. Son industrie consiste dans les constructions navales des grands ports de Brest, Lorient, Nantes, Saint-Nazaire, la fabrication des fils, toiles et cordages, les raffineries de sucre, d'huile et de sel, la minoterie et la pêche, surtout celle de la sardine.

Historique. — La Bretagne, capitale Rennes, comprenait deux divisions principales : 1º à l'est, la HAUTE-BRETAGNE ou *Bretagne gallot*, composée des diocèses de Rennes, Saint-Brieuc, Dol, Saint-Malo, Nantes, et renfermant les petits pays appelés Rennais, Fougerais, Nantais (Retz), Aleth, Penthièvre ; 2º à l'ouest, la BASSE-BRETAGNE ou *Bretagne bretonnante*, qui comprenait les diocèses de Tréguier, Saint-Paul-de-Léon, Quimper et Vannes, autrement dits le Trégorais, le Léonais, la Cornouaille et le Vannetais. Ces diocèses correspondaient à d'anciennes divisions politiques, *baillies* ou grands comtés, formées elles-mêmes d'après les peuplades bretonnes de l'époque celtique.

Ces peuplades étaient : les *Curiosolites*, autour du Corseul, bourg du pays de Dinan ; les *Redones*, nom qui subsiste encore dans Rennes ; les *Osismiens*, à la pointe de la presqu'île ; les *Nannètes*, qui avaient pour capitale Nantes, et les *Vénètes*, aux environs de Vannes.

L'ensemble du pays fut longtemps désigné sous le nom d'Armorique (du celtique : *ar*, sur ; *mor*, mer). Conduites à la guerre par des chefs ou *tyerns*, ces tribus obéissaient, sous le rapport religieux, à la corporation sacerdotale des druides. Quelques-uns des chants de leurs bardes ou poètes sont parvenus jusqu'à nous, de même qu'un grand nombre de leurs monuments mégalithiques, d'origine et de destination incertaines.

L'Armorique fut soumise une première fois par Crassus, lieutenant de

César, en 57 avant Jésus-Christ. Cette soumission n'était que précaire; les Vénètes, marins habiles, se révoltèrent bientôt; mais ils furent anéantis par Brutus dans une grande bataille navale, livrée vers l'embouchure de la Loire. Après la défaite de Vercingétorix, les diverses peuplades armoricaines se soumirent paisiblement et furent incorporées dans la Lyonnaise.

Plus tard vinrent d'outre-mer, à diverses reprises, des essaims d'habitants de la Grande-Bretagne, qui fuyaient les Angles et les Saxons envahisseurs. Parmi ces nouveaux venus, se trouvaient « non seulement des soldats, des

Spécimen de la carte de France, dite de l'État-major au 80 000ᵉ.

artisans, des cultivateurs, des familles entières, mais encore de saints personnages, évêques, ermites, missionnaires, qui organisèrent en Armorique l'administration ecclésiastique, y établirent des monastères et y affermirent parmi les populations la foi chrétienne. Idunet de Châteaulin, Guénolé de Landévennec, Brieuc de Saint-Brieuc, Pol ou Paul Aurélien de Saint-Pol-de-Léon, Corentin de Quimper, Malo ou Maclou d'Aleth, Samson de Dol, Ronan de Locronan et de Saint-Renan, Gunthiern de Quimperlé, Mélarie (vulgairement sainte Nonne) de Dirinon, etc., avaient ainsi quitté leur patrie pour le continent, où leurs enseignements et leurs exemples portèrent tant de fruits, que l'Armorique devint bientôt, comme la blanche Albion et la verte Érin, une terre de saints ». (P. JOANNE.)

Il advint aussi qu'un de leurs compatriotes, Conan-Mériadec, reçut en souveraineté la plus grande partie de l'Armorique, en récompense des secours fournis par lui à l'usurpateur Maxime contre l'empereur Gratien. Or ces Bretons qui s'établirent chez les Curiosolites, les Osismiens, les Venètes, finirent par donner au pays le nom de *Bretagne*.

Les cités de Rennes, de Nantes et la partie orientale de l'ancien *pagus Venetensis*, habitées par les Armoricains de l'époque gallo-romaine, reconnurent l'autorité de Clovis et de ses successeurs; mais les Bretons continentaux, plus fiers, plus courageux, résistèrent aux rois francs. Noménoé, le plus célèbre de leurs chefs, remporta même sur Charles le Chauve deux victoires qui le rendirent complètement indépendant et maître de presque toute la presqu'île. Peu après commencèrent les ravages des Normands, que suspendit la victoire d'Alain le Grand, à Questembert (888), et que termina en 937 celle d'Alain Barbetorte aux environs de Nantes.

Geoffroy Ier, comte de Rennes, est réellement, depuis 992, le premier duc héréditaire de la Bretagne. Dès lors le pays est doté des constitutions et usages qui doivent le régir jusqu'à sa réunion à la couronne de France et même en partie jusqu'à la Révolution. Rennes en est la capitale officielle, les ducs y sont couronnés solennellement; ils s'y entourent de leur cour souveraine, qui sera plus tard le parlement.

Au XIIe siècle, la Bretagne tombe au pouvoir d'Henri II, roi d'Angleterre, dont le fils, Geoffroy II, épouse la fille de Conan IV. Mais le jeune Arthur, successeur de Geoffroy, est assassiné en 1203 par Jean sans Terre. Le mariage de sa sœur, ménagé par Philippe-Auguste avec Pierre Mauclerc, prince du sang royal de France, est un premier pas vers la réunion de la province à la couronne. La mort de Jean III devint aussi une occasion de menace pour l'indépendance bretonne. En effet, ce duc n'ayant pas laissé de postérité, sa succession fut disputée par son frère Jean de Montfort, que soutenaient les Anglais, et par Charles de Blois, qui avait pour allié le roi de France. Toutes les fois que les prétendants ne purent agir d'eux-mêmes, la lutte fut énergiquement conduite par leurs épouses, Jeanne de Montfort et Jeanne de Penthièvre, d'où le nom de guerre des Deux Jeannes, souvent donné à la guerre de la succession de Bretagne. Cette guerre ne dura pas moins de vingt-trois ans, pendant lesquels on remarque le siège d'Hennebont, la trêve de Malestroit, la bataille de la Roche-Derrien, le combat des Trente et surtout la bataille d'Auray, où Charles de Blois fut vaincu et tué (1364). Le traité de Guérande, signé l'année suivante, termina la guerre en stipulant que la veuve de Charles conservait le comté de Penthièvre, tandis que de Montfort était reconnu duc de Bretagne, moyennant hommage de vassalité au roi de France. Parmi les successeurs de Montfort, on cite notamment François II, qui, après avoir enfin opposé à Louis XI ruse contre ruse, force contre force, fut battu à la bataille de Saint-Aubin-du-Cormier et obligé de demander la paix. Mais il mourut peu après l'avoir obtenue par le traité de Sablé (1488), qui eut pour conséquence les mariages successifs de sa fille Anne avec Charles VIII et Louis XII. De même, Claude, héritière d'Anne, épousa le futur roi François Ier, qui obtint des états de Bretagne, en 1532, la réunion définitive du duché au domaine royal,

Procession du pardon en Bretagne. (Tableau de J.-P. Dagnan.)

sous la condition toutefois de maintenir les *antiques libertés et privilèges*. Ces privilèges, souvent attaqués, furent énergiquement défendus par les états et le parlement de Bretagne pendant un siècle et demi.

En 1798, la province se laissa diviser en départements; mais lorsque la Révolution s'attaqua à l'idée monarchique et catholique, les Bretons comme les Vendéens devinrent ses plus implacables adversaires. Après leurs défaites de Granville, du Mans et de Savenay, ils reprirent leur ancienne guerre de broussailles et de chemins creux, jusqu'au jour où le désastre des émigrés à Quiberon (1795) vint les obliger à déposer les armes.

La Bretagne et les Bretons. — « Cette longue presqu'île, d'un aspect sauvage, a quelque chose de singulier : dans ses étroites vallées, des rivières non navigables baignent des donjons en ruines, de vieilles abbayes, des huttes couvertes de chaume, où les troupeaux vivent pêle-mêle avec les pâtres. Ces vallées sont séparées entre elles ou par des forêts remplies de houx grands comme des chênes, ou par des bruyères semées de pierres druidiques autour desquelles plane l'oiseau marin et paissent des vaches maigres avec de petites brebis. Un voyageur à pied peut cheminer plusieurs jours sans apercevoir autre chose que des landes, des grèves, et une mer qui blanchit contre une multitude d'écueils : région solitaire, triste, orageuse, enveloppée de brouillards, couverte de nuages, où le bruit des vents et des flots est éternel.

« Il faut que ce pays et ses habitants aient frappé de tout temps l'imagination des hommes. Les Grecs et les Romains y placèrent les restes du culte des druides, l'île de Sein et ses vierges, la barque qui passait en Albion les âmes des morts au milieu des tempêtes et des tourbillons de feu ; les Francs y trouvèrent Murman, et mirent Roland à la garde de ses *marches;* enfin les romanciers du moyen âge en firent le pays des aventures, la patrie d'Artus, d'Yseult aux blanches mains et de Tristan le Léonnois. Sur les bruyères et dans les vallées de la Bretagne, vous rencontrez quelques laboureurs couverts de peaux de chèvres, les cheveux longs, épars et hérissés ; ou vous voyez danser au son d'une cornemuse (le biniou) d'autres paysans portant l'habit gaulois, le sayon, la casaque bigarrée, les larges braies, et parlant la langue celtique.

« D'une imagination vive et néanmoins mélancolique, d'une humeur aussi mobile que leur caractère est obstiné, les Bretons se distinguent par leur bravoure, leur franchise, leur fidélité, leur esprit d'indépendance, leur attachement pour la religion, leur amour pour leur pays. Fiers et susceptibles, sans ambition, et peu faits pour les cours, ils ne sont avides ni d'honneurs ni de places. Ils aiment la gloire pourvu qu'elle ne gêne en rien la simplicité de leurs habitudes ; ils ne la recherchent qu'autant qu'elle consent à vivre à leur foyer comme un hôte obscur et complaisant qui partage les goûts de la famille. Dans les lettres, les Bretons ont montré de l'instruction, de l'esprit, de l'originalité, de la grâce, de la finesse : témoin Hardouin, Saint-Foix, Duclos. Ils ont donné à la France le plus grand peintre de mœurs après Molière, Lesage ; ils ont aujourd'hui l'abbé de Lamennais ; dans les armes, leurs guerriers ont quelque chose à part qui les distingue au premier coup d'œil des autres guerriers : sous Charles V, du Guesclin et ses compagnons, Clisson, Beaumanoir, Tinteniac ; sous Charles VIII, Tanneguy-Duchâtel ; sous Henri III, Lanoue, également respecté des ligueurs et des huguenots ; sous Louis XIV, Duguay-

Trouin; sous Louis XVI, Lamothe-Piquet et du Couëdic; pendant la Révolution, Charette, d'Elbée, la Rochejaquelin et Moreau. Tous ces soldats eurent des traits de ressemblance, et, par un genre d'illustration peu commun, ils furent peut-être encore plus estimés de l'ennemi qu'admirés de leur patrie. » (CHATEAUBRIAND.)

On reproche parfois aux Bretons de manquer de sobriété et de propreté, comme aussi de croire aux fées, aux nains, aux sorciers. Mais ce qu'on ne saurait trop faire ressortir, c'est leur simplicité patriarcale, surtout cette foi vive qui produit la résignation dans la misère, la charité envers le prochain et l'espérance d'une vie meilleure. Des témoignages de cette ferme croyance religieuse couvrent, on peut le dire, le sol de la Bretagne : c'est elle qui a peuplé de calvaires, de chapelles, d'oratoires consacrés aux patrons du pays et surtout à la Mère de Dieu, les bourgs, les villages, les places publiques. En outre, « au carrefour de toute forêt, à l'angle de tout chemin, à l'entrée de tout village, s'élève la croix, et autour du signe de la rédemption, qu'il ne passe jamais sans le saluer avec respect, le Breton s'agenouille et prie, son rosaire à la main. »

Aussi le Breton associe la religion à ses travaux et à ses fêtes. Parmi ces dernières, plusieurs sont appelées *pardons*, à cause des indulgences que l'on y gagne et qui attirent des milliers de pèlerins aux sanctuaires vénérés. Les principaux pardons sont ceux de Sainte-Anne-d'Auray, « la bonne marraine de la Bretagne, » comme la surnomme le peuple; de Notre-Dame-de-Folgoët, de Saint-Jean-du-Doigt, de Notre-Dame-de-Guingamp, de Saint-Laurent-du-Pouldour et de Notre-Dame-de-Rumengol, ou « de tous les remèdes ».

La langue. — Aux transformations subies par la Bretagne depuis un siècle, telles que la rénovation de l'agriculture et la diffusion de l'instruction, a survécu un dernier symbole de cette nationalité jadis si vigoureuse : c'est la langue bretonne, employée par 1 340 000 Bretons bretonnants, alors que le français est parlé par les Bretons gallots. Or la langue bretonne comprend quatre dialectes : celui de Vannes, qui se rapproche du gallois; ceux de Léon, de Cornouaille et de Tréguier. Dans ces contrées, presque tous les noms géographiques commencent par l'une des syllabes suivantes : *Ar*, en français, sur; *bod, bot*, demeure, lieu entouré de bois; *bras, bré*, grand, élevé; *conc*, havre, baie fermée; *car, caer, ker*, manoir, métairie; *coat*, bois, forêt; *crug, cruguel*, amas de rochers; *faou, faouet*, lieu planté de hêtres; *guémené*, fief, bénéfice; *guern* ou *vern*, lieu planté d'aulnes; *guic*, bourg; *hen*, vieux; *lan*, église, lieu consacré; *les, lis*, cour, juridiction; *loc*, oratoire, ermitage; *mael*, domaine seigneurial; *mené*, montagne; *mor*, mer; *pen*, promontoire, sommet, extrémité; *plé, pleu, plo, plou, plu*, paroisse, tribu; *tref, tré*, fraction de paroisse; *poul*, trou, bassin; *ros*, coteau en pente douce.

ILLE-ET-VILAINE

6 ARRONDISSEMENTS, 43 CANTONS, 359 COMMUNES, 622 000 HABITANTS

Géographie. — Le département d'*Ille-et-Vilaine*, dont la forme est celle d'un trapèze irrégulier, tire son nom d'un ruisseau et d'un petit fleuve qui se réunissent à Rennes, son chef-lieu. Il a été formé de la portion nord-est de la Bretagne, autrement dit de tout ou partie des anciens *diocèses* de *Rennes*, *Saint-Malo* et *Dol*, qui appartenaient à la Haute-Bretagne, plus un canton du diocèse de Vannes. Son étendue de 6 990 kilomètres carrés lui donne le 22e rang parmi les départements français.

Le territoire d'Ille-et-Vilaine est un plateau peu mouvementé de 80 mètres d'altitude moyenne, traversé par les austères *collines de Bretagne*. Son point culminant est de 255 mètres au tertre de la Haute-Forêt-de-Paimpont, situé au sud-ouest de Montfort; la colline de Lachapelle-Janson, à l'est, s'élève à 248 mètres; Rennes est à 54 mètres, Redon à 12 mètres d'altitude seulement.

De l'embouchure du Couesnon à la pointe du Château-Richeux, la rive de la Manche est basse et se prolonge par les grèves immenses, tour à tour couvertes et découvertes, que domine le rocher grandiose du mont

Saint-Michel. Puis commence la fameuse côte de Bretagne, l'une des plus déchiquetées, des plus sauvages, des plus orageuses qui existent. On y remarque Cancale, aux huîtres renommées; la pointe du Grouin; l'embouchure de la Rance, que gardent Saint-Malo et Saint-Servan, et la plage de Dinard-Saint-Enogat.

Les collines de Bretagne partagent le département entre le versant de la Manche au nord et celui de l'Atlantique au sud. Le premier est arrosé par le *Beuvron*, affluent de la Sélune; le *Couesnon* et l'estuaire de *la Rance*, qui sert à la navigation maritime; le second, trois fois plus étendu, comprend une grande partie du bassin de la Vilaine.

La **Vilaine**, dont le nom n'est qu'une altération de *Visnaine*, est l'une des plus importantes rivières maritimes de France et le plus long cours d'eau de Bretagne (220 kilomètres, dont 145 navigables). Né à 153 mètres d'altitude dans les collines du Maine, elle entre presque aussitôt dans le département qu'elle dénomme, arrose Vitré et court vers l'ouest. Devenue navigable à Cesson, elle atteint bientôt la grande ville de Rennes, où conflue à 23 mètres d'altitude l'*Ille* où le canal d'*Ille-et-Rance*, venu du nord; puis, se dirigeant au sud-sud-ouest, elle reçoit à droite le *Meu*, qui baigne Monfort, à gauche la *Seiche*, le *Semnon*, la *Chère*, qui arrose Châteaubriant, et le *Don*, qui passe à Guémené. A Redon, la Vilaine traverse le canal de *Nantes à Brest*, puis elle reçoit l'*Oust* et quitte le territoire. Après s'être encore adjoint l'*Isac*, elle tourne à l'ouest et va finir dans l'Océan par un large estuaire vaseux.

Le *climat* d'Ille-et-Vilaine, dont la température moyenne est de 10°30, n'est autre que le climat breton, modéré, constant et humide; la hauteur des pluies annuelles y atteint 80 centimètres.

C'est grâce à cette humidité, comme aussi à l'emploi d'engrais pulvérulents, que le département doit sa fertilité; car hormis le *marais de Dol*, plaine alluviable de 15 000 hectares, le sous-sol, généralement schisteux ou granitique, n'est recouvert que d'une mince couche de terre végétale. En somme, récolte abondante de céréales, de lin et de chanvre, sur les deux tiers du territoire; le reste est occupé par de belles prairies, des forêts, principalement celle de Paimpont, et surtout par des landes et bruyères, qui toutefois disparaissent de plus en plus. Le département fabrique beaucoup de cidre, de même que l'excellent beurre de la Prévalaye; il élève un nombre considérable de chevaux, de porcs, de bêtes à cornes, et tient l'un des premiers rangs pour l'apiculture, qui lui donne plus de 400 000 kilogrammes de miel estimé.

On extrait du plomb argentifère à Bruz et à Pont-Péan, du fer, des ardoises et du sel marin. Pour l'industrie, citons les forges de Paimpont, les fabriques de toiles à voiles, de cordages et de fils retors appelés fils de Bretagne, les fabriques de chaussons, galoches et sabots, les tanneries et minoteries. La pêche et l'ostréiculture sont très actives sur la côte, où se trouvent aussi des chantiers de construction navale et des bains de mer.

Les habitants. — Au recensement de 1896, le département comptait 620 000 habitants, soit 89 par kilomètres carré. C'est le 12e pour la population absolue et la population spécifique. Depuis 1801, il a augmenté de 134 000 âmes, grâce à l'excédent des naissances, car il ne possède que 1 420 étrangers. A part 600 protestants et quelques juifs, les habitants sont tous catholiques. Au point de vue de la langue, il y a bien des siècles que le breton a disparu, et le français est parlé partout; dans les campagnes règne une sorte de patois.

Personnages. — Saint Robert, fondateur de Fontevrault, né à Arbrissel, mort en 1117. Jacques Cartier, découvreur du Canada, né à Saint-Malo, mort en 1554. L'armateur La Barbinais, né à Saint-Malo, mort en 1681. Le bienheureux Grignon de Montfort, missionnaire et fondateur d'ordres, né à Montfort, mort en 1716. L'historien dom Lobineau, né à Rennes, mort en 1727. Le marin Duguay-Trouin, le gouverneur La Bourdonnais et le géomètre Maupertuis, nés à Saint-Malo, morts en 1736, 1755, 1759. Le marin de Guichen, né à Fougères, mort en 1790. L'amiral Lamothe-Piquet, le cardinal Boisgelin et le politique Lanjuinais, nés à Rennes, morts en 1791, 1804, 1827. Les écrivains Chateaubriand et Lamennais, nés à Saint-Malo, morts en 1848, 1854.

Administrations. — Le département d'Ille-et-Vilaine forme l'archidiocèse de Rennes, ressortit à la cour d'appel et à l'académie de Rennes et fait partie du 10e corps d'armée (Rennes), du deuxième arrondissement maritime (Brest) et de la deuxième région agricole (Ouest). Il comprend six arrondissements : *Rennes, Saint-Malo, Fougères, Vitré, Redon, Montfort-sur-Meu*, avec 43 cantons et 359 communes.

I. **RENNES**, chef-lieu du département[1], est une grande ville de près de 70 000 âmes, située par 54 mètres d'altitude dans une plaine légèrement ondulée, au confluent de la Vilaine et de l'Ille canalisée (canal d'Ille-et-Rance). Autrefois capitale de la Bretagne, c'est encore l'un de nos grands centres religieux, judiciaires et universitaires, en même temps que le quartier général du 10e corps d'armée. Cette ville a de belles et vastes places, des rues larges et droites, mais silencieuses et tristes, uniformément bordées de maisons à trois étages, en granit noirâtre. Dans le quartier central se trouvent les monuments remarquables : la cathédrale Saint-Pierre, avec une belle façade du XVIe siècle; l'église Notre-Dame, en partie du XIe siècle, dont la tour est surmontée d'une statue colossale de la

---

[1] Arrondissements de Rennes : 10 *cantons*, 78 communes, 166 780 habitants.
Cantons et communes principales : 1-4. *Rennes*, 69 940 habitants; Acigné, 1 950; Betton, 2 160; Bruz, 3 500; Cesson, 2 220; Génevé, 1 800; Pacé, 2 460; Saint-Erblon, 1 890. — 5. *Châteaugiron*, 1 300; Nouvoitou, 1 540; Noyal, 2 560. — 6. *Hédé*, 880; Dingé, 2 510; Guipel, 1 700; Québriac, 1 520. — 7. *Janzé*, 4 560; Amanlis, 1 860; Corps-Nuds, 1 380; Piré, 2 670. — 8. *Liffré*, 3 000; Bouëxière (la), 2 440; Ercé, 1 510; Livré, 1 710. — 9. Mordelles, 2 450; Saint-Gilles, 1 540. — 10. *Saint-Aubin-d'Aubigné*, 1 760; Gahard, 1 810; Melesse, 2 540; Sens, 1 920; Vieux-Vy, 1 540.

Vierge; le palais de justice, commencé en 1618; l'hôtel de ville, avec beffroi, construit à partir de 1722; enfin la porte Mordelaise, à la fois ouvrage de défense et arc de triomphe, par où les ducs de Bretagne faisaient leurs entrées solennelles. A citer encore : le musée, installé dans le palais de l'Université, et les magnifiques promenades du Mail et du Thabor.

Rennes. — Façade de la cathédrale Saint-Pierre.

Rennes s'appelait primitivement *Condate* (confluent), alors qu'elle était le chef-lieu des *Redones,* dont elle a conservé le nom. Avec Noménoé, elle devint en 843 la capitale du royaume éphémère de Bretagne, et avec Geoffroy Ier, son dernier comte, celle d'un important duché qui subsista jusqu'à sa transformation en province sous François Ier. La possession de Rennes fut disputée au xive siècle par les deux compétiteurs Jean de Montfort et Charles de Blois, qui y entrèrent tour à tour, ce dernier aidé de du Guesclin, qui en 1356 débloqua la ville, assiégée par une armée anglaise. Le parlement breton, définitivement établi à Rennes en 1561, se rendit célèbre par sa résistance aux édits royaux et aux décrets de la Constituante, qui portaient atteinte à ses privilèges. Toutefois la ville devint pendant la guerre de Vendée le centre des opérations des armées républicaines.

Le commerce de Rennes concerne surtout la bonneterie, les cuirs, les toiles à voiles, les poulardes, le miel et le beurre. L'école nationale d'agriculture de Grand-Jouan (Loire-Inférieure) y a été transférée en 1893, nonobstant la ferme-école de Trois-Croix, située à un kilomètre nord. A quatre kilomètres sud-ouest se trouve l'ancien château de la *Prévalaye*, qui a donné son nom à l'excellent beurre fabriqué aux environs.

Bruz et *Saint-Erblon* (Pont-Péan), près de la Seiche, exploitent des mines de plomb argentifère; ce dernier extrait aussi du minerai de zinc.

Chateaugiron conserve quelques tours de son vieux château, qui a soutenu plusieurs sièges. Le duc François II et le roi Édouard IV y signèrent un traité d'alliance en 1472. — A *Saint-Armel*, église renfermant le tombeau de son patron, saint Armel, est une fontaine dédiée au même saint. — Hédé, au-dessus du canal d'Ille-et-Rance, montre sur un rocher les ruines d'une forteresse qui fut assiégée et prise par Henri II d'Angleterre en 1168. — Janzé est une petite ville assez commerçante, notamment en poulardes estimées.

Au canton de Liffré, *la Bouëxière* possède des forges, et *Saint-Sulpice-la-Forêt*, les curieuses ruines d'une abbaye bénédictine fondée en 1112. — A trois kilomètres sud-est de Saint-Aubin-d'Aubigné, près du château de Morlais, amas de rochers que domine un bloc d'origine mégalithique, appelé le Palet de Gargantua.

11. **SAINT-MALO**, sous-préfecture de 11500 âmes[1], est bâti à 14 mètres au-dessus des flots de la Manche. « Un îlot de granit s'avançant sur la rive droite et à l'embouchure de la Rance en un hardi promontoire; sur cette base indestructible, un anneau de murailles solides comme leur piédestal et percées de portes fortifiées du moyen âge; au centre, la flèche effilée d'une ancienne cathédrale; en arrière, un isthme étroit, le Sillon, seule route de la terre ferme et du faubourg de Rocabey, et que commande un château fort : voilà Saint-Malo. Cette ville, étrange par sa situation et célèbre dans les fastes maritimes de la France, a gardé sa physio-

---

[1] Arrondissement de Saint-Malo : 9 *cantons*, 64 communes, 131900 habitants.

Cantons et communes principales : 1. *Saint-Malo*, 11480 hab.; Paramé, 4830. — 2. *Cancale*, 6640; Fresnais (la), 2090; Hirel, 1670; Saint-Coulomb, 2010; Saint-Méloir-des-Ondes, 2870. — 3. *Châteauneuf*, 660; Miniac, 3100; Plerguer, 2990; Saint-Père, 1620. — 4. *Combourg*, 5540; Bonnemain, 1940; Cuguen, 1690; Meillac, 2470; Saint-Pierre, 2610. — 5. *Dinard-Saint-Enogat*, 5100; Pleurtuit, 3910; Saint-Briat, 2170. — 6. *Dol*, 4760; Baguer-Morvan, 2030; Baguer-Pican, 1590; Cherrueix, 1780; Épiniac, 2060; Mont-Dol, 1710; Roz, 1660. — 7. *Pleine-Fougères*, 2910; Boussac, 2120; Roz, 1680; Saint-Brolade, 1990. — 8. *Saint-Servan*, 11224. — 9. *Tinténiac*, 2200; Pleugueneuc, 1940; Saint-Domineuc, 1610.

nomie des jours de gloire. Si aujourd'hui le château n'est qu'une caserne, on voit se développer en mer, en avant de Saint-Malo, une ceinture d'îlots, dont les principaux sont hérissés de forts ou de batteries : la Varde, la Conchée, Cézembre, Harbourg, le fort National, le Petit-Bey, près duquel repose l'auteur du *Génie du Christianisme*. « Il y a longtemps, écrivait « en 1828 Chateaubriand au maire de Saint-Malo, que j'ai le projet de « demander à ma ville natale de me concéder, à la pointe occidentale du « Grand-Bey, la plus avancée vers la pleine mer, un petit coin de terre tout « juste suffisant pour contenir mon cercueil. Je le ferai bénir et entourer

Saint-Malo. — Le Sillon ou la jetée entre deux mers.

« d'une grille de fer. Là, quand il plaira à Dieu, je reposerai sous la pro-
« tection de mes concitoyens. » Son vœu a été exaucé, et la simplicité de
la tombe s'harmonise avec l'immensité de la mer. (J. Monnier.)

La baie, large d'un kilomètre, qui sépare Saint-Malo de Saint-Servan, étant souvent à sec par le retrait de la mer : on a dû y construire un immense bassin à flot. Cette baie, où se mesure l'une des plus hautes marées d'Europe, est traversée par un ingénieux pont roulant en fer qui relie les deux villes sœurs.

Le port de Saint-Malo comprend de vastes chantiers pour la construction de navires en bois, de grandes fabriques de toiles, de filets et de cordages. Il arme pour le long cours, la pêche, le cabotage, et il commerce surtout avec l'Angleterre, qui en reçoit des denrées alimentaires. Le mouvement annuel du double port de Saint-Malo et de Saint-Servan comprend environ 2500 navires, jaugeant 400000 tonnes.

A l'origine, l'emplacement de Saint-Malo était occupé par un prieuré de bénédictins, autour duquel les habitants d'Aleth, chassés par les Normands, bâtirent une ville : ils lui donnèrent le nom de leur premier évêque, saint Maclou ou Malo, et le siège épiscopal d'Aleth, qui y fut trans-

Saint-Malo. — Maison de Duguay-Trouin.

féré en 1141, subsista jusqu'à la Révolution. Adonnés de tout temps à la navigation, les Malouins se distinguèrent par leurs exploits, surtout aux XVIe, XVIIe et XVIIIe siècles, alors qu'ils avaient à leur tête l'un d'entre eux, « que ce soit Jacques Cartier les menant à la découverte du Canada, Porée abordant aux Malouines, ou Duguay-Trouin s'emparant de Rio-de-Janeiro. » Ils devinrent même si redoutables aux Anglais, que ceux-ci essayèrent plusieurs fois de détruire leur ville ou leur flotte, notamment en 1693, 1695 et 1758. Mais Saint-Malo était si riche, que ses habitants purent offrir trente millions à Louis XIV pour continuer la guerre.

Saint-Servan, sur la rive gauche de l'estuaire de la Rance, à un kilomètre sud de Saint-Malo, est une ville de 12 000 âmes, agréablement bâtie entre ses deux ports : au nord, le port marchand, qui arme surtout pour le cabotage et possède d'importants chantiers de construction ; à l'ouest, le port militaire, défendu par la tour Solidor, dont le plan figure un trèfle, et qui fut construite vers 1375 par Jean de Montfort. Cette ville, toute moderne, n'était même qu'un simple faubourg de Saint-Malo avant son érection en commune distincte en 1792. Elle occupe l'emplacement de la ville gallo-romaine d'*Alethum*, ou Aleth, qui succéda, vers le ve siècle, à *Fanum Martis* (Corseul), comme capitale des Curiosolites, et eut à ce titre un évêché. Détruite par les Barbares, elle fut abandonnée progressivement du ixe au xiie siècle pour l'île d'Aaron, où a été bâti Saint-Malo.

C'est à Saint-Servan que prit naissance, en 1840, l'admirable congrégation des Petites sœurs des Pauvres, qui compte actuellement dans les cinq parties du monde près de 300 asiles, abritant 50 000 vieillards pauvres et infirmes.

Cancale, magnifiquement située au sommet d'un coteau baigné par la Manche, est une ville maritime d'environ 7 000 âmes, dont le port se trouve au hameau de la Houle. C'est de là que partent les bateaux qui vont draguer les « huîtres de Cancale », si justement renommées. « La Houle, dit M. Charles Lecoq, forme un arc de cercle autour d'une chaussée qui la garantit des lames. Des règlements très sévères maintiennent la pêche, qui, abandonnée à elle-même, serait bientôt ruinée. Dans certains jours, il n'est permis qu'à quelques bateaux de sortir. Rien n'est admirable comme le magnifique spectacle que présente la baie quand, aux premiers rayons du soleil, mille voiles la sillonnent en tous sens. La marée qui se retire les emmène en pleine mer. La mer montante ramène toutes les barques. On les voit s'arrêter, les unes à 200, les autres à 300 mètres du rivage, puis jeter à la mer leur cargaison d'huîtres. C'est que chacun d'eux sait juger, par des points de repère, qu'il est parvenu au-dessus de son parc et que les huîtres qu'il jette ainsi vont s'entasser sur celles qu'il a déjà réunies. En effet, la mer se retire de nouveau, et l'on voit une population de femmes et d'enfants sortir, pour ainsi dire, des anfractuosités des rochers et se précipiter dans les parcs clayonnés qui se dessinent sur cette vaste plage. » La ville possède aussi des bains de mer et exploite comme carrières des rochers situés dans la mer ; elle fut brûlée en 1758, et bombardée en 1779 par les Anglais.

Chateauneuf, à 4 kilomètres de l'estuaire de la Rance, était autrefois une place forte et le siège d'un marquisat. Reste d'une forteresse dans le parc du château. — Près de *Plerguer* se voient les ruines de l'abbaye bénédictine du Tronchet, fondée au xiie siècle, et à Combourg, un château flanqué de tours crénelées, où Chateaubriand passa une partie de son enfance.

Dinard-Saint-Énogat, sur la rive gauche de l'estuaire de la Rance, est une station de bains de mer fréquentée, de même que *Saint-Lunaire*, situé à 3 kilomètres à l'ouest.

DOL s'élève à 5 kilomètres sud de la baie du Mont-Saint-Michel, au milieu d'une vaste plaine d'alluvion sablo-calcaire et fertile, dite *Marais de Dol*. Cette plaine, répartie entre 23 communes, serait située, d'après la tradition, sur l'emplacement d'une partie de la forêt de Scissey, qui fut engloutie par la mer en 709 et 881. Dominée par le seul Mont-Dol, butte de granit de 65 mètres, elle est protégée contre la marée haute par une digue élevée au XIIe siècle. — Dol doit

Dol. — Ancienne cathédrale de Saint-Samson.

son importance, sinon son origine, à saint Samson, qui s'y fixa en 548 et y établit un siège épiscopal. Ce siège, érigé en métropole de la Bretagne au IXe siècle, redevint simple évêché à la fin du XIIe, et fut supprimé en 1790. Trois ans après, les Vendéens occupèrent Dol lors de leur marche sur Granville, puis lors de leur retraite, et un échec qu'ils y infligèrent aux troupes de Westermann leur rouvrit le chemin d'Angers. Dol conserve la vaste et belle église de Saint-Samson, qui réunit presque tous les âges du style gothique. A 2 kilomètres sud-est, se trouve le dolmen de Champ-Dolent, haut de 9 mètres et surmonté d'un calvaire.

III. **FOUGÈRES**, sous-préfecture de 21 000 habitants[1], est située, partie sur une colline de 136 mètres d'altitude, partie à 72 mètres dans la gorge du Nançon, qui s'unit près de là au Couesnon. « Sa pittoresque situation suggérait à certain poète la comparaison d'une cuiller gigantesque, le cuilleron représentant le château, et le manche la ville. Sur les vieilles fortifications de son ancienne enceinte est entassé un fouillis de

---

[1] Arrondissement de Fougères : 6 *cantons*, 57 communes, 90 500 habitants.
Cantons et communes principales : *Fougères*, 20 740 hab.; Chapelle-Janson (la), 1670; Luitré, 1670; Romagné, 1590. — 3. *Antrain*, 1550; Bazouges-la-Pérouse, 3340; Saint-Ouen, 1670; Tremblay, 2510. — 4. *Louvigné-du-Désert*, 3190; Bazouges (la), 1720; Saint-Georges, 2660. — 5. *Saint-Aubin-du-Cormier*, 1990; Mézières, 1540. — 6. *Saint-Brice*, 1960; Saint-Étienne, 1900; Saint-Germain, 2470; Saint-Marc, 1580.

tours, de tourelles, de chaumières, de pignons dentelés, de toits aigus, de croisées de pierre, de balcons à jour, de mâchicoulis, de jardins en terrasses, formant un ensemble des plus bizarres. » (JOANNE.) La ville possède encore du moyen âge les églises Saint-Léonard et Saint-Sulpice, un beffroi et plusieurs maisons curieuses. D'origine féodale, elle devint l'une des neuf baronnies de Bretagne et fut souvent prise durant toute la guerre de Cent ans. Les Vendéens s'en étant emparés en 1793, les républicains la mirent en état de siège pendant cinq ans. Fougères, dont le nom même indique l'état dans lequel se trouvaient jadis les campagnes

Vitré et son château fort.

voisines, renferme de nombreuses cordonneries; aux environs se fait une exploitation considérable de granit.

ANTRAIN, sur le Couesnon, rappelle le combat du 23 novembre 1793, où les républicains furent vaincus par les Vendéens. — *Bazouges-la-Pérouse* possède le beau château de la Ballue, et *Saint-Ouen* celui de la Rouërie.

SAINT-AUBIN-DU-CORMIER est un ancien bourg fortifié sur le faîte entre Vilaine et Couesnon. Sur une lande située à l'ouest entre Saint-Aubin et la forêt de Haute-Sève, près de la ferme de Moronval, se donna la fameuse bataille du 28 juillet 1488, la dernière livrée entre Français et Bretons. Ceux-ci, commandés par leur duc François II, le duc d'Orléans (plus tard Louis XII), le prince d'Orange et plusieurs autres chefs qui ne s'entendaient pas entre eux, furent défaits par l'armée française sous le commandement de La Trémouille. Celui-ci fit démolir les fortifications de la ville, et Charles VIII donna plus tard l'ordre de démanteler le château.

Saint-Brice-en-Coglès n'a d'autre curiosité que le château du *Rocher-Portail*, construit sous Henri IV.

IV. **VITRÉ**, sous-préfecture de 10 600 habitants[1], est pittoresquement bâtie par 65-116 mètres d'altitude sur le penchant d'une colline, dont la

Château des Rochers, près Vitré. Habitation de Mᵐᵉ de Sévigné.

Vilaine baigne le pied. C'est une de nos rares cités qui aient conservé leur aspect du moyen âge : ceinture de murailles flanquées de tours, rues étroites et tortueuses, maisons surplombant d'étage en étage. Son église

---

[1] Arrondissement de Vitré : 6 *cantons*, 61 communes, 76 890 habitants.
Cantons et communes principales : 1-2. *Vitré*, 10 580 hab.; Balazé, 1 840; Izé, 2 080; Saint-M'hervé, 1 660. — 3. *Argentré-du-Plessis*, 2 230; Domalain, 2 040; Étrelles, 1 570; Jennes, 1 630; Pertre (le), 2 790. — 4. *Châteaubourg*, 1 288; Domagné, 1 600. — *Guerche (la)*, 4 670; Bais; 2 580. — 6. *Rétiers*, 3 080; Coësmes; 1 860; Martigné-Ferchaud, 3 960.

Notre-Dame, qui date de la même époque, est d'une belle construction et possède une chaire extérieure en pierre, d'où l'on prêchait les fidèles rassemblés dans le parvis. Le château, d'où l'on jouit d'une belle vue, occupe le sommet de la colline. — Vitré était autrefois une des clefs de la Bretagne, et les états de la province s'y réunirent plusieurs fois. On y fabrique principalement des étoffes. — A 6 kilomètres sud-est se trouve le château des Rochers, illustré par le séjour de Mme de Sévigné.

Chateaubourg, sur la Vilaine, fut un comté, et la Guerche, entre une forêt et la Seiche, le siège d'un marquisat : cette dernière conserve la chapelle d'une commanderie de Malte.

A Rétiers, les souverains bretons eurent un palais à l'époque carlovingienne; beaux menhirs dits la Pierrelée et la Pierre de Richebourg.— *Essé*, près de la Seiche, montre le mégalithe de la Roche aux Fées : il consiste en une galerie de 14 mètres de long, divisée en quatre compartiments et formée de pierres brutes, dont l'une, formant linteau au-dessus de l'entrée, a 5 mètres de long.

V. **REDON**, chef-lieu d'arrondissement[1], est une ville de 7000 âmes, située par 13 mètres d'altitude à l'extrême limite sud-ouest du département, sur le canal de Nantes à Brest et sur la rive droite de la Vilaine, un peu au-dessus du confluent de l'Oust. Sa position est donc très favorable aux transactions commerciales. — Port, construction de navires; châtaignes renommées, dites marrons de Redon. — « L'origine de Redon, dit M. Vivien, n'a, malgré les apparences, rien de commun avec les antiques *Redones*, qui avaient pour capitale Rennes et dont le territoire ne s'étendait pas jusqu'ici. L'emplacement de Redon appartint aux Venètes, puis à l'évêché de Vannes. » Ce lieu s'appelait *Roteno*, lorsqu'en 832 le prêtre saint Convoïon y fonda un monastère que Noménoé érigea en abbaye. Redon résista au duc de Mercœur en 1488 et à une armée de 3000 Chouans pendant les Cent jours; elle a été démantelée depuis. Quant aux bâtiments abbatiaux, d'un aspect monumental, ils sont actuellement occupés par un collège ecclésiastique; l'église Saint-Sauveur, qui en dépendait, est remarquable par son clocher à flèche dentelée, haut de 67 mètres, et le grand autel avec statues, donné par le cardinal de Richelieu.

Bain, jolie petite ville à 3 kilomètres du Semnon, possède des tanneries, ainsi que l'ancienne chapelle Notre-Dame-du-Coudray et le château de la Noë, du XVe siècle. — Fougeray, sur une hauteur dominant la

---

[1] Arrondissement de Redon : 7 *cantons*, 53 communes, 92930 habitants.
Cantons et communes principales : *Redon*, 7030 hab.; Bains, 2690; Langon, 2190; Renac, 1650; Sainte-Marie, 2000. — 2. *Bain*, 4920; Ercé, 2620; Messac, 2730; Pléchâtel, 2280; Teillay, 1570. — 3. *Fougeray*, 3820; Dominelais, 1620. — 4. *Guichen*, 3760; Baulon, 1780; Bourg-des-Comptes, 1710; Goven, 2210; Guignen, 3200; Laillé, 2020. — 5. *Maure*, 3810. — 6. *Pipriac*, 3860; Guipry, 3370; Saint-Just, 1700; Sixt, 2420. — 7. *Sel (le)*, 680; Chanteloup, 1540; Tresbœuf, 1600.

Chère, conserve les ruines d'un château qui fut pris par du Guesclin en 1356; on y exploite des carrières de porphyre, — et à GUICHEN, près la Vilaine, des carrières de schistes connus dans le pays sous le nom de

La Tour-Saint-Joseph, maison mère des Petites sœurs des Pauvres.

pierre de Cahot. — Au *Bourg-des-Comptes*, château du Boschet, dont les jardins ont été dessinés par Le Nôtre; — à *Guipry*, chapelle Notre-Dame de Bon-Port, but de pèlerinage.

VI. **MONTFORT-SUR-MEU**, situé par 44 mètres d'altitude au confluent du Meu et du Garun, a le rang de sous-préfecture[1], malgré le chiffre insignifiant de sa population (2450 habitants). D'origine féodale, il fut bâti au XIe siècle par un sire de Gaël et devint une baronnie importante, ainsi qu'une place de guerre dont il reste des fortifications et une tour. Les débris d'un capitole et, près de la ville, des thermes en ruines attestent qu'il y eut en ce lieu un établissement romain considérable. On remarque aussi dans les environs les restes de l'abbaye des augustins de Saint-Jacques, fondée en 1152, et le dolmen appelé Grès de Saint-Méen.

Au territoire des *Iffs*, sur une colline, château de Montmuran, dans la chapelle duquel du Guesclin fut fait chevalier en 1354. — « A *Saint-Pern* (abréviation de Saint-Paterne), dit Mme Amable Tastu, nous recevrons du sire René de Saint-Pern une leçon d'humilité chrétienne. René, mort en 1656, voulut être enterré à la porte de l'église, afin, disait-il, que celui qui pendant sa vie d'un moment avait pu fouler quelques-uns des habitants ses vassaux fût longtemps foulé par eux; qu'il ne fût pas possible d'entrer dans l'église, où si longtemps il avait occupé la première place, sans poser le pied sur sa tombe; invitant ainsi ceux de ses descendants qui pourraient se laisser aller à l'orgueil ou à l'injustice à penser à la brièveté de la vie, à l'égalité de la mort et à l'abaissement du tombeau, » au delà desquels il n'y a que l'éternité heureuse ou malheureuse.

Les Petites sœurs des Pauvres occupent là un joli château, baptisé probablement par elles du nom de Tour-Saint-Joseph, en témoignage de leur confiance au glorieux patriarche qui fut sur terre le père nourricier du Sauveur, devenu pauvre pour l'amour de nous.

MONTAUBAN, sur le Garun, est une ancienne place forte qui fut prise en 1204 par les Bretons et deux ans après par Jean sans Terre; à 2 kilomètres nord, le château de Montauban appartint à une famille célèbre dans les fastes de la chevalerie bretonne.

Le canton de PLÉLAN-LE-GRAND possède les importantes *forges de Paimpont*, dont l'existence remonte au XVIIe siècle. Le village se trouve entre deux sections de la forêt de Paimpont (6070 hectares), la plus considérable de l'ancienne Bretagne, et qui n'est autre que la légendaire *Brocéliande*, « forêt de la retraite montagneuse, » dont les trouvères faisaient un lieu d'enchantements et le séjour de Merlin le magicien.

SAINT-MÉEN doit son origine à une abbaye fondée sous Clotaire II par saint Méen, dont le tombeau se trouve dans l'église; les bâtiments du monastère sont actuellement occupés par un petit séminaire.

---

[1] Arrondissement de MONTFORT : 5 *cantons*, 46 communes, 63040 habitants.
Cantons et communes principales : 1. *Montfort*, 2450 hab.; Bédée, 2450; Iffendic, 4200. — 2. *Bécherel*, 850; Irodouer, 1830; Romillé, 2330. — 3. *Montauban*, 3360; Médréac, 2760. — 4. *Plélan*, 3540; Bréal, 2190; Maxent, 2100; Paimpont, 3020. — 5. *Saint-Méen*, 3400; Gaël, 2870; Muel, 1700; Quédillac, 1690.

CÔTES-DU-NORD

5 ARRONDISSEMENTS, 48 CANTONS, 390 COMMUNES, 616 100 HABITANTS

Géographie. — Le département des *Côtes-du-Nord* est ainsi nommé de sa position sur la plus septentrionale de nos trois grandes mers, la Manche, qui baigne toutefois d'autres départements situés plus au nord : son nom n'est exact que relativement à la Bretagne. Il a été formé de pays de la Haute-Bretagne à l'est et de la Basse-Bretagne à l'ouest, c'est-à-dire des anciens *diocèses de Saint-Brieuc* et *de Tréguier*, qui renfermaient le célèbre duché de Penthièvre. Sa superficie est de 7217 kilomètres carrés, ce qui lui donne le dix-huitième rang à cet égard.

Le territoire des Côtes-du-Nord forme dans son ensemble un plateau très accidenté. Il ne renferme pas de montagnes proprement dites, mais de nombreuses collines encaissant de profondes et pittoresques vallées. Ces collines sont généralement des ramifications des monts du *Menez*, qui traversent le département. Les points culminants sont : la colline de *Bel-Air* (340 mètres) dans le Menez, au sud-est de Moncontour, et la cime de Kerchouan, qui atteint 326 mètres. Saint-Brieuc est à 89 mètres d'altitude; Guingamp, à 44 mètres; l'altitude moyenne est d'environ 120 mètres.

Les côtes du département, généralement élevées, fort découpées et sauvages, présentent un développement d'environ 240 kilomètres. Après l'anse de l'Arguenon et la baie de Frenay s'ouvre, du cap Fréhel à l'île

Bréhat, une courbe rentrante au fond de laquelle la baie triangulaire de Saint-Brieuc a pour limites plus restreintes le cap d'Erquy à l'est, les roches de Rohein et de Saint-Quay au nord et à l'ouest; au fond, se creuse la baie sablonneuse d'Iffiniac, qui reçoit le Gouet de Saint-Brieuc. Les îles Bréhat forment avec la côte une rade sûre, même pour les navires de guerre; les Héaux de Bréhat et la pointe du Sillon de Talbert, chaussée naturelle de cailloux, terminent et protègent également cette côte avancée, où s'ouvrent en fiords l'anse de Paimpol et les estuaires de Lézardrieux et de Tréguier, navigables jusqu'à ces petits ports de cabotage. Partout les îlots sont nombreux, et les fonds, sans profondeur, rocheux au large, sablonneux sur la côte, offrent d'abondantes pêches de homards. Plus à l'ouest, l'archipel des Sept-Iles, celui des Triagoz et l'île Grande, précèdent la côte avancée du pays de Lannion; de là le littoral forme une autre courbe rentrante, dans laquelle s'ouvrent l'anse du Guer, et, dans le Finistère, la baie de Plestin, le double fiord de Morlaix et de Saint-Pol-de-Léon.

Naguère encore ces côtes étaient défendues contre un débarquement de l'ennemi par un grand nombre de batteries et de forts. Ces vieux ouvrages militaires, ces châteaux, au nombre de 21, situés dans des îlots ou sur les pointes, ont été tous déclassés en 1889.

Les collines de Bretagne partagent le territoire en deux versants. Celui du nord ou de la Manche renferme de nombreuses petites rivières côtières, qui ne sont généralement navigables que dans les estuaires; ce sont : la *Rance*, qui décrit un arc de cercle et baigne Dinan; l'*Arguenon*, le *Gouessan*, le *Gouet*, qui passe au pied de Saint-Brieuc; le *Trieux*, où tombe le *Leff*; *Tréguier*, formé du *Jaudy* et du *Guindy*; le *Guer*, qui arrose Lannion. Au versant méridional ou atlantique appartiennent l'*Aulne*, le *Blavet* et l'*Oust*, ce dernier affluent de la *Vilaine*. Les *canaux* sont ceux d'Ille-et-Rance et de Nantes à Brest, dont les longueurs respectives dans le département sont 22 et 48 kilomètres.

Le *climat* des Côtes-du-Nord est humide et varié, mais sain. C'est le climat maritime, dit breton, qui ne connaît guère de froids vifs : à Saint-Brieuc le thermomètre descend rarement à — 9°; sur la côte, prospère le figuier. On compte de nombreux jours sombres et pluvieux, qui ne produisent cependant qu'une hauteur de 80 centimètres de pluies annuelles.

Au point de vue agricole, le territoire des Côtes-du-Nord, généralement schisteux et granitique, se divise en deux zones distinctes : l'une, maritime, est populeuse, bien cultivée et fertile en froment, chanvre et lin, légumes et fourrages, en partie à cause des engrais de mer; l'autre, à l'intérieur, moins habitée, renferme beaucoup de landes, de bruyères, et ne produit guère que du seigle et de l'avoine, mais une grande quantité de miel. Grâce à ses herbages, ce département est l'un de ceux qui élèvent le plus de bêtes à cornes et de chevaux : ses *doubles bidets* sont surtout recherchés. Il a de nombreux pommiers à cidre et quelques forêts. Une école d'agriculture existe à Saint-Ilan, près Saint-Brieuc.

On exploite le granit des environs de Saint-Brieuc et les ardoisières de Mûr et de Caurel. Comme industries manufacturières, citons celle des toiles dites de Quintin et de Bretagne, la tannerie et la mégisserie. La pêche de la morue en Islande et à Terre-Neuve y emploie annuellement 300 navires et 700 bateaux, montés par 10 000 marins.

Les habitants. — Après avoir gagné 118 000 âmes de 1801 à 1872, le département des Côtes-du-Nord en a ensuite perdu 6 500. En 1896, il en comptait 616 100, dont 480 étrangers seulement, ce qui le place au 14e rang environ pour la population absolue et au 15e pour la densité, avec 85 habitants par kilomètre carré. A part 400 protestants, toute la population est catholique. Dans les arrondissements de Lannion, Guingamp et une partie de celui de Loudéac, les habitants des campagnes parlent le bas-breton, appartenant aux dialectes trécorrois et cornouaillais.

Personnages. — Saint Melaine, évêque de Rennes au VIe siècle, né à Kernabat. Saint Turiaff, évêque de Dol au VIIIe siècle, né à Lanvollon. Saint Guillaume, évêque de Saint-Brieuc, né à Saint-Alban, mort en 1234. Saint Yves Hélory, surnommé l'avocat des pauvres, né à Minihy-Tréguier, mort en 1303. Le sire de Beaumanoir, chef breton du combat des Trente, né à Évran (XIVe siècle). Du Guesclin, né au château de la Motte-Broons, mort en 1380. Le maréchal de Guébriant, né à Saint-Carreuc, mort en 1643. Le vice-amiral de Coëtlogon, mort en 1730. Le comte de Plélo, le héros de Dantzig, né à Plélo, mort en 1734. L'historien Duclos, né à Dinan, mort en 1772. Le celtomane Le Brigant, né à Pontrieux, mort en 1804. Le chirurgien Jobert de Lamballe, né à Matignon, mort en 1869.

Administrations. — Ce département forme le diocèse de Saint-Brieuc et Tréguier, ressortit à la cour d'appel et à l'académie de Rennes, fait partie de la 10e région militaire (Rennes), de la 2e préfecture maritime (Brest) et de la 2e région agricole (Ouest). Il comprend 5 arrondissements : *Saint-Brieuc, Dinan, Loudéac, Guingamp* et *Lannion*, avec 48 cantons et 390 communes.

I. **SAINT-BRIEUC**, chef-lieu du département[1], est une ville de

---

[1] Arrondissement de SAINT-BRIEUC : 12 *cantons*, 96 communes, 176 410 habitants.
Cantons et communes principales : 1-2. *Saint-Brieuc*, 21 670 hab.; Hillion, 2 720 ; Langueux, 2 810; Plédran, 3 290; Plérin, 5 090; Ploufragan, 2 780; Pordic, 4 440; Saint-Donan, 1 520; Yffiniac, 2 130. — 3: *Châtelaudren*, 1 470; Boqueho, 1 520; Plélo, 3 590. — 4. *Étables*, 2 120; Binic, 2 310; Plourhan, 1 840; Saint-Quay, 2 920. — 5. *Lamballe*, 4 530; Maroué, 2 100. — Lanvollon, 1 570; Pléguien, 1 500; Pommerit, 2 610. — 7. *Moncontour*, 1 290; Bréhand, 1 840; Hénon, 2 960 ; Quessoy, 2 810; Tréby, 1 550. — 8. *Paimpol*, 2 470; Kérity, 2 550; Ploubazlanec, 3 570; Plouézec, 4 560; Plounez, 1 820; Plourivo, 2 550. — 9. *Pléneuf*, 2 630; Erquy, 2 910; Planguenoual, 1 900; Saint-Alban, 1 720. — 10. *Plœuc*, 4 780; Lanfains, 1 530; Plaintel, 2 660. — 11. *Plouha*, 4 860; Plehédel, 1 640. — 12. *Quintin*, 3 190; Saint-Brandan, 2 470.

22000 âmes, bâtie à 89 mètres d'altitude sur un plateau près du Gouet, et à 3 kilomètres de la mer. Son port du Légué, situé sur ledit Gouet, est très sûr, d'un abord facile et bordé de beaux quais : en 1889, on y compta 266 navires à l'entrée comme à la sortie; il arme pour la pêche de Terre-Neuve et d'Islande. La ville possède des aciéries, des filatures de laine et des fabriques de gants. Sa cathédrale, dédiée à saint Guillaume, est de divers styles du XIIe au XVIIIe siècle; la chapelle Notre-Dame-d'Espérance, construite en 1854, est un but de pèlerinage. — Cette ville doit son origine et son nom à un missionnaire venu d'Angleterre ou d'Écosse sur la fin du Ve siècle; elle fut érigée en évêché en 848 par Noménoé, mais ne joua jamais qu'un rôle politique très secondaire. Dans les environs se trouvent d'importantes carrières de granit, de belles plages et, sur une hauteur dominant l'anse d'Yffiniac, l'importante colonie agricole et pénitentiaire de *Saint-Ilan*.

Saint-Brieuc.
Cathédrale Saint-Guillaume.

Au sud de Saint-Brieuc, la commune de *Plédran* possède le *camp de verre de Péran*, exhumé vers 1845 et au commencement du second empire. « On sait, dit M. Vivien, que les Gaulois entremêlaient le bois à la pierre dans la construction de leurs remparts, et on suppose que lors d'un incendie allumé par les assiégeants, ce bois a dû augmenter l'intensité des flammes jusqu'à amener la fusion du granit et par suite sa vitrification partielle. Quoi qu'il en soit, le camp de Péran, dont l'enceinte a 134 mètres de longueur sur 110 de largeur, a dû être important à l'époque romaine. »

A CHATELAUDREN, sur le Leff, l'église Notre-Dame-du-Tertre, du XIIe siècle, est classée parmi les monuments historiques.

Le canton d'ÉTABLES renferme *Binic*, port de cabotage et de pêche, à l'embouchure de l'Ic; — *Lantic*, qui possède la magnifique église Notre-Dame-de-la-Cour, — et *Saint-Quay*, agréable station de bains de mer, dont dépend le havre de Portrieux, qui expédie un grand nombre de bœufs pour l'Angleterre. En face se dressent dans la mer les pittoresques roches de Saint-Quay, ainsi nommées d'un évêque d'origine irlandaise, qui évangélisa une partie des côtes bretonnes au VIe siècle.

LAMBALLE, sur le penchant d'une colline, baignée par le Gouessan, est une jolie ville que domine l'église Notre-Dame, ancienne chapelle du

Notre-Dame-du-Tertre, à Châtelaudren.

château fort, habilement restaurée. On croit qu'elle est la capitale des Ambialites, mentionnée par César. Détruite par les Normands au xe siècle, elle devint en 1317 le chef-lieu du comté, plus tard duché de Penthièvre, et la prétention de ses seigneurs à la couronne de Bretagne lui valut plusieurs sièges, entre autres celui de 1591, auquel périt le fameux Lanoue Bras-de-Fer. Lamballe possède un important haras, des fabriques d'étoffes et des tanneries; c'est aussi un grand marché au blé, dans une région de grande production.

A *Pommerit-le-Vicomte*, la chapelle Notre-Dame-du-Folgoat, et à *Tressignaux*, celle de Saint-Antoine, sont des lieux de pèlerinage.

MONCONTOUR, près des plus hauts sommets du Menez, fut autrefois une place forte importante, assiégée vainement plusieurs fois, et rasée en 1624. On vénère dans son église les reliques de saint Mathurin.

PAIMPOL, au fond de l'anse du même nom, est le port le plus sûr qui existe entre Saint-Malo et Morlaix; il arme pour la pêche de la morue. La ville fut prise et saccagée par les Ligueurs de Fontenelle, en 1595. — L'île *Bréhat*, située au nord, forme un double port de refuge pour les navires du commerce; les rochers qui parsèment les environs ont exigé un balisage complet et deux phares. — La commune de *Kérity* conserve les belles ruines de l'abbaye de Beauport, fondée pour des Prémontrés en 1202, — et *Ploubazlanec*, celles d'un vieux château dominant une hauteur d'où l'on jouit d'une vue magnifique.

PLÉNEUF, près de la baie de Saint-Brieuc, a une plage de bains et un petit port qui arme pour la pêche de la morue; dans le cimetière est inhumé le général de Lourmel, tué devant Sébastopol. — *Erquy*, à l'entrée orientale de la baie de Saint-Brieuc, est un petit port et une station balnéaire, près de l'emplacement de la *Rheginea* des Romains, dont il subsiste un camp et d'autres vestiges.

PLOUHA, près de la mer, possède sur son territoire la charmante chapelle de *Kermaria-an-Isquit*, un des pèlerinages les plus célèbres de la Bretagne, — et *Lanleff*, à 500 mètres du Leff, un monument dit Temple de Lanleff, formé de deux enceintes circulaires et concentriques. Toutefois cet édifice n'est pas un temple gaulois ou romain, comme on l'a cru jusqu'à ces derniers temps, mais bien une église construite au XIIe siècle, probablement sur le modèle du Saint-Sépulcre de Jérusalem.

QUINTIN, sur le Gouet, fut célèbre autrefois par sa grande fabrication de toiles dites de Bretagne. Dans l'église Notre-Dame, qui date du XVe siècle, on conserve une précieuse relique : c'est un morceau de la ceinture de la Vierge, réseau de fil blanc à mailles inégales, rapporté de Jérusalem par Geoffroy, premier seigneur de Quintin, après la première croisade de saint Louis (1248); on y révère aussi les reliques de saint Thurian, évêque du VIIIe siècle. D'origine féodale, Quintin donna son nom à une baronnie qui appartint à diverses familles et fut érigée en duché-pairie pour le maréchal de Lorges en 1691. Le château et la forêt de Lorges se trouvent à une dizaine de kilomètres au sud, dans le canton de Plœuc.

II. DINAN

DINAN, sous-préfecture de 10 600 habitants[1], s'élève à 73 mètres d'altitude sur la cime et le penchant d'un promontoire escarpé, qui domine la rive gauche de la Rance. Son port, communiquant par le canal d'Ille-et-Rance avec Saint-Malo, se livre à la pêche et au cabotage. La ville proprement dite fabrique des tissus divers, des toiles à voiles et des cuirs.

L'intérêt de Dinan consiste dans ses monuments. Avec ses murailles flanquées de tours, son château des XIVe-XVe siècles et ses vieilles maisons, c'est une des villes de France qui ont le mieux conservé leur aspect du moyen âge. L'église Saint-Malo est un beau spécimen du style ogival de la dernière époque, tandis que celle de Saint-Sauveur, en majeure partie du XVe siècle, présente une jolie façade romane et un fort beau clocher; elle conserve le cœur de du Guesclin, auquel la ville a érigé une statue. Dinan est relié au bourg de Lanvallay par un gigantesque viaduc en granit jeté à 40 mètres au-dessus de la Rance. Ses environs immédiats, pleins de verdure et de fraîcheur, offrent un grand nombre d'excursions intéressantes. Aussi est-elle visitée chaque année par de nombreux touristes, et compte-t-elle dans ses murs et dans sa banlieue une véritable colonie d'Anglais.

Dinan. La tour de l'Horloge.

[1] Arrondissement de DINAN : 10 cantons, 91 communes, 120 870 habitants.
Cantons et communes principales : 1-2. *Dinan*, 10 620 hab.; Pleudihen, 3510; Plouher, 3480; Saint-Hélen, 1520; Taden, 1540. — 3. *Broons*, 2820; Lanrelas, 1900; Sévignac, 2840; Yvignac, 2050. — 4. *Caulnes*, 2380; Plumaugat, 2640. — 5. *Évran*, 3870; Plouasne, 2660. — 6. *Jugon*, 580; Plédéliac, 2190; Plénée, 3930; Plestan, 1940. — 7. *Matignon*, 1516; Hénanbihen, 1920; Saint-Cast, 1720. — 8. *Plancoët*, 2150; Bourseul, 1580; Corseul, 3170; Créhen, 1600; Pluduno, 1720. — 9. *Plélan-le-Petit*, 1290. — 10. *Ploubalay*, 2580.

D'origine féodale, la ville de Dinan eut des seigneurs particuliers jusqu'en 1265, époque où elle passa aux ducs de Bretagne. Sa fidélité à la cause de Charles de Blois, durant la guerre de Succession, lui attira deux sièges de la part des Anglais, en 1344 et en 1359. Elle fut secourue à temps la seconde fois par du Guesclin, qui provoqua en combat singulier un chevalier anglais, le vainquit et, en vertu des conditions du combat, obligea les assiégeants à se retirer. En 1598, par un hardi coup de main, le gouverneur de Saint-Malo pour Henri IV s'empara de la ville sur les Ligueurs.

Un peu au sud, *Lehon* conserve les ruines pittoresques d'un très ancien château fort et celles encore plus remarquables d'un prieuré de Marmoutier, avec la chapelle funéraire des Beaumanoir du XIVe siècle.

BROONS avait dans les environs le château de la Motte-Broons, où naquit en 1320 Bertrand du Guesclin; sur son emplacement on a élevé une colonne de granit en souvenir du grand capitaine.

ÉVRAN, sur le canal d'Ille-et-Rance, est la patrie d'un autre héros, Jean de Beaumanoir, chef des Bretons au « combat des Trente », livré en 1351 près de Josselin (Morbihan), où 30 Bretons vainquirent 30 Anglais.

JUGON, sur l'Arguenon, eut jadis un château fort très important qui donna lieu au dicton : « Qui a Bretagne sans Jugon a chape sans chaperon. » — *Pledéliac* conserve les ruines imposantes du château de la Hunaudaye et de l'abbaye cistercienne de Saint-Aubin-des-Bois; — *Plénée-Jugon*, celles du château de la Moussaye et de l'abbaye de Boquen.

Saint-Cast, près de la baie du même nom, rappelle la victoire que le duc d'Aiguillon et le comte d'Aubigny remportèrent, le 11 septembre 1758, sur les Anglais, qui voulaient opérer une descente. Une colonne commémorative, inaugurée un siècle après, représente le léopard britannique terrassé par un lévrier, emblème de la Bretagne. — A 1 kilomètre de *Plancoët*, la chapelle Notre-Dame-de-Nazareth est un but de pèlerinage. — *Corseul* est l'antique *Fanum Martis*, capitale des Curiosolites, d'où le nom actuel de la localité. On y a trouvé de nombreuses ruines romaines, dont la plus importante passe pour être un temple de Mars.

Près de *Créhen*, à l'embouchure de l'Arguenon, le château ruiné du Guildo occupe, croit-on, l'emplacement de la maison où se réfugia, avec sa famille, Chramn, fils de Clotaire, et où ils périrent dans l'incendie allumé par ordre de ce roi. — En face des ruines se trouvent les *Roches sonnantes du Guildo*, énormes blocs de rochers curieusement équilibrés par la nature et qui, sur un coup quelconque donné à l'une de leurs extrémités, rendent un son métallique de cloche ou d'enclume.

Saint-Jacut-de-la-Mer, station balnéaire, ne possède plus rien de sa célèbre abbaye, fondée à la fin du Ve siècle par le prince Jacut, fils de Fracan, souverain de la Domnonée. — *Caulnes*, sur la Rance, exploite des ardoisières.

III. LOUDÉAC

LOUDÉAC, à 162 mètres d'altitude, entre l'Oust et la forêt de Loudéac, est une sous-préfecture qui ne compte guère plus de 2 000 habitants agglomérés [1]. A l'origine, rendez-vous de chasse nommé Loudiat, au milieu de la vaste forêt de Brocéliande, elle devint une châtellenie appartenant aux comtes de Porhoët et plus tard à la maison de Rohan. Avant la Révolution, c'était le centre d'une grande fabrication de toiles dites de Bretagne.

Coëtlogon, autrefois marquisat, fut en 1793 le théâtre d'une lutte entre

La colonie agricole de Saint-Ilan, près Saint-Brieuc.

royalistes et républicains, où 2 000 hommes furent mis hors de combat. — A *Saint-Laurent* se voient les vestiges du château de la Hardouinaye, où périt en 1450 l'infortuné Gilles de Bretagne, frère du duc François Ier.

MUR-DE-BRETAGNE et *Caurel*, près du Blavet, exploitent des ardoisières.

UZEL, près de l'Oust, est une ancienne place forte, qui fait aujourd'hui le commerce des toiles fabriquées dans le pays.

[1] Arrondissement de LOUDÉAC : 9 *cantons*, 60 communes, 88150 habitants.
Cantons et communes principales : 1. *Loudéac*, 5760 hab.; la Motte, 2710; Saint-Caradec, 1510; Trévé, 1930. — 2. *La Chèze*, 530; Plémet, 3340; Plumieux, 1830; Prénessaye (la), 1510; Saint-Guéno, 1550. — 3. *Collinée*, 790; Gouray (le), 1970; Langourla, 1580. — 4. *Corlay*, 1560; Saint-Mayeux, 1580. — 5. *Gouarec*, 780; Laniscat, 1740; Plélauf, 1550. — 6. *Merdrignac*, 3270; Illifaut, 1500; Laurenan, 1620; Trémorel, 1640. — 7. *Mûr*, 2490. — 8. *Plouguenast*, 3160; Gausson, 1840; Plémy, 3080; Plessala, 3360. — 9. *Uzel*, 1320.

IV. **GUINGAMP**, dans la riante et riche vallée du Trieux, à 64-94 mètres d'altitude, est une sous-préfecture de 9300 âmes[1]. Sans industrie bien spéciale, elle n'est remarquable que par ses monuments, dont le principal est la belle église Notre-Dame-de-Bon-Secours, l'un des sanctuaires les plus vénérés de toute la Bretagne. Construite du XIVe au XVIe siècle, elle est surmontée de trois tours, dont une avec flèche en pierre de 60 mètres de haut. Un porche latéral, converti en oratoire, abrite la célèbre statue de Notre-Dame, qui reçut, le 8 septembre 1857, la couronne d'or offerte par le Pape aux images de la Vierge réunissant la triple condition de l'ancienneté, de la popularité et des miracles. Jadis fortifiée, la ville a conservé une grande partie de ses remparts et son château du XIe siècle, auquel se rattache le souvenir sympathique de la vertueuse Françoise d'Amboise. — Guingamp, d'origine féodale, fut la capitale du comté, plus tard duché de Penthièvre, et comme telle joua un rôle considérable dans la guerre de la succession de Bretagne. — A 3 kilomètres à l'ouest, l'église Notre-Dame-des-Grâces, l'un des types les plus complets du gothique fleuri en Bretagne, recèle les restes du prétendant Charles de Blois, tué à Auray en 1364.

BÉGARD se forma autour d'une abbaye de l'ordre de Cîteaux fondée en 1130 par Étienne III, comte de Penthièvre, et qui, reconstruite au XVIIIe siècle, sauf l'église, est devenue communauté de religieuses avec hospice d'aliénées. Le menhir de Kerguézennec, haut de 6 mètres, est un monument historique.

BELLE-ISLE-EN-TERRE, sur le Guer, près des forêts de Coat-an-Noz et de Coat-an-Nay, extrait du minerai de fer et fabrique du papier.

BOURBRIAC, à l'ouest du Trieux, conserve une ancienne et belle église où se vénèrent les reliques de saint Criac, qui fonda au Ve siècle le monastère autour duquel s'éleva le bourg. — *Bulat* possède une remarquable église de la Renaissance, type de l'architecture bretonne de cette époque, — et *Paule*, des retranchements supposés gallo-romains.

PONTRIEUX, ainsi que l'indique son nom, doit son origine à un pont sur le Trieux, qui y devient navigable. Il fut pris et incendié tour à tour par les Anglais et les Français; son port arme principalement pour la pêche du saumon. — Au nord de *Ploëzal*, sur un coteau dominant le Trieux, se dresse le curieux château de la Roche-Jagu, pris par Olivier de Clisson et reconstruit au XVe siècle.

---

[1] Arrondissement de GUINGAMP : 10 *cantons*, 78 communes, 127990 habitants.
Cantons et communes principales : 1. *Guingamp*, 9270 hab.; Plouisy, 1880; Ploumagoar, 2350. — 2. *Bégard*, 4920; Pédernec, 3070. — 3. *Belle-Isle-en-Terre*, 1940; Louargat, 4850; Plougonver, 2670. — 4. *Bourbriac*, 4090; Plésidy, 1580; Pont-Melvez, 1750. — 5. *Callac*, 3300; Bulat, 1720; Carnoët, 2370; Maël, 1550; Plourach, 1590; Plusquellec, 1650. — 6. *Maël-Carhaix*, 2620; Locarn, 1540; Paule, 1720. — 7. *Plouagat*, 2170; Goudelin, 2200; Lanrodec, 1590. — 8. *Pontrieux*, 1970; Ploëzal, 2560; Plouëc, 1870; Quemper, 2220. — *Rostrenen*, 1870; Glomel, 3860; Kergrist, 2510; Plouguernével, 2700; Plounévez, 2560. — 10. *Saint-Nicolas-du-Pélem*, 2930; Canihuel, 1550; Lanrivain, 1630.

Glomel est la commune la plus étendue du département (8 400 hectares); le canal de Nantes à Brest la traverse par un tunnel de 3 kilomètres. — *Sainte-Tréphine* a une église du xv⁰ siècle, qui renferme les reliques de sainte Tréphine, épouse du fameux Comorre le Maudit (v⁰ siècle), et celle de leur fils, saint Trémeur.

V. **LANNION**, sous-préfecture de 6 000 âmes[1], est située par 23 mètres d'altitude sur le Guer, à 7 kilomètres de son embouchure dans la Manche. Cette rivière y forme un petit port qui expédie des céréales et du bétail.

Tréguier. Écussons héraldiques.

Lannion est une ville ancienne, dont le nom apparaît vers 1150 dans la charte de fondation du prieuré de Kermaria, et dont l'église, dédiée à saint Jean, date du xv⁰ siècle. Elle devint chef-lieu d'un comté et fut ceinte de murailles. En 1346, les Anglais tentèrent de s'en emparer par surprise; mais un chevalier nommé Geoffroy Pontblanc donna l'éveil et fut tué; une croix scellée contre une des maisons de la rue de Tréguier rappelle son dévouement, inutile d'ailleurs, car l'ennemi prit la ville peu après.

Non loin de *Brélevenez*, église romane de Notre-Dame-des-Neiges, qui appartint autrefois à une commanderie de Templiers. — Dans la commune de *Ploubezre*, sur un plateau de la rive gauche du Guer, on voit l'imposant château de Kergrist et la belle chapelle de Kerfons.

Lézardrieux est un port très favorisé sur l'estuaire du Trieux, car il n'a pas moins de 13 mètres de profondeur à marée basse, quoique à 12 kilomètres de la mer. On y admire un pont suspendu de 150 mètres de long et élevé de 30 mètres au-dessus du fleuve; les navires de 200 tonnes peuvent passer sous son tablier toutes voiles déployées.

Perros-Guired, dont dépendent les Sept-Iles, est une station de bains

---

[1] Arrondissement de Lannion : 7 *cantons*, 65 communes, 102 660 habitants.
Cantons et communes principales : 1. *Lannion*, 6130 hab.; Brélevenez, 1530; Ploubezre, 2910; Servel, 1570. — 2. *Lézardrieux*, 2100; Pleubian, 3390; Pleudaniel, 2200; Pleumeur, 2250. — 3. *Perros-Guirec*, 2810; Louannec, 1520; Pleumeur, 3180; Trébeurden, 1890. — 4. *Plestin-les-Grèves*, 3210; Lanvellec, 1640; Ploumilliau, 3070; Plufur, 1540. — 5. *Plouaret*, 2950; Loguivy, 2960; Plouhérin, 1620; Plounévez, 3060; Pluzunet, 2140; Tonquédec, 1850; Vieux-Marché, 2380. — 6. *La Roche-Derrien*, 1320; Cavan, 1530; Pommerit, 2090; Prat, 1790. — 7. *Tréguier*, 3050; Langoat, 1820; Penvénan, 2780; Plougrescant, 2050; Plouguiel, 2150.

de mer et un petit port sur la Manche. — De *Pleumeur* dépend l'île Grande, qui renferme d'abondantes carrières de beau granit exporté dans toute la Bretagne.

Plestin-les-Grèves, près d'une belle grève très fréquentée par les baigneurs, conserve dans son église le tombeau de saint Efflam, fils d'un roi anglo-saxon. — Celle de *Ploumilliau*, en partie gothique et de la Renaissance, est dédiée à saint Milliau, roi d'Armorique. — *Trédrez*, qui a eu pour curé saint Yves, possède aussi une église remarquable, comme d'ailleurs tant d'autres paroisses de la religieuse Bretagne.

La commune de *Plounévez - Moëdec* possède la splendide chapelle de Keramanac'h, — et celle de *Tonquédec* les magnifiques ruines d'un château fort, surnommé le « Pierrefonds de la Bretagne ». Construit vers 1400 sur le bord du Guer, il se compose de trois enceintes successives flanquées de sept tours principales. Ce fief de Tonquédec, qui avait titre de vicomté, fut constitué au XIIe siècle pour une branche cadette de la maison de Penthièvre.

Tréguier.
Le cloître du XVe siècle, page 40.

La Roche-Derrien, sur le Jaudy, est une ancienne place forte qui doit son origine à un château aujourd'hui en ruines, bâti vers 1070 par Derrien, comte de Penthièvre. Elle est célèbre par la bataille livrée sous ses murs en 1347. « Cette place venait d'être prise par les Anglais. Charles de Blois s'avança pour les en chasser. On se battit avec un incroyable acharnement le jour et la nuit, à la lueur du soleil et des flambeaux. Adossé par les ennemis à un moulin à vent, percé de dix-huit blessures, Charles combattit « comme une lionne à qui on enlève ses petits ». Autour de lui furent tués les seigneurs de Laval, de Rohan, de Rougé, de Chateaubriand, de Boisboixer, et plus de 200 autres auxquels il faut ajouter 4 000 hommes d'armes. Il se rendit enfin à un chevalier breton et fut transporté dans la ville; mais le capitaine anglais d'Agworth, l'ayant trouvé tout sanglant sur un lit de plumes, le fit jeter sur la paille. Charles « bénit et loua Dieu, confessant qu'il avait mérité d'être traité de la sorte, et faisant vœu qu'à l'avenir il coucherait sur la paille, ce qu'il observa le reste de sa vie ». C'est cette captivité de son époux qui obligea

Jeanne de Penthièvre d'entrer dans la lice, où elle tint tête héroïquement à Jeanne de Montfort. » (MALTE-BRUN.)

Dans la commune de *Berhet,* se trouve la belle chapelle avec calvaire de Notre-Dame-de-Confort; un pardon s'y tient le dernier dimanche de septembre.

TRÉGUIER s'élève pittoresquement sur un promontoire baigné par le Guindy et le Jaudy, les deux branches de la « rivière de Tréguier ». Cette rivière, véritable estuaire, y forme un port qui peut recevoir des navires de 800 tonnes et arme pour la pêche de la morue en Islande. Il y a aussi des parcs à huîtres. On remarque à Tréguier une grande et belle église gothique du XIVᵉ siècle, surmontée de trois tours et renfermant le tombeau de saint Yves, l'un des patrons les plus vénérés de la Bretagne; un vaste et remarquable cloître du XVᵉ siècle l'accompagne. Tréguier doit son origine, du moins comme ville, à un évêché dont saint Tugdual fut le premier titulaire (VIᵉ siècle). En 1386, Olivier de Clisson y fit construire une cité de bois destinée à une descente en Angleterre; mais les tempêtes la firent échouer. Les Espagnols prirent et pillèrent Tréguier en 1592, et la Révolution supprima son évêché.

Église et calvaire de Confort.

A *Langoat,* l'église renferme le mausolée de sainte Pompée, mère de saint Tugdual, tandis qu'à *Plougrescant* une chapelle possède celui de saint Gonéry.

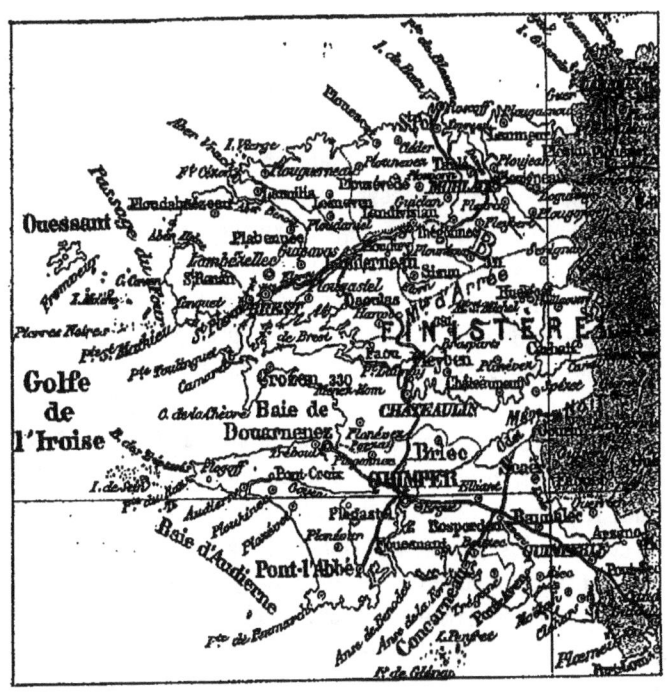

FINISTÈRE

5 ARRONDISSEMENTS, 43 CANTONS, 294 COMMUNES, 739 600 HABITANTS

Géographie. — Ce département est ainsi nommé de sa situation à l'extrémité, à la *fin des terres* françaises de l'occident; aussi devrait-on écrire *Finisterre*. Il a été formé de pays de la Basse-Bretagne : le *diocèse de Saint-Pol-de-Léon*, et une partie du *diocèse de Tréguier*, au nord; le *diocèse de Quimper* ou la basse Cornouaille, au sud. Sa superficie est de 7 070 kilomètres carrés, dont 29 pour les dépendances insulaires. Dix-neuf départements sont plus étendus.

Ce territoire est un plateau granitique et schisteux supportant deux chaînes de hautes collines, qui limitent le bassin de l'Aulne en convergeant vers son embouchure. Ce sont : 1° au nord, les monts d'*Arrée*, le « dos de la Bretagne », où s'élève à 391 mètres d'altitude la chapelle *Saint-Michel-de-Brasparts*, culmen non seulement du Finistère, mais encore de la province : ce mont est au sud de Sizun, sur la route de Quimper à Morlaix; 2° au sud, les *Montagnes-Noires*, ayant pour sommet principal le Menez-Hom ou la « montagne de l'Ange » (330 mètres), à l'ouest de Châteaulin. Quimper est à 6 mètres d'altitude, Quimperlé à 28 ; l'altitude moyenne est de 130 mètres environ.

« Les Montagnes-Noires, comme les monts d'Arrée, sont une vaste charpente, composée presque exclusivement de granits et de schistes, un amoncellement de pierres décharnées, une nudité presque absolue, une lugubre monotonie ; c'est une région couverte de landes stériles ou de rochers décomposés par le temps, où il ne croît qu'une herbe courte et chétive ; mais à leurs flancs sont creusés des vallons où coule une eau vive ; il en descend mille ruisseaux qui se précipitent avec rapidité ; on entend de tous côtés, dans ces vallées, le tictac des moulins. »

(F. Jéhan.)

La côte. — Toutefois c'est au bord de la mer qu'est la beauté vantée de ce département. Baigné par la Manche au nord, par l'Océan à l'ouest et au sud, il présente plus de 600 kilomètres de côtes généralement granitiques et escarpées, qui sont parmi les plus sauvages, les plus hérissées d'écueils, les plus tourmentées et aussi les plus richement découpées en fiords et en baies qui existent. La côte occidentale est celle qui présente le plus de grandeur et de caractère. Sur une distance de 110 kilomètres en ligne droite, qui sépare la pointe de Roscoff de la pointe de Penmarch, elle est divisée par deux enfoncements considérables en trois presqu'îles, et dessine une espèce de bec d'aigle entr'ouvert, dont les presqu'îles de Brest et d'Audierne seraient les mandibules et celle de Crozon la langue. En face de la presqu'île de Brest, que termine le cap Corsen, le plus occidental de la France, et la pointe Saint-Mathieu, s'ouvre le long et dangereux passage du Four, au delà duquel s'alignent une série d'îlots, restes d'une terre disparue ; les plus méridionaux forment la chaussée dite des Pierres-Noires, et les autres conduisent vers le nord-ouest au passage de Fromveur (la Grande-Angoisse) et à la grande île d'Ouessant.

De la pointe Saint-Mathieu à la pointe du Raz, la mer prend le nom de golfe de l'Iroise, dans lequel débouchent les baies de Brest et de Douarnenez, où la navigation est relativement facile. La baie ou rade de Brest, l'une des plus belles et des plus spacieuses du continent, a pour entrée un goulet hérissé de forts, long de 5 kilomètres et large de 1 500 à 3 000 mètres. La presqu'île de Crozon, schisteuse et stérile, s'avance en formant trois pointes divergentes. Au sud, la baie de Douarnenez est entourée de nombreux petits hameaux de marins, pêcheurs de sardines. La presqu'île d'Audierne ou de Cornouaille (*Cornus Galliæ*) se termine par la pointe du Raz, haute de 72 mètres, et par la baie trop bien dénommée des Trépassés, sur le redoutable passage du Raz, qui conduit à l'île de *Sein*, aux souvenirs druidiques. Une série d'écueils forme, à l'ouest, le Pont-de-Sein, qui limite l'Iroise au sud, comme les Pierres-Noires la bordent au nord. La large baie d'Audierne, stérile et déserte, rattache par une courbe régulière la pointe du Raz à la pointe de Penmarch (en breton « tête de cheval »), entourée d'écueils appelés roches de Penmarch, où la mer déferle avec fureur et où la côte bretonne commence à faire face au midi. Là nous trouvons successivement l'anse de Benodet, où aboutit le fiord de l'Odet; puis l'anse de la Forêt, baignant le port de pêche de Concarneau, et l'anse du Pouldu, entre les échancrures de l'Aven et de la Laïta. En face se développe un plateau sous-marin portant les roches et les neuf îlots de Glenan.

A part l'*Aulne*, rivière assez considérable, les cours d'eau du Finistère ne sont que des ruisseaux ou des riviérettes qui s'épanouissent en estuaires navigables avant leur arrivée à la côte. Ceux du versant nord ou de la Manche sont : le *Dossen*, rivière de Morlaix; le *Penzé*, l'*Aber-Vrach* et l'*Aber-Benoît* (*aber*, en breton, signifie havre). Ceux du versant de l'Atlantique sont : l'*Aber-Ildut*, l'*Elorn* ou rivière de Landerneau, qui dans l'ancienne Bretagne séparait le Léonais de la Cornouaille; l'*Aulne*, rivière de Châteaulin, grossie de l'*Aven*; l'*Odet*, qui baigne Quimper, et la *Laïta*, rivière de Quimperlé. Le canal de *Nantes à Brest* est généralement confondu avec l'Aulne.

Sauf dans les montagnes, le Finistère jouit d'un *climat* extraordinairement tempéré (23° à 6°), dû au voisinage de la mer. Par contre, le ciel est généralement assombri; les pluies, fréquentes mais fines, donnent en moyenne 85 centimètres d'eau par année.

Grâce à cette douceur et humidité de l'atmosphère, ainsi qu'aux engrais employés : sable calcaire, plantes et vases marines (varech, goémon, tangue), la fertilité règne sur les trois septièmes des terres, qui fournissent les céréales, le lin et le chanvre ; celles du littoral, ou *Ceinture dorée*, produisent abondamment des fruits et légumes, voire des arbustes méridionaux, tels que figuiers, orangers, lauriers, ce qui est proprement l'effet des courants marins (*Gulf-Stream*) venus des mers tropicales. Dans l'intérieur, au contraire, s'étendent le plus souvent des landes et des marais. Le département tient le premier rang pour le nombre des chevaux (104 000), le second pour celui des bêtes à cornes (420 000), qui sont de petite taille, mais sobres et robustes. Il est aussi remarquable par la quantité des porcs, des ruches d'abeilles et des pommiers à cidre.

Le Finistère extrait le beau granit bleu, appelé pierre de Kersanton, et les ardoises des arrondissements de Morlaix et de Châteaulin. L'industrie se rapporte principalement aux constructions navales, dont Brest est le centre naturel. Les ports secondaires construisent des bateaux de pêche et de cabotage, tandis que les villes de Landerneau, Morlaix et Landivisiau, se distinguent par la fabrication des toiles. Pour les riverains, la principale source des richesses réside dans la pêche des sardines et les transports maritimes.

Les habitants. — De 439 000 habitants en 1801, la population du Finistère s'est élevée à 643 000 en 1871, et à 739 600 en 1896 : ce qui place ce département au 7e rang pour la population absolue, et au 10e pour la densité, avec 105 habitants par kilomètre carré. — Excepté à Brest, à Morlaix et à Quimper, le breton est parlé ou compris partout; le français est aussi compris partout, mais il est encore très peu usité dans les campagnes. On compte un millier de protestants et une centaine de juifs.

Personnages. — Le marin Portzmoguer, dit Primauguet, né à Plouarzel, mort en 1512. Le missionnaire Le Noblez, né à Kérodren, mort en 1729. Le critique Fréron, né à Quimper, mort en 1776. Le marin de Couëdic, né à Quimperlé, mort en 1780. Le navigateur de Kerguelen, né à Quimper, mort en 1796. Le grenadier La Tour-d'Auvergne, né à Carhaix, mort en 1800. Le marin Cornic-Duchêne, né à Morlaix, mort en 1809. Le dessinateur Ozanne, né à Brest, mort en 1811. Le général Moreau, né à Morlaix, mort en 1813. Le médecin Laënnec, né à Quimper, mort en 1826. Le linguiste Le Gonidec, né au Conquet, mort en 1838. L'écrivain Émile Souvestre, né à Morlaix, mort en 1854.

Administrations. — Le Finistère forme le diocèse de Quimper et de Léon, ressortit à la cour d'appel et à l'académie de Rennes, à la 11e région militaire (Nantes), au 2e arrondissement maritime (Brest) et à la 2e région agricole (Ouest). Il comprend cinq arrondissements : *Quimper, Brest, Morlaix, Châteaulin, Quimperlé*, avec 43 cantons et 294 communes.

I. **QUIMPER-CORENTIN**, chef-lieu du département[1], peuplé de 18 500 âmes, s'élève à 6 mètres d'altitude sur le penchant d'une colline baignée par l'Odet et le Steir, les deux branches de la « rivière de Quimper ». Cette rivière, estuaire de 17 kilomètres de long, forme à sa naissance le port de la ville, qui peut recevoir des navires de 200 tonnes. L'industrie quimpéroise comprend notamment des fabriques de faïence, des minoteries et des tanneries importantes. — Quimper, l'une des plus jolies villes bretonnes, possède entre autres églises une magnifique cathédrale gothique, construite de 1239 à 1515, sauf les flèches hautes de 75 mètres, qui furent exécutées vers le milieu de ce siècle, moyennant une souscription d'un sou par tête et par an, dite souscription de saint Corentin. Une place, ornée de la statue de Laënnec, s'étend entre la cathédrale et l'hôtel de ville, auquel est annexé un musée d'art, d'antiquités et d'ethnographie.

---

[1] Arrondissement de QUIMPER : 9 *cantons*, 67 communes, 182350 habitants.
Cantons et communes principales : 1. *Quimper*, 18560 habitants; Ergué-Armel, 3200; Ergué-Gabéric, 2530; Kerfeunteun, 2920; Penhars, 1910; Plomelin, 1910; Pluguffan, 1930. — 2. *Briec*, 4770. — 3. *Concarneau*, 6500; Beuzec, 3990; Lanriec, 2300; Trégunc, 4470. — 4. *Douarnenez*, 11470; Guengat, 1500; Ploaré, 3630; Plogonnec, 8170; Pouldergat, 2830; Poullan, 1780; Tréboul, 4040. — 5. *Fouesnant*, 2910; Forêt (la), 1980; Saint-Evarzec, 1550. — 6. *Plogastel-Saint-Germain*, 2120; Landudec, 1510; Peumérit, 1640; Plonéour, 3860; Plovan, 1640; Plozévet, 4210; Pouldreuzic, 2220. — 7. *Pont-Croix*, 2890; Audierne, 4380; Beuzec, 2290; Cléden, 2790; Esquibien, 2410; Plogoff, 2180; Plouhinec, 5510; Primelin, 1530. — 8. *Pont-l'Abbé*, 5800; Combrit, 2550; Guilvinec, 3620; Loctudy, 2350; Penmarch, 4300; Plobannalec, 2990; Plomeur, 2430; Treffiagat, 1560. — 9. *Rosporden*, 2070; Elliant, 3790; Saint-Yvy, 1630.

On remarque aussi quelques maisons en bois fort intéressantes et des restes notables des fortifications élevées au xv siècle.

Quimper est l'ancienne *Corisopitum*, capitale des Corisopites, qui d'abord furent les clients des Osismiens. Grallon, premier roi de Cornouaille, personnage moitié historique, moitié fabuleux, est regardé comme le fondateur de la ville, de même que saint Corentin, son premier évêque, en est vénéré comme le patron. Ils étaient d'ailleurs contemporains et amis, ainsi qu'en témoigne la légende suivante :

« Saint Corentin s'était établi près d'une fontaine au bord de la mer. Dieu lui envoya, dit Albert le Grand, un petit poisson en sa fontaine, lequel tous les matins se présentait au saint, qui en coupait une pièce pour sa pitance et le rejetait dans l'eau, où tout à l'instant il se trouvait entier, sans lésion ni blessure. Un soir, arriva avec un grand bruit de cors, de chiens et de chevaux, le roi Grallon, au milieu de sa cour brillante d'or et de soie. Sans se laisser embarrasser du nombre, le saint, pour restaurer tout ce monde, alla à sa fontaine, coupa un morceau du petit poisson, et l'apporta au maître d'hôtel du monarque.

Quimper. La cathédrale Saint-Corentin.

Celui-ci se mit à rire, disant que cent fois autant ne suffirait pas pour le train du roi; mais le petit morceau de poisson se multiplia de telle sorte, que le roi et toute sa suite en furent rassasiés. Grallon, émerveillé, rendit hommage à la sainteté de son hôte, et lui donna la forêt de Nevet, ainsi qu'un château qui devint un monastère. Bientôt après, les prédications de Corentin ayant converti toute la Cornouaille, Grallon le nomma évêque de Quimper, après l'avoir envoyé se faire sacrer à Tours par saint Martin. Il lui donna son propre palais, et, pour laisser la ville à Corentin, il transféra sa cour en la ville d'Is, située sur la baie des Trépassés. »

Plus tard, la cité des Corisopites prit le nom breton de *Kemper,* qui veut dire confluent (de l'Odet et du Steir), auquel s'ajouta celui de Corentin. Durant tout le cours du moyen âge, Quimper resta sous la juridiction temporelle des évêques et n'eut que le titre nominal de capitale de la Cornouaille. Elle n'en fut pas moins assiégée par les Anglais. Charles de

Blois la saccagea en 1344, et les royalistes, commandés par d'Aumont, s'en emparèrent après un long siège en 1594.

Concarneau, port sûr, mais de difficile accès, à l'entrée de l'anse de la Forest, fait en grand la pêche des sardines, qu'il prépare ensuite comme conserves alimentaires dans de nombreuses et importantes usines. Il y a un vaste établissement de pisciculture. — Concarneau (de *conk*, port ; *carn*, pierre) se compose de la Ville-Close, ou ancien Concarneau, entourée de murs épais flanqués de tours, et du faubourg de Sainte-Croix. Du Gues-

Douarnenez. Port de pêche et la rade.

clin s'en empara en 1373, les Ligueurs en 1576, et les royalistes en 1594. — Bains de mer; chapelle Notre-Dame de Bon-Secours. Au territoire de *Beuzec-Conq*, magnifique château moderne de Kéryolet, de style Louis XII.

Douarnenez, au fond de la belle baie de même nom, est un port d'accès facile, qui pratique la pêche en grand des sardines. En 1887, les bateaux de pêche de son quartier, au nombre d'environ 750, ont capturé pour une valeur de 3 300 000 francs, sur lesquels 2 700 000 francs représentent plus de 125 millions de sardines. En face de la ville se trouve l'île Tristan, qui, sous Henri IV, servit de retraite au terrible La Fontenelle, capitaine du duc de Mercœur. — *Ploaré*, au sud, possède une église surmontée de l'un des plus élégants clochers de Bretagne. — De Fouesnant dépendent les îlots de Glenan, qui, paraît-il, furent jadis un séjour de druides.

Pont-Croix, sur le Goayen, possède un petit séminaire et une église remarquable par son beau portail et sa flèche gothique, haute de 67 mètres.

Audierne, port sur l'estuaire du Goayen, au nord de la large baie d'Audierne, s'adonne, ainsi que tous les havres de son quartier, à la pêche des crustacés et surtout des sardines, poissons voyageurs qui fréquentent la baie par bandes nombreuses, de la fin de mai jusqu'en octobre ou novembre. Fabriques de conserves alimentaires et de soude de varech. Cette ville doit sa décadence, au XV° siècle, à l'abandon de la baie par les morues qui en faisaient la richesse. La mer, très dangereuse dans toute cette baie, a occasionné de nombreux naufrages qui, pendant longtemps, donnèrent lieu à des scènes de pillage de la part des riverains.

Plogoff est situé près de la pointe du Raz ou cap Sizun, de 62 mètres d'élévation, portant un phare de premier ordre et d'où l'on jouit d'une vue qui s'étend de la pointe Saint-Mathieu à celle de Penmarch. Ce dernier cap limite au sud la sinistre *baie des Trépassés*, sur laquelle s'ouvre une grotte appelée « Enfer de Plogoff », où la mer s'engouffre avec un mugissement terrible. Aussi les Bretons de cette côte inhospitalière ont-ils élevé aux environs une chapelle sous le vocable de Notre-Dame de Bon-Voyage. C'est au bord de la baie des Trépassés que l'on place l'opulente mais légendaire ville d'Is, détruite par la vengeance divine au V° siècle en punition des crimes de Dahut, fille du roi Grallon. La vieille Lutèce, toujours d'après la légende, n'aurait reçu le nom de Paris (Par-Is) que parce qu'elle égalait en richesse et en beauté cette cité bretonne.

En face de la pointe du Raz est la célèbre **île de Sein**, îlot plutôt, car sa superficie n'est que de 56 hectares; elle forme une commune de 800 habitants, la plupart pêcheurs ou sauveteurs de navires. Les récifs qui l'entourent et l'extrême violence de l'Océan rendent ici la navigation très périlleuse. De là, le dicton : « Jamais homme n'a traversé le Raz sans peur ou malheur; » de là aussi la touchante prière du matelot breton engagé dans ces parages : « Secourez-moi, mon Dieu, pour traverser le Raz : ma barque est si petite, et la mer est si grande! » Quant à la chaussée de Sein, formée des récifs d'ouest, elle était tristement célèbre avant la construction, sur l'un de ces récifs, du phare d'*Ar-Men*, « une des œuvres les plus difficiles que l'industrie moderne ait pu accomplir. » Sein, en breton *Sizun*, « les Sept-Sommeils, » est l'antique *Sena* de Pomponius Mela, au rapport duquel cet îlot renfermait un célèbre oracle, dont neuf druidesses étaient les interprètes.

Pont-l'Abbé est un petit port de pêche et d'échouage sur la rivière de même nom. Près du port, le clocher gothique de Lambour rappelle par l'absence de sa flèche une exécution de Louis XIV, qui la fit abattre en 1673 pour punir les habitants révoltés contre l'impôt du papier timbré. Au sud-ouest, le manoir de Kernuy renferme une intéressante collection d'antiquités trouvées dans la Cornouaille. Pont-l'Abbé doit son nom aux abbés de Loctudy, qui le possédèrent d'abord, mais le laissèrent ensuite usurper par des barons laïques. Les habitants du canton de Pont-l'Abbé se distinguent par leur persévérance à porter le costume antique. — La commune de *Plobalennec* est un des points de la Bretagne les plus riches en mégalithes. — Le havre de *Guilvinec*, situé au sud-est, sert d'abri en hiver à plus de 300 bateaux de pêche.

Penmarch (en breton « tête de cheval »), qui a donné son nom à la pointe voisine, compta, dit-on, jusqu'à 10 000 habitants et fut, au xve siècle,

La baie et la pointe de Penmarch.

presque aussi important que Nantes. Sa décadence eut pour causes : la disparition des bancs de morues par l'action de quelques-uns de ces raz de marée si fréquents sur le littoral cornouaillais; la découverte des bancs analogues de Terre-Neuve, dont s'emparèrent les Malouins, et finalement les ravages de l'aventurier Fontenelle, qui en 1590 pilla la ville et en chassa les habitants. De sa grandeur passée il reste six églises paroissiales et de nombreuses ruines qui en font l'un des sites les plus remarquables de France. Peu de côtes sont aussi inhospitalières que celles de cette région. Dans le gros temps, la mer déferle avec une telle fureur contre une ceinture de récifs voisins, que les détonations se font entendre jusqu'à Quimper, distant de 30 kilomètres. Nul doute que *Notre-Dame de la Joie*, dont la chapelle s'élève près de ces lieux redoutables, n'ait justifié son beau nom à l'égard des pauvres matelots qui l'ont invoquée dans leurs périls.

II. **QUIMPERLÉ**, sous-préfecture de 8300 habitants[1], est située par 30 mètres d'altitude au confluent de l'Ellé et de l'Isole, d'où son nom, qui veut dire en breton « confluent de l'Ellé ». Ces deux cours d'eau forment la rivière navigable appelée Laïta, que les barques de 40 tonnes remontent jusqu'à cette ville, dont le commerce a surtout pour objet les engrais marins. Quimperlé possède deux églises : Saint-Michel, des XIVe-XVe siècles, et Sainte-Croix, bâtie en rotonde au XIIe siècle pour l'abbaye qui se voit encore à côté. Cette abbaye, à laquelle Quimperlé dut ses premiers développements, est l'œuvre d'Alain Cagniart, comte de Cornouaille, qui l'éleva en 1029 sur le tombeau de saint Gunthiern, roi anglo-saxon devenu ermite. Saint Gurloës, vulgairement appelé Urlou, en fut le premier abbé. Autrefois fortifiée, la ville fut prise aux Anglais en 1373, et par les royalistes en 1590.

Les environs de Quimperlé offrent des sites pittoresques et des lieux intéressants; tels sont : les vallées de l'Isole, de l'Ellé et de la Laïta ; l'école pratique d'agriculture et d'irrigation du *Lézardeau;* la vieille église gothique de Lothéa, où se tiennent un pardon et une foire aux oiseaux, le lundi de la Pentecôte; puis, sur la commune de *Clohars-Carnoët,* les beaux restes d'une abbaye cistercienne du XIIe siècle, avec chapelle renfermant les reliques de saint Maurice, qui en fut le premier abbé; le château en ruines de Carnoët, dans la forêt de ce nom, où il occupe l'emplacement de celui de Comorre (VIe siècle), le Barbe-Bleue de la Bretagne; enfin la belle plage et le petit port de pêche de Douélan.

Au canton d'ARZANO, *Rédené* montre le château de Rosgrand, dont la chapelle surtout est remarquable, — et *Guilligomarc'h,* le cromlech dit Tombeau de la Fileuse.

PONT-AVEN, au pied de collines rocheuses sur l'Aven, possède un petit port et d'importants moulins, autrefois plus nombreux : « Pont-Aven, ville de renom, quatorze moulins, quinze maisons, » disait un proverbe breton.

— A *Riec* se trouvent de grands parcs à huîtres.

SCAER, sur l'Isole, qui y donne le mouvement à une papeterie, offre la fontaine Sainte-Candide, réputée miraculeuse, et des enceintes retranchées supposées romaines.

III. **CHATEAULIN**, sous-préfecture de 3900 âmes[2], est une

---

[1] Arrondissement de QUIMPERLÉ : 5 *cantons,* 21 communes, 60990 habitants.
 Cantons et communes principales : 1. *Quimperlé,* 8310; Clohars, 8770; Mellac, 1500. — 2. *Arzano,* 1950; Rédené, 1550. — 3. *Bannalec,* 5910; Kernével, 2540; Melgven, 2930; Trévoux, 1550. — 4. *Pont-Aven,* 1660; Moëlan, 5730; Névez, 2660; Nizon, 1530; Riec, 4420. — 5. *Scaër,* 5940; Querrien, 3170; Saint-Thurien, 1660.

[2] Arrondissement de CHATEAULIN, 7 *cantons,* 62 communes, 120810 habitants.
 Cantons et communes principales : *Châteaulin,* 3860; Cast, 2110; Dinéault, 2050; Plomodiern, 2980; Plonévez, 3130; Quéménéven, 1710; Saint-Ségal, 1640. — 2. *Carhaix,* 3030; Cléden, 1780; Poullaouen, 3230; Saint-Hernin, 1650; Spézet, 3590. — 3. *Châteauneuf,* 3660; Collorec, 1580; Coray, 2570; Landaleau, 1630; Leuhan, 1760; Plonévez-du-Faou, 4770; Saint-Goazec, 1550. — 4. *Crozon,* 8340; Camaret, 1980; Telgruc, 2140. — 5. *Le Faou,* 1290; Lopérec, 1760; Quimerch, 2240; Rosnoën, 1560. — 6. *Huelgoat,* 1410; Berrien, 2250; la

ancienne ville bâtie par 10 mètres d'altitude dans la pittoresque vallée de l'Aulne, généralement appelée « rivière de Châteaulin » d'ici à son embouchure dans la rade de Brest. Dores et déjà confondue avec le canal de Brest à Nantes, cette rivière y forme un port qui expédie les excellentes ardoises extraites dans les environs. Sur une hauteur de la rive gauche, la chapelle Notre-Dame est le seul reste du château bâti au xe siècle par Alain le Grand, comte de Cornouaille, et auquel la ville doit son nom. En 1373, du Guesclin prit Châteaulin aux Anglais. — *Port-Launay*, à trois kilomètres en aval, est le véritable port de Châteaulin. A l'ouest, le chemin de fer franchit l'Aulne sur un viaduc colossal de 12 arches, élevé de 50 mètres au-dessus de l'étiage. — *Locronan*, près de la forêt du Duc, possède le tombeau très vénéré de saint Ronan, — et *Plonévez-Porzay*, la chapelle de Sainte-Anne-la-Palud, un des sanctuaires les plus anciens de la Bretagne. — A *Saint-Ségal* se trouve la poudrerie nationale du Pont-de-Buis.

CARHAIX, sur une colline dominant l'Hyères ou Aven, est l'antique *Vorgium*, l'une des deux cités principales des Osismiens; elle fut très disputée durant la guerre de Succession. On y remarque des restes de voies et d'un aqueduc romains; l'église Saint-Trémeur, avec portail délicieusement sculpté, et la statue en bronze de La Tour-d'Auvergne, « le premier grenadier de France, » né à Carhaix en 1743, tué au combat d'Oberhausen, près Neubourg (Bavière), le 28 juin 1800. — *Poullaouen* possède une importante mine de plomb argentifère, qui fut exploitée depuis le xve siècle jusqu'au milieu du xixe. — *Spezet* a un camp antique, de même que CHATEAUNEUF-DU-FAOU, où l'on extrait des ardoises estimées.

CROZON, commune de 9000 habitants, dont à peine un millier sont agglomérés, a donné son nom à la presqu'île schisteuse, déchiquetée et stérile, qui s'allonge entre la rade de Brest et la baie de Douarnenez. Formidablement armée à son extrémité nord, cette péninsule est surtout remarquable par les innombrables mégalithes de ses plateaux et les grottes creusées dans sa côte escarpée par une mer toujours orageuse. — *Camaret*, à l'extrémité de la presqu'île de Crozon, est un petit port de refuge, de pêche et de cabotage; le 18 juin 1794, les Anglo-Hollandais y furent complètement défaits. Près de là se trouvent les curieux alignements mégalitiques du Toulinguet. — *Landévennec*, à l'embouchure de l'Aulne, doit son origine à son abbaye, la plus ancienne de Bretagne, fondée au ve siècle par saint Guénolé et le roi Grallon, qui tous deux y eurent leurs sépultures.

HUELGOAT, à quatre kilomètres de l'Aulne, possédait comme Poullaouen d'importantes mines de plomb argentifère, qui ne sont plus exploitées. Chapelle Notre-Dame-des-Cieux, but de pèlerinage, et camp d'Artus, présumé romain.

Feuillée, 1840; Plouyé, 2090; Scrignac, 3260. — 7. *Pleyben*, 5620; Brasparts, 3420; Édern, 2310; Gouézec, 2280; Lennon, 1320.

PLEYBEN, près de l'Aulne, a une église monumentale de la Renaissance, dans les dépendances de laquelle est un calvaire de 1650, le plus beau de la Bretagne après celui de Plougastel-Daoulas. Extraction d'ardoises. — Au territoire de *Brasparts*, le mont Saint-Michel, que couronne une chapelle dédiée au grand archange, est le point le plus élevé de toute la Bretagne :

Lavage du minerai de plomb, à Huelgoat (abandonné).

391 mètres. — Aux environs de *Loqueffret*, l'Ellé tombe de 70 mètres en une série de chutes et de rapides : c'est la *cascade de Saint-Herbot*, « très belle après les fortes pluies; tombant le long d'une montagne de granit recouverte de chênes, de hêtres, de sorbiers, elle s'abîme dans un gouffre parsemé d'énormes rochers. »

IV. **BREST** est une ville de 75 000 âmes[1], située à l'embouchure de

---

[1] Arrondissement de BREST : 12 *cantons*, 84 communes, 235 250 habitants.
Cantons et communes principales : 1-3. *Brest*, 74 540 habitants; Gouesnou, 1 510; Guilers, 1 820; Lambézellec, 16 420; Saint-Marc, 8 410; Saint-Pierre-Quilbignon, 9 100. — 4. *Daoulas*,

la Penfeld, dans la rade de Brest. C'est non seulement le siège d'une sous-préfecture ordinaire, mais encore et surtout d'une préfecture maritime, dont l'action s'étend de la baie de Saint-Malo à la pointe de Penmarch. Brest a deux ports : un port militaire et un port marchand, creusés au fond d'une des rades les plus belles et les plus sûres de l'Europe. Cette rade, où 200 vaisseaux de guerre pourraient manœuvrer à l'aise, communique à l'Atlantique par le détroit du Goulet, long de 5 kilomètres, large de 1500 à 3000 mètres et protégé de chaque côté par un grand nombre de forts et de batteries.

Le port militaire est établi sur les deux rives d'un petit bras de mer

Port de Brest. Le pont ouvert pour la sortie d'un navire.

formant l'embouchure de la Penfeld. C'est là que se trouve son vaste arsenal, comprenant les bassins de construction et de radoub des navires, la caserne de la Cayenne, les ateliers de construction de machines à vapeur, le magasin général, le parc des vivres, les corderies, les ateliers de l'artillerie, la machine à mâter les vaisseaux, ainsi que la salle d'armes et l'ancien bagne transformé en magasins. Parmi les écoles qui s'y rattachent, citons : l'école navale, à bord du *Borda;* l'école des mousses, à bord de l'*Austerlitz,* et l'école des novices et apprentis marins, à bord de la *Bretagne.* Enfin, comme complément, l'hôpital de la Marine

760; Hanvec, 3020; Irvillac, 2320; Logonna, 2070; Plougastel, 7660. — 5. *Landerneau,* 8040; Dirinon, 1500; Guipavas, 5170; Plouédern, 1550; Relecq (le), 3520. — 6. *Lannilis,* 3360; Guissény, 2560; Landela, 2040; Plouguerneau, 5600. — 7. *Lesneven,* 3490; Kerlouan, 2700; Ploudaniel, 3020; Ploulder, 2670; Plounéour, 2900. — *Ouessant,* 2290. — 9. *Plabennec,* 3610; Bourg-Blanc, 1670; Millzac, 1810; Plouvien, 2400. — 10. *Ploudalmézeau,* 3310; Landunvez, 1680; Plougnin, 1890; Porspoder, 1780. — 11. *Ploudiry,* 1420. — 12. *Saint-Renan,* 1820; Conquet (le), 1600; Plouarzel, 2470; Plougonvelin, 1520; Ploumoguer, 1970; Plouzané, 2270.

Le port de Brest. Entrée vue de la rade. Pont tournant et pont flottant.

est sans rival en France. Le port de commerce, dit de Porstrein, situé à l'est du port militaire, comprend, avec un développement de quais considérables, un vaste bassin à flot et des bassins d'échouage. En 1889, son tonnage de jauge s'élevait à 250 000 tonnes de marchandises. De cette ville partent deux câbles sous-marins, l'un français, l'autre anglo-américain, qui traversent la Manche et l'Océan.

Brest, sur le penchant de deux collines séparées par l'embouchure de

Le phare du cap Saint-Mathieu.

la Penfeld, se compose de deux parties : sur la rive gauche, Brest proprement dit, régulièrement construit avec de beaux édifices; sur la rive droite, *Recouvrance*, moins bien bâti et habité plus spécialement par les marins. Les deux quartiers, protégés par la même enceinte bastionnée, sont reliés l'un à l'autre par un *pont tournant* de 174 mètres de long, dont le tablier élevé de 28 mètres au-dessus de l'eau s'ouvre par le milieu en pivotant sur deux massifs cylindriques de 12 mètres de diamètre. A signaler encore le château fort, de forme trapézoïdale et flanqué de sept tours, lequel s'élève sur un rocher escarpé à l'entrée de la Penfeld; le cours Dajot, d'où l'on a une belle vue sur la rade; les églises modernes de Saint-Sauveur, Saint-Louis, Saint-Martin et des Carmes.

Brest paraît avoir été dans l'antiquité le port gaulois, puis gallo-romain, de *Gesocribate*. Il n'en est fait mention pour la première fois qu'au XIe siècle, à propos du duc Conan le Tors, qui répara son château. Durant la seconde partie du moyen âge, Brest fut une ville maritime, et c'était un dicton que « n'est pas duc de Bretagne qui n'est pas sire de Brest ». Cependant le chef-lieu féodal du pays était alors le petit village de Recouvrance, ainsi nommé d'une chapelle de Notre-Dame qui recevait de nombreux ex-voto pour le retour et le « recouvrement » des navires brestois. De 1342 à 1347, la place fut détenue par les Anglais, qui tentèrent souvent de la reprendre. C'est à Richelieu et à Colbert que sont dus les développements qui ont fait de Brest le premier port militaire de la France après Toulon.

Lambézellec est situé sur le plateau à 3 kilomètres de Brest, dont il est le digne faubourg par ses établissements industriels : fonderies de fer, tanneries, fabriques de tissus vernis, de cordages, de papiers; en outre, grande culture maraîchère. — *Saint-Pierre-Quilbignon*, près de la rade de Brest, a un petit port et un établissement de bains de mer.

DAOULAS conserve l'église et le cloître d'une abbaye fondée au VIe siècle. Ce cloître, le plus remarquable édifice roman du Finistère, présente 44 arcades reposant sur des colonnes alternativement simples et accouplées.

Plougastel, sur une colline dominant l'embouchure de l'Elorn, est célèbre par son calvaire, le plus beau de tous ceux de la Bretagne, qui, on le sait, sont très nombreux et souvent très complets : c'est un vrai monument chargé de bas-reliefs et de groupes de statues représentant les principales scènes de la passion de Notre-Seigneur. Il fut érigé de 1602 à 1604 par un seigneur du lieu, en accomplissement d'un vœu fait dans une maladie épidémique qui, en 1598, désola le pays.

A *Rumengol*, l'église Notre-Dame-Tout-Remède (*Remed-Oll*, d'où le nom de la localité) est un pèlerinage très fréquenté : quatre pardons ou jubilés y sont célébrés chaque année. Pie IX en fit couronner la madone en 1858.

Landerneau est une ville industrielle, agréablement située à l'origine de l'estuaire de l'Elorn, où elle possède un port vaste et commode; elle est connue pour sa grande fabrication de toiles, et aussi par les plaisanteries plus ou moins spirituelles qui se débitent à son sujet. — Landerneau, ou Land-Ernoc, doit son nom à saint Ernoc, qui y fonda un monastère au VIIe siècle. La ville eut surtout une importance féodale et devint, après le XIe siècle, la capitale du Léonais. Elle fut souvent prise; car, n'ayant pas de murailles, elle n'était qu'imparfaitement protégée par les châteaux voisins de la Forêt et de la Roche-Morvan. A l'embouchure de l'Elorn, fonctionne la poudrerie nationale du Moulin-Blanc.

LANNILIS, dans un site pittoresque, fabrique de la poterie et des lainages; près de *Landéda* se trouve le port de refuge de l'Aber-Vrach. — A *Coz-Castel-Ach*, commune de Plouguerneau, les historiens reconnaissent aujourd'hui l'emplacement de la cité gallo-romaine de *Vorganium*, capitale des Osismiens. La tradition locale a conservé le souvenir de cette ville, qu'elle nomme *Tolente*, et dont elle attribue la destruction aux Normands. — A quelques lieues à l'est de l'Aber-Vrach, se dresse un remarquable menhir, le Men-Marz de Brigognan, surmonté d'une vieille croix de pierre grossièrement sculptée : « Une croix greffée sur un menhir, dit de Boureulle, c'est la Bretagne religieuse tout entière, qui s'est elle-même symbolisée par ce rustique assemblage de granit. »

Lesneven est une ancienne place forte, que prirent Henri II d'Angleterre en 1163 et le duc Jean IV en 1374. Il s'y tient de grandes foires aux chevaux, ainsi qu'au *Folgoët*. Mais cette dernière localité est surtout célèbre par son pèlerinage de Notre-Dame, l'un des plus fréquentés de la Bretagne. Belle église et manoir de la reine Anne.

L'île d'**Ouessant** forme avec les îlots qui en dépendent administrativement une commune-canton de 1558 hectares, peuplée de 2300 habitants, pêcheurs ou marins. C'est la terre la plus occidentale de France, le finisterre du Finistère. Séparée du continent par le passage du Four (20 kilomètres), elle a pour port principal Portspol ou Lampaul. Malheureusement la navigation est très dangereuse dans ces parages; de là le dicton maritime : « Qui voit Ouessant, voit son sang. » Elle fut évangélisée par saint Pol Aurélien, qui en est devenu le patron, et Henri IV l'érigea en marquisat. Dans ses eaux eut lieu en 1778 un glorieux combat naval, où le comte d'Orvillers vainquit l'amiral anglais Keppel.

Près de Plabennec, la lande de Lankermadec renferme de nombreux petits menhirs que l'on suppose marquer l'emplacement d'un cimetière gaulois.

Au canton de Ploudalmézeau, les carrières de granit de *Lanildut* ont fourni le piédestal de l'obélisque de Louqsor à Paris. — Dans celui de Ploudry, l'église de *la Martyre* renferme la châsse du roi de Bretagne Salomon III, mort assassiné en 874 et honoré comme martyr; d'où le nom du village, qu'on devrait écrire *le Martyr*. C'est là que se tiennent les plus grandes foires aux chevaux de la Basse-Bretagne.

Au canton de Saint-Renan, le *Conquet*, situé au fond d'une bonne rade de l'Océan, est une station balnéaire; les Anglais l'incendièrent en 1558. A trois kilomètres au sud, la pointe de Saint-Mathieu porte les ruines d'une importante abbaye construite en 1157 sur l'emplacement d'un oratoire qui possédait, croyait-on, la tête de l'apôtre saint Mathieu. Combat naval de 1513, gagné sur les Anglais par Primauguet, qui y perdit la vie. — Sur le territoire de *Plouarzel*, menhir de 12 mètres, dit-on, le plus haut de toute la presqu'île armoricaine.

V. **MORLAIX**, sous-préfecture de 16000 âmes[1], est située par

---

[1] Arrondissement de Morlaix : 10 *cantons*, 60 *communes*, 140750 habitants.
Cantons et communes principales : *Morlaix*, 16030 habitants; Ploujean, 3070; Plourin,

58 mètres d'altitude au confluent du Jarlot et du Queffleut, qui y forment l'estuaire du Dossen ou rivière de Morlaix. D'un aspect des plus pittoresques, cette ville s'élève de chaque côté de sa rivière sur le flanc escarpé de deux collines, en offrant un grand nombre de maisons en bois des XVe et XVIe siècles, aux façades curieusement sculptées. Mais ce qui complète le tableau, c'est le gigantesque viaduc à deux étages d'arcades qui donne passage, à 58 mètres au-dessus de la vallée, au chemin de fer de Paris à Brest. La ville possède aussi plusieurs belles églises : Sainte-Mélaine, Saint-Mathieu et, dans le quartier le plus élevé, Saint-Martin, dont une tour est dominée par la statue de la Vierge-Mère.

Morlaix renferme un atelier considérable pour la préparation du lin, des fabriques de toiles et une manufacture de tabac qui occupe plus de 1700 ouvriers. Il exporte en France et en Angleterre des engrais marins et des denrées alimentaires, surtout d'énormes quantités de légumes de Roscoff. Armement pour la pêche; importantes foires aux chevaux.

Morlaix (*Mons relaxus*), en breton Monroulez, existait à la fin de la domination romaine; mais il n'eut d'importance que sous l'autorité directe des comtes de

Saint-Pol-de-Léon. Ancienne cathédrale.

Bretagne, qui le prirent aux comtes de Léon sous Philippe-Auguste. Les Anglais le pillèrent en 1522, et le maréchal d'Aumont s'en empara en 1594 pour Henri IV. Les armes de la ville sont : *de gueules, à un navire d'or, sur une onde d'argent*, avec cette devise : S'ILS TE MORDENT, MORLAIX!

LANDIVISIAU, près de l'Elorn, fabrique beaucoup de toiles. Belle église avec flèche de la Renaissance, de même qu'à *Lampaul*. — *Guimiliau* possède un calvaire à personnages du XVIe siècle, un arc de triomphe et un ossuaire de 1648. — Près de *Plouezoch*, le fort du Taureau a été

2850; Saint-Martin, 1840. — 2. *Landivisiau*, 4240; Bodilis, 1800; Guimiliau, 1560; Lampaul, 2810; Plounéventer, 1910. — 3. *Lanmeur*, 2500; Guimaëc, 1530; Plouégat, 1510; Plouézoch, 1800; Plougasnou, 3640. — 4. *Plouescat*, 3100; Plounévez-Lochrist, 4040. — 5. *Plouigneau*, 4870; Guerlesquin, 1710; Plougonven, 4120. — 6. *Plouzévédé*, 1910; Cléder, 4720; Plouvorn, 3090. — 7. *Saint-Pol-de-Léon*, 7620; Plounénan, 2760; Plougoulm, 3250; Roscoff, 4730. — 8. *Saint-Thégonnec*, 3070; Pleyber-Christ, 3240; Plounéour, 2930. — 9. *Sizun*, 2580; Commana, 2590; Saint-Sauveur, 1500. — 10. *Taulé*, 2820; Carantec, 1790; Guiclan, 3320; Henvic, 1560.

construit par François Ier pour protéger la rade de Morlaix. — A *Saint-Jean-du-Doigt*, magnifique église gothique, possédant, comme l'indique le nom de la localité, un doigt de saint Jean-Baptiste, le précurseur du Sauveur : c'est un lieu de pèlerinage célèbre parmi les Bretons, de même que la chapelle *Saint-Laurent-du-Pouldour*, à *Plouégat*. — Près de *Saint-Vougay*, se trouve le château de Kerjean, surnommé « le *Versailles* de la Bretagne », une des œuvres les plus considérables de la Renaissance. L'enceinte extérieure, longue de 250 mètres sur une largeur de 150, est formée d'un mur de 3 mètres d'épaisseur, muni de mâchicoulis, de canonnières, et percé de deux portes à pont-levis. Les bâtiments du château proprement dit couvrent plus d'un hectare et demi ; les dispositions et l'architecture en sont grandioses et originales.

Saint-Pol-de-Léon.
(Intérieur de la cathédrale.)

Saint-Pol-de-Léon est une ville bâtie en amphithéâtre à un kilomètre de la mer, où elle a un petit port dit de Penpoul. On y admire deux monuments religieux de premier ordre : l'ancienne cathédrale ogivale de Saint-Pol, de dimensions modestes, et l'église gothique Notre-Dame, dont la célèbre tour du Kreizker, haute de 77 mètres avec sa flèche flanquée de quatre clochetons, passe avec raison pour la plus belle de Bretagne. Cependant la « ville des clochers à jour » est bien déchue de sa splendeur d'autrefois, alors qu'elle était la capitale religieuse du Léonais. Son évêché, que supprima la Révolution, avait été fondé au VIe siècle par saint Pol. Originaire de la Grande-Bretagne, Pol venant en Armorique habita d'abord l'îlot voisin de Batz, c'est-à-dire du « Bâton », que, d'après la légende, le saint évêque lança sur le dragon, symbole du paganisme en déroute.

En face de l'îlot de *Batz*, commune de 1 300 habitants, se trouve le petit port de pêche et de cabotage de *Roscoff*. C'est là que débarqua en 1548 Marie Stuart, amenée d'Écosse en France pour être fiancée au Dauphin, plus tard François II. — Bains de mer, établissement de pisciculture et laboratoire de zoologie expérimentale. Grâce à l'excellence des terres et à l'égalité du climat, le territoire de Roscoff produit une quantité considérable de primeurs qui sont expédiées surtout à Paris et à Londres.

Dans l'enclos de l'ancien couvent des Capucins, on admire un figuier gigantesque formant à lui seul un bosquet de 150 mètres carrés.

A SAINT-THÉGONNEC, sur la Penzé, église, calvaire, arc de triomphe et ossuaire, monuments remarquables exécutés dans le style de la Renaissance bretonne. Les habitants conservent le costume traditionnel, qui se distingue des autres costumes bretons en ce qu'il est entièrement noir.

Tempête sur les côtes rocheuses de Bretagne.

— Au nord-est, ruines du château de Penhoët, dont les seigneurs s'illustrèrent dans les luttes contre l'Angleterre aux XIV° et XV° siècles. — Au sud-est de *Plounéour*, dans un frais vallon, église et galerie claustrale, restes de l'abbaye du Relecq (*Reliquiæ*), fondée en 1132 pour des Cisterciens.

SIZUN, sur l'Elorn supérieur, fabrique des toiles. L'entrée du cimetière est formée d'un arc de triomphe qui est, comme l'église paroissiale, un type de la Renaissance en Bretagne.

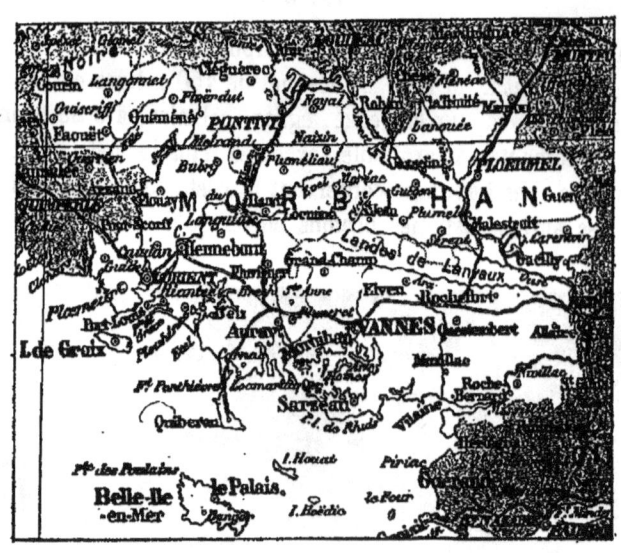

MORBIHAN

4 ARRONDISSEMENTS, 37 CANTONS, 254 COMMUNES, 520 000 HABITANTS

Géographie. — Ainsi nommé d'après son principal golfe, le département du *Morbihan* a tiré de l'ancien *diocèse de Vannes*, pays de Basse-Bretagne, les 7 093 kilomètres carrés de son territoire; c'est le 19e au point de vue de la superficie. Les îles Groix, Belle-Ile, Houat et Hoëdic, en font partie.

Ce département est en général peu accidenté, car sa plus haute colline, le mont Saint-Joseph, n'atteint que 297 mètres au-dessus de l'Océan; elle se trouve dans les Montagnes-Noires, au nord-est de Gourin, sur la frontière des Côtes-du-Nord. Les vallées profondes n'y sont pas rares, mais ce sont les plateaux qui dominent; le plus remarquable est la *lande de Lanvaux* : longue de 50 kilomètres, large de 2 à 5, haute de 80 à 175 mètres, elle s'étend de l'ouest-nord-ouest à l'est-sud-est, entre la vallée de la Claye au nord et celle de l'Arz au sud. Ce plateau se distingue aussi par sa stérilité et par ses nombreux mégalithes, qui, du reste, sont en plus grand nombre dans le département que partout ailleurs. Auray est à 33 mètres d'altitude, Pontivy à 56 mètres, Ploërmel à 94 mètres; l'altitude moyenne est d'environ 100 mètres.

Le **littoral**, généralement bas, est très découpé en presqu'îles, baies et estuaires. Après l'échancrure de la Laïta et en face de l'île Groix, s'ouvre la baie plus importante de Port-Louis, formée par les évasements du Scorff, qui baigne Lorient, et du Blavet, qui descend d'Hennebont. De la pointe sablonneuse de Gavre se détache un cordon littoral de sable qui se prolonge vers le sud-est par une ligne de dunes, au milieu de laquelle s'ouvre le fiord très déchiqueté d'Estel. La dune recommence ensuite, s'allonge en mer sous forme d'isthme étroit et très bas, qui rattache au continent la presqu'île de Quiberon. Un plateau sous-marin relie cette presqu'île à la chaîne des îles Houat et Hoëdic; il marque à n'en pas douter l'ancien rivage disparu de la Bretagne, en dehors duquel se trouve Belle-Ile-en-Mer. A l'est de Quiberon se développe la baie de même nom, dont les côtes septentrionales, déchiquetées, escarpées et rocheuses, portent les champs de pierres mégalithiques si célèbres de Plouharnel, Carnac et Locmariaquer. Elle communique par un étroit chenal avec le golfe mieux fermé que les Bretons appellent Mor-Bihan, « Petite Mer, » par opposition à Mor-Braz, la « Grande Mer » ou l'Océan.

Le **Morbihan** ressemble à une feuille de vigne, tant il est dentelé de baies, de criques et de caps. C'est le « bassin d'Arcachon » de la Bretagne, et l'on tend à en faire une huîtrière, tout comme de la petite mer gasconne; il a des chenaux vides, demi-pleins ou pleins, suivant leur profondeur et l'état de la marée, des *behins* ou bancs de vase noirâtre, des îles dont la plus célèbre, à cause de son superbe galgal, est l'île de la Chèvre ou *Gavr'inis*; la plus grande, la plus belle, la plus fraîche, l'*île aux Moines*, connue par ses bons marins, ainsi que sa voisine, l'*île d'Arz*.

Les rives de ce golfe, celles de ses îles et de la presqu'île de Rhuis, sont fertiles sous un climat d'une douceur extraordinaire. Le Morbihan, qui se confond à l'ouest avec le fiord d'Auray, est fermé à l'est par la presqu'île de Rhuis, qui ouvre en même temps la large baie triangulaire de la Vilaine.

Les cours d'eau appartiennent tous au versant de l'Atlantique; ce sont : la *Laïta*, dont l'une des deux branches-mères est l'*Ellé*; le *Scorff*, dont l'embouchure se réunit devant Lorient à celle du *Blavet*, qui baigne Pontivy; la *rivière d'Auray*, la *Vilaine*, où tombe l'*Oust*, qui recueille le Ninian-Duc, passant près de Ploërmel, la Claie, l'Aff et l'Arz. Le canal de *Nantes à Brest* est le plus souvent confondu avec l'Oust, puis avec le Blavet, dont une grande partie est canalisée sous le nom de *canal du Blavet*.

Le *climat* morbihanais n'est autre que le climat *breton*, essentiellement maritime, c'est-à-dire brumeux, humide, quoique sain et fort doux. Les pluies, fines et fréquentes, fournissent, suivant les lieux, de 70 centimètres à 1 mètre d'eau par année.

Un bon tiers du territoire est encore recouvert par les landes et les bruyères. Aussi le froment y est-il moins commun que le seigle et le sarrasin. Les vallées et plaines du littoral sont riches surtout en herbages, qui nourrissent de nombreuses bêtes à cornes et des bidets estimés. Enfin le département produit beaucoup de cidre, de pommes de terre, de miel (400 000 kilogrammes), ainsi que du chanvre et du lin; mais il est peu boisé : sa principale forêt est celle de Lanouée (3500 hectares).

Le Morbihan extrait les ardoises de Ploërmel et surtout le sel de ses marais salants. Il compte peu d'établissements industriels : le plus important est l'arsenal de Lorient, destiné à la construction et à l'armement des bâtiments de guerre; des chantiers de construction existent aussi ailleurs.

Morbihan. L'intérieur d'une maison de paysans.

La pêche, très active, ainsi que l'ostréiculture et le cabotage, donne lieu à de nombreuses fabriques de conserves de sardines.

Les habitants. — En 1896, le Morbihan était peuplé de 552 000 habitants. Depuis 1801, il a augmenté de 151 000 âmes, dont 62 000 pour les vingt-cinq dernières années. Sa densité est de 78 habitants par kilomètre carré. Cette population est exclusivement catholique, mais non exempte de tout préjugé superstitieux, qu'entretiennent les légendes et les mégalithes. Elle parle le breton, sur lequel empiète peu à peu le français.

Personnages. — Saint Aubin, évêque d'Angers, né aux environs d'Hennebont, mort en 549. Le connétable Arthur de Richemont, né à Succinio, mort en 1458. L'écrivain Lesage, né à Sarzeau, mort en 1747. Le navigateur de Surville, né à Port-Louis, mort en 1770. Le conspirateur Cadoudal, né à Brech, mort en 1804. L'héroïque marin Bisson, né à Guéméné, mort en 1827. L'amiral Willaumez, né à Belle-Ile, mort en 1845. Le poète Brizeux, né à Lorient, mort en 1858. Le savant abbé Moigno, né à Guéméné, mort en 1884.

Administrations. — Le Morbihan forme le diocèse de Vannes, ressortit à la cour d'appel et à l'académie de Rennes, à la 11e division militaire (Nantes), à l'arrondissement maritime de Lorient, à la 2e région agricole (ouest). Il comprend quatre arrondissements : *Vannes, Lorient, Pontivy, Ploërmel*, avec 37 cantons et 254 communes.

I. **VANNES**, chef-lieu du département[1], peuplé de 22000 habitants, s'élève par 20 mètres d'altitude dans une charmante situation, à 3 kilomètres nord du golfe du Morbihan. Cette ville est entourée de murs de différentes époques. Sa cathédrale renferme les reliques de saint Vincent Ferrier, missionnaire et thaumaturge espagnol, mort en 1419. Un riche musée celtique est établi dans la tour du Connétable, seul reste de l'ancien château des ducs de Bretagne.

Une porte de Vannes.

Vannes est la ville gauloise de *Dariorigum*, capitale des Vénètes, marins intrépides que vainquit Brutus dans une sanglante bataille navale, l'an 56 avant Jésus-Christ. Elle prit leur nom au IIIe siècle et eut dès 465 un évêché, dont le premier titulaire fut saint Paterne. Il s'y forma vers cette époque un comté puissant, qui fut appelé jusqu'à la fin du moyen âge Broérech, c'est-à-dire pays d'Érech, l'un de ses comtes. Le comté de Vannes fut réuni au domaine ducal au XIe siècle, et à la France par le traité signé dans cette ville en 1532. Autrefois fortifié, Vannes prit une part active dans les guerres intestines du pays; pendant les guerres de Vendée, il fut également l'un des centres de résistance à la Convention. Petit port de com-

---

[1] Arrondissement de VANNES : 11 *cantons*, 82 communes, 145160 habitants.
Cantons et communes principales : 1-2. *Vannes*, 22190; Arradon, 1790; Baden, 2720; Saint-Avé, 2430; Séné, 2700; Surzur, 2130; Theix, 2580. — 3. *Allaire*, 2370; Béganne, 2000; Peillac, 2010; Rieux, 1820. — 4. *Elven*, 3480. — 5. *La Gacilly*, 1640; Carentoir, 4070; Saint-Martin, 1660. — 6. *Grand-Champ*, 3270; Plaudren, 1760. — 7. *Muzillac*, 1590; Ambon, 1600; Noyal, 2350. — 8. *Questembert*, 4150; Molac, 1900; Peaule, 2400; Pleucadeuc, 1670. — 9. *Roche-Bernard (la)*, 1180; Ferel, 2030; Marzan, 1870; Nivillac, 3540; Saint-Dolay, 2900. — 10. *Rochefort*, 650; Caden, 2390; Limerzel, 1630; Malansac, 2280; Pluherlin, 1660. — 11. *Sarzeau*, 1100; Arzon, 1920.

merce et de pêche, il a des chantiers de construction de bateaux, en outre des fabriques de toile et de drap, de chamoiserie et de vannerie.

ELVEN, près de l'Arz, montre à 2 kilomètres sud-ouest les deux belles tours de la forteresse de Largouët, dont l'une a 40 mètres de haut. — *Treffléan* et *Carentoir* eurent autrefois chacun une commanderie; de la première, il reste la chapelle Notre-Dame-de-Bon-Secours; la seconde, dite Saint-Jean-Carentoir, est en ruines.

GRAND-CHAMP, sur une hauteur, à la lisière occidentale de la lande de Lanvaux, fut le théâtre d'une défaite des Chouans commandés par Cadoudal, le 25 janvier 1800. A Lanvaux, fonderie de projectiles. — Entre *Billiers* et l'embouchure de la Vilaine, restes de l'abbaye cistercienne de Prières, fondée en 1250 par Jean Ier, duc de Bretagne.

Cathédrale de Vannes.

A QUESTEMBERT, Alain le Grand, alors comte de Vannes, remporta sur les Normands en 888 une victoire signalée, qui lui valut peu de temps après d'être reconnu duc de Bretagne. Fabrique de draps. — La ROCHE-BERNARD, port sur la Vilaine, est renommée pour son pont suspendu, dont le tablier, long de 197 mètres et élevé de 33 mètres au-dessus de la marée, laisse passer les navires toutes voiles déployées. Cette ville fut érigée en duché-pairie en 1663. —

A *Marzan*, ruines du château de l'Isle, souvent habité par les ducs de Bretagne.

ROCHEFORT-EN-TERRE, sur l'Arz, exploite des ardoisières et possède les ruines d'un château fort considérable, démantelé par les Ligueurs et incendié par les Chouans. — A *Pluherlin*, nombreux monuments celtiques dans la partie des landes de Lanvaux appelée bois de Brambien.

SARZEAU est situé au centre de la presqu'île de Rhuis, dont le doux climat permet la culture en pleine terre, non seulement de la vigne, si rare en Bretagne, mais encore des lauriers-roses, des grenadiers, des myrtes. Petit port, marais salants et parcs d'huîtres. A 4 kilomètres sud-est, sur le bord de la mer, ruines grandioses et pittoresques du château de Succinio, fondé en 1420 par le duc Jean V. — *Saint-Gildas-de-Rhuis*, près de l'Océan, est fréquenté par les baigneurs. Saint Gildas y fonda en 530 un monastère dont le sectaire Abélard fut nommé abbé en 1125, mais pour en être bientôt chassé. — Près d'*Arzon* se voit la butte de Tumiac ou tumulus du Grand-Mont, l'un des plus grands connus, mais dégradé par des fouilles récentes.

II. **LORIENT** est la première ville du département par sa population de 42 000 âmes, son industrie et son commerce[1]; elle est située par 10-20 mètres d'altitude sur la rive droite du Scorff, dont le confluent avec le Blavet forme, en manière d'estuaire, une rade magnifique et sûre, accessible aux plus gros navires. C'est l'un de nos cinq ports militaires et le siège d'une préfecture maritime, dont l'action s'étend de la pointe de Penmarch à la Loire. Ce port, formé par le Scorff, à 4 kilomètres de l'Océan, est séparé de la ville par les immenses bâtiments de l'arsenal, destinés à la construction et à l'armement des navires de guerre. Une pas-

Morbihan. — Pont de la Roche-Bernard, sur la Vilaine.

serelle de 277 mètres de longueur relie ces établissements de la rive droite à ceux de la rive gauche ou de Caudan : Lorient tient le premier rang en France pour les constructions navales. Le port de commerce expédie principalement des bestiaux, des farines et des vins; en outre, la pêche donne lieu à un trafic considérable de poissons frais et de sardines à l'huile.

Lorient est une ville bien bâtie et défendue par son enceinte fortifiée et plusieurs forts, mais sans autres curiosités que ses établissements maritimes. Elle fut construite en 1664 par la compagnie française des Indes, qui lui donna le nom de *l'Orient*, d'où, par agglutination de l'article, le nom actuel. L'existence de ce port, rendu très célèbre par ses échanges avec les pays d'outre-mer, éveilla de bonne heure les craintes des Anglais,

---

[1] Arrondissement de LORIENT : 11 *cantons*, 55 communes, 198 470 habitants.
Cantons et communes principales : 1-2. *Lorient*, 41 890; Plœmeur, 13 110. — 3. *Auray*, 6470; Crach, 1920; Locmariaker, 1510; Plougoumelen, 1970; Plumergat, 2590; Pluneret, 3460. — 4. *Belz*, 2880; Erdeven, 2290; Étel, 1990; Locoal, 2160; Plœmel, 1500. — 5. *Hennebont*, 8070; Inzinzac, 3750; Languidic, 7500. — 6. *Palais* (*le*), 4930; Bangor, 1540; Locmaria, 1720; Sauzon, 1640. — 7. *Plouay*, 4570; Bubry, 3970; Inguiniel, 2680; Quistinic, 2380. — 8. *Pluvignier*, 5160; Brech, 2360; Camors, 2550; Landévant, 1800. — 9. *Pont-Scorff*, 1860; Caudan, 8000; Cléguer, 2260; Guidel, 4870; Quéven, 2340. — 10. *Port-Louis*, 3470; Groix, 5220; Kervignac, 2630; Plouhinec, 5820; Riantec, 5980. — 11. *Quiberon*, 3060; Carnac, 2910; Plouharnel; 1560; Saint-Pierre, 1890.

qui vinrent assiéger inutilement Lorient en 1746. La ruine de la Compagnie des Indes, due en partie aux conquêtes de ces mêmes Anglais dans l'Hindoustan, fit passer la ville et les établissements à l'État vers 1770; Napoléon Ier agrandit considérablement le port. — *Plœmeur*, au sud-ouest, possède des plages fréquentées par les baigneurs et une chapelle dédiée à Notre-Dame, renfermant d'innombrables ex-voto offerts par les marins.

Auray, ville de 6500 âmes, s'élève sur un coteau rapide dominant une rivière qui, soumise à la marée, s'y élargit en estuaire et y forme un port. Ce port divise la ville en deux quartiers : Saint-Gildas sur la

Lorient. — Le port et l'arsenal.

rive droite, et Saint-Goustan sur la rive gauche. Chantiers de construction de bateaux, pêche de la sardine et parcs d'huîtres.

Auray (en breton *Alrac*, de *Hall-Ré*, palais ou salle du roi) est mentionnée pour la première fois au XIe siècle. Fortifiée dans la suite, elle fut le théâtre de luttes sanglantes pendant la guerre de Succession de Bretagne, et donna son nom à la bataille du 29 septembre 1364, qui, livrée à 6 kilomètres plus au nord, assura à Jean de Montfort la couronne ducale. Elle le donne également au célèbre pèlerinage de Sainte-Anne, dont la chapelle se trouve à une lieue au nord-est.

Le pèlerinage de **Sainte-Anne-d'Auray**. — « De tous les pèlerinages de la Bretagne, et certes ils sont nombreux, celui de Sainte-Anne-d'Auray fut toujours le plus en honneur, et il n'est presque pas de Breton qui, au moins une fois dans sa vie, ne soit allé s'agenouiller aux pieds de la bonne sainte Anne. Ce pèlerinage est, du reste, l'un des plus anciens, non

Le grand pardon de Sainte-Anne-d'Auray.

seulement de la Bretagne, mais encore de la France; car, suivant Toussaint de Saint-Luc, « il existait sur l'emplacement où Mgr de Rosmadec
« fit élever l'église une très ancienne chapelle qu'avait fait bâtir un comte
« de Vannes, et qui la dédia à sainte Anne, mère de madame la Vierge.
« Cet endroit, ajoute-t-il, prit le nom de *Ker-Anna*, et fut grandement
« désolé pendant les guerres de religion. A partir de ce moment, on aperçut
« souvent de petites lumières voltigeant au-dessus de l'ancien emplacement
« de la chapelle, et ce fut en vain qu'on tenta d'y labourer le sol : les socs
« de charrue se brisaient et les bœufs s'enfuyaient. »

« Ce fut un laboureur du nom d'Yves Nicholasic qui découvrit l'endroit où se trouvait enfouie l'image de sainte Anne. Mgr de Vannes, Sébastien de Rosmadec, ordonna de bâtir une chapelle à l'endroit même où avait eu lieu la découverte, et, en 1625, il lui donna pour desservants les révérends Pères carmes, qu'il avait fait venir de la province de Touraine. A partir de cette époque, le pèlerinage acquit une immense réputation, et ce fut par centaines de mille qu'on put compter les pèlerins qui chaque année s'y rendaient. C'est à dater du 26 juillet que commence la fête de sainte Anne; elle dure vingt-quatre heures environ.

« Le premier soin du Breton en pénétrant dans la ville est de s'agenouiller et de réciter trois *Pater* et trois *Ave,* puis il va faire ses ablutions à la fontaine sacrée. Il se relève ensuite et se rend sous le porche du calvaire, s'agenouille encore une fois, se découvre, prend son chapelet et entre en prières... Le chapelet dit, il se dirige vers l'église, s'agenouille devant l'autel de sainte Anne et y reste assez longtemps en prière; le prêtre de service lui présente à baiser les reliques de la sainte, et un sacristain reçoit son aumône. Il fait ensuite le tour de l'église à genoux et se rend, toujours dans cette posture, jusqu'à la *scala sancta,* où, pendant les jours que dure le *pardon,* ont lieu les cérémonies les plus imposantes.

« Cette *scala sancta* ou *calvaire* est un magnifique morceau d'architecture, dont le jubé de Saint-Étienne-du-Mont (à Paris) peut donner une idée. Il est décoré de superbes statues dues au ciseau de nos plus habiles sculpteurs, et l'on y parvient par deux escaliers fort élevés et ornés de rampes finement sculptées. Le groupe en marbre qui orne le faîte de l'édifice est un des plus beaux morceaux de sculpture que nous possédions.

« Quand la procession a quitté la *scala,* le pèlerin se rend à l'intérieur du cloître et termine ses dévotions par le chemin de la croix. Les fidèles ne quittent pas la ville sans s'être de nouveau rendus à la fontaine sacrée, où ils puisent de l'eau qu'ils emportent en souvenir de leur pèlerinage. »

(C. D'AMEZEUR, *Moniteur universel*, 1866.)

Locmariaker, sur une presqu'île entre la baie de Quiberon et celle du Morbihan, est célèbre par ses nombreux dolmens, dont quelques-uns sont parmi les plus beaux de l'ancienne Gaule; on cite surtout la Table des

Marchands ou Dol-er-Verchant. Il possédait jadis le roi des menhirs connus, le Men-er-Hroeck : haut de 21 mètres, dit-on, il gît maintenant brisé par la foudre en quatre morceaux, dont l'un a encore 12 mètres de long et pèse environ 200 000 kilogrammes. Nombreuses antiquités gallo-romaines. — *Erdeven* possède de nombreux mégalithes : dolmens, menhirs, alignements, classés parmi les monuments historiques. — *Etel,* sur l'estuaire de même nom, est un petit port de pêche.

Le vallon de Tré-Auray.

Hennebont est un port assez actif sur le Blavet, encore soumis à la marée. On y remarque : l'église Notre-Dame-de-Paradis, charmant édifice gothique; le viaduc en pierre sur le Blavet, ayant 222 mètres de long sur 25 de haut; les restes de l'abbaye de la Joye et ceux des fortifications. Cette ville fut assiégée en 1342 par Charles de Blois; mais la garnison, soutenue par le courage indomptable de Jeanne de Flandre, femme du prétendant Jean de Montfort, tint bon jusqu'à l'arrivée d'une flotte anglaise. Celui-ci, échappé de Paris, où il était prisonnier, vint mourir à Hennebont en 1345; mais Jeanne y fit aussitôt reconnaître son fils, dont la cause finit par triompher. — Carrières de granit, construction de navires, forges importantes de Kerglau, fabriques de poteries. — A *Inzinzac*, usines et forges de la Société générale des cirages français.

Belle-Ile-en-Mer, que les Bretons appellent *Guerveur*, la « Grand'ville », est située à 13 kilomètres au sud de la presqu'île de Quiberon. D'une superficie de 8700 hectares, c'est la plus grande île de la Bretagne et, après Oleron, la seconde des îles françaises de l'Océan. Elle forme un canton de quatre communes, avec LE PALAIS pour chef-lieu, port principal et place forte. Défrichée au moyen âge par les Bénédictins, elle renferme de bons pâturages où s'élèvent des chevaux de race bretonne. Sa très dense population, adonnée à la pêche et aux industries maritimes, est de 10000 habitants, parmi lesquels se trouvent de nombreux descendants des familles acadiennes qui, en 1765, y abordèrent sous la direction de l'abbé Le Loutre.

Belle-Ile, l'antique *Vindilis*, eut pour dernier propriétaire le maréchal de Belle-Isle, qui la céda à la couronne en 1719. Les Anglais la prirent en 1761, et la gardèrent deux ans.

Aux environs se trouvent l'île d'*Houat*, très bien cultivée, et celle d'*Hoëdic*, toutes deux fortifiées et bordées de récifs.

PLUVIGNER doit son nom à saint Vigner ou Véner, prince irlandais martyrisé au ve siècle, et dont les reliques sont dans l'église paroissiale. — C'est sur le territoire de *Brech*, à dix kilomètres sud, qu'eut lieu, le 29 septembre 1364, la bataille dite improprement d'Auray. « Charles de Blois cherchait son rival dans la mêlée; mais Jean de Montfort, qui croyait, d'après une ancienne prédiction, que le duc de Bretagne serait tué dans cette journée, avait donné ses armes à un chevalier, qui fut tué par Charles de Blois. Après une mêlée acharnée, le parti anglais triompha. Charles, couvert de blessures et renversé de son cheval, périt poignardé. Du Guesclin fut obligé de se rendre. »

En action de grâces de cette victoire, Jean de Montfort fit bâtir à Brech une chartreuse, occupée aujourd'hui par un institut de sourds-muets. On y voit le monument explatoire des 900 émigrés de Quiberon, fusillés en 1795 au lieu appelé depuis *Champ-des-Martyrs*.

PORT-LOUIS, dans une presqu'île à l'embouchure du Blavet, est une ville forte et maritime qui se livre à la pêche des sardines; ses bains de mer sont fréquentés. C'était au XVIe siècle une petite place forte appelée Blavet; son nom actuel lui fut donné en l'honneur de Louis XIII, qui fit améliorer considérablement son port. La citadelle fut attaquée sans succès par le protestant Soubise en 1625, et servit de prison à Louis-Napoléon en 1836.

Groix est une île fortifiée située en face de l'embouchure du Blavet, dont elle est séparée par le détroit appelé Basse des Bretons. D'une superficie de 15 kilomètres carrés et peuplée d'environ 5000 habitants, elle est très fertile, bien cultivée, fait le commerce de thons et de sardines. La cérémonie de la « bénédiction du coureau », pour obtenir du ciel une pêche abondante, est célébrée le jour de la Saint-Jean, au milieu du chenal, par le clergé escorté d'une flottille de pêcheurs. Groix est célèbre par ses grottes profondes, creusées par la mer dans des falaises schisteuses. Ses nombreux mégalithes portent à croire qu'elle fut le séjour des druidesses : d'où son nom breton Enez-er-Groac'h, « l'île de la Sorcière. » C'est là qu'eut lieu le brillant combat naval de la *Sirène* (22 mars 1808), où le futur amiral Duperré lutta sur sa frégate contre une division anglaise et fit la réponse historique : « Coule si tu peux. Je n'amène pas. Feu partout! »

Quiberon est situé à l'extrémité méridionale d'une longue et étroite péninsule qui, à marée haute, n'est rattachée à la terre ferme que par une chaussée. Pêche de la sardine et bains de mer. — En 1795, les émigrés que commandaient les généraux de Puisaye, de Sombreuil et d'Hervilly, ayant débarqué à Carnac, s'emparèrent du fort Penthièvre, qu'ils ne purent garder, et furent vivement pressés par le général Hoche, qui les refoula vers l'extrémité de la presqu'île; ceux qui ne furent pas tués en combattant, ou qui ne se noyèrent pas en voulant regagner les vaisseaux anglais, se rendirent au nombre de plus de mille à condition qu'ils auraient la vie sauve (16 juillet 1795). Mais la Convention ordonna l'exécution des prisonniers, qui furent fusillés partie à Vannes, partie à Brech. « Sombreuil, le chef des émigrés, sommé par ses bourreaux de se mettre à genoux, répondit : *Je fléchis le genou devant Dieu, dont j'adore la justice; mais je me relève devant vous, qui n'êtes que des hommes.* » Sans regret, comme sans orgueil, tous reçurent le coup mortel en adressant des vœux au ciel pour le salut de leur ingrate patrie.

Carnac, dont le nom signifie *lieu de pierres*, est célèbre par ses *alignements* ou avenues de *pierres levées*. Elles formaient primitivement onze lignes de menhirs, rangées parallèlement et se prolongeant sur une longueur de 1 500 mètres. Le nombre de ces pierres, malgré les destructions opérées depuis le XVIe siècle, s'élève encore à plusieurs centaines. Les plus hautes atteignent 5 mètres, et plusieurs sont fichées en terre, comme des cônes renversés, par le bout le plus mince. Au sud de ces alignements se trouve un *tumulus* très élevé, portant sur son sommet une chapelle d'origine antique dédiée à saint Michel. — *Plouharnel*, au fond de la baie de Quiberon, possède également de nombreux mégalithes, parmi lesquels on remarque une allée couverte dont la table pèse près de 100 000 kilogrammes.

Les pierres druidiques. — « A Lanvau, près de Brest, s'élève, comme la borne du continent, une grande pierre brute. De là jusqu'à Lorient, et de Lorient à Quiberon et Carnac, sur toute la côte méridionale de la Bretagne, vous ne pouvez marcher un quart d'heure sans rencontrer quelques-uns de ces monuments informes qu'on appelle druidiques. Vous les voyez souvent de la route dans des landes couvertes de houx et de chardons. Ce sont de grosses pierres basses, dressées et souvent un peu arrondies par le haut, ou bien une table de pierre portant sur trois ou quatre pierres debout. Qu'on veuille y voir des autels, des tombeaux ou de simples souvenirs de quelque événement, ces monuments ne sont rien moins qu'imposants, quoi qu'on en ait dit. Mais l'impression en est triste : ils ont quelque chose de singulièrement rude et rebutant. On croit sentir dans ce premier essai de l'art une main déjà intelligente, mais aussi dure, aussi peu humaine que le roc qu'elle a façonné. Nulle inscription, nul signe, si ce n'est peut-être sous les pierres renversées de Loc-

Quelques menhirs de Carnac. (Dimensions exagérées.)

mariaker, encore si peu distinctes, qu'on est tenté de les prendre pour des accidents naturels. Si vous interrogez les gens du pays, ils répondront brièvement que ce sont les maisons des korrigans, des courils, petits hommes lascifs qui, le soir, barrent le chemin et vous forcent de danser avec eux jusqu'à ce que vous mouriez de fatigue. Ailleurs ce sont des fées qui, descendant des montagnes en filant, ont apporté ces rocs dans leur tablier. Ces pierres éparses sont toute une noce pétrifiée. Une pierre isolée vers Morlaix témoigne du malheur d'un paysan qui, pour certain méfait, a été avalé par la lune. » (MICHELET, *Histoire de France*.)

III. **PONTIVY**, sous-préfecture de 9 300 habitants[1], est situé par 56 mètres d'altitude, à la jonction du Blavet et du canal de Nantes à

---

[1] Arrondissement de PONTIVY : 7 *cantons*, 51 communes, 113 030 habitants.
Cantons et communes principales : 1. *Pontivy*, 9 290 habitants; Guern, 2 680; Noyal-Pontivy, 3 550. — 2. *Baud*, 4 680; Guénin, 2 030; Melrand, 3 540; Pluméliau, 4 600; Saint-Barthélemy, 1 800. — 3. *Cléguérec*, 3 560; Malguénac, 1 740; Neuillau, 1 910; Séglien, 2 010. — 4. *Faouët (le)*, 3 140; Berné, 1 950; Guiscrif, 4 590; Langénéven, 2 320; Meslan, 2 170; Priziac, 2 530. — 5. *Gourin*, 4 720; Langonnet, 3 680; Plouray, 1 670; Saint (le), 1 820. — 6. *Guéméné*, 1 870; Lignol, 1 800; Ploërdut, 3 430; Saint-Caradec, 1 570; Saint-Tugdual, 1 910. — 7. *Locminé*, 2 070; Moréac, 3 150; Moustoirac, 1 860; Naizin, 3 200; Plumelin, 2 200.

Brest. Cette ville se compose de deux quartiers distincts : le vieux et le nouveau Pontivy, celui-ci dû à Napoléon Ier, qui, pour contenir les populations du Morbihan et des Côtes-du-Nord, voulut faire de Pontivy le centre militaire de la Bretagne; de là, le nom de Napoléonville que porta cette localité de 1805 à 1814 et de 1848 à 1870. On y remarque l'église Notre-Dame-de-la-Joie, de belles casernes et les restes du château des ducs de Rohan. Il y a aussi des fabriques de toiles et de draps. — *Guern* possède la jolie église de Notre-Dame-de-Quelven, — et Baud, celle de Notre-Dame-de-la-Clarté, l'une et l'autre but de pèlerinages. — *Pluméliau* a de même sa chapelle Saint-Nicodème avec fontaine, où se tient chaque année un célèbre pardon. — A Cléguérec, une chapelle renferme le tombeau de saint Morvan.

Le Faouet, près de l'Ellé, possède aussi deux monuments religieux intéressants : la chapelle Sainte-Barbe, bâtie sur une pointe de rocher, et celle de Saint-Fiacre, avec un splendide jubé. — A *Langonnet*, une colonie pénitentiaire est établie dans les bâtiments d'une abbaye cistercienne, fondée en 1136 par le duc Conan III.

Guéméné, sur le Scorff, montre les ruines du château des Guéméné-Rohan, pour lesquels ce bourg fut érigé en principauté en 1570. Une colonne y a été élevée à l'un de ses enfants, l'enseigne Bisson, qui dans la guerre de l'indépendance hellénique, en 1827, fit sauter son vaisseau pour n'avoir pas à le livrer aux Turcs.

Locminé a une belle église ogivale dédiée à saint Colomban.

IV. PLOERMEL est une petite sous-préfecture de 6000 habitants[1], située près d'un vaste étang formé par le Duc ou Yvel, qui s'en échappe par une belle cascade de 7 mètres de haut. Cette ville fut plusieurs fois saccagée pendant la guerre de Cent ans et prise par Henri IV en 1591. Il s'y fait un grand commerce de chanvre, fils et toiles. Sa belle église de Saint-Armel (dont la ville porte le nom : *Plo-Armel*) fut bâtie de 1511 à 1602, sur le tombeau d'un anachorète qui se retira dans ce pays au vi^e siècle.

Josselin, sur l'Oust canalisé, est dominé par les ruines du magnifique château des Rohan, lequel avait appartenu précédemment au connétable Olivier de Clisson, qui y mourut en 1407. Son tombeau et celui de sa femme, tous deux en marbre noir avec statues couchées en marbre blanc, se voient dans l'église Notre-Dame-du-Roncier. Josselin, fondé au xie siècle, devint au siècle suivant la capitale de l'important comté de Porhoët. C'est

---

[1] Arrondissement de Ploermel : 8 *cantons*, 66 communes, 95370 habitants. *Cantons* et communes principales : 1. *Ploërmel*, 6040 habitants; Campénéac, 2250; Loyat, 2040 ; Taupont, 2230. — 2. *Guer*, 3350; Augan, 1810. — 3. *Josselin*, 2450; Guégon, 3130; Guillac, 1520; Lanouée, 2440; Saint-Servant, 1500. — 4. *Malestroit*, 1690; Caro, 1600; Ruffiac, 1840; Sérent, 3180. — 5. *Mauron*, 4480; Néant, 1620. — *Rohan*, 590; Bréhan, 2690; Crédin, 1910; Pleugriffet, 1970. — 7. *Saint-Jean-Brévelay*, 2030; Bignan, 2760; Plumelec, 3040. — 8. *Trinité-Porhoët* (la), 1280; Guilliers, 2270; Ménéac, 3810; Mohon, 2300.

aux environs, mais sur le territoire de *Guillac*, que fut livré le 27 mars 1351 le fameux **combat des Trente**. « Robert de Beaumanoir, gouverneur du château de Josselin et partisan de Jeanne de Penthièvre, avait porté un défi au capitaine anglais Richard Branbourg, commandant de Ploërmel et défenseur de Montfort. Ils convinrent de se battre à la tête chacun de vingt-neuf de leurs soldats. La rencontre eut lieu sous le chêne de Mi-Voie, entre Ploërmel et Josselin. Le combat dura plusieurs heures. D'abord l'avantage fut aux Anglais; Beaumanoir fut couvert de blessures. Étendu par terre, il se plaignit de la soif : *Bois ton sang, Beaumanoir !* lui crie Geoffroy du Bois, un de ses soldats. A ces mots, Beaumanoir se relève et fond sur les Anglais, qui furent entièrement vaincus. Leur chef Branbourg fut tué. (GIRARD.) Toutefois le mot attribué à Geoffroy du Bois paraît être purement légendaire. — Un obélisque commémoratif, de 13 mètres de haut, s'élève en ce lieu depuis 1819.

MALESTROIT, sur l'Oust canalisé, fut jadis une des plus fortes places de Bretagne. C'était l'une des neuf baronnies du duché. Une trêve de trois ans y fut conclue le 19 janvier 1343 entre la France et l'Angleterre, qui soutenaient les prétendants Charles de Blois et Jean de Montfort. — Les campagnes de MAURON furent témoins, neuf ans plus tard, d'une victoire remportée par ce dernier parti. — A *Concoret*, château de Comper, démantelé en 1398, et restauré en 1867 par le brave général de Charette.

ROHAN, sur l'Oust, a donné son nom à une puissante seigneurie, qui fut érigée en duché-pairie en 1603 et forma depuis diverses branches : Rohan-Guéméné, Rohan-Chabot, Rohan-Soubise, etc. Les Rohan avaient rang de prince, en raison de leur origine des anciens rois de Bretagne et de leur alliance avec les maisons royales d'Écosse et de Navarre. — A *Réguiny*, la chapelle Saint-Clair renferme le tombeau de ce saint.

A SAINT-JEAN-BRÉVELAY l'église possède le tombeau et les reliques de saint Jean de Béverley, évêque d'York au VIIIe siècle. Chapelle Notre-Dame-de-Perdroguen, but de pèlerinage. — *Guéhenno* possède un remarquable calvaire en granit; — *Plumelec*, des retranchements présumés gaulois; — LA TRINITÉ-PORHOET, une maison qu'habita Mme de Sévigné, — et *Mohon*, un camp antique.

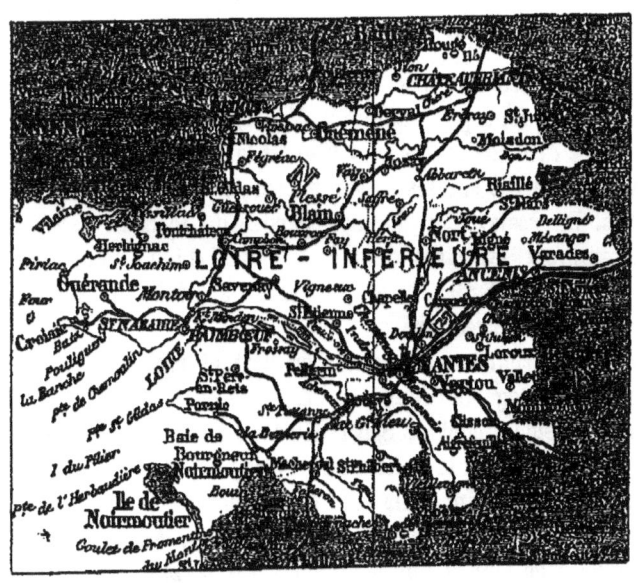

LOIRE-INFÉRIEURE

5 ARRONDISSEMENTS, 45 CANTONS, 217 COMMUNES, 647 200 HABITANTS

Géographie. — Ce département tire son nom de sa situation sur le cours tout à fait inférieur de la *Loire*, qui le longe, puis le traverse de l'est à l'ouest pour aller se jeter dans l'Atlantique par un estuaire. Il a été formé de l'ancien *diocèse de Nantes*, pays de Haute-Bretagne dont la partie au sud de la Loire portait le nom spécial de *Retz* et avait pour chef-lieu Machecoul. Sa superficie est de 6 980 kilomètres carrés, ce qui en fait le 24e département pour l'étendue.

La Loire-Inférieure est l'une des régions les plus basses de notre pays, sa plus haute altitude n'étant que de 115 mètres : dans la forêt de Javardon, au nord de Châteaubriant, sur la frontière d'Ille-et-Vilaine. Parmi ses chaînes de collines, la plus caractérisée est le Sillon de Bretagne, qui, élevé de 91 mètres près du Temple, s'allonge au nord de l'estuaire de la Loire, où il commande les Brières, marais souvent inondés, prairies tourbeuses, dont la plus vaste est la *Grande-Brière*. « Longue de 15 kilomètres, large de 10, elle a bien 8 000 hectares à l'altitude moyenne de 3 mètres. Ancienne forêt mouillée, pleine encore de troncs noircis par un long séjour dans la tourbe, on la voit tour à tour, et suivant la saison, nappe sans profondeur où l'on chasse les oiseaux d'eau, prairie où paît le mouton et d'où les Briérons tirent, par milliers de tonnes, la tourbe que des bateaux à fond plat, nommés *blains*, mènent à l'étier du Méan, dernier affluent droit de la Loire. » Elle est la propriété de 18 communes dont les villages, bâtis sur les terres hautes, apparaissent l'hiver comme autant d'îles. Du reste, bien d'autres parties du territoire sont marécageuses, notamment les rives du lac de Grand-Lieu, situé à 2 mètres d'altitude. Nantes est à 19 mètres, Châteaubriant à 56 mètres; l'altitude moyenne est de 60 mètres environ.

Le littoral du département, tantôt escarpé et rocheux, tantôt bas et sablonneux, est partagé en deux par l'estuaire de la Loire, que limitent les pointes de Chemoulin et de Saint-Gildas. La côte septentrionale, très découpée, offre la rade et la pointe du Croisic, bordées de marais salants. Des dunes, qui s'avançaient jadis vers l'intérieur des terres, sont aujourd'hui fixées par des plantations de pins maritimes. Au sud de la Loire, la côte est plus régulière et limite au nord-est la baie peu profonde de Bourgneuf, qui finira par s'élever au niveau du continent et y rattacher l'île de Noirmoutier; il y a là des marais salants.

Hydrographiquement, le territoire se partage entre le bassin de la Vilaine et celui beaucoup plus étendu de la Loire. La *Vilaine* limite le département par sa rive gauche et en reçoit la *Chère,* qui passe à Châteaubriant, le *Don* et l'*Isac*. — La **Loire** partage le département en deux parties inégales et lui appartient pendant 110 kilomètres, dont 35 par la rive gauche seulement. Ce beau fleuve est sujet à des débordements terribles, et c'est pour les combattre que l'on élève de chaque côté de son lit, depuis le département du Loiret, les digues connues sous le nom de *levées de la Loire*. Son cours est obstrué par un grand nombre d'îles à l'aspect pittoresque. En outre il charrie des sables légers qui rendent souvent la navigation très difficile; la marée pénètre jusqu'à 8 kilomètres en amont de Nantes. L'estuaire, qui atteint à Paimbœuf une largeur de 4 kilomètres, se rétrécit devant Saint-Nazaire, où s'arrêtent les gros navires, puis de nouveau s'élargit brusquement en une baie demi-circulaire, mesurant 12 kilomètres entre la pointe Chemoulin au nord et celle de Saint-Gildas au sud. Cette baie, vaseuse et sans profondeur, est divisée en deux chenaux navigables par le plateau sous-marin de la Banche, dont les phares éclairent l'entrée du fleuve. La Loire reçoit à Nantes la *Sèvre-Nantaise* et l'*Erdre;* celle-ci, pendant ses 20 derniers kilomètres, présente, comme les fiords de Norvège, une succession de lacs ayant parfois une largeur de 500 à 1 000 mètres, ce qui lui donne l'aspect d'un grand fleuve. En aval conflue l'*Acheneau,* qui sort du lac de Grand-Lieu, où se jette la *Boulogne*.

Les deux principaux canaux sont : le canal maritime de la Loire, allant du Pellerin en amont de Paimbœuf, et le canal de Nantes à Brest, qui emprunte constamment le lit de l'Erdre et de l'Isac.

Le *climat* de la Loire-Inférieure est essentiellement doux, égal, humide ; à Nantes la température moyenne est de 16°, et la hauteur des pluies annuelles de 65 centimètres seulement.

Le département produit des céréales et des légumes, surtout aux environs de Nantes, du vin et du cidre, une quantité considérable de miel. Ses vastes prairies servent à nourrir un grand nombre de chevaux et de bêtes à cornes. Des plantations de châtaigniers, de cerisiers, de poiriers, de sorbiers, y donnent d'excellents fruits.

On y exploite les importants marais salants de Guérande et de Bourg-

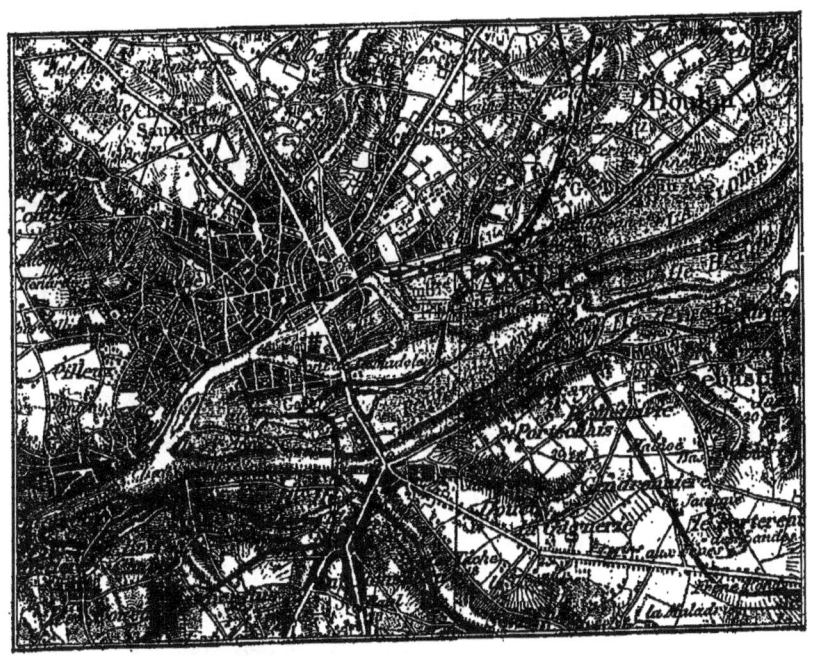

neuf, le bassin houiller de Nort, les tourbières de la Grande-Brière, des carrières d'ardoises, de granit et de marbre. L'industrie comprend les usines métallurgiques d'Indret et de Basse-Indre, les chantiers de construction de navires de différents ports, les raffineries de sucre exotique, les fabriques de conserves alimentaires et d'engrais artificiels de Nantes, qui possède également une manufacture de tabac et des minoteries importantes. La pêche des sardines est pratiquée surtout par le Croisic, et de belles plages sont fréquentées par les baigneurs.

Les habitants. — En 1896, le département comptait 646 200 habitants, ce qui le place au 10e rang pour la population absolue et au 11e pour la population relative, avec 93 habitants par kilomètre carré. De 1801 à 1871, il a augmenté de 233 000 âmes, puis de 44 000 jusqu'en 1896.— Sur la rive gauche de la Loire les paysans parlent une espèce de patois poitevin, tandis qu'aux environs de Batz on parle le breton corrompu.

Sauf un millier de protestants et une centaine de juifs, tous les habitants sont catholiques.

Personnages. — Saint Donatien et saint Rogatien, enfants nantais, martyrisés en 290. Saint Martin de Vertou, réformateur monastique, né à Nantes, mort en 601. Le philosophe Abélard, né au Pallet, mort en 1142. Le cruel Gilles de Retz, né à Machecoul, mort en 1440. La reine Anne de Bretagne, née à Nantes, morte en 1514. Le capitaine calviniste La Noue, surnommé Bras-de-Fer, né au château de la Noue-Briord, mort en 1591. Henri de Rohan et son frère de Soubise, autres chefs protestants, nés au château de Blain, morts en 1638 et 1641. Le marin Cassard et l'architecte Boffrand, nés à Nantes, morts en 1740 et 1754. L'hydrographe Bouguer, né au Croisic, mort en 1758. Le général de Charette, né à Couffé, mort en 1796. Le ministre Fouché, né à la Martinière, mort en 1820. Le général Cambronne, né à Saint-Sébastien, mort en 1842. Le naturaliste Alcide d'Orbigny, né à Couëron, mort en 1857. Le peintre-sculpteur Debay et le général Lamoricière, nés à Nantes, morts en 1865.

Administrations. — La Loire-Inférieure forme le diocèse de Nantes, ressortit à la cour d'appel et à l'académie de Rennes. Elle fait partie de la 11ᵉ division militaire (Nantes), du 3ᵉ arrondissement maritime (Lorient), de la 2ᵉ région agricole (Ouest) et de l'arrondissement minéralogique du Mans. Elle comprend cinq arrondissements : *Nantes, Ancenis, Châteaubriant, Saint-Nazaire, Paimbœuf,* avec 45 cantons et 217 communes.

I. **NANTES**, chef-lieu du département[1], est une grande ville de 124 000 habitants, la 9ᵉ de France pour la population. Elle s'étale par 19 mètres d'altitude (à la cathédrale) sur la rive droite et dans plusieurs îles de la Loire, à l'embouchure de l'Erdre et vis-à-vis de celle de la Sèvre-Nantaise. Ce lieu, où arrive le flot de marée, était bien celui qui devait servir d'entrepôt d'échange entre le commerce maritime et le trafic fluvial. Mais depuis un certain nombre d'années ce rôle du port nantais s'est bien amoindri à cause non seulement du peu de profondeur et de l'ensablement du fleuve, mais encore du chemin de fer riverain qui aboutit à Saint-Nazaire, devenu le point d'escale des grands paquebots transatlantiques. Toutefois le commerce de la basse Loire et l'industrie de la

---

[1] Arrondissement de NANTES : 17 *cantons,* 71 communes, 286 200 habitants.
Cantons et communes principales : 1-6. *Nantes,* 123 900 habitants; Chantenay, 16 260; Indre, 3740; Saint-Herblain, 2510; Saint-Sébastien, 2500. — 7. *Aigrefeuille,* 1890; Bignon, 1750; Maisdon, 1910; Montbert, 2560; Planche (la), 1850; Vieillevigne, 3390. — 8. *Bouaye,* 1430; Bouguenais, 3760; Pont-Saint-Martin, 1640; Rezé, 7800. — 9. *Carquefou,* 2750; Doulon, 6000. — 10. *Chapelle-sur-Erdre* (la), 2500; Grandchamps, 1790; Orvault, 1870; Sucé, 2510; Treillières, 1840. — 11. *Clisson,* 2900; Boussay, 1940; Gétigné, 2220; Gorges, 1700. — 12. *Legé,* 4550; Touvois, 2150. — 13. *Loroux-Bottereau (le),* 3670; Chapelle-Basse-Mer (la), 2850; Landreau (le), 1900; Saint-Julien, 3560. — 14. *Machecoul,* 3990; Paulx, 1940; Saint-Mars, 1660. — 15. *Saint-Philbert-de-Grandlieu,* 3980; Chevrolière (la), 2070; Limouzinière (la), 1540; Saint-Colombin, 2280. — 16. *Vallet,* 4740. — 17. *Vertou,* 5320; Châteauthébaud, 1510; Haie-Fouassière (la), 1560; Haute-Goulaine, 1600.

pêche sur le littoral voisin appartiennent principalement aux armateurs de Nantes, qui possédaient en 1885 une flotte de 400 navires, jaugeant 72 000 tonnes. Cette même année, le port a vu entrer ou sortir 630 navires et 185 000 tonnes de marchandises.

L'industrie nantaise, très importante, compte des centaines d'établissements, parmi lesquels des raffineries de sucre exotique, des fabriques de chocolat, de cuir, de quincaillerie, des fonderies de fer et de cuivre, des forges pour la marine, des ateliers de construction de machines agricoles

Nantes. — Le château de la duchesse Anne.

et industrielles, des chantiers de construction de navires et de canots, de grandes manufactures de conserves alimentaires et de sardines marinées, une manufacture de tabac occupant 1 800 ouvriers, des filatures et des fabriques de tissus.

Nantes présente une façade de trois kilomètres le long de la Loire. A part quelques quartiers de construction peu régulière, cette ville est sans contredit l'une des plus belles de France. Le quartier Graslin, l'île Feydeau et le quai de la Fosse peuvent être comparés aux plus beaux quartiers de Paris. Ses deux monuments principaux sont : l'ancien château ducal, reconstruit au XVe siècle avec son caractère de forteresse, et la cathédrale gothique de Saint-Pierre, commencée en 1434 pour n'être terminée qu'en 1886, et renfermant les superbes mausolées du duc François II et du général Lamoricière. Il faut en outre mentionner la riche bibliothèque, les musées d'art et d'antiquités, le jardin botanique.

Ancien chef-lieu des Nannètes, dont elle a conservé le nom, Nantes fut évangélisée au IIIe siècle par saint Clair, son premier évêque, et devint ensuite, sous Conan-Mériadec, la capitale de la Bretagne indépendante. Au VIe siècle, elle passa sous la domination franque et trouva dans son évêque, saint Félix, un administrateur éclairé qui y fit exécuter plusieurs travaux d'utilité publique. Après Charlemagne, Nantes fut saccagée à diverses reprises par les Normands et forma un comté qui subsista jusqu'à Philippe-Auguste. Pierre Mauclerc, à qui ce prince donna la Bretagne, et plusieurs de ses successeurs résidèrent à Nantes, qui fut considérée comme la seconde capitale du duché. Dans la suite, la cité subit divers sièges, et Henri IV y rendit, le 30 avril 1598,

Cathédrale de Nantes.

un fameux édit en faveur des protestants, édit que Louis XIV révoqua le 22 octobre 1685. Pendant la Terreur, Nantes fut le théâtre des noyades ou « mariages républicains », qui flétriront à jamais le nom de Carrier. En 1793, les Vendéens furent deux fois repoussés de ses murs, et en 1832 la duchesse de Berry y fut arrêtée après son équipée dans l'Ouest.

Les martyrs Donatien et Rogatien. — « Sous la persécution de Dioclétien et de Maximien, vivait à Nantes un enfant d'une naissance illustre, mais plus recommandable encore par sa foi chrétienne : il avait pour nom Donatien. Son frère aîné Rogatien fut gagné par lui à la foi, dans un temps où c'était exposer sa vie au péril le plus évident que de faire profession d'une religion proscrite par les ordres des souverains. En effet, ils furent bientôt traduits l'un après l'autre devant le tribunal du commissaire impérial, qui, ayant inutilement cherché à les gagner par les promesses et les menaces, les fit jeter en prison. Rogatien n'éprouvait qu'une peine : c'était d'avoir été prévenu par la persécution avant qu'il eût reçu le baptême; mais il espérait que le baiser de son frère lui tiendrait lieu du bain sacré. Donatien, informé de son inquiétude, fit cette prière à Dieu : « Seigneur Jésus-Christ, auprès de qui les désirs ont le même mérite que les œuvres, accordez à votre serviteur Rogatien que sa foi pure lui tienne lieu de baptême et son sang d'onction sacrée, s'il arrive que demain, par l'obstination du juge, l'épée termine le cours de notre

Les jeunes martyrs saint Donatien et saint Rogatien.

vie. » Ils passèrent la nuit à se fortifier par l'espérance de la couronne immortelle qui devait être le prix de leur martyre.

Le lendemain le juge, ayant fait venir les deux frères chargés de chaînes, leur dit : « La sévérité dont je dois des exemples au public m'empêche désormais d'user avec vous de termes de douceur, puisque vous méprisez le culte des dieux immortels par ignorance, ou, ce qui est encore pis, que vous travaillez à le détruire, parce que vous vous croyez mieux instruits que nous. » Les martyrs lui répondirent : « Votre science est au-dessous de l'ignorance et semblable à vos dieux que vous adorez dans les métaux qui n'ont aucun sentiment. Nous sommes prêts à souffrir pour Jésus-Christ tout ce que la rage du bourreau sera capable d'inventer; nous n'estimons pas que ce soit perdre la vie que de la donner pour Celui de qui nous l'avons reçue, et qui nous en rendra une autre infiniment

Tombeau de François II et de Marguerite de Foix
(cathédrale de Nantes).

plus heureuse. » Le juge, transporté de colère, ordonna que les deux frères fussent tourmentés et disloqués sur le chevalet, afin qu'ils eussent plus longtemps à souffrir. Les ministres de sa fureur, cherchant à lui plaire par un excès de cruauté, après avoir tourmenté les martyrs, leur enfoncèrent une lance dans la gorge, ce qui n'avait point été ordonné, puis ils leur coupèrent la tête. Ce fut ainsi que Donatien, après avoir gagné son frère à Jésus-Christ, eut la consolation de le voir répondre dignement à la grâce de sa vocation et mourir aussi martyr.

On désigne souvent les deux saints sous le nom d'*Enfants nantais*. Leurs précieuses reliques, renfermées dans deux belles châsses d'argent, se trouvent dans l'église qui leur est dédiée à Nantes. Leur fête se célèbre le dimanche dans l'octave de l'Ascension. (D'après les *Bollandistes*.)

Chantenay, ville de 16 000 âmes, située presque aux portes de Nantes, participe à l'industrie et au commerce de cette grande cité. — *Indre*, sur la rive droite de la Loire, et *Indret*, qui en dépend, possèdent des usines métallurgiques considérables. Ce dernier, situé dans une île du fleuve, comprend le plus grand établissement national de construction de chau-

Nantes et son port, sur la Loire.

dières et de machines à vapeur pour la marine de l'État; 1 200 ouvriers y sont employés. Ermitage de Saint-Hermeland, construit au VIIe siècle par Saint-Martin de Vertou, et remanié plus tard. — *Saint-Sébastien*, sur la Loire, est la patrie du général Cambronne, le héros de Waterloo qui, au moment de la déroute, resta avec un bataillon de la garde impériale opposant encore une résistance héroïque. Enveloppé par une division ennemie qui, frappée d'admiration, suspendit le combat et l'invitait à se rendre, il répondit par une expression énergique que l'on traduit ainsi : « La garde meurt et ne se rend pas! » Et le feu recommença. Cambronne, laissé pour mort sur le champ de bataille, demeura au pouvoir des Anglais jusqu'au 25 septembre 1815. Il mourut en 1842. — Au petit château de *la Jaunais* fut conclue, le 17 février 1795, entre les généraux Canclaux et de Charette, une convention qui suspendit pour quelques mois la guerre de Vendée. — *Rezé*, sur la rive gauche de la Loire, en face de Nantes, est une grosse commune qui paraît occuper l'emplacement de l'antique *Ratiatum*, l'une des deux cités principales des Pictaves; elle fut au moyen âge la capitale du pays de Retz.

A CARQUEFOU, près de l'Erdre, beau château de la Sailleraye, avec jardin dessiné par Le Nôtre, — et à *Doulon*, près de la Loire, chapelle Notre-Dame, but de pèlerinage. — La commune de LA CHAPELLE-SUR-ERDRE possède le château de la Gâcherie, siège du marquisat de Charette, — et celle d'*Orvault*, la belle chapelle de Notre-Dame-des-Anges.

CLISSON, au confluent de la Sèvre-Nantaise et de la Moine, possède des tanneries, des filatures de laine et de coton. — Complètement détruit en 1793 par le général Canclaux, il a été rebâti au commencement de ce siècle et offre, dit-on, la physionomie de certaines villes d'Italie. Il est dominé par les ruines de son ancien château, qui fut le berceau des Clisson et l'une des plus importantes forteresses du moyen âge. Dans les environs se trouve le parc ou *garenne Lemot*, décoré d'un grand nombre d'œuvres d'art, de temples, de colonnes, de statues, de grottes, de rochers qui, grâce surtout à la nature pittoresque des lieux, ont valu à Clisson le surnom un peu prétentieux de « Tivoli de l'Occident ». — A *Monnières* se voient les ruines pittoresques du château de la Galissonnière, — et au LOROUX-BOTTEREAU, celles du château de Landais, ministre du duc François II.

MACHECOUL, sur le Falleron, fut la capitale des comtes, puis des ducs de Retz; parmi les premiers figure le maréchal de Retz, surnommé *Barbe-Bleue* à cause de sa cruauté, et parmi les seconds le coadjuteur Paul de Gondi, plus connu sous le nom de cardinal de Retz. Les Vendéens prirent la ville en 1793.

SAINT-PHILBERT-DE-GRAND-LIEU, sur la Boulogne, doit son nom à un saint dont le tombeau se trouve dans la crypte de l'église, laquelle fit jadis partie d'un monastère. Les reliques du céleste patron ont été portées à Tournus en 848 par les religieux, obligés de fuir devant les Normands. A quelques kilomètres en aval se trouve le lac de Grand-Lieu, le plus étendu de France après celui du Bourget en Savoie.

Le lac de Grand-Lieu. — « A l'époque où l'isthme qui séparait la Loire et le lac n'était pas encore rompu, la cavité recevait toute la masse liquide des ruisseaux de son bassin, l'Ognon, la Boulogne, le Tenu; mais dès que « l'acheneau » ou chenal de communication se fut ouvert avec la Loire, ce fleuve lui-même put alimenter le lac, car pendant les marées il est à un niveau plus élevé d'un mètre, et suivant le flot ou le jusant l'acheneau coule tantôt dans un sens, tantôt dans un autre. C'est même à une très grande marée de la basse Loire que, suivant la tradition, le lac devrait sa forme actuelle : pendant le VIe siècle, les eaux du fleuve auraient fait une irruption soudaine et noyé plusieurs villages, ainsi que la grande bourgade d'Herbaude ou *Herbadilla;* naturellement les pêcheurs superstitieux entendent encore, durant les tempêtes, tinter au fond de l'eau les cloches de l'église engloutie... Il serait possible de reconquérir les 3700 hectares du lac en épuisant directement les eaux, comme on l'a fait pour la mer de Harlem. L'entreprise n'aurait rien de gigantesque, car la profondeur du lac est de 3 mètres seulement à l'endroit le plus creux; elle serait des plus utiles : la vase du Grand-Lieu est riche en matières organiques et fournirait une terre végétale d'assez bonne qualité; mais jusqu'à présent les propriétaires riverains, qui exploitent le lac pour la pêche et l'élève des canards, se sont opposés aux travaux d'assèchement; les rives du nord-ouest sont les seules qui aient été endiguées et soumises à la culture. » (VIVIEN DE SAINT-MARTIN.)

Au canton de VALLET, qui produit des vins estimés, le *Pallet,* sur la Sèvre-Nantaise, est la patrie d'Abélard (1079-1142), fameux par son esprit de controverse, qui tendait à faire de la philosophie une puissance rivale de la religion; saint Bernard attaqua avec vigueur ses doctrines, qu'il fit condamner au concile de Sens.

VERTOU, sur une éminence dominant la Sèvre-Nantaise, possède une église du XIe siècle, — et *Haute-Goulaine,* un beau château où couchèrent Henri IV et Louis XIV.

II. **ANCENIS**, sous-préfecture de 5000 habitants[1], est agréablement bâti, par 20 mètres d'altitude, sur la rive droite de la Loire et au pied de coteaux fertiles, qui alimentent son commerce de vins, de grains et de bois de construction. Le château qui le domine s'élève au milieu des ruines d'une forteresse féodale, origine de la ville. Cette forteresse, construite sur la frontière de la Bretagne et de l'Anjou, fut souvent prise et assiégée, notamment par Louis XI en 1472, et par Charles VIII en 1488.

— *Oudon,* situé en aval, conserve un beau donjon octogonal du XVe siècle, de la plate-forme duquel on jouit d'une vue très étendue.

Couffé montre le château de la Contrie, où est né le général vendéen

---

[1] Arrondissement d'ANCENIS : 5 *cantons,* 27 communes, 50280 habitants.
Cantons et communes principales : 1. *Ancenis,* 5050 habitants; Mésanger, 2790; Oudon, 1690; Saint-Herblon, 2690. — *Ligné,* 2640; Cellier (le), 2580; Couffé, 2060; Mouzeil, 1510. — 3. *Riaillé,* 2270; Joué-sur-Erdre, 2800; Pannecé, 1550; Teillé, 1710. — 4. *Saint-Mars-la-Jaille,* 1850; Vritz, 1540. — 5. *Varades,* 3090; Belligné, 2100; Montrelais, 1620.

de Charette. Resté seul des chefs de son parti, ce brave fut fait prisonnier par les républicains, qui le fusillèrent à Nantes, le 27 mars 1796.

Joué-sur-Erdre possède sur son territoire l'étang-réservoir de Vioreau, contenant huit millions de mètres cubes d'eau, destinés à l'alimentation du canal de Nantes à Brest. Chapelle Notre-Dame-des-Langueurs, but de pèlerinage.

Varades, sur la Loire, produit des vins estimés et exploite un peu de houille, ainsi que *la Chapelle-Saint-Sauveur* et *Montrelais*. Le 18 octobre 1793, les Vendéens en déroute y passèrent le fleuve pour marcher sur Granville.

III. **CHATEAUBRIANT**, sous-préfecture de 7 000 âmes[1], s'élève à 56 mètres d'altitude sur la Chère. Cette petite ville doit son nom à Brient, comte de Penthièvre, qui y construisit en 1015 le Vieux-Château, encore assez bien conservé. Le Château-Neuf, de style Renaissance, est un remarquable édifice, de même que l'église romane de Saint-Jean-de-Bléré (XIIe siècle) et l'église gothique moderne Saint-Nicolas. La ville fut prise en 1488 par La Trémouille, et en 1793 par les Vendéens. Elle est renommée pour ses confitures et ses liqueurs d'angélique.

Derval, sur une colline dominant la Chère, exploite des ardoises. A trois kilomètres nord, ruines d'un château fort où du Guesclin assiégea l'Anglais Knolles; les troupes de Mercœur le prirent en 1590, et celles d'Henri IV en 1593. — A l'est, *la Meilleraye* est célèbre par son abbaye, fondée en 1145 pour des Cisterciens; presque entièrement rebâtie en 1761, elle est occupée depuis 1817 par des Trappistes, qui en ont fait le centre d'une vaste exploitation agricole.

Nort, sur l'Erdre, qui y devient navigable, fait le commerce de houille et d'ardoises. Combat en 1793. — A trois kilomètres nord de Nozay, le hameau du *Grand-Jouan* a possédé pendant un demi-siècle l'une de nos trois écoles nationales d'agriculture, grâce à laquelle ont été défrichées toutes les landes des environs; cette école a été transférée à Rennes en 1893.

Rougé exploite des mines de fer, et Saint-Julien-de-Vouvantes des carrières de marbre pour la fabrication de la chaux. — A *la Chapelle-Glain*, beau château de la Renaissance.

IV. **SAINT-NAZAIRE**, situé à l'embouchure de la Loire, rive droite, est à la fois le chef-lieu d'un arrondissement[2] et une ville maritime

---

[1] Arrondissement de Chateaubriant : 7 *cantons*, 87 communes, 81 450 habitants.
Cantons et communes principales : 1. *Châteaubriant*, 7 000 habitants; Saint-Aubin, 2480; Soudan, 2650. — 2. *Derval*, 3320; Jans, 1730; Lusanger, 1650; Saint-Vincent, 2080; Sion, 3370. — 3. *Moisdon-la-Rivière*, 2540; Grand-Auverné, 1530; Issé, 2460; Meilleraye (la), 1790. — 4. *Nort*, 5150; Héric, 3950; Saint-Mars, 1900; Touches (les), 2050. — 5. *Nozay*, 3980; Abbaret, 2800; Puceul, 1860; Saffré, 3670; Vay, 3300. — 6. *Rougé*, 2730. — 7. *Saint-Julien-de-Vouvantes*, 1720; Chapelle-Glain (la), 1510; Erbray, 2730.

[2] Arrondissement de Saint-Nazaire, 11 *cantons*, 55 communes, 178 840 habitants.
Cantons et communes principales : 1. *Saint-Nazaire*, 30 810; Donges, 2930; Montoir, 8280. — 2. *Blain*, 6600; Bouvron, 3110; Fay-de-Bretagne, 3570; Gâvre (le), 1550; Notre-Dame-

défendue par plusieurs forts. Il occupe peut-être l'emplacement de l'importante cité gauloise de *Corbilo;* toutefois, en 1850, ce n'était encore qu'un bourg dont l'accroissement a été si rapide, que la ville compte

Près de Guérande. Scène des guerres de Vendée.

aujourd'hui 31 000 âmes. Cette prospérité est entièrement due à la création de deux vastes bassins à flot, où s'arrêtent les gros navires qui ne peuvent

des-Landes, 1880. — 3. *Croisic* (le), 2430; Batz, 2510. — 4. *Guéméné-Penfao,* 6770; Conquereuil, 1510; Marsac, 1710; Plerric, 1670. — 5. *Guérande,* 7050; Escoublac, 1910; Saint-André, 4690; Turballe (la), 2790. — 6. *Herbignac,* 4200; Assérac, 1780; Chapelle-des-Marais (la), 2170; Saint-Lyphard, 2010. — 7. *Pontchâteau,* 4810; Crossac, 1690; Saint-Joachim, 4860. — 8. *Saint-Étienne-de-Montluc,* 4310; Cordemais, 2160; Couéron, 5950; Vigneux, 3370. — 9. *Saint-Gildas-des-Bois,* 2680; Guenrouët, 3810, Missillac, 3840; Sévérac, 1640. — 10. *Saint-Nicolas-de-Redon,* 2350; Avessac, 3700; Fégréac, 2950; Plessé, 5450. — 11. *Savenay,* 3170; Cambon, 3630; Malville, 1610; Prinquiau, 1560; Sainte-Anne, 1570.

remonter le fleuve, trop peu profond. Aussi le port de Saint-Nazaire a-t-il conquis au détriment de celui de Nantes, auquel il sert d'avant-port, une des premières places parmi les ports français. En 1889, il a vu entrer ou sortir 2400 navires jaugeant 1400000 tonnes. Les principaux articles d'importation sont : les céréales, la houille, les sucres exotiques, le café, les minerais; l'exportation consiste surtout en vins, denrées alimentaires, vêtements et objets d'orfèvrerie. Quant aux pays de provenance ou d'expédition, ce sont principalement l'Angleterre, l'Espagne, le Mexique et la Colombie. Saint-Nazaire a des forges pour la marine, des aciéries et des chantiers de construction de navires. Mais, comme curiosités, on n'y trouve guère qu'un dolmen, le plus remarquable, il est vrai, du département.

Montoir-de-Bretagne, au nord-est, exploite les tourbières de la Grande-Brière, — tandis que dans les marais de *Donges* se recueillent d'innombrables sangsues, qu'on exporte même en Angleterre.

BLAIN, autrefois place forte importante, s'élève sur le canal de Nantes à Brest, qui est ici la régularisation du lit de l'Isac. Ruines d'un château des Clisson et des Rohan.

LE CROISIC, port de pêche sur la rive nord d'une petite presqu'île, a des bains de mer très fréquentés, des marais salants, des fabriques de conserves alimentaires et des chantiers de construction de barques. Son église Notre-Dame-de-la-Pitié est surmontée d'un clocher de 55 mètres de haut, et de la chapelle Saint-Gouston dépend une fontaine miraculeuse, but de nombreux pèlerinages.

BATZ, sur la rive sud de la presqu'île du Croisic, est aussi un petit port entouré de marais salants. On remarque son clocher en granit de 60 mètres de haut. Ce qui distingue surtout ses habitants, presque tous paludiers, c'est leur gracieux costume traditionnel. « Mais comment, sans le secours du pinceau, dit H. ETIENNEZ, rendre l'effet de ce chapeau à larges bords, garni de chenilles de couleur, et si étrangement relevé sur le côté en pointe ou en corne; cette collerette de mousseline qui se rabat sur les épaules comme dans les portraits de Raphaël; ces nombreux gilets, tous de couleurs différentes et superposés par étages de manière à laisser paraître les bandes de couleurs variées qui en garnissent les bords inférieurs; ces vastes braies plissées en toile fine, serrées au genou par des jarretières flottantes, retenant les bas de laine blanche; enfin ces sandales d'un jaune pâle? Tel est le costume de cérémonie d'un paludier. Pour le travail, il ne porte qu'une blouse blanche, des culottes bouffantes, et des guêtres de toile au lieu de bas. »

Le Pouliguen, dont le nom breton signifie « petite baie blanche », est une importante station de bains de mer. Aux environs, curieux rochers et retranchements présumés celtiques de Painchâteau.

GUÉMÉNÉ-PENFAO, sur le Don, possède plusieurs châteaux; avant 1789, il avait titre de principauté. — À *Conquéreuil*, Conan le Tors, duc de Rennes, fut battu deux fois : en 982 par Guérech, comte de Nantes, et en 992 par Foulques Nerra, comte d'Anjou.

Guérande, à 5 ou six kilomètres de l'Océan, s'élève sur une colline qui domine 1700 hectares de marais salants. On y remarque les belles églises Saint-Aubin et Notre-Dame-la-Blanche, du moyen âge, ainsi que les remparts flanqués de dix tours. — Guérande est l'antique port vénète de *Grannona*, près duquel en 559 Clotaire défit Chramn, son fils révolté. La mer s'étant peu à peu retirée, cette ville devint une place très forte qui soutint plusieurs sièges et sut repousser les Normands, grâce à saint Aubin, qui, apparaissant en guerrier, guida les habitants dans la mêlée. Le 12 avril 1365 fut signé le traité de Guérande, qui terminait au profit de Montfort la guerre de Succession de Bretagne. — *Escoublac* est séparé de l'Océan par des dunes qui ensevelirent le vieil Escoublac en 1779, et que l'on a depuis fixées par des plantations de pins maritimes. — *La Turballe*, sur la rade du Croisic, est un petit port de pêche de sardines, ainsi que *Piriac*, plus au nord, où se trouvent des gisements d'étain.

Les cantons d'HERBIGNAC et de PONTCHATEAU exploitent les tourbières de la Grande-Brière.

Au canton de SAINT-ÉTIENNE-DE-MONTLUC, *Couëron*, sur la Loire, est un port que plusieurs historiens identifient avec le *Corbilo* gaulois. Grande usine pour le traitement du minerai de plomb argentifère.

SAINT-GILDAS-DES-BOIS possède une belle église, reste d'une abbaye de bénédictins fondée en 1026; — *Missillac*, le beau dolmen de la Roche-aux-Loups; — et *Plessé*, le magnifique château de Carhel, qui appartint au prince de Joinville.

SAVENAY, sur le versant sud du Sillon de Bretagne, fut jusqu'en 1868 le chef-lieu de l'arrondissement actuel de Saint-Nazaire. Il est surtout connu par la sanglante bataille que les généraux Kléber, Westermann et Marceau y livrèrent aux Vendéens le 22 décembre 1793. Trois fois les Vendéens en furent chassés, et trois fois ils y rentrèrent; ils durent céder au nombre. Ceux qui s'échappèrent furent poursuivis et précipités dans la Loire et les marais par la cavalerie de Westermann; environ dix mille hommes périrent dans ce combat, qui mit les Vendéens dans l'impuissance de continuer désormais la lutte.

V. **PAIMBŒUF** (*Pen Bo*, Tête de Bœuf) est une sous-préfecture de 2200 âmes[1], située sur la rive gauche de l'estuaire de la Loire. Cette

---

[1] Arrondissement de PAIMBŒUF : 5 cantons, 27 communes, 49400 habitants.
Cantons et communes principales : 1. *Paimbœuf*, 2130 habitants; Saint-Brévin, 1570. — 2. *Bourgneuf-en-Retz*, 2990; Saint-Hilaire, 1560. — 3. *Pellerin (le)*, 2270; Montagne (la), 2600; Port-Saint-Père, 1830; Saint-Jean, 1970; Saint-Pazanne, 2690; Rouans, 2180. — 4. *Pornic*, 2020; Arthon, 2350; Clion (le), 2370; Plaine (la), 1620; Sainte-Marie, 1840. — 5. *Saint-Père-en-Retz*, 3030; Chauvé, 1750; Frossay, 3870; Saint-Viaud, 1570.

petite ville acquit de l'importance dès le XVIIe siècle, alors que l'ensablement du fleuve et la grosseur croissante des navires empêchaient ceux-ci de remonter jusqu'à Nantes; on y transbordait alors les marchandises sur des gabares de 60 à 100 tonnes. Mais, par suite de la progression des mêmes causes, les gros navires doivent s'arrêter actuellement à Saint-Nazaire; Paimbœuf, déchu, n'est plus que l'ombre de ce qu'il était jadis. — Chantiers de construction de navires et fabriques de biscuits de mer.

Bourgneuf-en-Retz, autrefois sur la baie de Bourgneuf, en est aujourd'hui à deux kilomètres; un chenal, navigable à marée haute, le réunit à son port du Collet, situé sur cette baie. Marais salants, pêche d'huîtres et de poissons. A six kilomètres à l'est, château de la Noue-Briord, où naquit le capitaine calviniste La Noue, surnommé Bras-de-Fer. — *La Bernerie* a des bains de mer et de curieux rochers percés de grottes. — Le Pellerin est un petit port sur la rive gauche de la Loire; Fouché, ministre de la police sous le premier Empire, est né au hameau de la Martinière.

Pornic, sur la baie de Bourgneuf, est un port de pêche et de cabotage, avec bains de mer et source ferrugineuse. On y remarque la statue du contre-amiral Leray, enfant de Pornic, et un ancien château du cruel Gilles de Retz. Il y avait là jadis une abbaye bénédictine appelée *Sainte-Marie*.

ANJOU

1. DÉPARTEMENT

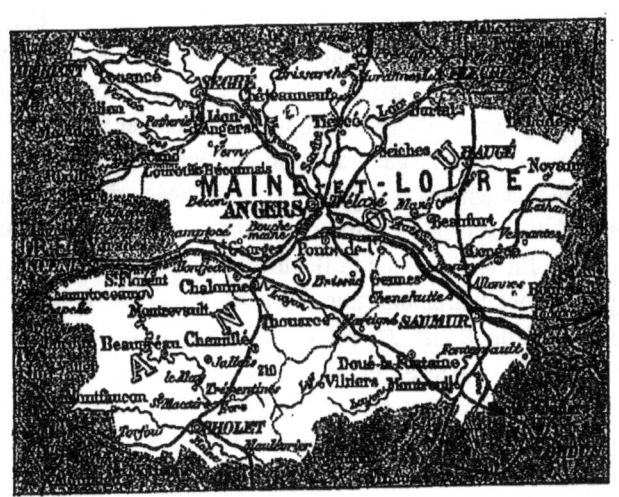

MAINE-ET-LOIRE

5 ARRONDISSEMENTS, 34 CANTONS, 381 COMMUNES, 514900 HABITANTS

Historique. — L'Anjou, qui avait pour capitale Angers, comprenait l'*Anjou propre*, formant un grand gouvernement, et le *Saumurois*, qui en formait un petit. Il était borné au nord par le Maine, à l'est par la Touraine, au sud par le Poitou, à l'ouest par la Bretagne.

Les Andes ou *Andecavi*, qui l'habitaient primitivement, ayant été défaits par Fabius, lieutenant de César, furent incorporés dans la Lyonnaise, et leur capitale reçut le nom de *Juliomagus*. Cinq siècles après, les Andes entrèrent dans la confédération armoricaine, qui délivra le pays de la domination étrangère. *Juliomagus* reprit le nom d'*Andegavia*, d'où par corruption on a fait

Angers et Anjou. C'est aussi à cette époque que le christianisme commence à remplacer le druidisme dans cette région.

Vers 720, paraît le premier comte d'Angers, Rainfroy, que Charles Martel, après avoir vaincu, maintint cependant par politique dans ses États. Au siècle suivant, l'Anjou est divisé en deux parties indépendantes : le comté proprement dit, en deçà ou à l'est du Maine, et la Marche d'Anjou ou comté d'Outre-Maine. Ce dernier fut cédé en 864 à Robert le Fort, qui périt deux ans après dans le combat glorieux de Brissarthe contre les Normands. D'origine saxonne, ce seigneur est la tige de la grande dynastie des Capétiens, qui commença à régner sur la France en 987. Mais Eudes, l'un de ses fils, avait déjà occupé le trône un siècle auparavant, ce qui avait engagé ce prince à abandonner son comté d'Outre-Maine à Foulques, fils d'Ingelger, comte d'Angers. Depuis lors ces deux comtés n'ayant plus été séparés, on regarde généralement Ingelger comme le chef de la première lignée des comtes d'Anjou. Or cette lignée, de même que celle de Robert le Fort, est célèbre pour avoir donné des rois à une grande nation : l'Angleterre. En effet, le comte Geoffroy V, surnommé Plantagenet (parce qu'il portait ordinairement une branche de genêt à sa toque), ayant épousé la fille de Henri Ier, roi d'Angleterre, son fils Henri II fonda la dynastie des Plantagenets, qui régna de 1154 à 1485. Toutefois ces comtes devenus rois continuaient à relever de nos souverains pour leurs fiefs de Normandie, d'Anjou, du Maine et de Touraine. L'un d'eux, Jean sans Terre, ayant fait mourir son neveu Arthur de Bretagne, fut sommé par Philippe-Auguste de comparaître devant la cour des pairs; il n'en fit rien, mais la confiscation desdites provinces fut prononcée et bientôt suivie de la conquête (1204).

Dès lors l'histoire de l'Anjou ne présente plus qu'apanages et reversions. En 1226, Charles d'Anjou, frère de saint Louis, alla à la tête des Angevins fonder le royaume des Deux-Siciles, où il laissa à ses descendants le titre de rois. Passé aux Valois en 1290, l'Anjou fut érigé en duché-pairie en faveur du deuxième fils de Jean le Bon, qui devint le chef de la deuxième dynastie des rois de Naples. C'est à cette branche qu'appartient le « bon roi René », à la mort duquel l'Anjou fut définitivement réuni à la couronne par Louis XI, malgré les prétentions de René II, duc de Lorraine (1480). Depuis cette époque, l'Anjou, intimement lié à la monarchie, devint sous le titre de duché un simple apanage honorifique des frères ou fils puînés de nos rois. Le dernier duc d'Anjou fut celui qui devait être plus tard le roi Louis XVIII. Rappelons aussi que l'Anjou a été troublé par les guerres de Cent ans, de religion et de Vendée.

En 1790, il a formé le département de Maine-et-Loire et une partie de ceux de la Mayenne, de la Sarthe et d'Indre-et-Loire.

Géographie. — Le département de *Maine-et-Loire* tire son nom de ses deux principaux cours d'eau : la Loire et la Maine, qui se réunissent à huit kilomètres au sud-ouest d'Angers. Formé de la plus grande partie de l'*Anjou propre*, capitale Angers, et du *Saumurois*, capitale Saumur, il a une superficie de 7 283 kilomètres carrés, ce qui lui donne le seizième rang sous ce rapport.

Ce département, divisé par la Loire en deux parties à peu près égales, est un pays de plaines basses au centre et coupé ailleurs de collines, surtout au sud-ouest, dans le Bocage angevin, où la colline des *Gardes*, entre Cholet et Chemillé, monte à 210 mètres ; c'est l'altitude maximum du territoire, qui a pour plus bas lieu (6 mètres) celui où la Loire l'abandonne complètement. Cholet est à 125 mètres, Saumur à 25-98 mètres,

Angers. — Cathédrale et vieux château.

le confluent de la Loire et de la Maine à 14 mètres ; l'altitude moyenne est de 80 mètres environ.

La **Loire**, après avoir parcouru 87 kilomètres dans le département et y avoir baigné notamment Saumur, cesse de lui appartenir par la rive droite, mais lui reste fidèle par sa rive gauche pendant 40 kilomètres. Elle y coule au milieu de campagnes verdoyantes, bien cultivées, égayées de villes, de villages et de châteaux, mais monotones d'aspect là où le fleuve ne vient pas frapper le pied des collines. L'irrégularité de ses eaux cause malheureusement un grand tort à la navigation. Ses flots se dispersent sur une trop grande largeur, 500 à plus de 700 mètres, généralement en plusieurs bras, avec îles, îlots et bancs de sable. Une levée protège les campagnes de la rive droite de leurs trop fréquentes et redoutables inondations.

La Loire reçoit du nord : l'*Authion*, où tombent le *Lathan* et le *Couasnon*, qui arrose Baugé ; puis la **Maine**, formée par la réunion de la Sarthe où se jette le *Loir*, et de la *Mayenne* qui reçoit l'*Oudon*, baignant

Segré. Longue seulement de 12 kilomètres, la Maine sert de déversoir à de nombreuses rivières dont l'ensemble forme éventail dans un bassin de 22 000 kilomètres carrés ; elle arrose Angers et finit au hameau de la Pointe, dans la commune si bien nommée Bouchemaine. Maine est une altération du mot Mayenne ; aussi considère-t-on cette rivière comme la vraie branche supérieure de la Maine, quoiqu'elle soit moins longue que le Loir et la Sarthe, et qu'elle roule moins d'eau que cette dernière. Les affluents sud de la Loire sont : le *Thouet*, grossi de la *Dive du Nord*, canalisée ; le *Layon*, et hors du département l'*Erdre* et la *Sèvre-Nantaise*, grossie de la *Moine*, qui baigne la colline de Cholet. A part le Lathan, le Couasnon et l'Erdre, ces cours d'eau sont navigables.

Séquanien à l'est et armoricain à l'ouest, le *climat* de Maine-et-Loire est tempéré, sain, quoique un peu humide et brumeux ; la hauteur des pluies annuelles y varie de 50 à 95 centimètres.

Le sol, de nature calcaire, schisteuse et tertiaire à l'est, granitique et de transition à l'ouest, est généralement fertile, surtout dans les vallées d'alluvions ; il produit en abondance le blé, les fruits, les légumes et le chanvre, ainsi que des vins estimés ; ceux du Saumurois sont en majeure partie transformés en vins blancs mousseux ; les prairies naturelles nourrissent un gros bétail nombreux, notamment des bœufs choletais pour la boucherie ; les porcs sont de race craonnaise. Dans le Bocage, parsemé de petits bois, les propriétés sont généralement entourées de haies vives plantées d'arbres, qui de loin offrent l'aspect d'une immense forêt.

On extrait le minerai de fer de Segré, le granit de Cholet, la houille de Chalonnes et surtout les ardoises des environs d'Angers. Les manufactures ont pour objet la filature du lin, du chanvre, de la laine et du coton, les toiles, mouchoirs et tissus divers de l'important rayon industriel de Cholet.

Les habitants. — En 1896, Maine-et-Loire comptait 514 870 habitants, ce qui le place au vingtième rang pour la population absolue et au vingt-sixième pour la population spécifique, avec 71 habitants par kilomètre carré. Il a gagné 143 000 âmes de 1801 à 1871, mais n'a pas augmenté durant les vingt-cinq années suivantes. On y compte environ 500 protestants.

Personnages. — Le roi-duc René d'Anjou, né à Angers, mort en 1480. Le poète Joachim du Bellay, né à Liré, mort en 1560. Le jurisconsulte Jean Bodin, né à Angers, mort en 1596. Le voyageur Bernier, né à Joué-Étiau, mort en 1688. Le critique Ménage, né à Angers, mort en 1692. Mme Dacier, helléniste, née à Saumur, morte en 1720. Le maréchal de Contades, né près de Beaufort, mort en 1793. Le chef vendéen Cathelineau, né au Pin-en-Mauges, mort en 1793. Le marin Dupetit-Thouars, né à Saint-Martin-la-Place, tué à Aboukir en 1798. Le maréchal de Bourmont, né au territoire de Freigné, mort en 1846. Le sculpteur David, né à Angers, mort en 1856. Le ministre de Falloux et le chimiste Chevreul, nés à Angers, morts l'un en 1887, l'autre en 1889.

Administrations. — Maine-et-Loire forme le diocèse d'Angers, ressortit à la cour d'appel d'Angers, à l'académie de Rennes, fait partie du 9e corps d'armée (Tours), de la 2e région agricole (Ouest) et de l'arrondissement minéralogique de Rennes. Il comprend cinq arrondissements : *Angers, Segré, Baugé, Saumur, Cholet,* avec 34 cantons et 381 communes.

I. **ANGERS,** ville de 77 000 habitants, chef-lieu du département[1], s'élève par 12-47 mètres d'altitude, sur la Maine, qui la divise en deux

Anjou. — Ardoisières de Trélazé.

parties inégales : la Cité sur la rive gauche, et le faubourg de la Doutre sur la rive droite. La cathédrale Saint-Maurice, bâtie aux XIIe et XIIIe siècles, est un édifice long intérieurement de 121 mètres, ayant de précieux vitraux et une façade couronnée de trois tours : celles de droite et de gauche, hautes de 65 et 69 mètres, ont de magnifiques flèches en pierre. Saint-Serge, autrefois abbatiale, et la Trinité, avec beau clocher de la Renaissance, datent du moyen âge ; Saint-Laud, dont la crypte renferme une statue vénérée de la Vierge, est une église moderne, ainsi que Saint-

---

[1] Arrondissement d'ANGERS : 9 *cantons,* 89 communes, 172 940 habitants.
Cantons et communes principales : 1-3. *Angers,* 77 160 habitants ; Trélazé, 5 840 ; Villevêque, 1 620. — 4. *Chalonnes-sur-Loire,* 4 470 ; Rochefort, 1 960. — 5. *Louroux-Béconnais (le),* 2 850 ; Bécon, 2 040 ; Cornuaille (la), 1 530. — 6. *Ponts-de-Cé (les),* 3 530 ; Ménitré (la), 1 790 ; Saint-Gemmes, 1 980 ; Saint-Mathurin, 2 070. — 7. *Saint-Georges-sur-Loire,* 2 350 ; Champtocé, 1 740 ; Possonnière (la), 1 530. — 8. *Thouarcé,* 1 530. — 9. *Tiercé,* 2 030.

Joseph. Le château, reconstruit par saint Louis, est entouré de murs flanqués de dix-sept tours. La préfecture occupe les bâtiments de l'ex-abbaye de Saint-Aubin; on cite encore un grand nombre de curieuses maisons en bois et de charmants hôtels des xve et xvie siècles, la promenade du mail et la statue en bronze du roi René, dont le tombeau vient d'être découvert sous le chœur de la cathédrale.

Angers, qui avait jadis une célèbre université, est toujours une ville d'études qui possède un grand et un petit séminaire, plusieurs facultés catholiques, une école préparatoire de médecine et de pharmacie, et l'une de nos trois écoles des arts et métiers; celle-ci est installée dans l'ancienne abbaye Notre-Dame-du-Ronceray, bâtie par Foulques Nerra. La ville a un joli jardin botanique, une grande bibliothèque publique et un riche musée de peinture, auquel a été annexée la précieuse collection des copies en plâtre de presque tous les chefs-d'œuvre du sculpteur David d'Angers. L'industrie a des filatures, des corderies et des fabriques de toiles à voiles pour la marine; le commerce comprend les ardoises et les plants d'arbres fruitiers.

Angers, capitale de la nation gauloise des *Andes* ou *Andecavi*, fut appelée *Juliomagus* sous la domination romaine, reçut un évêché au iiie siècle et devint plus tard capitale du comté, puis du duché et enfin de la province d'Anjou. Elle fut souvent prise par les Normands, les Bretons et les Anglais, ainsi qu'au temps des guerres de religion. Les Vendéens y subirent un sanglant échec en 1793, et Stofflet y fut exécuté en 1796. Le 10 avril 1850, le pont sur la Maine s'étant rompu pendant le passage du 11e léger, 219 soldats périrent dans les flots. — *Écouflant* possède les ruines de l'abbaye cistercienne du Péray, — et *le Plessis-Macé* ceux d'un important château fort du xve siècle.

Trélazé, sur un coteau dominant l'Authion, est le centre principal de l'exploitation des ardoisières d'Angers, qui fournissent annuellement 200 millions d'ardoises. L'exploitation, qui emploie 3000 ouvriers, a lieu sur une surface de 10 kilomètres carrés et jusqu'à une profondeur de 150 mètres. En 1856, à la suite de la grande inondation de la Loire, les ardoisières avaient été inondées; aujourd'hui elles sont à l'abri de ce fleuve par une levée de 4 kilomètres.

Les carrières d'Angers. — Voici au point de vue pittoresque la description d'une des nombreuses carrières d'ardoises qu'on peut voir aux environs de la ville d'Angers.

« A Trélazé même, l'exploitation se fait encore aujourd'hui à ciel ouvert; c'est donc à cet endroit qu'il faut se rendre pour voir les ouvriers mineurs extraire les blocs schisteux. La poudre et le pic sont employés à cet effet. Ce travail d'extraction de la pierre ressemble à celui qui s'exécute dans toutes les autres carrières, soit de gypse, soit de calcaire grossier, soit de grès, etc. Quand l'exploitation a atteint une profondeur de quarante mètres environ, il faut creuser des puits et des galeries de mine.

« L'aspect extérieur d'une carrière d'ardoises est fort pittoresque. De tous côtés, ce ne sont qu'excavations à bords hérissés de couleur gris noirâtre avec reflets cendrés; les pierres présentent des arêtes vives. De vastes talus sont formés par l'amoncellement des ardoises de mauvaise qualité, rejetées dans les excavations par les ouvriers. Sur les bords, on voit se dessiner un nombre considérable de petites cabanes, de construction fort élémentaire, constituées par un double toit angulaire de paille tressée. Dans l'intérieur de ces cabanes, un ouvrier est occupé à tailler les ardoises. On lui apporte de gros blocs de schiste, qu'il s'agit mainte-

Ardoisières d'Angers. Découpage des ardoises.

nant de cliver pour le transformer en ardoises. Pour cela, l'ouvrier, chaussé d'immenses sabots de bois grossièrement taillés et les jambes recouvertes d'un épais lit de chiffons pour les garantir, s'empare d'un de ces blocs encore humides et le fend dans toute sa longueur à l'aide d'un ciseau. Ce ciseau est constitué par une longue lame d'acier peu épaisse en forme de couteau. Quand le schiste est encore humide, cette lame d'acier pénètre facilement à travers les feuilles de la pierre : on obtient ainsi des ardoises d'une épaisseur convenable. Il faut souvent enduire d'huile ou de graisse le ciseau pour faciliter son glissement. Suivant la qualité de la pierre, un ouvrier peut ainsi obtenir de quatre cents à sept cents ardoises par jour.

« Après que l'ouvrier a obtenu des lames d'ardoises, il s'agit de les tailler de manière à leur donner la forme convenable. On y arrive au moyen du dolo et du chapus. Le dolo est un lourd couteau d'acier tenu à la main par une poignée de bois. Le chapus est une table de bois posée à terre et portant sur son bord inférieur une armature d'acier qui coupe l'ardoise selon les formes connues. Quant aux tableaux d'ardoises, aux entablements destinés à d'autres usages, une scierie est ajoutée à l'établissement qui débite le schiste selon l'épaisseur voulue.

« Les machines, les bâtiments dominent ce premier plan de baraques. Le tout forme un pêle-mêle qui déroute au premier aspect. Au sommet des excavations, sur les pentes, dans le fond, se dressent des échafaudages de bois noir, d'immenses squelettes décharnés. Quelques bâtiments renferment les machines à vapeur. Ici c'est une machine destinée au service du puits, à monter et à descendre les ouvriers et les matériaux. Là c'est une autre machine faisant fonctionner les pompes qui élèvent l'eau des galeries; là encore c'est une petite locomobile perdue pittoresquement sur le flanc abrupt d'un ravin qui refoule le gaz d'éclairage jusque dans les entrailles du sol. Les galeries sont, en effet, éclairées au gaz à la Paperie. »

(A. BLEUNARD, *la Nature*.)

CHALONNES-SUR-LOIRE, au confluent du Layon et d'un bras de la Loire, possède un petit bassin houiller et de nombreux débris gallo-romains, entre autres ceux d'un camp.

A *Rochefort-sur-Loire*, restes d'un château fort qui fut assiégé inutilement par le maréchal d'Aumont en 1592; plus tard Henri IV l'acheta et le fit raser.

Les PONTS-DE-CÉ, au sud d'Angers, se composent d'une rue longue de trois kilomètres, formée d'une suite de ponts et de chaussées qui franchissent l'Authion canalisée, les bras et les îles de la Loire. Cette ville, l'ancienne *Seium*, dut à sa situation exceptionnelle de jouer un rôle considérable dans notre histoire. C'est là que le héros angevin Dumnacus, dont la statue orne l'un des ponts, aurait été défait en 51 par l'armée romaine. De nombreux engagements y eurent lieu pendant les guerres de Cent ans et de religion. En 1620, les partisans de Marie de Médicis en furent chassés; en 1651, nouveau siège entrepris sur les Frondeurs, et, en 1793, nouveaux combats entre les Vendéens et les républicains.

A *Saint-Jean-des-Mauvrets*, chapelle Notre-Dame de Lorette, but de pèlerinage.

Saint-Georges-sur-Loire, qui produit les meilleurs vins de l'Anjou, possède le beau château de Serrant, où logèrent Louis XIV et Napoléon; — *Champtocé*, les ruines d'un manoir du fameux Gilles de Retz, — et *Savennières*, l'une des plus anciennes églises de France. Dans l'île de *Béhuard*, chapelle renfermant de nombreux ex-voto parmi lesquels figurent des chaînes de prisonniers.

THOUARCÉ, sur le Layon, exploite deux sources ferrugineuses carbonatées dans un petit établissement thermal. — *Brissac* possède un beau château reconstruit au XVIIe siècle par le premier duc de Brissac. Louis XIII et Marie de Médicis s'y réconcilièrent après le combat des Ponts-de-Cé.

II. SEGRÉ, 3700 habitants, bâti par 45 mètres d'altitude sur l'Oudon, qui y devient navigable, est le chef-lieu d'un arrondissement essentiellement agricole et de grande culture [1]. On y voit les restes d'un château qui fut le siège d'une seigneurie assez importante. A la Révolution néanmoins, ce n'était encore qu'un bourg ayant à peine 600 âmes. Exploitation de minerai de fer et fabrique d'instruments aratoires.

CANDÉ est une petite ville industrielle située, comme l'indique son nom d'origine celtique, au *confluent* de deux cours d'eau, l'Erdre et la Mandy. Elle appartint au prince de Candé et fut prise par les Vendéens.

Au canton de CHATEAUNEUF, *Brissarthe*, dont le nom primitif, « Briosarte, » signifie Pont-sur-Sarthe, fut en 866 le théâtre d'un combat dans lequel Robert le Fort fut tué au milieu de sa victoire sur les Normands d'Hastings.

Le LION-D'ANGERS, sur l'Oudon, était autrefois le siège d'une baronnie, que possédèrent les maisons de Thouars, de Châteaubriant, de Montmorency et de Bourbon-Condé. On y remarque une belle église romane et, aux environs, le domaine de l'Isle-Briant, comprenant un château avec parc et une ferme-école.

POUANCÉ, sur la Verzée, eut dès le milieu du XVIIe siècle d'importantes forges, aujourd'hui fermées. Belles ruines d'un château et des fortifications urbaines qui s'y rattachaient.

III. BAUGÉ, sous-préfecture de 3300 âmes [1], s'élève à 60 mètres d'altitude sur une colline baignée par le Couasnon. En 1421, le maréchal Gilbert de la Fayette défit sous ses murs les Anglais commandés par le duc de Clarence, qui périt dans la lutte. Au XVIIe siècle, Anne de Melun, fille du prince d'Épinay, renonçant au monde, fonda à Baugé un hôpital où elle se dévoua pendant trente ans au soulagement des malades; occupation humiliante et pénible à la nature, mais aussi honorable que méritoire, selon cette parole du divin Maître : « Tout ce que vous ferez au plus petit de mes frères que voici, c'est à moi-même que vous l'aurez fait. »

BEAUFORT-EN-VALLÉE, dans une ample et riche vallée arrosée par le Couasnon, l'Authion et la Loire, était autrefois une importante place forte; c'est aujourd'hui une ville industrielle, succursale de Cholet pour ses manufactures de fils, de toiles et de cotonnades. Ruines du château

---

[1] Arrondissement de SEGRÉ, 5 *cantons*, 64 communes, 60730 habitants.
Cantons et communes principales : 1. *Segré*, 3720. — 2. *Candé*, 2140; Angrie, 1700; Freigné, 2020; Loiré, 1530; Potherie (la), 1940. — 3. *Châteauneuf-sur-Sarthe*, 1440. — 4. *Liond'Angers (le)*, 2540; Vern, 1780. — 5. *Pouancé*, 3360; Combrée, 2150.

[1] Arrondissement de BAUGÉ : 6 *cantons*, 97 communes, 70610 habitants.
Cantons et communes principales : 1. *Baugé*, 3340 habitants; Cheviré, 1500. — 2. *Beaufort*, 4280; Brion, 1580; Corné, 1790; Mazé, 3070. — 3. *Durtal*, 3070; Daumeray, 1500; Morannes, 2270. — 4. *Longué*, 4230; Moulliherne, 1730; Vernantes, 1950; Vernoil, 1630. — 5. *Noyant*, 1590. — 6. *Seiches*, 1400; Jarzé, 1710.

des anciens comtes. — *Mazé*, au confluent du Couasnon et de l'Authion, possède un beau château bâti par le maréchal de Contades, qui est enterré dans la chapelle.

Durtal, sur le Loir, a également un château remarquable : il appartint aux deux maréchaux de Schomberg et fut le siège d'un comté créé en 1564. Papeterie de Gouis.

Longué, sur le Lathan, a une belle église moderne dédiée à Notre-Dame et bâtie au moyen d'une souscription des chevaliers de la Légion d'honneur.

Au territoire de *Vernantes*, ruines de la grande abbaye cistercienne du Loroux, fondée en 1121 et fortifiée au xiv° siècle.

IV. **CHOLET**, sous-préfecture située à 100 mètres au-dessus de la rive droite de la Moine[1], est une ville de 18 000 âmes, très importante par ses fabriques de mouchoirs, de flanelles et de droguets; son rayon industriel s'étend sur plus de 120 communes et occupe de 50 à 60 000 ouvriers. Il s'y tient aussi des marchés considérables pour les porcs, les moutons, surtout les bœufs gras, expédiés principalement aux abattoirs de Paris. Cholet doit sa prospérité à l'un de ses derniers seigneurs, Colbert de Maulévrier. Sous ses murs, les Vendéens furent écrasés par l'armée républicaine le 17 octobre 1793, et deux de leurs chefs, d'Elbée et Bonchamps, mortellement blessés. Belle église moderne de Notre-Dame; nombreux monuments mégalithiques sur le territoire.

A *Maulévrier*, château dont Stofflet était garde-chasse lorsqu'il se mit à la tête des paysans d'alentour et forma, avec Cathelineau, le premier noyau des troupes vendéennes.

Beaupréau, sur un coteau dominant l'Evre, était avant 1858 le chef-lieu de l'arrondissement actuel de Cholet. Kléber y fut défait en 1793 par les Vendéens. Château et parc. Fabrication de tissus et commerce de bestiaux. — *Le Pin-en-Mauges* est la patrie de Jacques Cathelineau, qui de voiturier fut improvisé premier chef vendéen; c'était le « saint de l'Anjou ». Il fut blessé mortellement au siège de Nantes, le 29 juin 1793; une statue lui a été élevée près de sa maison natale. — *Bellefontaine*, commune de Bégrolles, possède un couvent de Trappistes, — et *Jallais*, le château dit de la Chaperonnière.

Champtoceaux, sur une colline de la rive gauche de la Loire, conserve de curieuses ruines de ses fortifications et de son château, qui fut souvent pris.

---

[1] Arrondissement de Cholet : 7 *cantons*, 80 communes, 120 840 habitants.
Cantons et communes principales : 1. *Cholet*, 16 840 habitants; Maulévrier, 1780; Séguinière (la), 1640; Trémentines, 1990; Yvernay, 1610. — 2. *Beaupréau*, 3830; Gesté, 2410; Jallais, 2800; May (le), 2010. — 3. *Champtoceaux*, 1400; Liré, 2140. — 4. *Chemillé*, 4370. — 5. *Montfaucon*, 710; Longeron (le), 1680; Saint-Macaire, 2100; Tilliers, 1640; Torfou, 2190. — 6. *Montrevault*, 760; Chaudron, 1610; Fief-Sauvin (le), 1680; Fuilet, 1920; Saint-Pierre, 1520. — 7. *Saint-Florent-le-Vieil*, 2100; Montjean, 2820; Pommeraye (la), 3000.

Chemillé, petite ville fort ancienne, fabrique des articles dits de Cholet; elle fut prise par Cathelineau le 11 avril 1793. — A Torfou, les Vendéens défirent Kléber le 19 septembre de la même année.

Saint-Florent-le-Vieil, sur une colline près du confluent de la Loire et de l'Evre, doit son origine et son nom à une célèbre abbaye, fondée au IVe siècle par saint Florent, disciple de saint Martin et apôtre des Mauges. C'est dans cette localité que commença l'insurrection vendéenne. « Le 10 mars 1793, jour fixé pour le tirage au sort, il y eut d'éner-

Vue de Saumur, sur la Loire.

giques protestations contre le décret de la Convention qui ordonnait la levée de trois cent mille hommes. Les magistrats crurent qu'un coup de canon chargé à mitraille suffirait pour inspirer la terreur et l'obéissance : ce fut le signal de la révolte. En un instant magistrats et gendarmes sont dispersés; leurs papiers, leurs armes et leur argent, tombent au pouvoir des Vendéens. Le mouvement se propagea immédiatement dans les campagnes voisines. » — Après leur défaite de Cholet, les Vendéens ramenèrent à Saint-Florent Bonchamps mortellement blessé. Ils avaient réuni dans le monastère et dans l'église 4000 prisonniers républicains, qu'ils se disposaient à fusiller, lorsque Bonchamps expirant ordonna de les mettre en liberté (18 octobre 1793). Un monument élevé dans l'église de Saint-Florent, par David d'Angers, rappelle le souvenir de cette belle action. Au-dessous de la statue du héros, on lit ces mots historiques : *Grâce aux prisonniers ! Bonchamps l'ordonne !*

V. **SAUMUR**, sous-préfecture de 16500 âmes[1], s'élève par 25-98 mètres d'altitude sur les deux rives de la Loire, près du confluent du Thouet. Cette ville offre un coup d'œil agréable, et, de l'ancien château fort qui la domine au sud, on jouit d'un panorama très étendu. Les églises Notre-Dame-de-Nantilly et Notre-Dame-des-Ardilliers sont des lieux de pèlerinages. Saumur a donné son nom aux excellents vins blancs produits par les coteaux des environs, et qui servent à Saumur même et dans plusieurs communes voisines à fabriquer des vins champagnisés. La ville

Cloître de l'abbaye de Fontevrault.

confectionne des chapelets et autres objets de piété. Elle a une célèbre école nationale d'équitation pour l'armée.

D'origine antique, Saumur devint la capitale du Saumurois et une ville très forte, qui résista victorieusement à toutes les attaques des Anglais durant la guerre de Cent ans. Sous la Réforme, le protestant Duplessis-Mornay y fonda une académie qui fut pendant un siècle le centre intellectuel du protestantisme en France. En 1793, les Vendéens s'emparèrent de Saumur après un sanglant combat, et en 1822 le général Berton y vit échouer son complot antiroyaliste.

Près de *Bagneux*, célèbre dolmen ou allée couverte de 20 mètres de

---

[1] Arrondissement de SAUMUR : 7 *cantons*, 84 communes, 90270 habitants.
Cantons et communes principales : 1-3. *Saumur*, 16440 habitants; Allonnes, 2120; Fontevrault, 2850; Rosiers, 2080; Saint-Hilaire, 1970; Saint-Lambert, 2200; Varennes, 1640. — 4. *Doué*, 3280; Martigné, 1720. — 5. *Gennes*, 1570. — 6. *Montreuil-Bellay*, 2010; Puy-Notre-Dame (le). — 7. *Vihiers*, 1590; Coron, 1770; Nueil, 179

long sur 3 de haut et 7 de large : l'une des pierres servant de toit a une surface de 52 mètres carrés. — *Fontevrault*, au milieu d'une forêt, conserve une partie de la célèbre abbaye chef d'ordre, fondée en 1129 par saint Robert d'Arbrissel. L'église principale, qui est un des plus beaux spécimens du style à coupoles, renferme les statues tombales des souverains d'Angleterre Henri II, Éléonore de Guyenne sa femme, Richard Cœur de Lion et Isabeau d'Angoulême, veuve de Jean sans Terre. A mentionner aussi le cloître, la salle capitulaire et la curieuse tour d'Évrault. Cette abbaye sert aujourd'hui de maison de détention.

Saint-Hilaire-Saint-Florent, au nord-ouest de Saumur, fabrique comme cette ville des chapelets et des vins champagnisés. Ancienne église abbatiale de Saint-Florent.

Doué-la-Fontaine, dans une contrée fertile, à deux kilomètres du Layon, servit souvent de résidence aux rois wisigoths, puis aux rois francs. En 1793, il s'y livra trois combats, dont deux furent des victoires pour les Vendéens. Belles fontaines creusées dans le roc et ruines de l'église collégiale Saint-Denis. Dans les environs s'exploitent un petit bassin houiller et, à *Martigné-Briand*, des sources sulfureuses et ferrugineuses.

Gennes, sur un coteau dominant la Loire, possède de nombreuses antiquités romaines et du moyen âge, ainsi que le magnifique dolmen de la Madeleine, ayant 11 mètres de long. — En amont, *Chênehutte-les-Tuffeaux* montre le camp romain admirablement conservé du Châtelier, polygone irrégulier de 370 mètres de long sur 240 de large.

Cunault, commune de Trèves-Cunault, conserve d'un ancien prieuré une église romane, l'une des merveilles de la vallée de la Loire ; dans la sacristie, belle châsse renfermant les reliques de saint Maxenceul, fondateur du monastère. — *Saint-Maur-sur-Loire* ou de *Glanfeuil*, commune de Thoureil, conserve quelques bâtiments d'une célèbre abbaye, la première de l'ordre bénédictin fondée en France, et qui eut pour premier abbé, de 540 à 580, saint Maur, illustre disciple de saint Benoît.

Montreuil-Bellay, dans une situation pittoresque sur le Thouet, qui y devient navigable, doit sa double origine monastique et féodale au fameux comte d'Anjou Foulques Nerra, « qui construisait des forteresses pour couvrir ses rapines, et des monastères pour les expier. » La famille du Bellay, à qui il appartenait au XIIe siècle, y soutint un long siège contre Geoffroy Plantagenet. — *Brézé*, près de la Dive mirebalaise, possède un château de la Renaissance qui fut le siège d'un marquisat érigé en 1615 pour le maréchal de Maillé-Brézé. — *Le Puy-Notre-Dame* a une belle église du XIIIe siècle, où l'on conserve un morceau d'étoffe qui passe pour être la ceinture de la Vierge.

Vihiers et *Coron*, sur le Lys, furent témoins de deux victoires des Vendéens en 1793.

TOURAINE

1 DÉPARTEMENT

INDRE-ET-LOIRE

3 ARRONDISSEMENTS, 24 CANTONS, 282 COMMUNES, 337 100 HABITANTS

 **Historique.** — Au temps de Jules César, cette province était habitée par les Celtes *Turones*, dont elle a gardé le nom. Elle envoya 8 000 guerriers au secours d'Alésia assiégée. Incorporée sous les Romains dans la Lyonnaise IIIe, la Touraine reçut par saint Gatien, vers 250, la bonne nouvelle du salut, qu'y prêcha également saint Martin au IVe siècle. Saint Grégoire de Tours, qui vivait au VIe siècle, est surtout connu pour son *Histoire ecclésiastique des Francs*, le seul monument que nous ayons sur cette période des Mérovingiens. C'est en 506 que Clovis s'empara du pays, qui depuis Dagobert fit toujours partie de la Neustrie. Les Normands le ravagèrent après Charlemagne. En 941, Thi-

baut le Tricheur rendit indépendant le comté de Tours, qui fut réuni peu après à celui de Champagne et Brie; mais, en 1044, Thibaut III ayant

Tours. — Façade de la cathédrale Saint-Gatien.

été défait par Geoffroy d'Anjou, la Touraine passa dans cette dernière maison, en attendant qu'elle devînt possession anglaise en 1154 par l'avènement des Plantagenets au trône d'Angleterre. Philippe-Auguste la reprit à Jean sans Terre en 1203, et le traité d'Abbeville en confirma la réunion à la couronne en 1529. Pendant la guerre de Cent ans, elle appartint toujours aux rois de France : c'est à Chinon que Jeanne d'Arc vint trouver Charles VII; du reste, les Valois aimaient à vivre dans les somptueuses demeures qu'ils avaient fait construire ou restaurer à Loches, à Chinon, à Plessis-lez-Tours et à Chenonceaux. La Touraine paraissait alors le centre de notre vie nationale; aussi l'industrie, notamment celle de la soie, y prit-elle des développements considérables. Malheureusement la Réforme s'implanta dans cette belle province, qui eut par suite à souffrir des guerres de religion et de la révocation de l'édit de Nantes. Avant 1790, elle ressortissait au parlement de Paris et faisait partie de la généralité de Tours. Lors de la division en départements, elle fournit les neuf dixièmes d'Indre-et-Loire, outre des morceaux de la Vienne, du Loir-et-Cher et de l'Indre. C'est là qu'en 1871 s'arrêta l'invasion allemande vers le sud-ouest.

Géographie. — Ainsi nommé de l'une de ses rivières et du fleuve qui le traverse de l'est à l'ouest, le département d'*Indre-et-Loire* a été tiré en presque totalité de la *Touraine,* qui avait pour capitale Tours, et, pour le reste, de l'Orléanais, de l'Anjou et du Poitou. Sa superficie, qui est de 6157 kilomètres carrés, lui donne le 43e rang sous ce rapport.

Le territoire forme deux plateaux légèrement ondulés, que sépare le *Val de Loire,* avec la *Varenne* à l'est et le *Véron* à l'ouest. Le plateau du nord comprend la *Gâtine* tourangelle, et celui du sud la *Champeigne,* le plateau des Falunières ou de Sainte-Maure, ainsi qu'une petite partie de la Brenne. Le point culminant, 188 mètres, est la colline de la Ronde, située au nord de Montrésor, sur la frontière du Loir-et-Cher, et le point le plus bas, 30 mètres, à la sortie de la Loire. La forêt de Beaumont-en-Gâtine s'élève à 179 mètres; Tours est à 85 mètres, Loches à 72 mètres; l'altitude moyenne est de 100 mètres environ.

Le département envoie toutes ses eaux à la **Loire**. Ce fleuve y parcourt 90 kilomètres avec une largeur moyenne de 400 mètres, entre une double ligne de digues trop souvent impuissantes à contenir ses terribles crues. Il s'y double à peu près, grâce au Cher, à l'Indre et surtout à la Vienne; mais, immense pendant les grandes crues, il baisse tellement à la suite des longues sécheresses, que des bancs de sable y rendent toute navigation sérieuse impossible.

La Loire baigne Tours et reçoit la *Cisse,* grossie de la *Brenne;* le *Cher,* en partie canalisé (canal du Berry), qui passe devant Tours, où un canal le réunit à la Loire; l'*Indre,* qui arrose Loches et recueille l'Indroye; la *Vienne,* belle et large rivière qui passe à Chinon, après avoir reçu la *Creuse,* grossie de la *Gartempe* et de la Claise brennoise. — Le Cher, la Vienne et la Creuse sont navigables.

Le *climat* d'Indre-et-Loire est renommé pour sa douceur et la pureté de l'air qu'on y respire, excepté toutefois dans la Brenne marécageuse. Il ne tombe en moyenne que 65 centimètres de pluie par an.

Le Val de Loire, composé de sable gras et bien cultivé, produit abondamment des céréales, du chanvre et des fruits excellents, tandis que les coteaux qui le bordent sont couverts de vignes. C'est réellement la fertilité de cette contrée qui a valu à la Touraine la qualification de « Jardin de la France », ou plutôt « cet éloge n'est que l'écho trop élargi de la réputation dont jouissait autrefois le parc de Plessis-lez-Tours, à qui en effet avait été donné le nom de Jardin de la France ». La Gâtine, au nord du Val, et la Brenne, au sud du département, renferment beaucoup de landes. Les forêts couvrent 96 000 hectares; les principales sont celles d'Amboise, de Loches et de Chinon.

Les minéraux exploités sont : le tuffeau, les pierres à bâtir, les argiles à briques et les faluns du plateau de Sainte-Maure, utilisés comme engrais.

L'industrie manufacturière, peu active, comprend notamment la poudrerie nationale du Ripault, les tanneries de Châteaurenault, les tuileries et briqueteries de Langeais, les fabriques d'étoffes de soie, de faïence et la préparation des rillettes et des pruneaux dits de Tours, ville qui possède l'imprimerie Mame, l'une des plus importantes de France.

Les habitants. — D'après le recensement de 1896, l'Indre-et-Loire renfermait 337 100 habitants (dont 970 étrangers), soit environ 67 000 de plus qu'en 1801 et 4 000 de moins qu'en 1871. C'est le 50e pour la population absolue et le 39e pour la population relative, qui est de 61 habitants par kilomètre carré. A peu d'exceptions près, les Tourangeaux sont tous catholiques. L'esprit, les mœurs, le caractère, tout en général y porte l'empreinte douce et molle du climat. La Touraine est, avec le Blésois, le pays de France où la langue est parlée avec le plus de pureté et avec le moins d'accent, résultat du long séjour de la cour en ces pays aux XVe et XVIe siècles.

Personnages. — Saint Odon, abbé de Cluny, né à Tours, ainsi que l'hérésiarque Bérenger, morts en 942, 1088. Le pape Martin IV, né à Reignac, mort en 1285. La bienheureuse Françoise d'Amboise et le roi Charles VIII, nés au château d'Amboise, morts en 1484 et 1498. Le sculpteur Michel Colombe et le surintendant Semblançay, nés à Tours, morts l'un en 1513, l'autre en 1527. Rabelais, écrivain satirique et bouffon, né à Seuilly, près de Chinon, mort en 1553. L'érudit Duchesne, né à l'Ile-Bouchard, mort en 1640. Le philosophe et mathématicien Descartes, né à la Haye, mort en 1650. Le poète Racan, né près de Saint-Paterne, mort en 1670. Le général Menou, né à Boussay, mort en 1810. Le romancier de Balzac, né à Tours, mort en 1850. Le poète Alfred de Vigny, né à Loches, mort en 1863.

Administrations. — L'Indre-et-Loire forme le diocèse de Tours, ressortit à la cour d'appel d'Orléans, à l'académie de Poitiers, à la 9e région militaire (Tours), à la 19e conservation forestière (Tours) et à la 4e région agricole (centre). Il comprend trois arrondissements : *Tours, Chinon* et *Loches,* avec 24 cantons et 282 communes.

I. **TOURS**, chef-lieu du département[1], est une grande et belle ville de 63 000 âmes, très bien située dans une plaine de 35 mètres d'altitude, sur la rive gauche de la Loire et près du Cher, qui coule un peu au sud. La magnifique rue Nationale la divise en deux quartiers, et un pont en pierre de 435 mètres de long la réunit au faubourg de Saint-Symphorien. De ce pont, aux abords duquel s'élèvent la statue de Descartes et celle de Rabelais, on jouit d'un beau coup d'œil sur la ville, les deux ponts suspendus, le viaduc du chemin de fer du Mans et les îles boisées de la Loire. Le principal édifice de Tours est la cathédrale gothique de Saint-Gatien : construite de 1175 à 1547, elle offre notamment les deux tours de son portail, hautes de 70 mètres, de magnifiques verrières, un chœur splendide et le tombeau en marbre blanc des enfants de Charles VIII. De la célèbre abbaye de Saint-Martin, détruite à la Révolution, il ne reste que deux tours, un cloître et une crypte, où de nombreux pèlerins viennent vénérer ce qui a pu être sauvé en 1793 des reliques du grand évêque : une nouvelle église est en construction.

Ancienne cité des *Turones,* dont elle a conservé le nom, Tours fut transportée de la rive droite de la Loire sur la rive gauche par les Romains, qui l'appelèrent *Cæsarodunum* et en firent le chef-lieu de la IIIe Lyonnaise. Ce privilège lui en attira un autre, celui de devenir le siège d'un évêché, qu'illustra notamment le thaumaturge des Gaules, saint Martin : le pèlerinage national qui se fit bientôt à son tombeau et dura pendant presque tout le moyen âge donna lieu à la formation d'une nouvelle ville, Martinopolis ou Châteauneuf, qui fut réunie à l'ancienne à la fin du xive siècle. Sous les Carolingiens, Tours devint un centre de renaissance littéraire, grâce à l'école dont le savant Alcuin dota son abbaye. Plus tard, Louis XI, résidant au Plessis, y établit nos premières manufactures de soie et d'importantes fabriques de drap, ce qui valut à la cité de pouvoir compter un jour 80 000 âmes. Malheureusement le protestantisme

[1] Arrondissement de Tours : 11 *cantons,* 127 communes, 192 980 habitants.
Cantons et communes principales : 1-3. *Tours,* 63 270 habitants; Fondettes, 2 410; Joué-lès-Tours, 2 460; Luynes, 1 950; Mettray, 1 400; Montlouis, 2 050; Riche (la), 2 320; Saint-Avertin, 1 720; Saint-Cyr, 2 540; Saint-Pierre, 2 330; Saint-Symphorien, 3 550; Savonnières, 1 220. — 4. *Amboise,* 4 460; Limeray, 1 020; Mosnes, 1 000; Nazelles, 1 240; Pocé, 1 000; Saint-Denis, 1 450; Saint-Martin, 1 290. — 5. *Bléré,* 3 270; Athée, 1 250; Azay, 1 110; Céré, 1 130; Civray, 1 020; Croix (la), 1 210; Francueil, 1 080; Luzillé, 1 470. — 6. *Château-la-Vallière,* 1 250; Channay, 1 110; Hommes, 1 060. — 7. *Châteaurenault,* 4 400; Nouzilly, 1 030; Villedômer, 1 110. — 8. *Montbazon,* 1 140; Artannes, 1 050; Ballan, 1 350; Esvres, 1 800; Monts, 1 510; Saint-Branchs, 1 610; Sorigny, 1 080; Veigné, 1 350. — 9. *Neuillé-Pont-Pierre,* 1 620; Beaumont, 1 220; Semblançay, 1 130; Sonzay, 1 400. — 10. *Neuvy-le-Roi,* 1 510; Chemillé, 1 090; Saint-Christophe, 1 140; Saint-Paterne, 1 790. — 11. *Vouvray,* 2 360; Monnaie, 1 790; Noizay, 1 060; Reugny, 1 290; Rochecorbon, 1 540; Vernou, 1 850.

fit de nombreux prosélytes à Tours : de là des scènes de carnage au temps des guerres de religion, puis un dépeuplement considérable lors de la révocation de l'édit de Nantes. En 1772, la capitale de la Touraine vit supprimer son atelier monétaire, qui datait des Romains et où se frappaient les *livres* et *sous tournois*. Enfin cette ville, où s'étaient réunis plusieurs états généraux ainsi que de nombreux conciles, devint pendant

Restes du château de Plessis-lez-Tours.

les trois derniers mois de 1870 le siège de la délégation du gouvernement de la Défense nationale, jusqu'à l'occupation des Allemands.

Au point de vue industriel, Tours possède quelques usines métallurgiques, des manufactures de soieries appelées « gros de Tours », et trois établissements qui méritent une mention spéciale : la maison Mame (1200 ouvriers), à la fois librairie et imprimerie, et à ce double point de vue l'une des plus importantes de France; la manufacture de vitraux de Lobin et la faïencerie d'Avisseau, bien connues des artistes. Le commerce des vins de Touraine, la fabrication des rillettes et la vente des pruneaux dits de Tours, mais préparés à Chinon, ont aussi une certaine importance.

Saint Martin. — Martin, la gloire des Gaules, né à Sabarie en Pannonie, l'an 316, de parents idolâtres, se fit inscrire à dix ans au nombre des catéchumènes ; son père, tribun militaire, essaya en vain de le détourner du culte du vrai Dieu. Enrôlé dès l'âge de quinze ans dans l'armée et n'ayant pas encore reçu le baptême, il évita les désordres qui accompagnent trop souvent la profession des armes, et il mena la vie d'un religieux sous l'habit d'un soldat. La miséricorde envers les malheureux était alors sa vertu distinctive. Un jour qu'il entrait dans Amiens, — c'était en hiver, — un pauvre, nu et grelottant, se présente à lui ; le jeune soldat tire son épée, coupe en deux son manteau et lui en donne la moitié. La nuit suivante, Jésus lui apparut, disant aux anges qui l'environnaient : « Martin, le catéchumène, m'a revêtu de cet habit. » Frappé de cette vision, il se fit baptiser, et il résolut de quitter la milice du prince de la terre pour celle du Roi des cieux : il se retira auprès de saint Hilaire, évêque de Poitiers. Après un voyage dans sa patrie, il bâtit aux environs de Poitiers le monastère de Ligugé ; puis, ayant été fait évêque de Tours en 371, il en éleva un autre près de cette ville, *Marmoutier*, où il aimait à se retirer. A toutes les vertus monastiques Martin joignit celles d'un apôtre, et bientôt il eut renversé le reste des idoles qui demeuraient encore debout dans la contrée. Dieu le glorifia par un don extraordinaire de prodiges, ce qui le fit appeler le thaumaturge de son temps. Il mourut à Candes, sur la Loire, vers l'an 397. Son successeur, saint Brice, fit élever à sa mémoire le superbe tombeau de Tours, qui devint illustre par de nombreux miracles et par un concours immense de pèlerins venus de toute la Gaule.

Sainte-Radegonde possédait autrefois la célèbre abbaye de Marmoutier, *Majus monasterium*, fondée en 371 par saint Martin, et qui avait des colonies ou des affiliations dans tout le nord de la France. Détruite en 1793, il en reste quatre tours et un beau portail ; une partie de son emplacement est occupée par un couvent de religieuses du Sacré-Cœur. Dans le rocher contigu, on voit la grotte qu'habita saint Martin ; une autre, dite des *Sept-Dormants*, où moururent sept religieux, parents du même saint, et un rosier perpétuel et béni dont les pèlerins emportent volontiers une fleur ou quelques feuilles.

A *la Riche*, près de Tours, se voient les restes du fameux château du Plessis, dans lequel Louis XI passa son inquiète vieillesse et où il mourut en 1483 dans les bras de saint François de Paule. En 1506, Louis XII y fut acclamé « Père du peuple » par les états généraux, et, en 1589, Henri III s'y réconcilia avec le roi de Navarre, depuis Henri IV.

Luynes, près de la Loire, est une petite ville dominée par un château fort et dont beaucoup d'habitations sont creusées dans le tuf. Appelée d'abord Maillé, elle reçut son nom actuel du connétable Albert de Luynes, pour qui elle fut érigée en duché-pairie en 1619. — *Mettray* est connu par sa colonie agricole de jeunes détenus, créée en 1839.

Amboise, *Ambantia* pour les Romains, qui y avaient un castellum, sur

Le château d'Amboise, sur la Loire.

la rive gauche de la Loire, est une petite ville industrielle dominée par un admirable château fort, qui servit souvent de résidence royale au XVe et au XVIe siècle. La chapelle de Saint-Hubert est un élégant édicule de style flamboyant. C'est en 1560 qu'eut lieu la conspiration dite d'Amboise, par laquelle les huguenots voulaient soustraire François II à l'influence des Guises. Trois ans plus tard, la paix d'Amboise accorda l'amnistie aux rebelles avec la liberté du culte dans les maisons et dans une ville par bailliage. Le château devint sous les Bourbons une prison d'État, où Abd-el-Kader fut détenu de 1848 à 1852.

« La première impression qui frappe quand on approche du **château d'Amboise**, c'est l'élévation prodigieuse de ses murailles, l'énormité des tours dont il est flanqué sur toutes ses faces, les cicatrices dont l'artillerie a sillonné ses flancs, et cet air dominateur et hautain dont il semble regarder la contrée. Cet aspect guerrier, qui n'effraye personne, n'en fait pas moins une des plus imposantes décorations de la Touraine.

« Mais la supériorité d'Amboise sur les plus magnifiques châteaux de France, c'est qu'il jouit de la plus belle vue. En effet, quand on a gravi péniblement la rampe escarpée et tortueuse qui conduit sous d'énormes voûtes jusque sur la plate-forme du château, et qu'on s'est placé sur l'observatoire de la tour des Minimes, on a devant soi un des spectacles les plus enchanteurs qui se puissent rêver : à droite, on découvre la pagode de Chanteloup, et tout au loin l'horizon à perte de vue. En face, à sept lieues de distance, les tours de Saint-Martin et de Saint-Gatien, se dressant au milieu de la riante capitale de la Touraine; et la Loire qui, vue de cette élévation, semble avoir changé de couleur et d'aspect, ne montre plus qu'une surface argentée sur laquelle les rayons du jour étincellent. Au-dessous du spectateur, la ville, le pont de pierre construit par Hugues d'Amboise, et la vieille geôle de la justice seigneuriale, qui, couchée sur la ville, semble la couver sous l'aile noire de son donjon; à droite de la prison, l'île Saint-Jean, autrefois l'île d'Or. Au bout de l'horizon, la ville de Blois, dont l'altière cathédrale forme une des extrémités du tableau, tandis que l'autre est figurée par les deux clochers qui dominent la plaine fertile où Tours brille et se joue sous le soleil. » (CUVILLIER-FLEURY.)

La « pagode de Chanteloup », est une pyramide originale de 40 mètres de haut, composée de sept colonnades superposées; c'est le reste du château où fut exilé le ministre Choiseul de 1770 à 1785.

Saint-Martin-le-Beau fut en 1044 le théâtre d'une bataille entre le comte d'Anjou et celui de Champagne, qui fut vaincu et perdit une partie de la Touraine.

Le canton de BLÉRÉ possède le magnifique **château de Chenonceaux**, bâti en style de la Renaissance dans une île et sur un pont du Cher. Commencé en 1515, il fut continué par Diane de Poitiers et achevé par Catherine de Médicis. Philibert Delorme, Germain Pilon et Jean Goujon contribuèrent à sa construction; le Primatice et Charles Véronèse, à son embellissement.

« Le château de Chenonceaux se compose actuellement d'un corps carré flanqué de quatre tourelles rondes, et bâti à la place d'un moulin, sur deux énormes culées près de la rive droite du Cher, dont il est séparé par un petit bras; et d'une galerie bâtie à la suite, sur un pont de cinq arches, aboutissant à la rive gauche. En avant et à droite du château s'élève un donjon cylindrique du xve siècle, seul reste, avec une enceinte de fossés, du château du moyen âge; les ouvertures du donjon ont été refaites par

Bohier, dont un cartouche porte la devise : *S'il vient à point, me souviendra*. Le corps de logis, remarquable extérieurement par le balcon de la fenêtre centrale, par ses lucarnes et par la saillie que forme la chapelle du côté d'amont, renferme huit pièces principales ornées de peintures, de cheminées sculptées, de tapisseries, ou garnies de meubles des XVIe et XVIIe siècles. La plus monumentale des cheminées porte sur son manteau, entre de belles statues accouplées de génies, une grande salamandre se détachant d'un fond d'hermine. Les fenêtres de la chapelle conservent

Château de Chenonceaux, sur le Cher.

d'anciens vitraux. A l'intérieur des grosses culées, ont été ménagées les cuisines et la salle à manger des domestiques, où peuvent tenir à table trente personnes. La grande galerie, due à Philibert Delorme et sur laquelle ont surtout porté les restaurations exécutées de nos jours au château, est à double étage. Elle a 60 mètres de long; le premier étage, éclairé par des fenêtres à frontons circulaires, a été décoré dans le genre de la galerie de François Ier au château de Fontainebleau. » (P. JOANNE, *Dictionnaire*.)

CHATEAURENAULT, sur la Brenne, est une petite ville qui eut jadis le titre de marquisat; elle a d'importantes tanneries et conserve un donjon du château de Renault, auquel elle doit son origine et son nom.

CHATEAU-LA-VALLIÈRE, au nord-ouest du département, est un ancien duché-pairie, de même que MONTBAZON, sur l'Indre. — Près de *Monts*, en aval de ce dernier, se trouvent un viaduc du chemin de fer, long de 720 mètres, haut de 20, et la poudrière nationale du Ripault. — *Cormery*, également sur l'Indre, conserve les restes d'un monastère bénédictin où le célèbre Alcuin, qui était lui-même abbé de Saint-Martin de Tours, fonda au IXᵉ siècle une école florissante.

Semblançay montre les restes du château de l'infortuné surintendant de François Iᵉʳ, — et *Saint-Paterne*, celui de la Roche-Racan.

Vouvray, au confluent de la Loire et de la Cisse, produit des vins blancs estimés que l'on champanise en partie. Beaucoup de ses habitations sont creusées dans le calcaire de la colline, que domine le manoir de Moncontour.

II. **CHINON**, sous-préfecture d'un peu plus de 6 200 âmes[1], s'élève pittoresquement sur le penchant d'une colline (32-100 mètres d'altitude) entre le triple château fort qui couronne son sommet et la rive droite de la Vienne qui longe sa base. Certaines de ses rues ont conservé leur aspect du moyen âge; dans l'une d'elles se voit une maison qui passe, mais sans preuves, pour être celle où naquit Rabelais au XVᵉ siècle. Ce personnage, fameux par ses écrits satiriques et bouffons, est plus probablement né à *Suilly-l'Abbaye;* néanmoins une statue lui a été élevée à Chinon en 1882. La vraie gloire historique de la ville, c'est son château. En effet, les rois anglais Henri II et Richard Cœur-de-Lion en firent une de leurs résidences favorites; Charles VII, encore « roi de Bourges », y convoqua les états généraux, et c'est là que **Jeanne d'Arc** vint en 1428 lui dévoiler sa mission de libératrice de la France.

« Arrivée dans l'appartement où se tenait Charles VII, Jeanne « fit les « inclinations et révérences accoutumées de faire au roi, ainsi, dit Jean « Chartier, que si elle eût été nourrie en cour ». Mais, continue le même chroniqueur, « le roi pour la mettre à l'épreuve s'était confondu parmi « d'autres seigneurs plus pompeusement vêtus, et quand Jeanne, qui ne « l'avait jamais vu, le vint saluer, disant : Dieu vous donne bonne vie, « gentil prince ! — Je ne suis pas le roi, dit-il : voilà le roi. » Et il lui « désignait un des seigneurs. Mais Jeanne répondit : « En nom Dieu, « gentil prince, vous l'êtes et non un autre. »

« La salle où se passait la scène, au premier étage du château, longue de quatre-vingt-dix pieds et large de cinquante, était éclairée vivement de cinquante torches. L'assistance nombreuse considérait curieusement la jeune paysanne qui se présentait avec grande timidité, mais sans embarras. Elle était, dit l'Anonyme de la Rochelle, « en habit d'homme,

---

[1] Arrondissement de Chinon : 7 cantons, 87 communes, 80 880 habitants.
Cantons et communes principales : 1. *Chinon*, 6190; Beaumont, 1260; Huismes, 1530; Savigny, 1380. — 2. *Azay-le-Rideau*, 2280; Bréhémont, 1260; Cheillé, 1270; Lignières, 1020; Rigny, Vilaines, 1010. — 3. *Bourgueil*, 3100; Benais, 1050; Chapelle-sur-Loire (la), 1850; Chouzé, 2420; Restigné, 1710; Saint-Nicolas, 1660. — 4. *Ile-Bouchard (l')*, 1470; Avon. — 5. *Langeais*, 3310; Cinq-Mars-la-Pile, 2000; Cléré, 1180; Saint-Patrice, 1180. — 6. *Richelieu*, 2320; Ligré, 1030. — 7. *Sainte-Maure*, 2520; Saint-Épain, 1890.

« c'est à savoir qu'elle avait pourpoint noir, chausses attachées, robe
« courte de gros gris noir, cheveux ronds et noirs, et un chapeau noir
« sur la tête. »

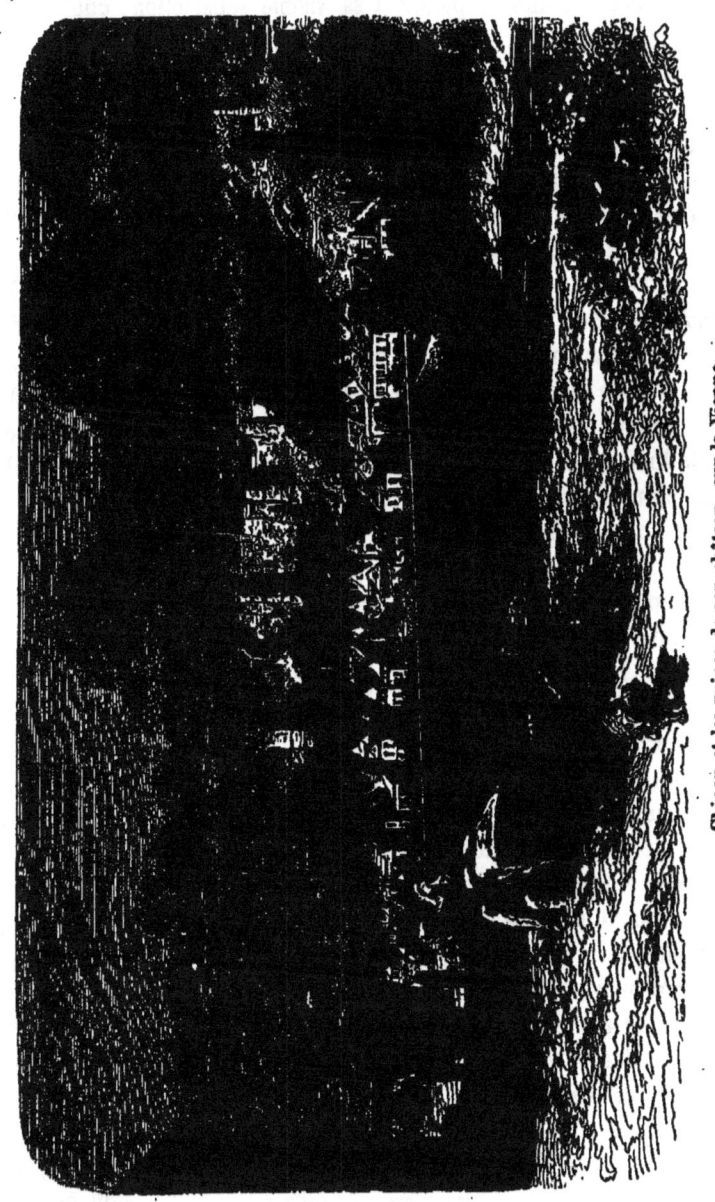

Chinon et les ruines de son château, sur la Vienne.

« Charles VII, impressionné par ce début, l'interrogea sur son nom et le but de sa visite.

« — Gentil Dauphin, répondit-elle, j'ai nom Jeanne la Pucelle, et vous mande le Roi des cieux par moi que vous serez sacré et couronné à Reims et que vous serez lieutenant du Roi des cieux, qui est roi de France. »

« La « lumière surnaturelle » qui se dégageait de l'inconnue saisissait le roi. Il continua l'entretien à voix basse. Charles posa plusieurs questions auxquelles Jeanne répondit à sa visible satisfaction, quand tout à coup la jeune inspirée, élevant la voix, s'écria :

« — Je te dis, de la part de Messire, que tu es vrai héritier de France et fils du roi. »

« Puis l'entretien à voix basse reprit entre la Pucelle et son royal interlocuteur. On raconte qu'au sortir de l'entretien, Charles VII rayonnait de joie. C'est l'épisode important dans la vie de la Pucelle qui fera l'objet de ses plus cruels interrogatoires, et connu sous le nom de « secret du roi. »

(Mgr RICARD, *Jeanne d'Arc la Vénérable*.)

Candes doit son nom à sa situation au confluent de la Loire et de la Vienne; saint Martin y mourut le 11 novembre 397. — AZAY-LE-RIDEAU, sur l'Indre, possède un des plus beaux châteaux de la Renaissance; il est parfaitement restauré et renferme une précieuse collection de tableaux, riche en portraits historiques.— *Rigny-Ussé* a également un château remarquable.

BOURGUEIL, sur l'Authion supérieur ou Doit, produit d'excellents vins rouges et possède quelques bâtiments d'une célèbre abbaye de bénédictins fondée au x⁰ siècle. — L'ILE-BOUCHARD, ancienne baronnie et place forte sur la Vienne, conserve aussi les restes d'un monastère, le prieuré de Saint-Léonard. — Près de *Crouzilles* se voit le plus beau dolmen de la Touraine. — La commune d'*Avon* comprend une partie de la vaste lande du Ruchard, devenue un camp « où éclatent les fusillades des manœuvres militaires ».

LANGEAIS, sur la rive droite de la Loire, est une ville ancienne ayant des fabriques de tuiles et de briques réfractaires. Dans son château, qui contient un musée d'antiquités, fut célébré en 1491 le mariage de Charles VIII et d'Anne de Bretagne. — *Cinq-Mars-la-Pile*, sur la Loire, en face du confluent du Cher, a des carrières de pierres meulières. Le nom de Cinq-Mars est une corruption bizarre de Saint-Mars, ou Médard; son surnom lui vient d'un énorme pilier quadrangulaire de 29 mètres de haut, attribué aux Romains, et jadis surmonté de cinq colonnes. C'est de là que prit son nom ce fameux Cinq-Mars, fils du marquis d'Effiat, qui conspira sous Richelieu et fut décapité.

RICHELIEU, sur la limite du département de la Vienne, est le berceau de la famille de ce nom. Ce n'était jadis qu'un pauvre village; le cardinal de Richelieu le transforma en une jolie petite ville, qu'il fit ériger en duché-pairie. Il ne reste plus que des ruines du magnifique château bâti par le célèbre ministre.

SAINTE-MAURE, qui doit son nom à une martyre du IV⁰ ou du V⁰ siècle, fut une ville féodale et appartint à la famille de Rohan. Belle église avec crypte. A l'est, le plateau de Sainte-Maure, entre l'Indre et la Vienne, renferme un des dépôts géologiques les plus curieux de la France, les *falunières*. C'est un prodigieux amas de polypiers et de mollusques, jadis amoncelés par la mer, quand ses flots couvraient les fonds et battaient les rivages qui sont devenus la Touraine. Ce dépôt, d'une épaisseur de cinq à vingt mètres, couvre une superficie de 25 000 hectares. Le falun est un excellent engrais; on s'en sert dans le pays comme de marne pour l'amendement des terres.

III. A *Sainte-Catherine-de-Fierbois*, l'église occupe l'emplacement de celle où Charles Martel déposa, dit-on, son épée après sa victoire sur les Sarrasins. Jeanne d'Arc, instruite par « ses voix », l'envoya chercher pour s'en servir contre les Anglais : on la trouva derrière l'autel, enfoncée tant soit peu sous terre; elle était toute rouillée et la garde ornée de cinq croix. « Les ecclésiastiques de Fierbois, raconte Jeanne, la frottèrent, et la rouille tomba aussitôt. Ils me firent présent d'un élégant fourreau, et les habitants de Tours d'un autre; moi j'en fis faire un troisième de cuir solide. »

III. **LOCHES**, sous-préfecture de 5 200 habitants[1], s'élève par 72-90 mètres d'altitude au pied et sur le penchant d'un coteau de la rive gauche de l'Indre. — « Après le Puy-en-Velay, dit M. Vivien, c'est peut-être la ville la plus pittoresque du bassin de la Loire, grâce à ses constructions du moyen âge qui s'étagent en amphithéâtre avec une silhouette fortement dentelée par les toits aigus des portes féodales, le couronnement des clochers, les tours de l'enceinte urbaine et du château. » Ce château était autrefois une forteresse du premier ordre. Dans son vaste circuit de deux kilomètres, il comprend trois parties principales : une ancienne collégiale, d'architecture très intéressante; le palais royal, occupé actuellement par la sous-préfecture, et la forteresse proprement dite, où furent enfermés La Balue, Commines et Ludovic le More.

Loches, ancien *oppidum* romain de *Leucæ*, eut pour véritable fondateur le comte d'Anjou Foulques Nerra, et ce fut ainsi qu'il passa aux rois d'Angleterre de la dynastie des Plantagenets. Philippe-Auguste s'en empara en 1205 après un siège d'un an. Depuis saint Louis jusqu'à la Révolution, ce fut une ville royale dont dépendaient le comté de Montrésor, douze châtellenies et soixante fiefs.

Beaulieu, sur l'Indre, qui le sépare de Loches, avait autrefois le titre de baronnie. Foulques Nerra y bâtit une abbaye dont il reste l'église, moins la nef, qui est ruinée; belle église Saint-Laurent.

LE GRAND-PRESSIGNY, sur la Claise, est célèbre dans l'histoire des

[1] Arrondissement de LOCHES : 6 *cantons*, 68 communes, 63 210 habitants.
Cantons et communes principales : 1. *Loches*, 5180; Beaulieu, 1640; Chambourg, 1020; Saint-Hippolyte, 1000; Tauxigny, 1150. — 2. *Grand-Pressigny (le)*, 1640; Betz, 1340; Saint-Flovier, 1220. — 3. *Haye-Descartes (la)*, 1790; Abilly, 1260; Balesmes, 1620. — 4. *Ligueil*, 2120; Manthelan, 1320. — 5. *Montrésor*, 700; Genillé, 2200; Loché, 1220; Nouans, 1460; Orbigny, 1330; Villelouin, 1030. — 6. *Preuilly*, 1960; Bossay, 1630; Charnizay, 1270; Yzeures, 1840.

études préhistoriques par les innombrables silex taillés : haches, couteaux, pointes de flèches, qu'on trouve encore par centaines dans tous les environs.

La Haye-Descartes, sur la Creuse, fabrique du papier et fait le commerce des pruneaux de Tours. C'était autrefois une place forte qu'assiégea Henri IV, en 1588. On y voit la statue du philosophe Descartes et la

Descartes.

maison où il naquit, en 1596. — Dans le voisinage, *Balesmes* possède une magnifique papeterie.

Ligueil, sur l'Esvre, est une ancienne place fortifiée qui fut souvent prise durant les guerres de religion. — A la *Chapelle-Blanche*, château de Grillemont, qui appartint au fameux Tristan, grand prévôt de Louis XI.

Montrésor, sur l'Indroye, est remarquable par son château de la Renaissance, entouré d'une double muraille d'enceinte flanquée de tours et couronnant un massif de rochers isolés. Parmi les objets qu'on y conserve se trouve la couronne offerte à Jean Sobieski par la ville de Vienne, qu'il délivra des Turcs, en 1683. — A *Chemillé-sur-Indroye*, belles ruines de la chartreuse du Liget, fondée en 1176 par Henri II d'Angleterre.

Preuilly, sur la Claise, possède une belle église romane, jadis abbatiale, et les ruines du château des puissants barons de Preuilly, qui entre autres privilèges portaient, comme les rois de France, le titre de chanoines de Saint-Martin de Tours.

ORLÉANAIS

3 DÉPARTEMENTS

LOIRET, EURE-ET-LOIR, LOIR-ET-CHER

Sommaire géographique.
— L'Orléanais est un pays de plaines ondulées et de plateaux bas, se relevant au nord pour atteindre 285 mètres d'altitude maximum dans les collines du Perche, au sud de Nogent-le-Rotrou; le point le plus bas, 48 mètres, est marqué par la sortie de la Loire; l'altitude moyenne est d'environ 130 mètres. Le territoire appartient en

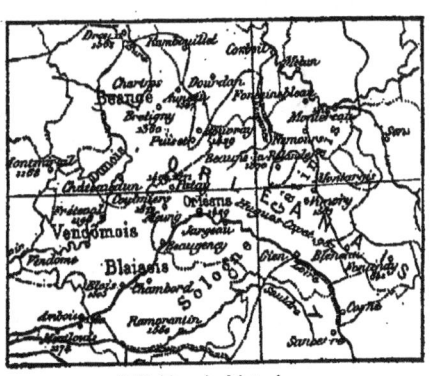

L'Orléanais historique.

majeure partie au bassin de la Loire; ce fleuve y décrit un arc de cercle et en reçoit le Loir, le Loiret, le Cosson, le Beuvron et le Cher grossi de la Sauldre; vers la Seine se dirigent le Loing, l'Essonne et l'Eure. Les canaux sont ceux d'Orléans, de Briare, du Loing, du Berry, et le canal latéral à la Loire.

L'Orléanais jouit du climat tempéré dit séquanien. L'agriculture est l'occupation principale de ses habitants, qui récoltent une grande quantité de blé, surtout dans la Beauce, les vins de la Loire et du Cher, le safran et le miel du Gâtinais. La Sologne voit disparaître ses landes marécageuses et ses bruyères devant les plantations de pins et les champs de sarrasin; elle nourrit un grand nombre de petits moutons, tandis que le Perche élève de robustes chevaux. Parmi les forêts, celle d'Orléans est la plus vaste de France. Le règne minéral fournit la marne de la Sologne et les pierres à bâtir. L'industrie proprement dite n'est représentée par aucun établissement qui mérite une mention spéciale, sauf peut-être les vinaigreries d'Orléans.

Historique. — Le territoire de l'Orléanais, ainsi nommé d'Orléans sa capitale, était primitivement occupé par la puissante nation des *Carnutes*, qui fut, dès le ve siècle avant Jésus-Christ, le foyer principal du druidisme dans les Gaules. Mais là aussi en même temps que se développa la connaissance du divin Sauveur, le culte de la Vierge-mère prospéra extraordinairement, et Chartres, l'ancienne *Autricum,* est restée jusqu'à nos jours un des grands pèlerinages du monde catholique. Avec Autricum, centre religieux et politique, César trouva dans cette contrée une autre localité importante, *Genabum* (Orléans), qui en était le centre commercial : de là partit, en 52, par le massacre des marchands romains, le signal du soulèvement général préparé par Vercingétorix.

Incorporé sous l'empire dans la Lyonnaise IVe ou Sénonie, le territoire de l'Orléanais fut ensuite envahi par les Barbares et conquis par Clovis, dont le fils, Clodomir, devint roi d'Orléans. Plus tard, nous voyons ce pays faire partie de la Neustrie, puis former le noyau du domaine de Hugues Capet, qui monte sur le trône en 987. Sous les successeurs de ce prince jusqu'à saint Louis, Orléans garde la suprématie politique, et bien que Chartres et Blois, unis soit à l'Anjou, soit à la Champagne ou à la Touraine, eussent constitué dès le xe siècle un fief de premier ordre, c'est sous le titre de duché d'Orléans que fut créé au xive siècle l'apanage qui, avec le comté de Vendôme, devint plus tard l'Orléanais.

Néanmoins les ducs d'Orléans fixèrent leur résidence à Blois ; ce fut dans cette ville et aux environs que, devenus rois à leur tour, ils construisirent, ainsi que leurs ministres, ces magnifiques châteaux de la Renaissance, dont l'un, Chambord, est peut-être le type le plus achevé. Revenu à la couronne par l'avènement de Louis XII et une seconde fois par la mort de Gaston, frère de Louis XIII, en 1660, le duché ne fut ensuite conféré à la branche cadette des Bourbons qu'à titre honorifique. Très éprouvé durant la guerre de Cent ans, ce pays vit en retour commencer la revanche, grâce à Jeanne d'Arc, qui obligea les Anglais à lever le siège d'Orléans en 1429. Au xvie et au xviie siècle, il servit encore partiellement de théâtre aux guerres de religion et de la Fronde, de même qu'en 1870-71 à la guerre franco-allemande.

Des diverses régions naturelles de la province : Beauce, Sologne, Gâtinais, Puisaye ; de ses pays historiques : Orléanais propre, Vendômois, Blaisois, Dunois, Gâtinais orléanais, on forma en 1790 les départements du *Loiret* et de *Loir-et-Cher,* plus la majeure partie d'*Eure-et-Loir* et des morceaux de l'Yonne, de la Nièvre, de l'Indre et d'Indre-et-Loire.

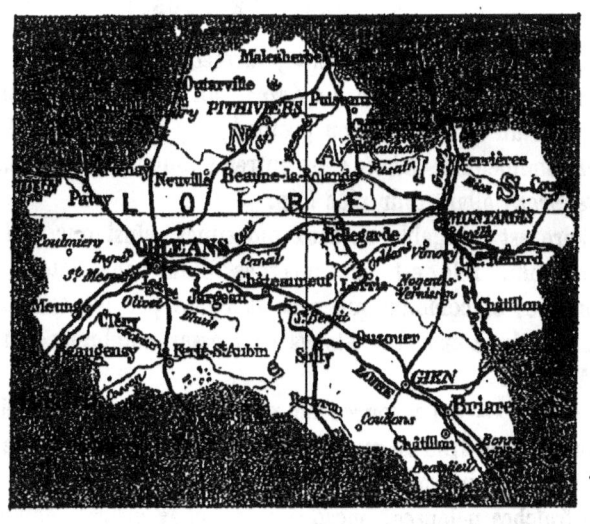

LOIRET

4 ARRONDISSEMENTS, 31 CANTONS, 349 COMMUNES, 371 000 HABITANTS

Géographie. — Le département du *Loiret* doit son nom à la charmante rivière, courte mais puissante, qui y prend sa source et se jette dans la Loire près d'Orléans. Il comprend en tout ou en partie trois pays de l'ancien Orléanais : l'*Orléanais propre*, capitale Orléans; le *Gâtinais*, capitale Montargis, et le *Dunois*, capitale Châteaudun. Sa superficie est de 6 811 kilomètres carrés, ce qui le place au 28e rang sous ce rapport.

Le département n'offre que des plateaux peu élevés, dont le point culminant, 275 mètres, est une colline de la Sologne, à l'est de Cernoy, près de la frontière du Cher; le point le plus bas, 68 mètres, est l'endroit où le Loing passe en Seine-et-Marne. Orléans est à 93 mètres d'altitude, Montargis à 100 mètres; l'altitude moyenne est de 130 mètres. Le Val de Loire, formé d'alluvions, divise le territoire en deux parties : celle du nord comprend le plateau sec et monotone de la Beauce, ainsi que le plateau argileux, boisé et bien arrosé du Gâtinais, que la Puisaye continue à l'est; celle du sud, moitié moins étendue, est la partie septentrionale de la Sologne, dont le sous-sol argilo-siliceux y créa de nombreux étangs aujourd'hui en partie desséchés.

La Beauce, quoique plate, sépare les bassins de la Seine et de la Loire, qui se partagent le département presque par moitié. Vers la Seine se dirigent le *Loing*, qui baigne Montargis et se grossit de l'Ouanne, du

Vernisson et du Fusain ; l'*Essonne*, formée de l'Œuf et de la Rimarde ; la *Vesgre*, affluent de l'Eure. La *Loire*, qui parcourt ici environ 130 kilomètres dans un lit vaste et peu profond, n'y a pour affluent notable que le *Loiret* doublé de la *Dhuis* : ses autres tributaires, l'*Ardoux*, le *Cosson* et le *Beuvron*, allant finir plus loin.

La Loire est navigable en eaux moyennes, ainsi que le Loiret depuis Saint-Mesmin. Elle est accompagnée d'un canal latéral l'espace de 16 kilomètres et communique avec la Seine par les canaux de Briare, d'Orléans et du Loing. Les étangs sont assez nombreux dans la Sologne et le Gâtinais.

Le **Loiret.** — « La source ou plutôt les sources du Loiret sourdent à 8 kilomètres environ au sud d'Orléans, chef-lieu du département auquel cette rivière a donné son nom. L'abondance et la limpidité des eaux, bordées de fraîches pelouses, encadrées de beaux arbres, dominées par des coteaux calcaires formant le commencement de la Sologne, font de ce lieu un site charmant, pittoresque à défaut de grandeur. Les sources sont situées dans le parc du château de la Source, compris dans la commune de Saint-Cyr-en-Val. Avant l'année 1672, il n'existait qu'une seule fontaine, appelée l'*Abîme*, produite très certainement par la renaissance des eaux de la Loire, filtrées en amont d'Orléans dans les sables et les graviers du grand fleuve. Une poussée de la nappe souterraine creva probablement à une époque de crue la voûte du lit mystérieux, dont la masse liquide s'épanouit alors par un nouvel orifice, appelé aujourd'hui « le *Bouillon* » et beaucoup plus abondant que l'ancienne fontaine, dont il est séparé par une distance de 117 mètres. Le Bouillon est parfaitement nommé : au centre d'un bassin de quinze mètres environ de diamètre, on voit houler à la surface un bouillonnement puissant, onduleux, qui quitte sa coupe native avec précipitation pour filer par un canal à travers le parc et le long du château. Si l'Abîme est moins abondant que le Bouillon, sa profondeur est considérable et sa limite invisible, malgré la limpidité des eaux. Les deux coupes débitent un volume total de 700 litres par seconde ; mais le régime de la rivière est loin d'être constant, et les crues coïncident généralement avec celles de la Loire. » (J. MONNIER.)

En résumé, le Loiret n'est qu'une dérivation souterraine des eaux de la Loire, coulant dans un de ses anciens lits. Sur la carte, il figure comme le cours inférieur de la Dhuis. Ses sources ne sont qu'une curiosité naturelle intéressante, et le Loiret lui-même ne paraît pas mériter l'honneur de donner son nom à tout un département.

Le *climat*, qui fait partie de la zone séquanienne, est passablement froid et malsain en Sologne et dans le Gâtinais ; il est plus doux et salubre ailleurs. La hauteur moyenne des pluies est d'environ 60 centimètres.

Le département est essentiellement agricole. Il produit une grande quantité de froment dans le Val, le Gâtinais et surtout dans la *Beauce*, surnommée le « grenier de la France »; un vin médiocre, récolté sur les coteaux de la Loire, de l'Essonne et du Loing; l'excellent miel du Gâtinais

Orléans. — Cathédrale Sainte-Croix.

et de la Sologne, qui élèvent aussi un assez grand nombre de moutons de petite taille. La superficie boisée est de 120 000 hectares, dont 40 000 pour la forêt d'Orléans, la plus vaste de France, et 8 500 pour celle de Montargis.

Le Loiret n'extrait aucun minerai et n'a que peu d'industrie. Celle-ci comprend une importante manufacture de faïence à Gien, des fabriques de couvertures et de chapeaux à Orléans, dont l'arrondissement produit le bon fromage d'Olivet, et surtout les vinaigres dits d'Orléans, fabriqués avec les vins blancs du département.

Les habitants. — En 1896, le Loiret renfermait près de 371 000 âmes, ce qui le place au 38ᵉ rang pour la population absolue et au 53ᵉ rang pour la densité, avec 54 habitants par kilomètre carré. Il a augmenté de 63 000 personnes de 1801 à 1871, et de 17 700 depuis lors. On y compte 1 500 protestants et une centaine de juifs.

Personnages. — Le roi Robert, né à Orléans, mort en 1031. Maurice de Sully, évêque de Paris, né à Sully-sur-Loire, mort en 1196. Guillaume de Lorris, mort en 1260, et Jean de Meung, mort en 1320, auteurs du Roman de la Rose. L'amiral de Coligny, né à Châtillon-sur-Loing, mort en 1572. L'architecte Androuet Ducerceau, né à Orléans, mort en 1585. Le maréchal de Châtillon, né à Châtillon-sur-Loing, mort en 1646. Denis Peteau, jésuite érudit, né à Orléans, mort en 1652. Mᵐᵉ de la Mothe-Guyon, écrivain quiétiste, née à Montargis, morte en 1717. Le jurisconsulte Pothier, né à Orléans, mort en 1772. L'orateur Mirabeau, né au Bignon, mort en 1791. Le général Gudin et le peintre Girodet, nés à Montargis, morts l'un en 1812, l'autre en 1824. Le physicien Charles, inventeur des ballons à gaz hydrogène, né à Beaugency, mort en 1823. Le publiciste catholique Louis Veuillot, né à Boynes, mort en 1883.

Administrations. — Le département forme le diocèse d'Orléans, ressortit à la cour d'appel d'Orléans, à l'académie de Paris, et fait partie du 5ᵉ corps d'armée (Orléans), de la 4ᵉ région agricole (centre) et de la 19ᵉ conservation forestière (Tours).

Il comprend quatre arrondissements : *Orléans, Pithiviers, Montargis* et *Gien*, avec 31 cantons et 349 communes.

I. **ORLÉANS**, chef-lieu du département [1], s'élève à 93 mètres d'altitude sur le coteau qui domine la courbe la plus septentrionale de la Loire. C'est une grande ville de 67 000 âmes, généralement bien bâtie, mais peu animée. On y trouve cependant, ou aux environs immédiats, des fabriques de couvertures de laine, de vinaigre renommé, divers établissements métallurgiques et de belles pépinières. La cathédrale Sainte-

---

[1] Arrondissement d'ORLÉANS : 14 *cantons*, 107 communes, 173 590 habitants.
Cantons et communes principales : 1-5. *Orléans*, 66 700 habitants; Chaingy, 1890; Chécy, 1810; Chapelle-Saint-Mesmin (la), 1700; Fleury, 1960; Ingré, 2300; Olivet, 3600; Saint-Cyr, 1030; Saint-Denis, 1090; Saint-Hilaire, 1110; Saint-Jean-de-Braye, 1990; Saint-Jean-de-la-Ruelle, 1370; Saint-Jean-le-Blanc, 1530; Saran, 1340. — 6. *Artenay*, 1050; Chevilly, 1410. — 7 *Beaugency*, 3990; Baule, 1360; Cravant, 1200; Lailly, 1830; Tavers, 1090. — 8. *Châteauneuf-sur-Loire*, 3390; Fay, 1670; Saint-Denis, 1010; Sury, 1000; Vitry, 1510. — 9. *Cléry*, 2560; Mareau, 1050. — 10. *Ferté-Saint-Aubin (la)*, 3440; Ligny, 1360; Marcilly, 1520; Ménestreau, 1110. — 11. *Jargeau*, 2310; Sandillon, 1640; Tigy, 1570; Vienne, 1020. — 12. *Meung-sur-Loire*, 3210; Épieds, 1300; Huisseau, 1310; Saint-Ay, 1020. — 13. *Neuville-aux-Bois*, 2520; Loury, 1300; Traînou, 1000. — 15. *Patay*, 1460.

Croix est l'une des plus belles de France. Commencée en 1600 et terminée seulement de nos jours, elle mesure 148 mètres de longueur extérieure, 33 mètres de hauteur sous voûte et 74 mètres de largeur. Son imposante façade est flanquée de deux tours de 84 mètres de haut, entre lesquelles se trouve la jolie flèche du transept qui atteint 100 mètres d'élévation. L'église Saint-Aignan recouvre une très ancienne église romane, et celle de Saint-Euverte fait partie du pensionnat des Frères des Écoles chré-

Vue d'Orléans. — Pont sur la Loire.

tiennes. L'hôtel municipal est un bel édifice de la Renaissance, dont la cour renferme une statue de Jeanne d'Arc; l'ancien hôtel de ville contient les musées de peinture et d'histoire naturelle; un intéressant musée historique est installé dans l'hôtel dit de Diane de Poitiers. La statue équestre de Jeanne d'Arc, avec bas-reliefs, s'élève sur la place du Martroi, au centre de la ville; une autre statue de l'héroïne se voit au faubourg Saint-Marceau, à l'entrée du magnifique pont de 330 mètres qui le relie avec Orléans.

Historiquement, cette ville est une des plus intéressantes de France, grâce à l'importance de sa position stratégique, non loin de la capitale, au point où les relations sont le plus commodes et le plus directes, entre les bassins de la Loire et de la Seine. C'est probablement l'antique cité de *Genabum*, l'*emporium* des Carnutes, que César détruisit l'an 52 avant Jésus-Christ en punition de sa révolte. L'empereur Aurélien la rebâtit en 274 et lui donna son nom : *Aurelianum*. Assiégée en 451 par les Huns d'Attila, elle fut sauvée par les prières de saint Aignan, son évêque. Après la mort de Clovis, qui s'en empara en 498, elle devint la capitale d'un royaume franc qui subsista jusqu'en 613. Néanmoins Orléans resta ville royale jusqu'à saint Louis, puis les souverains en firent un apanage ducal. Durant la guerre de Cent ans, les Anglais, ayant conquis les provinces du nord, vinrent en 1428 assiéger la ville dont la prise devait les rendre maîtres des provinces méridionales. Réduite à la dernière extrémité après neuf mois de siège, Orléans fut délivrée par Jeanne d'Arc, la vierge de Domremy envoyée de Dieu. C'était le 8 mai 1429, date mémorable dont Orléans célèbre tous les ans l'anniversaire par des fêtes religieuses et publiques.

Sous la Réforme, les protestants s'étant rendus maîtres de la place, Guise vint l'investir en 1563; mais il fut blessé mortellement sous ses murs par Poltrot de Méré. Louis XIV fit démanteler Orléans, qui, avec les nouveaux engins de guerre, est maintenant difficile à défendre. En 1870, les Prussiens avaient à peine cerné Paris, qu'ils se hâtèrent d'aller en prendre possession, afin de fermer la route de la capitale à l'armée de la Loire. Reprise par les Français après la victoire de Coulmiers, elle fut réoccupée par les Allemands après la bataille des 1er, 2 et 3 décembre.

Jeanne d'Arc à Orléans. — Ce fut seulement au mois d'avril 1429 que Jeanne d'Arc put commencer à secourir la ville que l'Anglais Salisbury avait entourée de bastilles (forts) dans le but de l'affamer. Jeanne se rendit d'abord à Blois, où l'on préparait un convoi de vivres pour les assiégés; là elle s'entoura d'une troupe de chevaliers et de gens d'armes auxquels elle ordonna avant tout de se confesser, de cesser les blasphèmes et de mener bonne vie, car sa mission était toute religieuse, et ses compagnons devaient comme elle se placer sous la protection divine.

Quand elle entra dans Orléans, l'enthousiasme fut général dans la ville, et les Anglais, au contraire, furent saisis de crainte. Dans plusieurs circonstances, la jeune inspirée se trouva en désaccord avec les chevaliers dans le conseil; à leurs résolutions elle opposait les avis qui lui venaient de Dieu, *son Messire*, et elle avait pour elle les bourgeois et le peuple. Elle tenta, malgré l'avis du sire de Gaucourt, gouverneur de la place, une sortie du côté où les Anglais avaient un grand bastion bien fortifié et leurs meilleures troupes; l'assaut fut rude et dura depuis six heures du matin jusqu'à une heure après midi sans succès.

« ... Alors Jeanne, voulant en finir, appliqua une échelle contre le rempart. Les Anglais la reconnurent. Une grêle de flèches s'abattit sur la vaillante enfant, et l'une de ces flèches, comme elle l'avait prédit, la transperça à la poitrine, entre l'épaule et le cou. Elle roula dans le fossé, aux applau-

Entrée de Jeanne d'Arc à Orléans, en 1429.

dissements haineux de l'ennemi. On l'emporta au loin, et on la déposa sur l'herbe. La flèche sortait d'un demi-pied de l'autre côté de la poitrine. Se voyant si grièvement blessée, elle éprouva une défaillance de la nature et se prit à pleurer. Mais les saintes (Catherine et Marguerite) lui apparurent, et elle se rasséréna.

« Je suis bien consolée, » fit-elle après les avoir vues. Quelqu'un lui proposa de « charmer » la blessure. Elle se récria vivement : « J'aime« rais mieux mourir que de commettre un péché. La volonté de Dieu soit « faite ! Si l'on sait à mon mal quelque remède permis, qu'on l'emploie. » Puis elle arrache elle-même la flèche de sa blessure; on y applique une simple compresse d'huile d'olive, et elle reparaît sur le champ de bataille. « En avant ! en avant ! s'écrie-t-elle, tout est vôtre ! » Et elle s'élance contre la bastille. Les siens la suivent, ils montent le long de la forteresse tout comme par un escalier, à la grande stupéfaction des Anglais, qui, voyant reparaître celle qu'ils croyaient avoir tuée, reculent, se réfugient à la courtine et veulent entrer dans l'intérieur même du fort, dont un pont de bois les sépare. Leur chef, Glansdale, protège cette retraite.

« — Ah ! Glansdale, Glansdale, lui crie la Pucelle, rends-toi au Roi du ciel. J'ai grand'pitié de vos âmes, rends-toi, rends-toi ! »

« L'orgueilleux obstiné s'engage à ce moment sur le pont, qui, miné par le feu d'un brûlot amarré sous lui, s'effondre entraînant chef et soldats dans sa ruine. Ainsi s'accomplit la prédiction qu'elle lui avait faite quelques jours auparavant : « Les Anglais se retireront de devant Orléans, mais « tu ne verras pas leur retraite. »

« Le soir était venu. Les Anglais ne bougent plus. On rentre dans la ville, où les cloches chantaient partout le *Te Deum*.

« Le lendemain dimanche, 8 mai 1429, les Anglais sortirent de leurs bastilles et s'éloignèrent de la cité. On vint le dire à Jeanne, qui assistait à la messe :

« — En nom Dieu ! s'écria-t-elle, ils s'en vont, laissez-les partir. Il ne plaît pas à Messire qu'on les combatte aujourd'hui; vous les aurez une autre fois. »

« Le siège d'Orléans avait duré sept mois. Jeanne avait délivré la ville en neuf jours. La France était sauvée. »

(Mgr RICARD, *Jeanne d'Arc la Vénérable*.)

Olivet, dans une agréable situation, sur le Loiret, fabrique des fromages estimés et possède de belles pépinières. — La source du Loiret est sur le territoire voisin de *Saint-Cyr-en-Val*. — Le hameau de Saint-Mesmin, commune de *Saint-Pryvé*, doit son origine à une célèbre abbaye qui fut, durant toute la période mériovingienne, une pépinière de saints.

— ARTENAY fut, le 10 octobre 1870, le théâtre d'un combat qui eut pour résultat la prise d'Orléans par les Prussiens.

BEAUGENCY, bien situé sur la Loire, est une ville ancienne, jadis très importante comme fief et place forte. On y remarque les restes de ses fortifications, un énorme donjon du XIe siècle, dit tour de César, un pont de 440 mètres sur le fleuve, et près de là un beau viaduc du chemin de fer. Dans son église, autrefois abbatiale, se tinrent deux conciles : l'un en 1104, où Philippe Ier se fit absoudre de son excommunication ; l'autre en 1151, où Louis VII fit prononcer son divorce avec Éléonore d'Aquitaine. Jeanne d'Arc reprit cette ville aux Anglais en 1429, et remporta sur eux aux environs une victoire éclatante. Les protestants la saccagèrent en 1562, 1567 et 1568. Il s'y fait un grand commerce de grains et de vins.

Louis Veuillot.

CHATEAUNEUF doit son nom à un château bâti par Philippe Ier et qu'habitèrent Philippe-Auguste, saint Louis, Philippe le Bel. Pris par les Anglais en 1428, il fut repris par Jeanne d'Arc l'année suivante. Louis XV l'érigea en duché-pairie pour M. de la Vrillière.

CLÉRY-SUR-LOIRE, à 3 kilomètres du fleuve, est connu pour son antique pèlerinage de Notre-Dame. Louis XI, qui avait une grande dévotion pour la madone de Cléry, construisit l'église actuelle et voulut y être enterré ; son tombeau, détruit par les calvinistes, a été rétabli par Louis XIII.

LA FERTÉ-SAINT-AUBIN, en Sologne, sur le Cosson, possède un château reconstruit presque entièrement par Mansart ; le maréchal de Lowendal l'acheta en 1748.

JARGEAU, sur la rive gauche de la Loire, que franchit un pont suspendu de six travées, était autrefois une ville très forte, d'où les Anglais furent chassés par Jeanne d'Arc, le 22 mai 1429. Sous la Ligue, elle fut assiégée par Henri III, aidé du « roi d'Yvetot ».

MEUNG-SUR-LOIRE, à 500 mètres du fleuve, possède d'importantes minoteries, des ateliers de chaudronnerie, des tanneries et vinaigreries. Église du XIIe siècle, entourée d'une enceinte crénelée. — *Coulmiers* est célèbre par la victoire du 9 novembre 1870, remportée par le général d'Aurelle de Paladines sur les Bavarois de Von der Tann, victoire qui nous rendit momentanément Orléans. — *Ingrannes*, au canton de NEUVILLE, possède les restes de l'abbaye cistercienne de la Cour-Dieu, fondée en 1118.

PATAY, sur la limite d'Eure-et-Loir, a été le théâtre de deux batailles : l'une, le 18 juin 1429, où Jeanne d'Arc défit les Anglais et fit prisonnier Talbot, leur général ; l'autre, qui est plutôt une série de combats engagés du 2 au 4 décembre 1870 par l'armée de la Loire contre les Prussiens, lesquels restèrent maîtres de la route d'Orléans ; les zouaves pontificaux, commandés par de Charette et portant sur leur drapeau l'image du sacré Cœur, furent les héros de ces combats.

II. **PITHIVIERS**, sous-préfecture de 5 800 habitants[1], s'élève à 120 mètres d'altitude, sur le bord d'un plateau qui tombe presque à pic sur la vallée de l'Œuf. Cette ville acquit de l'importance au moyen âge, grâce à l'influence des pèlerins attirés par les reliques de saint Salomon, roi de Bretagne, et par celles de saint Grégoire, évêque d'Arménie, qui vint s'y retirer au Xe siècle. Fortifiée à cette époque, Pithiviers fut prise par les Anglais en 1428, par les protestants en 1562 et 1567, par les deux Henri en 1589, et dévastée par les Cosaques en 1815. Culture du safran et commerce de miel, de pâtés d'alouettes et de gâteaux d'amandes renommés.

BEAUNE-LA-ROLANDE possède une église bâtie par Charles VII ; la crypte renferme le tombeau d'un saint solitaire du XIIIe siècle, né à Beaune et en grande vénération dans le pays. Bataille du 28 novembre 1870, gagnée par les Prussiens sur le général français Crouzat. — MALESHERBES, sur l'Essonne, est dominée par le château du célèbre Lamoignon Malesherbes, défenseur de Louis XVI. — PUISEAUX, à 3 kilomètres de l'Essonne, conserve la belle église d'un prieuré augustin, bâti par Louis le Gros, et dont les religieux firent élever les murs de la ville encore en partie debout. — *Augerville*, sur l'Essonne, possède un château ayant appartenu à Jacques Cœur et au grand orateur Berryer, qui y mourut en 1868.

III. **MONTARGIS** est une sous-préfecture de 11 600 habitants[2],

---

[1] Arrondissement de PITHIVIERS : 5 *cantons*, 98 communes, 56 820 habitants.
Cantons et communes principales : 1. *Pithiviers*, 5 820 habitants ; Boynes, 1 240 ; Chilleurs, 1 570. — 2. *Beaune-la-Rolande*, 1 750 ; Auzy, 1 170 ; Boiscommun, 1 080 ; Nibelle, 1 190. — 3. *Malesherbes*, 2 220. — 4. *Outarville*, 590 ; Aschères, 1 270 ; Bazoches, 1 120. — 5. *Puiseaux*, 2 060.

[2] Arrondissement de MONTARGIS : 7 *cantons*, 95 communes, 80 070 habitants.
Cantons et communes principales : 1. *Montargis*, 11 310 habitants ; Amilly, 2 220 ; Châlette, 2 360 ; Pannes, 1 080 ; Vimory. — 2. *Bellegarde*, 1 240 ; Ladon, 1 240. — 3. *Châteaurenard*,

située par 116 mètres d'altitude sur le Loing et le canal de Briare, en un lieu d'étoilement remarquable de routes, de chemins de fer et de canaux. Cette ville, qui a donné son nom à la belle forêt voisine, est commerçante en miel, safran, grains et cuirs. On y remarque le chœur de l'église de la Madeleine, un intéressant petit musée, les restes de ses remparts et ceux de son château, qu'habitèrent souvent les rois de France. Montargis, ancienne capitale du Gâtinais orléanais, fut assiégé en 1427 par les Anglais et délivré autant par le courage de ses habitants que grâce au secours apporté par Dunois et Lahire. En 1626, le comté de Montargis passa à la famille d'Orléans. C'est près de Paris qu'eut lieu sous Charles V, si l'on en croit la légende, le fameux duel en champ clos entre « le chien de Montargis » et l'assassin de son maître, à la poursuite duquel l'animal s'était opiniâtrement attaché. — *Amilly* possède une grande filature de bourre de soie, occupant 350 ouvriers. — *Vimory* rappelle la victoire que le duc de Guise remporta sur les protestants allemands, le 26 octobre 1587.

Bellegarde, sur un plateau, fut le siège d'un duché érigé en 1619. — Chateaurenard, sur l'Ouanne, est une ancienne place forte qui appartint aux calvinistes et fut démantelée par Louis XIII; on y fabrique des draps pour la troupe. — A *Triguères*, situé en amont, des restes d'édifices romains marquent l'emplacement probable de la ville sénonaise de *Vellaunodunum*.

Chatillon-Coligny, jolie petite ville sur le Loing et le canal de Briare, est une ancienne seigneurie qui fut érigée en duché-pairie par Louis XIV. On y remarque les restes du château des sires de Châtillon-Coligny, deux maisons du XVIe siècle, appelées l'une le Paradis, où se réunissaient les catholiques; l'autre l'Enfer, où s'assemblaient les protestants; les statues de l'amiral Coligny et du physicien Becquerel. — A *Montbouy*, restes de l'amphithéâtre romain de Chennevières.

Courtenay, sur un affluent du Loing, donna son nom à une famille célèbre, dont la tige fut Pierre de France, septième fils de Louis le Gros. Parmi les membres de cette famille, devenus comtes de Hainaut, l'un fut roi de Jérusalem et trois autres successivement empereurs de Constantinople, de 1216 à 1261. Ces derniers furent : Pierre de Courtenay et ses deux fils Robert et Baudouin II.

Ferrières, à 2 kilomètres du Loing, avait sous les Mérovingiens et les Carolingiens une résidence royale et une célèbre abbaye, où Louis III et Carloman furent sacrés en 879. De cette abbaye, détruite en 1789, il reste une église, dont l'intertransept forme une rotonde octogonale, avec bas-côté tournant, disposition aujourd'hui unique en France.

2870; Chuelles, 1480; Douchy, 1140; Saint-Germain, 1240; Triguères, 1550. — 4. *Châtillon-Coligny*, 2260; Montbouy, Nogent, 1660; Sainte-Geneviève, 1200; Saint-Maurice, 1610. — 5. *Courtenay*, 2740. — 6. *Ferrières*, 1680; Corbeilles, 1310; Sceaux, 1020. — 7. *Lorris*, 2170; Varennes, 1120.

Lorris, près du canal d'Orléans, est une ancienne ville royale où les Capétiens jusqu'à saint Louis eurent un palais. Ils firent rebâtir son église et lui octroyèrent une « coutume » qui a souvent servi de type aux XIIe et XIIIe siècles.

IV. **GIEN**, sous-préfecture[1], est une ville de 8300 âmes qui s'étage agréablement, par 125-160 mètres d'altitude, sur un coteau de la rive droite de la Loire. On y remarque l'église Saint-Louis et un château bâti en 1494 par Anne de Beaujeu, qui fit aussi construire le pont sur le fleuve. Son principal établissement industriel est une manufacture de faïence artistique et de faïence blanche, dite anglaise ou terre de pipe. Gien est l'antique bourgade de *Giemum*, qui, au moyen âge, devint une place forte et un fief assez important. En 1410, les princes du sang et d'autres seigneurs y organisèrent contre Jean sans Peur la Ligue d'où résulta la sanglante querelle des Armagnacs et des Bourguignons. Durant les troubles de la Fronde, le château fut pendant quelques semaines l'asile d'Anne d'Autriche et du jeune Louis XIV.

Saint-Brisson, sur une colline dominant la rive gauche de la Loire, possède un château des XIVe et XVIe siècles, flanqué de six belles tours, jadis siège d'une des principales baronnies du Berry. — A *Saint-Gondon*, église du XIe siècle, restes d'un monastère dont fut abbé le roi Louis d'Outre-Mer; sur son territoire coule une fontaine ferrugineuse, née, dit-on, sous les pas du saint prélat qui vint se retirer en ce lieu et lui laissa son nom et ses reliques.

Briare, à l'embouchure du canal de ce nom et du canal latéral à la Loire, possède un port assez actif et fabrique des objets en céramique; c'est l'antique station romaine de *Brivodurum*. Le canal de Briare, commencé par Henri IV, est le premier canal à double versant qui ait été fait en France. Le point de faîte ou de partage est près de Rogny; la pente est rachetée par 12 écluses sur le versant de la Loire et par 28 écluses sur le versant de la Seine. — *La Bussière* a un château qui fut, en 1563, le théâtre des luttes entre catholiques et protestants.

Chatillon-sur-Loire conserve les restes de ses fortifications et d'un château avec donjon. — *Saint-Benoît-sur-Loire* eut jadis une abbaye de bénédictins, qui devint l'une des plus importantes de l'Europe, grâce aux reliques du patriarche saint Benoît, qui y attirèrent un nombre incalculable de pèlerins, et à ses savantes écoles où s'assemblèrent à la fois jusqu'à cinq mille étudiants. Aussi se forma-t-il à côté une ville qui, au XIIe siècle, compta plus de 15000 habitants. En 1562, les protestants

---

[1] Arrondissement de Gien : 5 *cantons*, 49 communes, 60540 habitants.
Cantons et communes principales : 1. Gien, 8270; Coullons, 2940; Poilly, 1350; Saint-Brisson, 1110; Saint-Gondon, 1040. — 2. Briare, 5810; Bonny, 2160; Bussière (la), Ouzouer, 1890. — Châtillon-sur-Loire, 3450; Autry, 1590; Beaulieu, 2620; Cernoy, 1180; Pierrefitte, 1010. — 4. Ouzouer-sur-Loire, 1140; Dampierre, 1000; Montereau, 1050; Saint-Benoît, 1490. — 5. Sully-sur-Loire, 2640; Cerdon, 1630; Isdes, 1000.

ravagèrent la ville et l'abbaye. Il ne reste de cette dernière, appelée d'abord *Fleury*, que sa magnifique église romane des XIe-XIIIe siècles, renfermant le tombeau du roi Philippe Ier.

SULLY-SUR-LOIRE conserve le château flanqué de tours de ses anciens

Château de Sully-sur-Loire.

seigneurs. L'un d'eux, Georges de la Trémouille, jaloux de la gloire militaire de Jeanne d'Arc, l'y retint comme prisonnière jusqu'à ce qu'elle pût s'en échapper le 28 mars 1430. Henri IV érigea la seigneurie de Sully en duché-pairie pour son ministre Maximilien de Béthune, le « grand Sully », qui s'y retira après sa disgrâce et dont la statue orne la cour du château. Dans cette ville est né Maurice de Sully, qui, arrivé pauvre à Paris, en devint l'un des plus illustres évêques et commença en 1163 la cathédrale actuelle de Notre-Dame.

EURE-ET-LOIR

4 ARRONDISSEMENTS, 24 CANTONS, 426 COMMUNES, 280 500 HABITANTS

Géographie. — Ce département est ainsi nommé de ses deux principales rivières : l'*Eure*, affluent de la Seine, et le *Loir*, sous-affluent de la Loire. Il est composé pour les trois quarts d'anciens pays de l'Orléanais : partie du *Dunois*, capitale Châteaudun, et de la Beauce, ou *pays Chartrain*, capitale Chartres ; l'autre quart, fourni par le Maine et l'Ile-de-France, comprend une partie du *Perche*, capitale Nogent-le-Rotrou ; le *Thimerais*, capitale Châteauneuf, et le *Drouais*, capitale Dreux. C'est, en somme, une superficie de 5 938 kilomètres carrés : cinquante départements sont plus étendus.

L'Eure-et-Loir offre deux régions naturelles très distinctes, auxquelles participe le reste du territoire, savoir : au sud-est, le plateau monotone, sec et dénudé de la Beauce, qui forme cependant faîte entre les bassins de la Seine et de la Loire ; à l'ouest, la contrée pittoresque du Perche avec ses coteaux boisés, ses frais vallons, ses prairies, ses champs entourés de haies vives : aussi le département a-t-il son point culminant, le coteau de Vichères (285 mètres), situé au sud-est de Nogent-le-Rotrou ; son point le plus bas, 48 mètres, est celui où l'Eure l'abandonne complètement. Chartres s'élève à 120-150 mètres, Châteaudun à 140 mètres; l'altitude moyenne est d'environ 150 mètres.

Le territoire se partage entre les bassins de la Seine et de la Loire. L'**Eure**, affluent de la Seine, sort des étangs de la forêt de Longny, dans les collines du Perche, qu'elle longe en coulant d'abord vers le sud-est jusqu'à la rencontre du plateau de Beauce. Alors, prenant la direction du nord, elle arrose Chartres et la charmante vallée de Maintenon, dont l'aqueduc gigantesque est en ruines; puis elle reçoit ses affluents notables: à droite, la Voise, la Drouette et la Vesgre; à gauche, la Blaise, rivière de Dreux, et l'Avre, dont quelques sources riveraines et un ruisseau tributaire, la Vigne, ont été captées par la ville de Paris. — Le **Loir**, sous-affluent de la Loire par la Maine, est une rivière profonde, dont la source est à huit kilomètres plus bas qu'autrefois, à cause de la dessiccation de cette partie de la Beauce. Il serpente d'abord vers le sud, en arrosant la base du plateau de Châteaudun et en recueillant l'Oze, l'intermittente Conie et l'Yerre. L'*Huisne*, qui prend ses sources dans les collines du Perche, arrose la charmante vallée de Nogent-le-Rotrou.

Le *climat* d'Eure-et-Loir, appartenant à la zone séquanienne, est doux, constant et sain. La hauteur des pluies annuelles y varie de 5 à 8 décimètres, selon les lieux.

Le département d'Eure-et-Loir, essentiellement agricole, est l'un des greniers de la France, principalement de Paris, grâce surtout à la Beauce, si fertile en froment. On y élève de nombreux moutons, des bêtes à cornes, des abeilles et, dans le Perche, des chevaux très recherchés pour les lourds transports. De ses 60 000 hectares boisés, on cite les forêts de Senonche, de la Ferté-Vidame et de Dreux. Ses produits minéraux sont insignifiants, et, sauf de nombreuses minoteries, il ne possède que peu d'établissements industriels: filatures, tanneries, tuileries ou papeteries.

Les habitants. — En 1896, l'Eure-et-Loir comptait 280 500 habitants, dont à peine 800 étrangers, soit 23 000 âmes de plus qu'en 1801. C'est le 66e département pour la population absolue, et le 68e pour la densité, avec 47 habitants par kilomètre carré. Les protestants y sont au nombre d'environ 1 500.

Personnages. — Saint Fulbert, évêque de Chartres, sa ville natale, mort en 1029. Le poète Rotrou, né à Dreux, ainsi que Métézeau, le constructeur de la digue de la Rochelle, morts en 1650 et 1653. Nicole, solitaire de Port-Royal, et Pétion, maire de Paris, nés à Chartres, morts en 1695 et 1794. Le girondin Brissot, né à Ouarville, mort en 1793. Le général Marceau, né à Chartres, mort en 1796. Le peintre Prévost, né à Montigny, mort en 1823. L'avocat Chauveau-Lagarde, né à Chartres, mort en 1841. Le jurisconsulte Isambert, né à Aunay, mort en 1857. Le cardinal Pie, évêque de Poitiers, né à Pontgouin, mort en 1880.

Administrations. — Le département forme le diocèse de Chartres, ressortit à la cour d'appel et à l'académie de Paris, fait partie de la région du 4e corps d'armée (le Mans) et de la région agricole du nord-ouest. Il comprend 4 arrondissements : *Chartres, Dreux, Nogent-le-Rotrou, Châteaudun,* avec 24 cantons et 426 communes.

I. **CHARTRES**, chef-lieu du département[1], est une ville prospère de 23 000 âmes, qui s'élève en amphithéâtre à 135 mètres d'altitude moyenne, sur le penchant d'une colline dominant l'Eure. Généralement mal percée, elle a par contre de jolis boulevards extérieurs, qui suivent à peu près l'ancienne enceinte, dont il reste notamment l'imposante porte Guillaume. Elle a surtout de beaux édifices religieux, dont le principal est la cathédrale Notre-Dame, l'une des merveilles de l'art chrétien. Commencée vers 1020 par saint Fulbert, elle est dominée par deux magnifiques clochers : le clocher Vieux, du XIIe siècle, et le clocher Neuf, du XVIe, ayant respectivement 107 et 115 mètres de hauteur. On sait qu'ils entrent dans le dicton réunissant les éléments d'une cathédrale parfaite :

> Clochers de Chartres, nef d'Amiens,
> Chœur de Beauvais, portail de Reims.

La cathédrale offre encore les deux façades de son transept, ornées de centaines de statues; l'incomparable collection de ses vitraux; une clôture de chœur, sans pareille en France; la chapelle Notre-Dame-du-Pilier, aux murs couverts d'ex-voto, et celle de Notre-Dame-sous-Terre.

Chartres, l'antique *Autricum,* capitale des Carnutes et centre du druidisme gaulois, a pour histoire principale celle de sa cathédrale et de son pèlerinage. Au Xe siècle, elle devint le centre d'un comté important que François Ier érigea en duché en 1528, et qui, après avoir été réuni deux fois à la couronne, fut joint par Louis XIII à l'apanage des ducs d'Orléans. Parmi les sièges que soutinrent ses habitants, on cite particulièrement celui de 1568, contre les huguenots, qu'ils repoussèrent par une protection visible de leur céleste patronne, et celui de 1591, qui aboutit à la prise de la ville par Henri IV. Ce prince vint après son abjuration se faire sacrer dans la cathédrale, en 1594.

Le druidisme et Notre-Dame de Chartres. — « Le druidisme gaulois établissait l'adoration de *Theut,* dieu suprême, secondé ou servi par des divinités subalternes émanant de sa propre substance. Les prêtres des Gaulois s'appelaient druides, c'est-à-dire *hommes des chênes.* Ils habitaient au milieu d'épaisses forêts et étaient divisés en trois classes. Les *druides* proprement dits formaient la classe supérieure et savante de la

---

[1] Arrondissement de CHARTRES : 8 *cantons,* 167 communes, 112 580 habitants.
Cantons et communes principales : 1-2. *Chartres,* 23 180 habitants; Dammarie, 1 210; Lèves, 1 240; Mainvilliers, 1 490; Prunay, 1 150; Saint-Prest, 1 000; Sours, 1 310. — 3. *Auneau,* 1 850; Aunay, 1 109; Béville, 1 080. — 4. *Courville,* 1 840; Pontgouin, 1 060. — 5. *Illiers,* 2 800. — 6. *Janville,* 1 230; Toury, 1 920. — 7. *Maintenon,* 2 060; Épernon, 2 490; Gallardon, 1 530. — 8. *Voves,* 2 020.

nation, décidaient de la paix et de la guerre, dirigeaient l'instruction de la jeunesse et rendaient la justice sans appel. Les *ovates*, ou prêtres inférieurs, présidaient les assemblées, offraient des sacrifices et étudiaient la

Chartres. — Cathédrale Notre-Dame.

divination. Les *bardes*, ou poètes sacrés, célébraient les dieux, les héros, et aux jours de bataille excitaient par leurs chants le courage des guerriers. Les druidesses, affiliées à leur corporation, se livraient à la divination, et remplissaient en diverses circonstances le rôle de prophétesses. Le front orné d'une couronne de verveine, vêtues de longues robes blanches, elles prédisaient l'avenir, d'après l'inspection des étoiles ou des entrailles des victimes.

« Les Gaulois n'élevaient point de temples à leurs divinités : des blocs de pierres informes étaient les autels sur lesquels ils accomplissaient leurs sacrifices. Dans l'origine, ils n'offraient à leurs dieux que le gui coupé avec une faucille d'or sur le tronc des chênes; plus tard, ils égorgèrent des animaux; enfin le sang humain coula dans leurs fêtes religieuses. Ces peuples étaient tellement persuadés de l'immortalité de l'âme, qu'ils prêtaient de l'argent à condition qu'on le leur rendrait dans l'autre vie; mais ils croyaient à la métempsycose, c'est-à-dire qu'après la mort les âmes allaient animer d'autres corps. » (F. AGOHARD, *Hist. de France*.)

Le druidisme devait être remplacé par le christianisme et le culte de Marie. Une tradition porte que les premiers missionnaires chrétiens, en arrivant de Rome, trouvèrent à Chartres, dans une grotte, une statue dédiée par les druides à la future Mère de Dieu, car elle portait cette inscription : *Virgini parituræ* : A la Vierge qui doit enfanter un Rédempteur.

La grotte fut dès lors consacrée à la sainte Vierge, dont la statue en bois sculpté demeura entourée de la vénération des habitants devenus chrétiens. Quand vinrent les jours de persécution, on vit ceux-ci, soutenus par la protection de Marie, sacrifier leur vie plutôt que de trahir leur foi. Un grand nombre furent précipités dans un puits qui se voyait jadis dans la crypte et qu'on appelait, en souvenir de ces courageux martyrs, le *puits des Saints-Forts*. Bientôt une église s'éleva au-dessus de la grotte pour satisfaire à l'affluence des peuples autour de l'antique image, rendue plus vénérable encore par de nombreux miracles. En 876, Charles le Chauve enrichit le sanctuaire d'une relique insigne, la tunique de la Vierge, que l'on vénère dans un reliquaire en bronze doré. Quant à la précieuse statue de *Notre-Dame sous Terre*, elle fut brûlée par la fureur révolutionnaire de 1793; mais une statue similaire a été placée dans la chapelle occupant l'emplacement de la grotte druidique.

Lèves, sur l'Eure, montre une caverne où, dit-on, enseignaient les druides. Vaste hôpital installé dans les bâtiments agrandis de l'abbaye bénédictine de Josaphat, fondée en 1120.

Brétigny, dépendance de la commune de *Sours*, à 9 kilomètres sud-est de Chartres, rappelle le traité du 8 mai 1360, qui fut si désastreux pour la France. « Cependant, dit le chroniqueur Froissart, le roi d'Angleterre *fut dur à entamer*, et il avoit peu d'espoir qu'on pût s'entendre, lorsqu'un incident extraordinaire *humilia et brisa le courage du roi anglais*. Tandis que les négociateurs de France prêchoient ledit roi et son conseil, et encore nulle réponse agréable n'en avoient, un orage et une tempête si grande et si horrible descendirent du ciel sur le camp d'Angleterre, qu'il sembloit que le monde alloit finir; car il tomboit si grosses pierres et grêles, qu'elles tuoient hommes et chevaux, et en furent les plus hardis

Clôture du chœur de la cathédrale de Chartres.

tout ébahis. Adonc regarda le roi d'Angleterre devers l'église Notre-Dame de Chartres et voua dévotement à Notre-Dame qu'il s'accorderoit à la paix. » Ainsi la Reine du ciel se montrait une fois de plus la protectrice du royaume de France.

AUNEAU, près de la Voise, possède les restes d'un château fort qui fut témoin, en 1587, d'une défaite des reîtres et des protestants par le duc de Guise.

JANVILLE fut fortifiée après la ruine du château voisin du *Puiset*, si fameux aux XIe et XIIe siècles. En effet, ses seigneurs allèrent jusqu'à braver les rois Henri Ier, Philippe Ier et Louis le Gros, auxquels ils interceptaient la route d'Orléans. Ce dernier le prit deux fois à Hugues le Beau et le fit raser jusqu'aux fondements, « tel qu'un lieu voué à la malédiction divine. »

C'est aux abords de *Rouvray-Saint-Denis* qu'eut lieu, en février 1429, le combat dit « journée des Harengs ». Un convoi de trois à quatre cents chariots, composé principalement de barils de harengs, arrivait aux Anglais qui assiégeaient Orléans. Les Français entreprirent de l'enlever; mais les ennemis, retranchés derrière leurs voitures, tinrent bon; puis, à la fin, tombèrent sur les Français et les mirent en déroute.

MAINTENON, dans une belle vallée sur l'Eure, possède un magnifique château commencé sous Philippe-Auguste et embelli par Louis XIV, qui en fit don à Françoise d'Aubigné, devenue marquise de Maintenon en 1688. Il est entouré d'un parc remarquable, traversé par les restes du superbe aqueduc, resté inachevé, qui devait conduire à Versailles les eaux de l'Eure.
— *Épernon*, sur la Drouette, exploite d'importantes carrières de grès pour meules et pavés. Henri III l'avait érigé en duché-pairie en 1581. Belle défense contre les Prussiens en 1870. — *Gallardon*, autrefois place forte et siège d'un marquisat, possède une fort belle église des XIIe et XVe siècles.

II. **DREUX**, bâtie à 90 mètres d'altitude sur la Blaise, est une sous-préfecture de 9 700 âmes[1]. Ancienne capitale des Durocasses, puis du Drouais, cette ville eut au moyen âge des comtes puissants, dont l'un, Pierre Mauclerc, devint duc de Bretagne sous Philippe-Auguste. Le 19 décembre 1562, les catholiques, commandés par François de Guise et le connétable de Montmorency, remportèrent dans les environs une sanglante victoire sur les protestants commandés par Condé et Coligny. En 1593, Dreux fut pris après une résistance opiniâtre par Henri IV, qui démolit ses fortifications et son château. Sur l'emplacement de ce dernier s'élève aujourd'hui la chapelle royale, dont la crypte est destinée à la sépulture de la famille d'Orléans; on y admire le mausolée en marbre blanc de Louis-Philippe et de Marie-Amélie. Dreux fait un grand commerce de grains et possède d'importantes fonderies.

---

[1] Arrondissement de DREUX : 7 *cantons*, 126 *communes*, 63 960 habitants.
Cantons et communes principales : 1. *Dreux*, 9 720 habitants. — 2. *Anet*, 1 408. — 3. *Brezolles*, 840; Saint-Lubin, 1 820; Saint-Rémy, 1 850. — 4. *Châteauneuf*, 1 360. — 5. *Ferté-Vidame* (la), 980. — 6. *Nogent-le-Roi*, 1 620; Villemeux, 1 060. — *Senonches*, 1 970; Digny, 1 120.

ANET, entre l'Eure et la Vesgre, montre les restes du magnifique château de Diane de Poitiers, bâti en 1552 par Philibert Delorme, décoré par Jean Goujon, Germain Pilon et Jean Cousin, mais détruit en partie à la Révolution.

Rouvres, sur la Vesgre, eut un palais des Carolingiens. — *Sorel-Mousset*, sur l'Eure, possède la première papeterie mécanique établie en

Dreux. — Chapelle royale, sépulture de la famille d'Orléans.

France; — *Montigny-sur-Avre*, un château bâti par Mansart et une forteresse en ruines des Templiers.

CHATEAUNEUF était autrefois une petite place forte et la capitale du Thimerais; — *Maillebois*, un marquisat érigé en 1621.

LA FERTÉ-VIDAME et SENONCHES, près de vastes forêts, offrent deux châteaux qui appartinrent, l'un à la famille d'Orléans, l'autre aux Gonzague de Mantoue. Senonches fabrique une grande quantité de chaux hydraulique.

III. **NOGENT-LE-ROTROU**, à 105 mètres d'altitude sur l'Huisne, est une sous-préfecture de 8500 habitants[1]. Bâti au milieu d'un riant vallon, que domine au sud un coteau escarpé portant un château fort, Nogent se compose de quatre rues principales qui, semblables aux longues galeries d'un cloître, forment un parallélogramme irrégulier au milieu duquel s'étendent de belles prairies. On y remarque en outre un château

---

[1] Arrondissement de NOGENT-LE-ROTROU : 4 cantons, 54 communes, 40910 habitants.
 Cantons et communes principales : 1. *Nogent-le-Rotrou*, 8490 habitants. — 2. *Authon*, 1410; Bazoche (la), 2000. — 3. *La Loupe*, 1720. — 4. *Thiron*, 690; Frazé, 1170.

fort des XIIe et XVe siècles, qui fut habité par Sully, dont le tombeau se trouve à l'Hôtel-Dieu. — Fortifiée au XIe siècle par le comte Rotrou Ier, à qui elle doit son surnom, cette ville disputa ensuite à Mortagne le titre de capitale du Perche. Sully l'acquit et la transmit à une branche cadette

Dreux. — Tombeau de Louis-Philippe et de la reine Marie-Amélie.

de sa maison, pour laquelle le fief fut érigé en duché-pairie en 1652. Commerce de chevaux percherons et de blé; fabrication de chapeaux.

AUTHON était autrefois l'une des cinq baronnies du Perche. — *Villebon* possède un magnifique château construit au XVe siècle, sur le modèle de la Bastille de Paris; mais il fut considérablement remanié en 1607 par Sully, qui y mourut en 1641.

Thivon-Gardais doit son nom à une abbaye fondée au XIIe siècle par saint Bernard d'Abbeville. Les bénédictins de Saint-Maur y établirent en 1629 un collège et une école militaire, qui subsistèrent jusqu'à la Révolution.

IV. **CHATEAUDUN**, chef-lieu d'arrondissement peuplé d'environ 7 500 habitants[1], s'élève en amphithéâtre par 140 mètres d'altitude moyenne sur un coteau de la rive gauche du Loir. C'est une ville en majeure partie reconstruite sur un plan régulier après l'incendie de 1723 et le désastre de 1870. Le château des anciens comtes de Dunois en est l'édifice le plus

Châteaudun, sur le Loir.

remarquable. La principale église, dédiée à sainte Madeleine, dépendait avant la Révolution d'un couvent d'augustins, dont les bâtiments sont actuellement occupés par la sous-préfecture, le palais de justice et l'hôpital. Châteaudun, dont le nom hybride, *Castrodunum*, semble indiquer que sa fondation eut lieu par des Gaulois sous les Romains, devint au IXe siècle une cité féodale et la capitale du Dunois, souvent séparé politiquement du comté de Chartres.

Avec quelques fabriques de couvertures de laine, des fonderies et des ateliers de construction de machines, des tanneries et des mégisseries, l'industrie agricole constitue la principale richesse de la ville.

Défense de Châteaudun. — Le 18 octobre 1870, Châteaudun était défendu par 1 200 gardes nationaux et francs-tireurs contre 5 000 ennemis,

---

[1] Arrondissement de CHATEAUDUN : 5 cantons, 80 communes, 63 020 habitants.
Cantons et communes principales : 1. *Châteaudun*, 7 460 habitants. — 2. *Bonneval*, 3 820; Sancheville, 1 020. — 3. *Brou*, 2 800; Dangeau, 1 379; Unverre, 2 160; Yèvres, 1 670. — 4. *Cloyes*, 2 340; Arrou, 2 640; Châtillon, 1 810. — 5. *Orgères*, 690; Terminiers, 1 140.

disposant de 24 pièces d'artillerie. Une première attaque de l'infanterie allemande est repoussée, mais les batteries prusiennes couvrent la ville de leurs obus. Après une résistance qui durait depuis midi et qui s'était prolongée jusqu'à la nuit, les Allemands réussirent enfin à enlever la position et à tourner les barricades. « Alors la nuit venue, écrit M. Jules Claretie, refoulés de tous côtés, les défenseurs de Châteaudun se massent sur la place, et, noirs de poudre, exaltés par la lutte, superbes de patriotisme et d'ardeur, ils entonnent sous le ciel rouge déjà des premiers incendies les mâles couplets de la *Marseillaise*. Ce chant, ce spectacle grandiose, avait glacé d'une certaine terreur les assaillants, qui hésitent d'abord, puis envahissent la place, repoussant les défenseurs de Châteaudun dans les rues adjacentes, lorsque ceux-ci, pris d'une rage nouvelle, se précipitent sur cette place et, à la baïonnette, forcent les Allemands à reculer dans la nuit. La place est à nous de nouveau, et les Allemands l'attaquent encore. On se bat dans l'ombre, on se bat corps à corps, et le flot noir des Prussiens court à travers les rues. Les défenseurs de Châteaudun, en se repliant, font de tous côtés sur la place, où fourmillent les Prussiens, des décharges meurtrières; puis, combattant toujours, ils s'éloignent, tandis que les Allemands, voyant partout des ennemis, se fusillent entre eux par méprise, dans l'ombre, à travers ces rues couvertes de morts. La retraite s'opéra par le faubourg Saint-Jean, qui est en quelque sorte le côté inaccessible de Châteaudun. Les Allemands avaient perdu plus de 2 500 hommes, la moitié de leur effectif. » — Un monument a été élevé dans le cimetière, en 1875, à la mémoire des victimes françaises de cette journée mémorable.

Près de *Marboué* se voit le château de Coudreau, propriété de l'infortuné maréchal Ney.

BONNEVAL, sur le Loir, possède une belle église ogivale des XIIe et XIIIe siècles, des restes de fortifications et des bâtiments d'une ancienne abbaye bénédictine, aujourd'hui occupés par un asile d'aliénés. Commerce de grains et de bestiaux gras.

Les Alluyes, sur le Loir, possède les restes d'un camp anglais, de nombreux monuments druidiques et le donjon d'un château qui a remplacé celui où Chilpéric Ier conclut, en 574, un traité avec Sigebert et Gontran. C'était jadis une des baronnies du Perche, ainsi que BROU, petite ville sur l'Ozanne, qui exploite des marnières considérables, fabrique de la faïence et tient d'importants marchés aux bestiaux, laines et grains. — *Dangeau* est un ancien marquisat. — *Courtalain* et *Montigny-le-Gannelon* possèdent chacun un magnifique château.

Loigny est célèbre par l'héroïque combat du 2 décembre 1870, livré aux Allemands par les zouaves pontificaux sous les ordres du colonel de Charette. Le général de Sonis ayant essayé en vain de ramener au feu deux régiments de fuyards, il ne restait plus qu'une chose à sauver :

l'honneur de la France. « Je ne pouvais, dit-il, me dérober désormais, ni abandonner les 300 hommes qui me suivaient, et les vaillants soldats de Jauréguiberry qui tenaient avec rage dans Loigny même et à Villepion... Je me sentis fort du consentement de ces braves ; ils s'appelaient les soldats du pape. Nous poussâmes tous un dernier cri : *Vive la France ! Vive Pie IX !* Ce fut notre acte de foi. »

Le bataillon décimé s'élance encore, criblé par la mitraille qui partait à la fois de Loigny et du bois ; il emporte au pas de course la ferme de Villours, entre dans le bois, en chasse l'ennemi à coups de baïonnettes, prend d'assaut l'entrée de Loigny, y arbore l'étendard du sacré Cœur, et se prépare à rejoindre les débris du 37e, qui tenaient toujours dans l'église et le cimetière. Mais les Prussiens écrasent d'obus le centre du village ; les flammes barrent le chemin aux zouaves, qui ne sont plus qu'une poignée ; 198 sont tombés sur 300 ; l'étendard a passé successivement des mains de Verthamon à celles des Bouillé, père et fils, tous frappés à mort, puis du zouave Le Parmentier, qui le rapporta à Villepion, où le Père Doussot le prit, le plia et le mit sur sa poitrine, sous sa robe monacale. L'héroïque 37e est entouré et sommé de se rendre par le général Von Isowitz, qui crie au commandant de Fauclier : « Arrêtez votre feu ! — Ce n'est pas mon affaire, c'est la vôtre ! » réplique l'officier.

A 7 heures du soir, le feu cessait.

Quant au général de Sonis, il avait eu la cuisse gauche brisée au début de l'action, et il dut passer la nuit entière couché dans la neige sur le champ de bataille. Recueilli chez le curé de Loigny, il fallut lui amputer la jambe. Il mourut le 15 août 1887, et repose à Loigny même, sous cette simple épitaphe qu'il avait dictée : *Bonus miles Christi*.

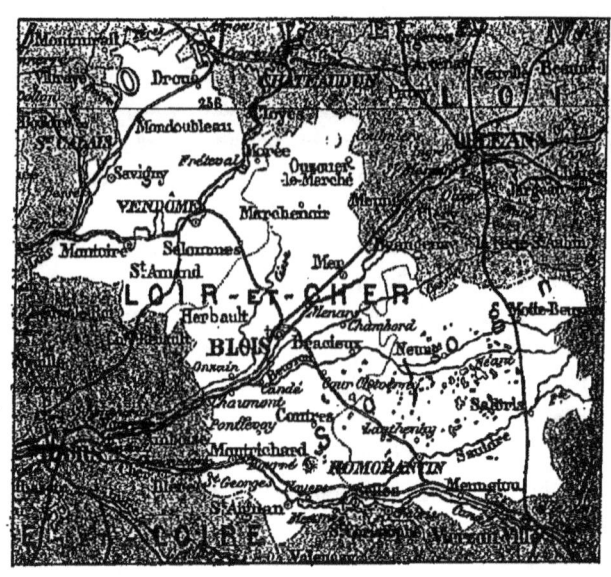

LOIR-ET-CHER

3 ARRONDISSEMENTS, 24 CANTONS, 297 COMMUNES, 278 200 HABITANTS

Géographie. — Ce département doit son nom à deux rivières, le *Loir* et le *Cher,* qui le traversent, l'un au nord, l'autre au sud du fleuve la Loire, dont le nom, par bizarrerie, fut négligé. Il a été formé presque entièrement de trois pays de l'Orléanais : l'*Orléanais propre,* qui avait pour capitale Orléans ; le *Blaisois,* capitale Blois, et le *Vendômois,* capitale Vendôme, avec un lambeau de la Touraine. Sa superficie étant de 6 420 kilomètres carrés, il est sous ce rapport le trente et unième département.

Le Loir-et-Cher est un pays de plateaux bas, que le Val de Loire divise en deux parties à peu près égales : au nord, la Beauce et le Perche vendômois, séparés par le Loir ; au sud, la Sologne. Le Perche est la région la plus accidentée, avec des vallées, des prairies et des coteaux boisés. Le point culminant est le Cormont (256 mètres), situé au sud-est de Droué, près de l'entrée du Loir, dont la sortie marque au contraire le point le plus bas : 55 mètres. La Beauce, c'est le plateau monotone et sec, tandis que la Sologne, au sous-sol argileux, renferme des étangs encore nombreux, malgré le dessèchement opéré. Blois est à 95 mètres d'altitude, Vendôme à 80 mètres ; l'altitude moyenne est de 110 mètres environ.

Le département appartient en entier au bassin de la *Loire*, étant arrosé par ce fleuve, qui baigne Blois et reçoit le *Cosson*, le *Beuvron*, le *Cher*, où se jette la *Sauldre*, rivière de Romorantin grossie de la Petite-Sauldre, et, par la Maine, le *Loir*, qui arrose Vendôme et recueille la Braye.

Le **Loir** est une rivière limpide, qui coule, calme et profonde, dans de jolies prairies, dont parfois les collines deviennent des falaises : aux Roches, au-dessus de Montoire et des belles ruines du château de Lavardin, un village entier est creusé dans le roc vif qui domine à pic la rive droite du Loir. Le long de la vallée, sur les versants bien abrités, et principalement sur la rive droite, dont les coteaux sont exposés au midi, croissent des vignes produisant des vins estimés. Il en est ainsi de la vallée du Cher, qu'accompagne le canal du Berry jusque près de Saint-Aignan.

La Loire et le Cher sont navigables, ainsi que les canaux du Berry et de la Sauldre.

Le *climat* du Loir-et-Cher, qui fait partie de la zone séquanienne, est doux, tempéré ; de plus, il est sain en dehors de la Sologne, dont les habitants ont à souffrir de la fièvre due aux étangs. La hauteur annuelle des pluies est de 65 centimètres.

Les céréales et des vins assez estimés forment la principale richesse agricole du département, qui comprend à la fois une des régions les plus fertiles de la France, la Beauce, et l'une des plus improductives, la Sologne. Les vallées de la Loire, du Cher et du Loir, ont de nombreux arbres fruitiers ; le Perche, des pommiers à cidre et des prairies où l'on élève de robustes chevaux. La Sologne nourrit des chevaux et des moutons excellents, quoique petits, et produit une grande quantité de miel estimé. 90 000 hectares boisés forment, entre autres forêts, celles de Marchenoir, de Blois, de Russy et de Boulogne.

Ce département n'a que peu d'industrie. Citons la fabrication des draps de Romorantin, des vinaigres dits d'Orléans, des gants de Vendôme, des faïences de Blois, les distilleries de la partie vinicole de la Sologne, des tanneries, mégisseries et papeteries.

Les habitants. — En 1896, le Loir-et-Cher possédait 278 200 habitants, dont 600 étrangers. C'est le 68e département pour la population absolue et le 75e pour la densité, avec 43 habitants par kilomètre carré. Il a gagné 52 000 âmes de 1802 à 1871, et 10 000 pendant les vingt-cinq années suivantes. On y compte un millier de protestants.

Personnages. — Vulgrin, prélat et architecte, né à Vendôme, mort en 1065. Saint Arnoux, évêque de Gap, mort en 1074. Hildebert, archevêque de Tours, né à Lavardin, mort en 1134. Le savant archidiacre Pierre de Blois, mort en 1200. Le cardinal Georges d'Amboise, né à Chaumont-sur-Loire, mort en 1510. Le roi Louis XII, né à Blois, mort en 1515. La reine Claude, née à Romorantin, morte en 1524. L'architecte P. Nepveu, dit Trinqueau, né à Blois, xvie siècle. Le poète Ronsard, né au château de la Poissonnière, mort en 1505. Le chancelier de Cheverny, né à Cheverny, mort en 1599. Le secrétaire d'État Phélypeaux et le physicien Denis Papin, nés à Blois, morts en 1621, 1714. Le maréchal de Rochambeau, né à Vendôme, mort en 1807. Les historiens Augustin et Amédée Thierry, nés à Blois, morts en 1856, 1873.

Administrations. — Ce département forme le diocèse de Blois, fait partie de la 5e région militaire (Orléans) et de la 4e région agricole (centre), ressortit à la cour d'appel d'Orléans, à l'académie de Paris et à la 19e conservation forestière (Blois). Il comprend 3 arrondissements : *Blois, Romorantin, Vendôme*, avec 24 cantons et 297 communes.

I. **BLOIS**, chef-lieu du département[1], est une ville de 24 500 âmes pittoresquement située, par 75-110 mètres d'altitude, au pied et sur le versant d'une colline de la rive droite de la Loire. On distingue la ville haute, ancienne, mais propre et ornée de fontaines, et la ville basse, fort jolie, qui s'étend le long du fleuve et communique par un pont de 300 mètres avec le faubourg de Vienne. Mais ce qui fait la célébrité de Blois, c'est son *château*, dont l'histoire est à peu près celle de la ville. Commencé par Louis XII, continué par François Ier et achevé par Gaston d'Orléans, il renferme la salle des états, les appartements royaux, les prisons, rappelant les faits historiques qui s'y sont passés.

Blois. — Cathédrale Saint-Louis.

En effet, après les comtes de Blois, qui occupèrent les constructions féodales aujourd'hui disparues, c'est là qu'habitèrent souvent les rois Louis XII, François Ier et Henri III: le premier y signa deux traités, en 1504 et 1505 ; le dernier y rassembla les états généraux en 1576 et 1588, et y fit assassiner pendant cette dernière session le duc et le cardinal de Guise. Mais depuis lors Blois perdit de la

---

[1] Arrondissement de BLOIS : 10 *cantons*, 139 communes, 138500 habitants.
Cantons et communes principales : 1-2. *Blois*, 23540 habitants; Cellettes, 1110; Saint-Claude, 1090; Vineuil, 1870. — 3. *Bracieux*, 1170; Huisseau, 1380; Mont, 1510; Saint-Laurent, 1420. — 4. *Contres*, 2590; Cheverny, 1170; Cour, 2220. — 5. *Herbault*, 900; Chouzy, 1430; Onzain, 2390. — 6. *Marchenoir*, 670; Josnes, 1400; Oucques, 1460; Saint-Léonard, 1110. — 7. *Mer*, 3800; Suèvres, 1730. — 8. *Montrichard*, 2850; Bourré, 1070; Chaumont, 1090; Chissay, 1080 ; Monthou, 1170; Pontlevoy, 2370; Saint-Georges, 2240; Thenay, 1110; Vallières, 1080. — 9. *Ouzouer-le-Marché*, 1500; Binas, 1070. — 10. *Saint-Aignan*, 3300; Châteauvieux, 1060; Châtillon, 1760; Chémery, 1380; Mareuil, 1120; Meusnes, 1090; Noyers, 1820; Saint-Romain, 1570; Thézée, 1390.

Blois. — Château royal de style Renaissance, dominant la ville.

faveur dont il avait joui : Henri IV ne l'habita qu'un temps; Louis XIII y relégua Marie de Médicis et le donna à son frère Gaston d'Orléans. Ensuite, pour trouver un événement notable, il faut attendre jusqu'à l'invasion de 1814, pendant laquelle il servit de résidence à l'impératrice Marie-Louise et à son conseil de régence. Parmi les autres édifices intéres-

Assassinat du duc de Guise.

sants, il faut citer Saint-Nicolas, ancienne église de l'abbaye de Saint-Laumer; l'église Saint-Louis, cathédrale depuis 1697; l'église de l'Immaculée-Conception, construite pour les jésuites, et celle de Saint-Saturnin, avec une statue de Notre-Dame des Aides, but d'un pèlerinage autrefois célèbre; puis ce sont de nombreux hôtels historiques de la Renaissance, un aqueduc romain bien conservé, et les terrasses du palais épiscopal, d'où l'on jouit d'un magnifique panorama. L'industrie blésoise, peu active, est représentée par des fabriques de poteries artistiques et communes, des vinaigreries et des ateliers de construction de machines.

Chambord, le plus beau et le plus vaste château royal de la Renaissance.

Chambord. — « C'est à 15 kilomètres de Blois que se trouve le *château de Chambord,* l'une des constructions les plus somptueuses et les plus originales de la Renaissance. Il est situé sur le Cosson, à la lisière septentrionale de la forêt de Boulogne, dans la commune de Chambord, complètement enclose par un mur de 35 kilomètres de tour. Le Blésois Nepveu en fournit les dessins, et François Ier le fit construire, en y employant 1 800 ouvriers pendant douze ans. Ce château forme un quadrilatère de 156 mètres sur 117 mètres, flanqué aux angles de quatre énormes tours cylindriques, et dont les constructions entourent en partie un second édifice tout à fait carré, flanqué de tours semblables aux premières, mais plus élevées. A l'extérieur, c'est dans les toitures et leurs accessoires que les ornements sont le plus abondants. Mais la merveille de l'édifice est son magnifique escalier en spirale à deux rampes, qui tournent en sens inverse, de sorte que deux personnes peuvent y monter et descendre en même temps sans se rencontrer. Au niveau des terrasses s'arrête la double rampe et commence le couronnement pyramidal de 32 mètres de haut et du plus grand effet. Au-dessus s'élève un belvédère surmonté d'un campanile d'une extrême légèreté. Dans une des cours, la chapelle, achevée par Henri II, est bien conservée. Le nombre des pièces est de 440, la plupart à cheminée selon le luxe du temps. Acheté en 1821 à la princesse de Wagram par souscription nationale, le château fut offert au duc de Bordeaux, qui prit de là le titre de comte de Chambord et le conserva jusqu'à sa mort, survenue en 1883. » (P. JOANNE, *Dictionnaire.*)

CONTRES possède les restes d'un vieux château où fut conclu le traité de 1505 entre Louis XII et Philippe d'Autriche; aux environs, ruines de l'abbaye de Cornilly, fondée au XIe siècle. — A *Cheverny,* magnifique château de la dernière Renaissance avec très beau parc.

La *Chapelle-Vendômoise* possède un magnifique dolmen (mon. hist.), — et *Chouzy,* sur la Cisse, les ruines de l'abbaye de femmes nobles de la Guiche; — mais *Onzain,* sur la Loire, n'a plus rien du château où Louis XI fit enfermer La Balue et où fut détenu le prince de Condé en 1652.

MARCHENOIR, au sud de la forêt de même nom, était autrefois une ville importante et une place forte, que les Anglais prirent en 1428; il fut témoin, ainsi que *Josnes,* de combats heureux du général Chanzy contre les Prussiens, en décembre 1870.

MER, près de la Loire, exploite des carrières de pierre de taille et fait le commerce de vin et de farine. — *Ménars-le-Château,* sur un coteau dominant la Loire, possède un vaste château avec terrasse d'où l'on jouit d'un admirable panorama. Le prince de Chimay, à qui il appartint, y établit en 1832 un prytanée, aujourd'hui école d'agriculture. La terre de Ménars avait été érigée en marquisat en 1677. — A *Suèvres* ont été découverts les restes d'une ville gallo-romaine.

MONTRICHARD, sur le Cher, conserve des restes importants de ses fortifications et de son château fort, construit par Foulques Nerra et considérablement augmenté par les Anglais. Au faubourg de *Nanteuil*, existent un très ancien sanctuaire de la Vierge, embelli aux frais de Louis XI, et une fontaine, but de pèlerinage très fréquenté. — *Chaumont-sur-Loire* possède un magnifique château féodal, reconstruit par le cardinal-ministre Georges d'Amboise, qui y était né en 1460. Catherine de Médicis en fit sa résidence favorite et s'y occupa d'astrologie. — *Pontlevoy*, en Sologne, est connu par son célèbre collège dirigé primitivement par les bénédictins de Saint-Maur, et, depuis la Révolution, par des prêtres séculiers. Église très remarquable, quoique inachevée, et statue de Notre-Dame des Blanches, très vénérée dans le pays. En 1016, la plaine de Pontlevoy fut le théâtre d'une sanglante bataille gagnée par Foulques Nerra, comte d'Anjou, sur Eudes, comte de Blois. — Au sud-est, *la Charmoise* fut une ferme-école très florissante pendant la première partie du xixe siècle.

Bourré, sur le Cher, est un bourg dont les habitations, creusées dans le tuf, laissent apercevoir les cheminées fumantes à travers les vignes. Ces cavernes, formant un véritable labyrinthe, proviennent de l'exploitation d'immenses carrières de pierre tendre durcissant à l'air, lesquelles ont servi à bâtir les villes de Tours, Blois, Montrichard et Bléré, les châteaux de Chambord et de Chenonceaux, et qui aujourd'hui pourvoient toute la contrée, d'Orléans à Nantes.

Saint-Aignan, sur la rive gauche du Cher, possède une fort belle église du style roman dit fleuri, et un joli château de la Renaissance, avec restes d'une forteresse du moyen âge; cette ville fut érigée en duché-pairie en 1663 pour la famille de Beauvilliers. — *Meusnes* et quelques communes voisines de la vallée du Cher exploitent des carrières de silex ou pierres à fusil. — *Thézée* produit des vins qui sont des plus estimés parmi ceux de ladite vallée; ainsi qu'à *Noyers*, il y a des antiquités romaines.

II. **VENDOME**, sous-préfecture de 9800 habitants[1], est située sur le Loir par 85 mètres d'altitude, au pied d'un coteau escarpé que couronnent les imposantes ruines de son château seigneurial. La ville conserve aussi des restes de remparts. Mais on admire principalement sa magnifique église de la Trinité et de beaux bâtiments de l'abbaye bénédictine dont elle faisait partie; entre autres, le grand clocher, qui, avec sa flèche en pierre, atteint 80 mètres de hauteur. L'église de la Madeleine a aussi une belle flèche gothique. Comme industrie, Vendôme possède d'importantes mégisseries et fabrique beaucoup de gants de peau. — Cette ville est

---

[1] Arrondissement de Vendôme : 8 *cantons*, 109 communes, 77870 habitants.
Cantons et communes principales : 1. *Vendôme*, 9780 habitants; Mazangé, 1100; Naveil, 1010; Villiers, 1100. — 2. *Droué*, 1170; Gault (le), 1010. — 3. *Mondoubleau*, 1810; Sargé, 1700; Souday, 1260. — 4. *Montoire*, 3220; Villedieu, 1000. — 5. *Morée*, 1810; Danzé, 1080; Fréteval, Pezou, 1020; Ville-aux-Clercs (la), 1000. — 6. *Saint-Amand*, 810; Authon, 1020. — 7. *Savigny*, 2950; Lunay, 1660; Sougé, 1000. — 8. *Selommes*, 830.

l'antique *Vindocinum* ; mais ce fut seulement au xie siècle qu'elle devint un centre monastique et féodal d'une grande importance, lorsque le comte de Vendôme, Geoffroy Martel, y construisit la célèbre abbaye de la Trinité. Étant ensuite allé chasser les Sarrasins de la Sicile, ce seigneur ne

Église de la Trinité de Vendôme.

voulut accepter en récompense qu'un reliquaire précieux où était conservée une des larmes que Jésus-Christ versa avant de ressusciter Lazare. La *sainte larme*, recueillie par un ange, dit la légende, était enfermée dans une petite ampoule de cristal, n'ayant ni ouverture ni soudure. Elle fut longtemps à l'abbaye de Vendôme le but d'un pèlerinage très fréquenté. Le comté de Vendôme fut érigé en duché-pairie par François Ier, en faveur de Charles de Bourbon, aïeul de Henri IV. Peu après son avènement au trône, le Béarnais céda le duché à l'un de ses fils naturels, César, qui le transmit à ses descendants; la réunion définitive du Vendômois n'eut lieu qu'en 1712, à la mort du célèbre maréchal de Vendôme. En 1870, l'armée de la Loire éprouva près de cette ville un échec qui l'obligea à reculer sur le Mans.

A deux kilomètres de *Mazangé*, château de Bonnaventure, qui appartint aux derniers rois de Navarre, de même que celui de Prépatour, à *Naveil*. Ce dernier a été reconstruit; mais dans le domaine se récolte encore le vin de *surin*, si cher à Henri IV, et que l'on confond souvent à tort avec le vin de Suresnes, près Paris. — A deux kilomètres nord-est de *Thoré*, s'élève le château de Rochambeau, berceau de l'illustre famille de ce nom; l'un des souterrains servit quelque temps d'asile, en 1648, au duc de Beaufort, le « roi des Halles ».

MONDOUBLEAU est une ancienne place forte dont les énormes murailles subsistent en grande partie, ainsi que l'important château féodal. Nombreuses tanneries et grand commerce de chevaux percherons. — A *Souday*, belle église de la Renaissance, et à trois kilomètres au nord-ouest, château de Glatigny, également de la Renaissance.

MONTOIRE, sur le Loir, est une jolie petite ville que domine son antique château de Saint-Outrille, saint dont les reliques se trouvent dans l'église paroissiale. Vins renommés. — *Troo*, où se voit une remarquable tombelle; *les Roches* et *Lavardin*, sur le Loir, ont de nombreuses habitations creusées dans le tuf du coteau. Lavardin montre aussi les ruines d'une importante forteresse, démantelée par Henri IV, — et *Couture*, le château de la Poissonnière, qui vit naître Ronsard.

Fréteval, sur le Loir, rappelle la bataille du 5 juillet 1194, dans laquelle Philippe-Auguste fut vaincu par Richard Cœur-de-Lion. Il s'y livra aussi des combats les 14, 15, 16 décembre 1870, entre le général Chanzy et les Allemands. Papeterie et fonderie. — *Authon*, à 1 500 mètres de la Brenne, possède les belles ruines de l'abbaye des Prémontrés de l'Étoile.

SAVIGNY, sur la Braye, n'a d'intéressant que sa belle situation et les restes de ses remparts. — En aval, *Bonneveau* fut une résidence des souverains mérovingiens et carolingiens. — A *Lunay*, grotte du Breuil, encore en partie habitée, — et à *Sougé*, chapelle Saint-Amador, creusée dans le roc.

III. **ROMORANTIN**, sous-préfecture de 8 000 habitants [1], est située

---

[1] Arrondissement de ROMORANTIN : 6 *cantons*, 49 communes, 62 280 habitants.
Cantons et communes principales : 1. *Romorantin*, 7980 habitants; Lanthenay, 2450; Millançay, 1060; Pruniers, 1040. — 2. *Motte-Beuvron (la)*, 2250; Chaumont, 1430; Nouan, 1960; Vouzon, 1860. — 3. *Mennetou*, 1000; Châtres, 1270; Villefranche, 1760. — 4. *Neung-sur-Beuvron*, 1350; Dhuizon, 1270; Ferté-Saint-Cyr (la), 1070. — 5. *Salbris*, 2410; Ferté-Imbault (la), 1030; Marcilly, 1000; Pierrefitte, 1580; Saint-Viâtre, 1840; Selles, 1210; Souesmes, 1470; Theillay, 1870. — 6. *Selles-sur-Cher*, 4860; Billy, 1050; Glèvres, 1250; Mur, 1190; Soings, 1200.

par 88 mètres d'altitude sur les deux rives de la Sauldre. Outre sa grande manufacture de drap, on y remarque principalement le château bâti par François Ier et aujourd'hui occupé par la sous-préfecture. Cette ville fut prise d'assaut, en 1356, par le prince Noir. En 1560, sous l'inspiration du chancelier de l'Hospital, François II y accorda un édit de tolérance aux protestants, qui en profitèrent pour exciter des révoltes dans le midi de la France.

Romorantin était jadis le chef-lieu de la contrée appelée Sologne.

La **Sologne**. — « Imperméable, stérile, dure au colon, la Sologne

Paysage de Sologne (Loir-et-Cher).

a des bois qui la parent, des étangs qui la ruinent. Récemment encore, dans le seul arrondissement de Romorantin, près de mille bassins d'eau croupie reflétaient le ciel et distribuaient la mort. Ces lagunes font la misère du peuple solognot: moitié lacs et moitié marais sur fond d'argile et de mâchefer, elles abandonnent en été leurs rives ; alors la fièvre, née des limons fervescents, frappe à la porte des cabanes : la Sologne est malsaine autant qu'elle est pauvre.

« Mais ce destin peut changer, déjà même il change : un plateau penché, jadis forêt, peut vider ses palus, eût-il peu de pente ; or la Sologne est assez inclinée. Sécher les étangs, planter des arbres, mêler de la marne ou du calcaire aux éléments froids du sol, ainsi peut-on régénérer le chétif pays où l'on accusait à tort un village, Tremblevif, aujourd'hui Saint-Viâtre, de tirer son nom des frissons de la fièvre.

« Malgré l'inclémence d'un hiver (1879-80) qui a tué des millions et des millions d'arbres, les pins maritimes, les pins de Riga, les chênes, les bouleaux, jeune forêt, poussent maintenant en Sologne, et l'on espère qu'ils finiront par y vêtir près de 300 000 hectares, laissant ainsi les deux cinquièmes du sol à la culture : champs, prés, jardins, que le drainage assainira, que les amendements fertiliseront en donnant aux argiles siliceuses le calcaire ou la craie qui leur manquent. Déjà le canal de la Sauldre porte, de Blancafort à la Motte-Beuvron, les marnes crayeuses du massif de Sancerre. On attend plus encore du canal de la Sologne, qui, partant de la Loire à Châtillon, gagnera le Cher à Monthou par un voyage de 148 kilomètres, le long duquel il épanchera les eaux fécondantes de la Loire et de la Sauldre. »   (O. RECLUS, *En France*.)

A LA MOTTE-BEUVRON, Napoléon III possédait un vaste domaine où il fit commencer d'importants travaux d'assainissement et de culture de la Sologne ; ce domaine est actuellement occupé par un pénitencier agricole.

MENNETOU, sur le Cher et le canal du Berry, conserve de curieuses portes et autres restes de ses remparts et de son château, le tout du XIIIe siècle. — A trois kilomètres en aval de *Saint-Loup-sur-Cher*, ruines de l'abbaye cistercienne d'Olivet.

NEUNG-SUR-BEUVRON montre des restes de l'antique ville de Naïm et de retranchements présumés gaulois. — SALBRIS, sur la Sauldre, eut en 1870 un camp pour la formation de l'armée de la Loire. — En aval, *la Ferté-Imbault* possède un beau château avec parc ; dans la chapelle Saint-Thaurin, monument du maréchal de Praslin. — A *Pierrefitte-sur-Sauldre*, vaste camp supposé romain. — *Saint-Viâtre* est ainsi nommé d'un solitaire qui vivait dans ce pays au VIe siècle, et fut enseveli dans la crypte de l'église.

SELLES-SUR-CHER doit son origine à un monastère fondé par Childebert, sur l'emplacement de l'ermitage de saint Eusice ; Philippe de Béthune, frère de Sully, y construisit un château dont il reste deux pavillons. Commerce de vins. — A *Gièvres*, cimetière romain et ruines de l'antique *Carobriva*, dont le nom signifie : pont sur le Cher.

BERRY

2 DÉPARTEMENTS

CHER, INDRE

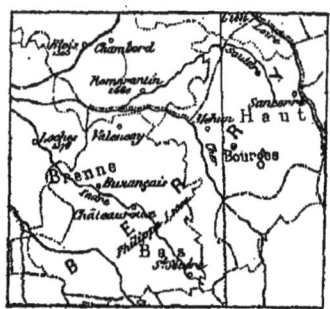

Le Berry historique.

Sommaire géographique. — L'ancienne province du Berry est un pays de plaines à l'ouest, de plateaux bas et de collines à l'est et au sud. Son point culminant, 504 mètres, se trouve aux sources de l'Indre ; son point le plus bas, 66 mètres, à la sortie de la Creuse ; son altitude moyenne est d'environ 170 mètres.

Ce territoire appartient au bassin de la Loire. Limité à l'est par ce fleuve et par l'*Allier*, il est traversé par le *Cher* et ses affluents, la Sauldre, l'Yèvre et l'Arnon, ainsi que par l'*Indre* et la Creuse ; le canal latéral à la Loire, le canal du Berry et celui de la Sauldre s'y trouvent en grande partie.

Malgré les importants travaux d'irrigation et d'assainissement exécutés depuis le milieu du XIXe siècle, le Berry reste généralement assez peu favorisé sous le rapport de l'agriculture, dont les principaux produits sont les céréales, les vins, les bois et les moutons. L'industrie est dans une situation meilleure, grâce à la richesse du sol en mines et en carrières. Elle comprend les établissements métallurgiques nationaux de Bourges, des forges, fonderies, tréfileries, des manufactures de draps, de porcelaine, des verreries, etc.

« L'habitant du Berry, dit M. Vivien, appelé indifféremment *berruyer* ou *berrichon*, semble n'avoir rien conservé de l'humeur aventureuse et de l'énergie sauvage des Bituriges, ses ancêtres... C'est aujourd'hui une race douce, sociable, pleine de loyauté et de probité, ennemie des procès et des querelles, amie des plaisirs honnêtes et tranquilles. Si une différence de caractère existe, c'est entre les populations des villes et des vallées riches, et celles des landes et des collines incultes. Mais elle n'atteint pas l'ensemble des qualités morales, et ne porte que sur le plus ou le moins d'apathie ou d'aptitude aux arts industriels. Il n'y a pas à proprement parler de patois distinct du Berry. » La religion catholique y est presque exclusivement professée.

Historique. — Le Berry, ancien grand gouvernement ayant pour capitale Bourges, était la province la plus centrale de la France. Il avait pour bornes : au nord, l'Orléanais ; à l'est, le Nivernais et le Bourbonnais ; au sud, la Marche ; à l'ouest, le Poitou et la Touraine. Divisé par le Cher en deux parties : le HAUT-BERRY, chef-lieu Bourges, et le BAS-BERRY, chef-lieu Châteauroux, il comprenait plusieurs petits pays, créés soit par la nature, soit par la féodalité. C'étaient : la *Sologne berrichonne*, le *Sancerrois*, la principauté de *Boisbelle*, la *Septaine de Bourges* et le *Goût*, dans le Haut-Berry ; la *Champagne berrichonne*, le *Boischaut* et la *Brenne*, dans le Bas-Berry.

Les *Bituriges Cubi*, qui habitèrent primitivement cette province et lui laissèrent leur nom, sont célèbres pour avoir fourni le noyau des migrations gauloises de Bellovèse et de Sigovèse au vi^e siècle avant Jésus-Christ. Quand César vint pour les subjuguer, ils ravagèrent leurs propres campagnes et brûlèrent leurs villes pour affamer l'ennemi, puis s'enfermèrent dans *Avaricum*, leur capitale, qu'ils défendirent avec l'énergie du désespoir, mais inutilement, car le proconsul s'en empara et en fit massacrer les habitants. Sous les empereurs, la ville devint bientôt très florissante et fut placée en tête de la première Aquitaine, ce qui lui valut à l'apparition du christianisme le titre de métropole religieuse, qu'elle a toujours conservé depuis. Tombé au pouvoir des Westgoths vers 450, le territoire berrichon fut conquis en 507 par les Francs, et gouverné par des comtes qui ne tardèrent pas à se rendre héréditaires. Le comté de Bourges, acheté par Philippe Ier, et celui d'Issoudun, confisqué par Philippe-Auguste, furent apanagés, avec titre de duché du Berry, à Jean le Magnifique, fils du roi Jean, et plus tard à Charles de France, qui l'échangea contre la Normandie avec son frère Louis XI (1465). Depuis lors le Berry fut attribué généralement comme douaire, puis comme simple titre honorifique, à divers personnages du sang royal, entre autres à Louis XVI avant qu'il fût dauphin, et au second fils de Charles X, le duc de Berry, assassiné en 1820 par Louvel.

Depuis le commencement du moyen âge, le Berry a été l'une des provinces de France les plus tranquilles. Au XIIe siècle, la vie monastique y fut très intense : les abbayes de Chezal-Benoît, de Bourg-Dieu ou Déols, de Fontgombault, de Saint-Benoît-du-Sault et de Saint-Gengou, furent de grands centres d'études, de travail agricole et de piété. Durant la guerre de Cent ans même, le pays fut préservé de l'invasion étrangère ; ce qui lui permit alors de recueillir le pauvre « roi de Bourges », Charles VII. Il ne fut gravement agité qu'au temps des guerres religieuses du XVIe siècle, dont un des épisodes les plus mémorables est le siège de Sancerre par l'armée royale, en 1573.

En 1790, le Berry forma la majeure partie des départements de l'INDRE et du CHER, et quelques portions de ceux du Loiret, de la Creuse, de la Vienne et du Loir-et-Cher.

CHER

3 ARRONDISSEMENTS, 29 CANTONS, 292 COMMUNES, 347 700 HABITANTS

Géographie. — Le département du *Cher*, ainsi nommé de la rivière qui traverse sa partie occidentale, a été formé presque entièrement de pays du haut Berry: la *Sologne berrichonne*, qui avait pour capitale Aubigny; la principauté de *Boishelle*, capitale Henrichemont; le *Sancerrois*, capitale Sancerre, et la *Septaine de Bourges ;* ce qui lui donne une superficie de 7 302 kilomètres carrés et le place au 15ᵉ rang sous ce rapport.

Le Cher ne possède de véritables collines que dans le pittoresque Sancerrois, au nord-est, où la colline d'Humbligny atteint 434 mètres d'altitude, et dans quelques communes du sud, dont le terrain granitique forme les derniers contreforts du Plateau central; on y trouve, à la source de l'Indre, près de Saint-Priest, le point culminant du département : le *mont Saint-Marien*, qui s'élève à 504 mètres. Partout ailleurs ce ne sont que vastes plaines ondulées et monotones; il y a de rares vallées au nord, dans la Sologne, faite d'argile et de sable; au centre et à l'ouest, où s'étend le plateau calcaire de Bourges. L'endroit où le Cher quitte le département est le point le plus bas : 90 mètres ; le confluent de la Loire et de l'Allier est à 172 mètres ; le Belvédère de Saint-Amand atteint 328 mètres. Bourges est à 127 mètres ; Sancerre, à 307 mètres. L'altitude moyenne est d'environ 190 mètres.

Le département appartient totalement au bassin de la *Loire*. Ce grand fleuve le borne à l'est et parcourt un val fertile en baignant la colline de Sancerre. Ses affluents sont : l'*Allier*, qui forme également limite ; l'Aubois, la Vauvise, le *Beuvron*, autre rivière limitrophe, et le *Cher* (320 kilomètres, dont 151 navigables).

Le **Cher** naît au village de Cher ou Chard, dans la Marche, à 700 mètres d'altitude, et se dirige vers le nord, où il reçoit la *Tardes ;* puis il baigne Montluçon (Allier). Au territoire qu'il dénomme, le Cher arrose Saint-Amand-Montrond, à la jonction de la *Marmane*, et Vierzon, au confluent de l'*Yèvre*, grossie de l'*Auron* à Bourges. Il prend alors définitivement la direction de l'ouest, en compagnie du canal latéral dit du Berry, jusqu'en amont de Saint-Aignan (Loir-et-Cher) ; il reçoit dans cet intervalle ses deux derniers affluents notables, l'*Arnon* et la *Sauldre*, formée de la *grande* et de la *petite Sauldre ;* puis il va passer sous les arcades du château royal de Chenonceaux et au sud de Tours, en amont duquel un petit canal le fait communiquer avec la Loire. Toutefois c'est seulement à une vingtaine de kilomètres en aval de cette ville que le Cher, parallèle à la Loire, se termine, par 40 mètres d'altitude, en face de Cinq-Mars-la-Pile, après avoir envoyé à l'Indre une partie de ses eaux par un petit bras qui coule aussi parallèlement au fleuve.

Le débit du Cher, très faible pour la largeur de son lit, est fort insuffisant pour une navigation active, même dans la partie inférieure canalisée, c'est-à-dire sur un peu plus du quart de sa longueur totale. Il a des débordements redoutables qui ont nécessité la construction d'une levée de 27 kilomètres pour protéger les campagnes de la rive droite dans son cours inférieur.

Le canal du Berry n'a pas moins de 186 kilomètres dans le département, y compris l'embranchement de Fontblisse à Montluçon. Le canal de la Sauldre, qui va de Blancafort à la Motte-Beuvron, sert au transport de la marne dans la Sologne.

Les étangs, jadis très nombreux au nord et au sud-est, sont en partie desséchés ; celui de Lignières n'avait pas moins de 600 hectares. Le *climat*, qui fait partie de la zone séquanienne, est généralement modéré. L'air est vif et pur dans les régions élevées, lourd et malsain en Sologne et dans les vallées marécageuses de l'Yèvre, de l'Aubois et autres. La hauteur moyenne des pluies annuelles est d'environ 65 centimètres.

Le département produit passablement de céréales et des vins dont les meilleurs sont ceux du Sancerrois. Les prairies nourrissent un assez grand nombre de bêtes à cornes, et les jachères, très étendues encore, de nombreux troupeaux de moutons, dont la laine est très estimée. Les forêts couvrent 135 000 hectares ; les principales sont celles de Vierzon (5 300 hectares), d'Allogny (2200) et de Saint-Palais (1970); les bêtes fauves y abondent encore; les reptiles, notamment les vipères, ne sont que trop multipliés.

Riche en minéraux, le Cher extrait du kaolin, des pierres à bâtir, de l'ocre et surtout du minerai de fer. Ses principaux établissements industriels sont : la fonderie de canons de Bourges, les ateliers de construction de machines et la verrerie de Vierzon, les manufactures de porcelaine de Vierzon, Foëcy, Noirlac, Mehun; des tanneries, briqueteries et tuileries.

Les habitants. — Comme dans la plupart des autres départements

Louis XII, né à Bourges.

du centre, la population du Cher s'est constamment accrue depuis le commencement du siècle, grâce au bien-être général favorisé par les progrès de l'agriculture et de l'industrie. C'est ainsi que ce département, qui avait seulement 218 000 âmes en 1801, en comptait 335 000 en 1871 et 347 700 en 1896. Au 44e rang pour la population abolue, il n'est qu'au 67e pour la densité, car il possède à peine 48 habitants par kilomètre carré. On y rencontre très peu de non catholiques.

Personnages. — Saint Sulpice, évêque de Bourges, sa ville natale, mort en 644. Le connétable Louis de Sancerre, mort en 1402. Le financier Jacques Cœur, né à Bourges, mort en 1456. Louis XI, né à Bourges, mort en 1483. Le sire de Trémouille, né près de Lignières, mort en 1525. Le peintre Boucher, né à Bourges (mort en 1632), ainsi que le prédicateur Bourdaloue, mort en 1704, et le physicien Sigaud de Lafond, mort en 1801. Le maréchal Macdonald, né à Sancerre, mort en 1840. Le poète Deschamps, né à Bourges, mort en 1871.

Administrations. — Le département du Cher forme, avec celui de l'Indre, le diocèse de Bourges. Il ressortit à l'académie de Paris, à la cour

Cathédrale de Bourges.

d'appel de Bourges, à la 8e région militaire (Bourges), à la 4e région agricole (centre), à la 20e conservation forestière (Bourges) et à l'arrondissement minéralogique d'Angers.

Il comprend 3 arrondissements : *Bourges, Saint-Amand, Sancerre*, avec 29 cantons et 292 communes.

I. **BOURGES**, chef-lieu du département[1], est bâti par 130-160 mètres d'altitude au confluent de l'Yèvre et de l'Auron et sur le canal du Berry. Cette ville de 44 000 âmes, destinée à devenir l'arsenal de la France et le centre de la défense nationale, renferme de vastes établissements militaires occupant au nord-est plusieurs kilomètres carrés de surface : ils comprennent un arsenal de construction, une fonderie de canons, une école de pyrotechnie et des magasins d'approvisionnements. L'industrie privée de Bourges, peu considérable, consiste en quelques fabriques de drap, de toiles peintes, de couvertures et de coutellerie.

Trop étendue pour sa population, cette ville est généralement d'un aspect triste et morne; mais en revanche elle est riche en édifices remarquables. Son monument par excellence est la cathédrale gothique de Saint-Étienne, l'une des plus remarquables de France; commencée au XIIIe siècle, elle mesure dans œuvre 125 mètres de long sur 42 de large et 38 de haut; ses vitraux sont magnifiques, et sa façade offre cinq portails avec deux tours malheureusement inachevées.

« La **cathédrale de Bourges** partage les mêmes honneurs que celles d'Amiens, de Reims, de Chartres et de Beauvais; il n'est personne en France qui n'associe ce nom à l'idée d'un magnifique monument. Aucun édifice ne produit une impression plus profonde que l'église gigantesque de Saint-Étienne de Bourges. On y trouve les caractères les plus nobles et ce mélange d'élégance et de gravité qui convient si bien à la maison de Dieu; cette cathédrale doit être considérée comme une des constructions les plus surprenantes. Les architectes, en élevant cette œuvre colossale, ont sans doute voulu frapper les yeux et produire l'étonnement par le développement et l'étendue; mais ils ont cherché plus encore à exalter le sentiment chrétien par la majesté des proportions, la régularité du plan, l'harmonie de l'ensemble et l'ordonnance pittoresque des travées. La conception savante et la distribution pleine de goût des détails et des accessoires complètent l'effet général. Point de lignes heurtées, point de surfaces brusquement arrêtées; tout s'enchaîne dans des rapports symétriques. L'élévation des voûtes, l'élancement des colonnes, les œuvres de la sculpture, l'éclat des verrières peintes, viennent ajouter leur magnificence à celle de l'architecture.

« La cathédrale de Bourges mérite de prendre place à côté des chefs-d'œuvre les plus vantés de l'art chrétien, dont elle se distingue par une

---

[1] Arrondissement de Bourges : 10 *cantons*, 101 communes, 151 470 habitants.
Cantons et communes principales : 1. *Bourges*, 48 590 habitants. — 2. *Aix-d'Engillon* (les), 1560; Morohues, 1290; Saint-Germain, 1120. — 3. *Baugy*, 1820; Bengy, 1260; Farges, 1800; Villequiers, 1090. — 4. *Charost*, 1510; Civray, 1270; Lunery, 1580; Mareuil, 1460; Saint-Florent, 3540. — 5. *Grapay*, 2820; Genouilly, 1400. — 6. *Levet*, 920. — 7. *Lury*, 880. — 8. *Mehun-sur-Yèvre*, 6330; Foëcy, 1700; Marmagne, 1040; Saint-Doulchard, 1380. — 9. *Saint-Martin-d'Auxigny*, 2580; Allogny, 1050; Ménetou, 2610; Saint-Éloi, 1810. — 10. *Vierzon-Ville*, 11390; Massay, 2300; Nançay, 1310; Neuvy, 1510; Vierzon-Bourgneuf, 1840; Vierzon-Village, 8380; Vignoux, 1380; Vouzeron, 1020.

austérité particulière. L'ornementation n'a pas prodigué dans cette enceinte les mille formes gracieuses qu'elle étale avec tant de complaisance dans les basiliques moins privilégiées sous d'autres rapports. Il résulte de cette décoration sévère un effet solennel que ne diminue point la vue des guirlandes, des fleurs, des caprices variés de la sculpture et des artifices de l'imagination. C'est la noble réserve d'une reine que l'éclat de la puissance et l'autorité du nom débarrassent du soin inutile de recourir à de futiles atours.

Bourges. — Hôtel Alemant.

« Vers 251, saint Ursin, apôtre du Berry, obtint de Léocade, sénateur romain qui commandait dans les Gaules pour l'empereur Décius, une portion de son palais situé près des murs de la cité, pour y bâtir la première basilique chrétienne de Bourges. Les disciples convertis à la foi étaient déjà nombreux; l'église destinée à leurs pieuses réunions fut consacrée à saint Étienne, premier martyr, dont saint Ursin avait apporté des reliques; elle fut plusieurs fois réédifiée depuis, et toujours sur le même emplacement.

« Comme pour la plupart des autres cathédrales, il faut pour celle-ci louer la persistance des évêques à rebâtir constamment leur église sur les ruines de la basilique primitive, ce qui, en effet, rend nos monuments religieux plus respectables encore. Depuis l'établissement de la religion, les populations chrétiennes sont venues adorer Jésus-Christ dans le même endroit, en sorte qu'après bientôt dix-huit siècles nous venons nous agenouiller aux lieux où prièrent autrefois nos pères. Bien des révolutions ont bouleversé la face de la terre et ont fait disparaître jusqu'aux derniers vestiges des monuments de la vanité humaine; les édifices religieux, triomphant des révolutions et des âges, sont arrivés jusqu'à nous dans leur imposante majesté, ou se sont agrandis et transformés sous l'influence des plus sublimes idées. » (BOURASSÉ, *les Cathédrales de France*.)

Parmi les édifices civils, il faut mentionner *l'hôtel Jacques Cœur*, l'*hôtel Alemant* ou *Lallemand*, de la Renaissance, avec tourelle élégante, ainsi que l'*hôtel Cujas*, ancienne demeure du jurisconsulte de ce nom, aujourd'hui musée; en outre, des restes d'enceintes gallo-romaines et du moyen âge, le jardin de l'archevêché, dessiné par Le Nôtre et formant une très jolie promenade.

L'hôtel de Jacques Cœur. — L'une des plus célèbres demeures historiques de France est celle que Jacques Cœur, l'*argentier*, autrement dit le trésorier de Charles VII, fit bâtir de 1443 à 1451, et qui sert à présent de palais de justice.

« Cet édifice, dans lequel sont enclavées trois tours de l'enceinte gallo-romaine du IVe siècle, est serré entre deux tourelles. Au centre, une autre tourelle saillante, à fenêtres obliques, renferme un escalier tournant. Tout le long des trois corps de logis règne une galerie ouverte, cintrée au dedans, ogivale au dehors, qui forme le cadre de la cour d'honneur. Les pavillons sont surmontés d'énormes toits en ardoises, couronnés un peu au hasard de crêtes et de figures de plomb. La façade de la rue Jacques-Cœur est d'une originalité délicieuse, et la chapelle ornée de fresques remarquables. Cet hôtel du richissime marchand qui, de son petit magasin de Bourges, avait étendu son commerce par le monde entier et couvrait de ses vaisseaux toutes les mers, devint le type d'un système d'architecture nouveau. Ce n'était plus la sombre et lourde forteresse féodale qui avait prévalu jusqu'alors; ce n'était pas encore ce sensuel palais de la Renaissance, tel qu'il allait éclore sous l'influence croissante du goût italien, c'était un genre de construction mixte, où l'idée de force continuait de s'affirmer, mais en s'alliant à la grâce. La tour de défense aux vives arêtes vise désormais à l'effet pittoresque; les grands toits coniques, les hautes lucarnes encastrées dans la pierre dentelée, les murs toujours épais, mais enjolivés comme les meurtrières de toutes sortes de sculptures et de broderies, attestent un changement social et le désir de plaire tout en imposant.

« La colossale fortune de ce bourgeois berrichon, qui sans cesser de trafiquer devint diplomate et ministre, ne pouvait manquer d'exciter l'envie. La fière devise inscrite aux murs de son habitation : « A vail-« lants *cuers* (cœurs) rien d'impossible, » prouve aussi que sa haute fortune n'avait pas laissé d'enivrer son âme. On racontait que ses chevaux et ses haquenées n'étaient ferrés que d'argent. Il possédait plus de quarante terres et châteaux; il avait des hôtels dans toutes les villes de France. Il prêtait de grosses sommes au roi et à tous les seigneurs de la cour. Tous les arts rencontraient en Jacques Cœur un protecteur judicieux et dévoué; c'était en France comme une sorte de Médicis, exerçant une action souveraine sur toutes les branches de la civilisation. Cette suprématie qu'il avait acquise à force d'énergie et de volonté devait le perdre à la fin. »

(GOURDAULT, *France pittoresque*.)

Jacques Cœur perdit, en effet, sa fortune dans un procès injuste. Accusé de crimes imaginaires par les courtisans de Charles VII, il fut jeté en prison, mais s'évada et s'enfuit à Rome, où le pape Calixte lui donna le commandement de ses galères contre les Turcs. Il mourut dans l'île Chio, en 1456.

Bourges, l'ancienne *Avaricum*, tire son nom des Bituriges, dont elle était la capitale. Prise et ruinée par César en 52 avant Jésus-Christ, après un siège mémorable, elle devint très florissante sous les Romains, qui en firent le chef-lieu de la Ire Aquitaine. Au IIIe siècle, saint Ursin y fonda un évêché qu'occupèrent dans la suite saint Sulpice, ministre de Dagobert, et saint Guillaume, ce dernier avec le titre d'archevêque. Au moyen âge la

Bourges. — Hôtel Jacques Cœur (cour intérieure).

ville devint la capitale du comté, puis duché du Berry, avant de l'être de la province. Plusieurs conciles s'y assemblèrent, entre autres celui de 1041, qui établit la « trêve de Dieu », et les états généraux s'y réunirent en 1422. A cette dernière date, Bourges était la capitale des possessions restées à Charles VII, que les Anglais appelaient par dérision « le roi de Bourges ». Ce prince y promulgua la Pragmatique sanction en 1438, et Louis XI y établit en 1469 une université, que rendirent célèbre les leçons de Cujas au XVIe siècle. La ville souffrit beaucoup des incendies et des guerres de religion ; en 1793, elle fut tyrannisée par le représentant La Planche.

A un kilomètre sud se trouve l'importante usine métallurgique de Mazières, qui a fourni, entre autres pièces, la charpente des Halles centrales de Paris.

A BAUGY, sur l'Yèvre naissante, ruines d'un château fort pris par Charles VI en 1412. — *Avor*, commune de Farges, possède un camp militaire, — et *Jussy-Champagne*, un château construit sur le modèle du Luxembourg à Paris.

CHAROST, sur l'Arnon, fut érigé en duché en 1651 pour une branche cadette de la famille de Béthune. Beau château moderne. — *Rosière*, commune de Lunery, produit de la poterie de fonte ; mais les usines métallurgiques de *Mareuil-sur-Arnon* et de *Saint-Florent-sur-Cher* sont actuellement en chômage. — A *Villeneuve-sur-Cher* se trouve une allée couverte, dite Pierre-à-la-Roche.

LURY-SUR-ARNON, autrefois fortifié, fut pris et rasé par Richard Cœur-de-Lion en 1196.

MEHUN, sur une terrasse dominant l'Yèvre et le canal du Berry, est l'antique *Magdunum*, siège au moyen âge d'une importante seigneurie. Son château, aujourd'hui en ruines, fut particulièrement habité par Charles VII, qui y mourut consumé par ses chagrins paternels, le 22 juillet 1421. Cette ville fabrique beaucoup de porcelaine, de même que *Foëcy*, à quelques kilomètres en aval.

SAINT-MARTIN-D'AUXIGNY eut aussi un château souvent habité par Charles VII, celui de la Salle-du-Roi, dont on voit les ruines à un kilomètre sud-ouest.

Vierzon, au confluent du Cher et de l'Yèvre, que longe le canal du Berry, est la ville la plus manufacturière du département, bien que peuplée seulement de 11 500 âmes. Elle possède en effet des fabriques de porcelaine, de poterie et de verrerie, ainsi que des ateliers de construction de machines et des chantiers de construction de bateaux ; de là sans doute l'école nationale professionnelle qui y est établie. C'est, de plus, une station considérable des chemins de fer de Paris à Toulouse, avec embranchements sur Blois et Nevers. — D'origine romaine ou celtique, Vierzon eut du Xe au XVIIIe siècle une importante abbaye bénédictine, dont les religieux contribuèrent grandement au développement de son industrie. *Vierzon-Ville* est le nom administratif de la commune, depuis qu'elle a été démembrée pour former celles de *Vierzon-Village* (8 000 habitants) et de *Vierzon-Bourgneuf*, avec lesquelles elle forme un groupe industriel important.

Massay possède une église des XIVe et XVe siècles, restes d'une abbaye bénédictine, — et *Nançay*, en Sologne, un beau château de la Renaissance, qui fut le siège d'un comté érigé en 1609.

II. **SANCERRE**, sous-préfecture de 3300 habitants[1], s'élève sur une colline isolée qui domine de plus de 1500 mètres la rive gauche de la Loire et son canal latéral. C'est une ville très pittoresquement située, d'où l'on a de fort belles vues sur la vallée de la Loire. Dans ses environs, comme en général dans toute la contrée du Sancerrois, dont elle fut la capitale, se récoltent des vins rouges et blancs justement appréciés. Grâce aux avantages stratégiques du site, cette localité joua un rôle considérable dans les guerres féodales et celles de religion. A cette dernière

Sancerre (Cher) vallée de la Loire.

époque, elle fut le boulevard du calvinisme dans le Berry, et son attitude hostile à l'égard de la royauté lui attira en 1569 et 1573 deux sièges meurtriers : le premier, qui dura cinq mois et fut inutile; le second, qui se prolongea huit mois et aboutit à la prise de la ville. A la suite de ce second siège, soutenu sans artillerie et malgré une horrible famine, les remparts furent démolis et le château démantelé; c'est à peine si de ce dernier il reste un donjon.

Saint-Satur, au pied de la colline de Sancerre, est un port qui fait le commerce de pierres de taille, d'ardoises, de vins et de bois. Vaste chœur d'église, reste d'une abbaye d'Augustins, qui subsista de 1037 à 1775.

Blancafort, sur la Grande-Sauldre et à l'origine du canal de la Sauldre,

---

[1] Arrondissement de SANCERRE : 8 cantons, 76 communes, 82180 habitants.

Cantons et communes principales : 1. *Sancerre*, 3300 habitants; Bannay, 1010; Crézancy, 1500; Menetou, 1200; Saint-Satur, 2000; Sens, 1170; Sury, 1580; Veaugues, 1070. — 2. *Argent*, 2080; Blancafort, 1680; Brinon, 2010; Clément, 1270. — 3. *Aubigny-Ville*, 2550; Aubigny-Village, 1810; Oizon, 1260. — 4. *Chapelle-d'Angillon (la)*, 960; Ivoy-le-Pré, 2440; Méry, 1360. — 5. *Henrichemont*, 3640. — 6. *Léré*, 1580; Boulleret, 1730; Santranges, 1260; Savigny, 1910; — 7. *Sancergues*, 1100; Azy, 1070; Herry, 2520; Jussy, 1220. — 8. *Vailly-sur-Sauldre*, 1150; Barlieu, 1210; Jars, 1590; Sury, 1280.

exploite des marnières importantes pour l'amélioration des terres de la Sologne, et des carrières de kaolin pour la faïencerie de Gien.

Aubigny-Ville, sur la Nère, fut brûlé par les Anglais en 1356 et érigé en duché-pairie par Louis XIV en faveur de Jean Stuart.

La Chapelle-d'Angillon, sur la Petite-Sauldre, et *Ivoy-le-Pré* possèdent de beaux châteaux modernes.

Henrichemont, sur une colline dominant la Petite-Sauldre, compte de nombreuses tanneries et corroieries, ainsi que des fabriques de cotonnades et de poteries. Cette ville était jadis le chef-lieu d'une principauté, que Sully acheta à Charles de Gonzague en 1597. Elle s'appelait alors Boisbelle; Sully lui donna son nom actuel en l'honneur d'Henri IV et la fit reconstruire sur un plan régulier.

Léré, sur le canal latéral à la Loire, est l'antique *Liradus*, évangélisé par saint Martin et où s'éleva au moyen âge une collégiale en son honneur. — *Marseille-les-Aubigny* est un port à la jonction du canal latéral à la Loire et du canal du Berry.

III. **SAINT-AMAND-MONTROND**, sous-préfecture de 8500 habitants[1], est située par 156 mètres d'altitude au confluent du Cher et de la Marmande et sur le canal du Berry. Cette ville était autrefois dominée par le château fort de Montrond, auquel elle dut son origine et son importance jusqu'à la Fronde. Les Anglais la détruisirent presque entièrement pendant la guerre de Cent ans. Lors de sa révolte contre l'autorité royale, le grand Condé s'appuya sur cette place, qui fut prise par les troupes de Louis XIV en 1652 et aussitôt démantelée. A 4 kilomètres nord-est, sur une crête boisée, se dresse la tour Malakoff ou Belvédère, point regardé comme le centre géométrique de la France.

Drévant, sur le Cher, occupe l'emplacement d'une ville gallo-romaine, dont on a découvert les assises d'un temple, d'un théâtre, de deux thermes, d'un aqueduc et d'un camp, avec une quantité considérable d'objets et de médailles. — *La Celle* fabrique de la porcelaine et possède une belle église romane, restes de l'ancienne abbaye de Noirlac. — A *Meillant* existe un château construit sur le plan de celui de Chaumont-sur-Loire; c'est l'un des plus beaux du Berry.

Charenton, sur la Marmande, fut au IXe siècle le siège d'une seigneurie qui passa plus tard à la maison de Déols.

---

[1] Arrondissement de Saint-Amand-Montrond : 11 *cantons*, 115 communes, 114070 habitants. Cantons et communes principales : 1. *Saint-Amand-Montrond*, 8480 habitants; Bruère, 1060; Meillant, 1470. — 2. *Charenton-sur-Cher*, 2030; Saint-Pierre, 1310; Thaumiers, 1760. — 3. *Châteaumeillant*, 3790; Culan, 1530; Préveranges, 2190; Saint-Saturnin, 1840; Sidiailles, 1120. — 4. *Châteauneuf-sur-Cher*, 2530; Uzay, 1040. — 5. *Châtelet*, 2190; Ids, 1280; Morlac. — 6. *Dun-sur-Auron*, 4240; Saint-Germain, 1010. — 7. *Guerche-sur-l'Aubois* (la), 3450; Cours, 1020; Cuffy, 1370; Germigny, 1030; Jouet, 1990; Torteron, 1160. — 8. *Lignières*, 2980; Saint-Hilaire, 1860. — 9. *Nérondes*, 2300; Blet, 1570; Menetou, 1020; Ourouer, 1520. — 10. *Sancoins*, 4810; Givardon, 1060. — 11. *Saulzais-le-Potier*, 1100; Épineuil, 1260; Vesdun, 1680.

CHATEAUMEILLANT, sur la limite de l'Indre, possède un château fort du xvɪe siècle, récemment restauré, et une église romane remarquable par la disposition de ses sept absides ouvrant sur le transept. — *Culan*, en amphithéâtre sur l'Arnon, était jadis le siège de la baronnie de Croï; belles ruines du château; exploitation de manganèse.

CHATEAUNEUF-SUR-CHER, autrefois baronnie, est une jolie ville avec une fort belle église moderne. — Au CHATELET, vestiges d'un château fort des xɪɪe et xve siècles. Châtelet est un mot du glossaire géographique de la France, désignant non une résidence seigneuriale, mais un fortin plus ou moins important, établi au passage d'un pont, d'un gué, d'un défilé. — A trois kilomètres de *Morlac*, sur l'Arnon, ferme-école de Laumoy.

DUN-SUR-AURON, ci-devant *Dun-le-Roi*, bâti en amphithéâtre sur l'Auron et le canal du Berry, est une ville d'origine celtique, comme l'indique son nom désignant une hauteur et par suite un endroit fortifié, les premières positions défensives naturelles étant sur des points élevés. Aussi Dun était-il au ɪxe siècle l'une des trois principales places de l'Aquitaine. Restes de fortifications; église romane intéressante, quoique mutilée; mine de fer.

Le canton de LA GUERCHE, comme plusieurs autres de l'arrondissement de Saint-Amand, élève dans ses prairies de nombreux troupeaux de bœufs de la race charolaise. — Près de *Cuffy* se voit le magnifique pont-aqueduc du Guétin, qui transporte le canal latéral à la Loire au delà de l'Allier.

LIGNIÈRES, sur l'Arnon, possède un château où résida sainte Jeanne de Valois, première femme de Louis XII, et qui fonda l'ordre des Annonciades à Bourges. Aux environs, l'étang de Villiers, en partie desséché, était naguère l'une des plus grandes nappes d'eau françaises; il avait 600 hectares. — *Chezal-Benoît* conserve les ruines d'une célèbre abbaye de bénédictins, fondée en 1093, — et *Menetou-Couture*, celle de l'abbaye cistercienne de Fontmorigny, établie en 1148. — SANCOINS, sur l'Aubois, a des ateliers de serrurerie mécanique.

INDRE

4 ARRONDISSEMENTS, 23 CANTONS, 245 COMMUNES, 289 200 HABITANTS

Géographie. — Le département de l'*Indre* doit son nom à la rivière qui le traverse en diagonale du S.-E. au N.-O., par la Châtre et Châteauroux. Il a été formé pour les neuf dixièmes du *bas Berry*, dont cette dernière ville était la capitale, et pour le reste de la Touraine, de l'Orléanais et de la Marche. Sa superficie est de 6 905 kilomètres carrés : vingt-cinq départements sont plus étendus.

Ce territoire comprend des plaines monotones dans la *Champagne berrichonne* et la *Brenne*, tandis que des collines le sillonnent au nord et au sud dans le *Boischaut*. Les bassins de l'Indre supérieure et de la Creuse offrent beaucoup de sites pittoresques; c'est là, entre Aigurande et Sainte-Sévère, que se trouve le coteau de *la Fragne* (459 mètres), point culminant. Le point le plus bas (65 mètres) est au sud-ouest, à la sortie de la Creuse. Châteauroux est à 150 mètres d'altitude; Issoudun à 124 mètres. L'altitude moyenne est de 150 mètres environ.

Toutes les eaux du département gagnent la Loire par le Cher, l'Indre et la Vienne. Le *Cher* sert de limite au nord et reçoit l'*Arnon*, grossi de la Théols qui baigne Issoudun, puis le *Fouzon*, où se jette le Nahon.

Dans le département qu'elle dénomme, l'**Indre** a un peu plus de 125 kilomètres sur 250 de cours total; c'est une rivière tranquille, ayant des crues modérées, et mettant en action beaucoup de moulins et autres établissements d'industrie, dans un bassin très étroit où elle n'a aucun affluent notable. Ses plus fortes crues ne s'élèvent guère qu'à trois mètres au-dessus de l'étiage, la rivière étant peu encaissée et trouvant à s'étendre sur de vastes prairies, derrière les très nombreuses usines qui retiennent et rehaussent son cours. Sauf à l'époque des foins, ses inondations sont un bienfait, car elles répandent sur la vallée un limon fertilisant.

La Vienne ne touche pas le territoire, mais elle en reçoit la *Creuse*, qui arrose le Blanc et recueille la Bouzanne, l'Anglin (par la Gartempe) et la Claise brennoise.

Le *climat*, qui fait partie de la zone aquitanienne, est généralement doux, excepté sur les hautes collines granitiques du sud-est; il est salubre, sauf dans la Brenne, aux étangs miasmatiques, que l'on dessèche depuis quelques années. La hauteur moyenne des pluies annuelles n'est que de 60 centimètres.

Trois régions, diverses d'aspect et de fertilité, divisent le département : au nord-est, la *Champagne berrichonne*, calcaire et assez fertile; à l'ouest, la *Brenne*, avec de nombreux étangs sur un sous-sol imperméable; au nord-ouest et au sud, le *Boischaut* (du bas latin *boschetum*, bosquet), dont les terrains cailouteux se partagent entre les forêts, les landes et les cultures. — La moitié des terres est cultivée en céréales et en betteraves; 13 000 hectares donnent un vin médiocre; 80 000 sont boisés (forêts de Châteauroux, 5144 hectares; de Bommiers, 5060); 60 000 sont des prairies, et 35 000 des landes, nourrissant d'excellents moutons, la principale richesse du pays. Les oies, les dindons et les châtaignes de l'Indre sont renommés. Les produits minéraux sont : le minerai de fer entre Issoudun, la Châtre et le Blanc, les pierres lithographiques de Châteauroux, le granit du sud-est, le kaolin, les pierres meulières et à bâtir. Les établissements industriels sont les forges, fonderies et taillanderies du Blanc et d'Issoudun, les fabriques de drap d'Argenton et de Châteauroux, la manufacture de tabac de Châteauroux, les parcheminneries et mégisseries d'Issoudun et de Levroux.

Les habitants. — Le département a gagné 72 000 habitants de 1801 à 1871 et 11 300 durant les vingt-cinq années suivantes, c'est-à-dire qu'en 1896 il en avait 289 200, dont 400 étrangers. Il est au 64e rang pour la population absolue et au 78e pour la densité, avec 42 habitants seulement par kilomètre carré. On y parle le français plus ou moins mêlé de locutions du pays, et, à de rares exceptions près, tout le monde professe le catholicisme.

Personnages. — Philibert de Naillac, grand maître de Saint-Jean de Jérusalem, né au Blanc, mort en 1421. Le savant jésuite Berthier et le chimiste Leblanc, nés à Issoudun, morts en 1782 et 1806. Le général Bertrand, compagnon fidèle de Napoléon Ier, né à Châteauroux, mort en 1844, et le poète dramatique Henri de la Touche, né à la Châtre, mort en 1851.

Administrations. — Le département de l'Indre forme, avec le Cher, l'archidiocèse de Bourges; il ressortit à la cour d'appel de Bourges, à l'académie de Poitiers, à la 9e région militaire (Tours), à la 20e conservation des forêts (Bourges) et à la 4e région agricole (Centre).

Il comprend quatre arrondissements: *Châteauroux, le Blanc, la Châtre, Issoudun*, avec 23 cantons et 245 communes.

I. **CHATEAUROUX**, chef-lieu du département[1], est situé sur

Châteauroux. — Le château Raoul.

l'Indre à 150 mètres d'altitude. Cette ville de 24 000 âmes s'est beaucoup embellie en ce siècle. On y remarque les belles églises modernes de Notre-Dame et de Saint-André : la première, romane, avec une crypte remarquable; la seconde, gothique avec flèches dentelées; le château Raoul, reconstruit aux XIVe-XVe siècles; la statue du général Bertrand, par Rude; le musée, riche en tableaux de l'école flamande et en débris lapidaires du moyen âge. Les deux plus grands établissements industriels de Châteauroux sont

---

[1] Arrondissement de CHATEAUROUX : 8 *cantons*, 81 communes, 115 740 habitants.
Cantons et communes principales : 1. *Châteauroux*, 23 860 habitants; Déols, 2670; Luant, 1110; Niherne, 1370; Saint-Maur, 1500. — 2. *Ardentes*, 2670; Arthon, 1150; Poinçonnet (le), 1130; Velles, 1120. — 3. *Argenton*, 6120; Chasseneuil, 1070; Péchereau (le), 1270; Saint-Marcel, 2460. — 4. *Buzançais*, 4920; Argy, 1350; Neuillay, 1040; Saint-Genou, 1380; Vendœuvres, 2090; Villedieu, 2720. — 5. *Châtillon*, 3620; Cluon, 1270; Palluau, 1640. — 6. *Ecueillé*, 1970; Pellevoisin, 1050. — 7. *Levroux*, 4080; Vineuil, 1000. — 8. *Valençay*, 3430; Luçay, 1870; Lye, 1300; Vicq, 1500; Villentrois, 1270.

la manufacture nationale des tabacs et la manufacture des draps pour le commerce, la troupe et l'administration, celle-ci occupant 1 400 ouvriers, celle-là 1 700. La ville est aussi un grand marché aux céréales, et dans ses environs s'extraient des pierres lithographiques estimées.

Châteauroux doit son origine et son nom à un château qu'éleva au xe siècle Raoul, seigneur de Déols, et qui servit de principale résidence

Déols. — Ruines de l'abbaye.

à ses successeurs. Au xve siècle, la ville devint le siège d'une baronnie distincte, que Louis XIII érigea en duché-pairie pour Henri de Condé. — Les habitants de Châteauroux sont appelés Castelroussins.

Déols, ou *Bourg-Dieu*, à un kilomètre de Châteauroux, dont il est séparé par l'Indre, est l'ancienne ville gallo-romaine de *Dolus*, dont étaient seigneurs au ive siècle saint Léocade et son fils saint Ludre. Le tombeau de ces pieux personnages attira de nombreux pèlerins, et Déols était déjà une ville considérable lorsque, en 468, les Westgoths remportèrent sous ses murs une victoire signalée sur les Bretons, accourus à la voix de l'empereur Anthémius pour défendre le pays. Cette journée valut aux envahisseurs la possession du Berry. Sous Charles le Chauve, il se forma à Déols une puissante maison féodale, dont les chefs portaient le titre de princes et avaient autorité sur presque tout le bas Berry. L'un d'eux, Raoul le Large, ayant bâti un château sur l'autre rive de l'Indre, abandonna celui de Déols à l'abbaye fondée par son père en 917. Cette abbaye fut la plus importante du Berry jusqu'à sa destruction par les protestants, en 1568; il n'en reste aujourd'hui que le clocher, et une porte fortifiée est le seul débris des remparts de la ville.

A cinq kilomètres sud-ouest de *Saint-Maur*, se trouve le château de Laleuf, ancienne propriété du général Bertrand. — Dans la forêt de Châteauroux, sur le territoire du *Poinçonnet*, la chapelle Notre-Dame-du-Chêne est un des pèlerinages les plus fréquentés du département.

ARGENTON-SUR-CREUSE est une ville industrielle qui fabrique du drap, des cuirs, des toiles, et possède de nombreux moulins à tan et à blé. On remarque ses maisons pittoresques. L'antique *Argentomagus* était situé plus au nord, au pied de la colline de *Saint-Marcel*, où de nombreuses antiquités ont été découvertes à diverses époques. Aux environs, la vallée de la Bouzanne offre des sites charmants, l'imposant château fort de Châbenet, du XVe siècle, et un viaduc très hardi du chemin de fer.

BUZANÇAIS, sur l'Indre, qu'on y passe sur cinq ponts, était autrefois fortifié et le siège d'un comté; en 1846, il fut le théâtre d'une sanglante émeute produite par la cherté des grains. Nombreuses mégisseries. — *Villedieu*, en amont, et *Saint-Genou*, en aval, ont des manufactures de porcelaine. Ce dernier doit son origine à une abbaye fondée au Ve siècle par saint Genulphe ou Genou, qui mourut évêque de Cahors.

CHATILLON-SUR-INDRE conserve une église du XIe siècle et un donjon du XIIIe. — *Palluau*, situé en amont, est une ancienne place forte prise en 1184 par Philippe-Auguste, qui planta lui-même l'oriflamme sur les remparts. Un soulèvement royaliste, connu sous le nom de « Petite Vendée », eut lieu à Palluau en 1796.

Pellevoisin, au canton d'ÉCUEILLÉ, est devenu un lieu de pèlerinage très fréquenté depuis que la très sainte Vierge y révéla, le 9 septembre 1876, le scapulaire du sacré Cœur à une mourante, Estelle Faguette, qui fut guérie à cette occasion. La confrérie de Notre-Dame de Pellevoisin a été érigée canoniquement en 1877 par l'archevêque de Bourges.

LEVROUX, dans une plaine, possède les ruines d'un théâtre romain, d'un château fort, et surtout l'ancienne et belle église Saint-Sylvain, ayant remplacé le sanctuaire païen de *Gabbatum*, que détruisirent les habitants convertis par saint Martin; la guérison par l'apôtre du gouverneur de la ville, atteint de lèpre, fut l'origine du nom actuel : *Leprosum*, dans les actes latins. Nombreuses et importantes parcheminerie.

VALENÇAY, sur le Nahon, est remarquable par son magnifique château de la Renaissance. Construit sous François Ier, ce château fut donné à Talleyrand-Périgord par Napoléon Ier, qui, en 1808, l'assigna comme résidence à Ferdinand VII et aux infants d'Espagne; mais cinq ans après, l'empereur venait y signer le traité qui rendait au souverain espagnol détrôné sa liberté et sa couronne. Don Carlos, prétendant au trône d'Espagne, y séjourna également de 1840 à 1845.

II. **ISSOUDUN**, sous-préfecture de 14 000 habitants[1], est agréablement situé par 120-147 mètres d'altitude au sommet et sur le penchant d'un mamelon de la rive droite de la Théols. Comme l'indique la forme de son nom latin *Uxellodunum*, cette ville est d'origine gauloise ; ce fut au moyen âge une place très forte, chaudement disputée entre Philippe-Auguste et Richard Cœur-de-Lion. Elle eut également divers sièges à subir durant les guerres de Cent ans, de religion et de la Fronde. Aujourd'hui Issoudun est devenu un grand atelier de mégisserie et de parcheminerie, en même temps qu'un important marché aux grains. Mais ce qui rend cette ville célèbre dans le monde entier, c'est la dévotion extraordinaire dont la sainte Vierge y est l'objet.

Notre-Dame du Sacré-Cœur. — « Quel est ce pèlerinage ? Est-ce un antique sanctuaire dont les fidèles usent les dalles depuis des siècles, comme Chartres, Fourvière, Boulogne ? S'agit-il d'une apparition nouvelle ? Une source miraculeuse a-t-elle jailli sous les pieds de Marie comme à la Salette, à Lourdes ? Non. Issoudun jusqu'à ces derniers temps n'avait qu'une pauvre église, mutilée, presque déserte. D'où vient donc ce concours immense de pèlerins ?...

« Le 8 décembre 1854, jour à jamais mémorable de la proclamation du dogme de l'Immaculée Conception, deux prêtres du diocèse de Bourges terminaient à Issoudun une neuvaine de prières dans le but d'obtenir, par l'intercession de Marie, la fondation d'une *Société des missionnaires du Sacré-Cœur;* les nouveaux apôtres s'étaient engagés par écrit à faire honorer Notre-Dame d'une « manière spéciale » si cette faveur leur était accordée. Le jour même, à l'issue de la messe, quelqu'un s'approche d'eux et leur remet de la part d'une personne étrangère 20 000 francs pour fonder une œuvre dans le Berry. Cette coïncidence, au moins singulière, leur semble un encouragement céleste; ils achètent une maison, dont la grange est bientôt transformée en chapelle. Peu après une âme généreuse leur assure un revenu de mille francs, et l'autorité diocésaine, qui, par esprit de prudence, n'avait pas semblé tout d'abord favorable à l'association projetée, n'hésita plus à en approuver la règle dès que ces faibles ressources lui furent assurées.

« Mais comment honorer Marie d'une « manière spéciale », suivant la promesse faite ? Longtemps on se le demanda. Enfin le dimanche 9 septembre 1855, fête du saint Nom de Marie, au moment où les prêtres d'Is-

---

[1] Arrondissement d'Issoudun : 4 *cantons*, 49 communes, 49 620 habitants.
Cantons et communes principales : 1-2. *Issoudun*, 14 120 habitants; Ambrault, 1 080 ; Neuvy, 1 060; Paudy, 1 110; Pruniers, 1 190; Reuilly, 2 610; Sainte-Lizaigne, 1 080. — 3. *Saint-Christophe-en-Bazelle*, 770 ; Chabris, 2 840 ; Dun, 1 800 ; Poulaines, 1 970 ; Varennes, 1 010. — 4. *Vatan*, 2 460.

soudun recevaient officiellement du cardinal Dupont le nom de missionnaires du Sacré-Cœur, ils lui donnèrent dans leur pensée le nom de Notre-Dame du Sacré-Cœur. Ce titre inspiré de Dieu était un acte de foi à la puissance de Marie sur le Cœur de son divin fils, et symbolisait la merveilleuse coopération de la Reine du ciel à l'établissement et à la diffusion du culte du sacré Cœur, qui doit être le salut de la société. Une statue fut élevée dans le jardin avec cette inscription qu'on lisait pour la première fois : *Notre-Dame du Sacré-Cœur, priez pour nous !*

« Depuis lors cette dévotion, qui répondait à un besoin des cœurs, s'est développée sur tous les points du globe, et à l'heure qu'il est plus de quatre cents évêques l'ont approuvée et répandue dans leurs diocèses. Une association de prières, « pour le succès des causes désespérées dans l'ordre temporel et dans l'ordre spirituel, » fut fondée à Issoudun dans la nouvelle église du Sacré-Cœur, et approuvée par Pie IX le 7 juin 1864. Cette confrérie compte actuellement des millions d'adhérents. Les archives de l'Association contiennent plus de trente brefs, rescrits, décrets et lettres des souverains pontifes Pie IX et Léon XIII, accordant des indulgences, des honneurs ou des privilèges au culte de Notre-Dame du Sacré-Cœur. Voilà, avec des milliers de grâces obtenues, ce qui explique le succès de l'œuvre. Chaque jour on voit arriver à Issoudun une quantité considérable de lettres, recommandant aux prières de l'Association des affaires humainement perdues, des pécheurs endurcis, des malades incurables, des épreuves désolantes, des difficultés de toutes sortes auxquelles Dieu seul peut remédier. Le nombre de ces cris de détresse, de ces gémissements, de ces demandes, arrive à plusieurs milliers par mois ; et chaque année, sur les grâces obtenues, il y en a un grand nombre dont le récit détaillé vient grossir les sublimes et consolantes archives de Notre-Dame du Sacré-Cœur, l'avocate des causes désespérées. » (*Les Sanctuaires de Notre-Dame.*)

A deux kilomètres de *Reuilly*, qui domine l'Arnon, beau château de la Ferté, bâti sur les dessins de Mansart en 1659. — *Chabris*, sur le Cher, possède une église en partie carolingienne, dont la crypte renferme le tombeau de saint Phalier. C'est l'antique station romaine de *Carobriva* (Pont-sur-Cher).

VATAN, ancienne place forte, a une belle église des XIIe et XVIe siècles, renfermant le tombeau de saint Laurian, qui fut, dit-on, évêque de Séville.

III. **LA CHATRE**, sous-préfecture de 4 900 âmes[1], s'élève sur une colline inclinée vers l'Indre, qui coule ici par 200 mètres d'altitude. Cette

---

[1] Arrondissement de la CHATRE : 5 *cantons*, 59 communes, 64 220 habitants.
Cantons et communes principales : 1. *Châtre* (*la*), 4850 habitants; Berthenoux, 1510; Briantes, 1060; Chassignolles, 1800; Montgivray, 1570; Saint-Août, 1640; Saint-Chartier, 1090; Vicq, 1090. — 2. *Aigurande*, 2370; Crevant, 1810; Crozon, 1190; Lourdoueix, 1220; Montchevrier, 1410; Orsennes, 2300; Saint-Denis, 2120; Saint-Plantaire, 1560. — 3. *Eguzon*, 1710; Ceaulmont, 1100; Cuzion, 1140; Pin (le), 1060. — 4. *Neuvy-Saint-Sépulchre*, 2600; Cluis, 2190; Montipouret, 1150. — 5. *Sainte-Sévère*, 1350; Pérassay, 1240; Pouligny, 1190; Vijon, 1140.

ville de tanneurs, de corroyeurs et de mégissiers, n'a guère de remarquable qu'une tour féodale transformée en prison, et la statue de George Sand, qui orne l'une de ses places. Ancien *castrum* romain, la Châtre devint au XIe siècle le chef-lieu d'une seigneurie et le berceau d'une illustre famille.

La Mothe-Feuilly possède le château où vécut et mourut la princesse Charlotte d'Albret; — *Nohant* montre celui qu'habita et où mourut cette romancière exaltée et bizarre qui portait le nom de George Sand.

A *Cuzion* se voit l'imposante forteresse de Châteaubrun, en partie restaurée.

NEUVY-SAINT-SÉPULCHRE, sur la Bouzanne, possède une remarquable église romane du XIe siècle, bâtie en forme de rotonde sur le modèle de la basilique du Saint-Sépulcre à Jérusalem.

SAINTE-SÉVÈRE, dans une position pittoresque au-dessus de l'Indre, conserve une porte de ses anciens remparts et un donjon dont il ne reste qu'une tranche verticale, le reste ayant été renversé par la sape en 1372, lors de la prise du château sur les Anglais par du Guesclin.

IV. **LE BLANC**, sous-préfecture de 6800 âmes[1], est bâtie par 70 mètres d'altitude sur les deux rives de la Creuse, que traverse un beau viaduc du chemin de fer. Ancienne station romaine d'*Oblincum*, cette ville devint le chef-lieu d'une baronnie appartenant à la famille de Naillac, dont elle porte le nom au XVe siècle; elle était alors défendue par trois châteaux, dont il ne reste plus trace. Son industrie comprend des blanchisseries, des tanneries et des taillanderies. — A trois kilomètres de *Rosnay*, sur une colline dominant une vaste étendue de pays, ruines magnifiques de la forteresse du Bouchet (XIIIe siècle), laquelle appartint longtemps à la famille de Mortemart.

A BÉLABRE, sur l'Anglin, beau château moderne avec parc, — et près de *Lignac*, imposant Château-Guillaume, des XIIe-XIVe siècles.

MÉZIÈRES-EN-BRENNE, sur la Claise, fut érigé en marquisat en 1556. Son église, autrefois collégiale, renferme une chapelle seigneuriale qui est une merveille de la Renaissance.

Saint-Cyran, section principale de la commune de *Saint-Michel-en-Brenne*, doit son origine et son nom à une abbaye fondée en 641 par un parent de Dagobert Ier. Ce monastère devint au XVIIe siècle un foyer de jansénisme, sous la direction de l'abbé Duvergier de Hauranne, plus connu sous le nom d'abbé de Saint-Cyran, qui, avec les solitaires de Port-

---

[1] Arrondissement du BLANC : 6 *cantons*, 56 communes, 59 640 habitants.
Cantons et communes principales : 1. *Blanc (le)*, 6760 habitants; Ciron, 1080; Douadic, 1110; Pouligny, 1680; Rosnay, 1270. — 2. *Bélâbre*, 1920; Lignac, 2110; Prissac, 1990. — 3. *Mézières-en-Brenne*, 1850; Azay, 1930. — 4. *Saint-Benoît-du-Sault*, 1010; Chaillac, 2600; Châtre (la), 1330; Mouhet, 1830; Parnac, 1420; Sacierges, 1060. — 5. *Saint-Gaultier*, 2420; Oulches, 1290; Thenay, 1050. — 6. *Tournon-Saint-Martin*, 1580; Martizay, 1650; Mérigny, 1060.

Royal à Paris, se fit le propagateur de cette hérésie en France. Aussi son abbaye fut-elle supprimée, à juste titre celle-là, puis détruite en 1739.

Saint-Benoît-du-Sault, dans une situation pittoresque, offre les débris de ses remparts, la belle église d'un ancien prieuré bénédictin et le manoir de Montgarnaud.

Vue de l'abbaye de Fontgombault.

Saint-Gaultier, sur la Creuse, possède un petit séminaire et une église romane du XIe siècle.

Fontgombault, également sur la Creuse, est remarquable par une ancienne et célèbre abbaye fondée en 1100 par le bienheureux Pierre de l'Étoile et occupée aujourd'hui par des Trappistes. L'église, qui était la plus belle du bas Berry après celle de Déols, a été restaurée; mais sa grosse tour a perdu sa flèche.

« Pierre de l'Étoile, qui fut le premier abbé de Fontgombault, mourut en odeur de sainteté en 1114, précédant de deux ans dans la tombe le bienheureux Robert d'Arbrissel. Il fut inhumé dans l'église qu'il avait commencée, et sur la pierre sépulcrale, autour de son effigie en costume d'abbé avec la croix d'une main et un livre de l'autre, furent gravés quatre vers latins, que l'on a ainsi traduits en vers français :

> Autrefois je fus Pierre,
> Je ne suis aujourd'hui qu'une vile poussière ;
> Mais le Seigneur l'a dit, j'ai foi dans son amour :
> Ossements desséchés, vous revivrez un jour.
> Priez, passant, que Dieu me soit propice ;
> Comme vous j'étais ce matin,
> Comme moi vous serez demain :
> Ainsi l'a réglé sa justice.

Quant à la magnifique église de Fontgombault, due à ce moine artiste, elle fut achevée et consacrée en 1131. Bientôt elle devint un lieu de pèlerinage, surtout la crypte de l'antique chapelle Saint-Julien : dans cette crypte, on honorait *Notre-Dame des Grottes;* dans l'église, on priait *Notre-Dame du Bien-mourir*, dont la statue était placée au-dessus d'un des autels, sur le mur latéral du nord. L'abbaye nourrissait les pèlerins ; cependant, pour mettre de l'ordre dans sa charité et y prévenir les abus, elle régla qu'elle fournirait « à chaque paroisse qui y viendrait en procession vingt-cinq pintes de vin et quatre jambons ». On retrouve des coutumes charitables analogues en d'autres sanctuaires.

« En 1559, les calvinistes envahirent l'abbaye et sa riche basilique, pillèrent et saccagèrent tout, ne laissant de l'église que le chœur avec deux ailes, dont les voûtes subsistèrent sans couverture jusqu'en 1670, et les images vénérées qui furent soustraites à la profanation, l'une par la piété des fidèles, l'autre par la hauteur même où elle était placée et où ils ne purent atteindre. Les peuples n'en continuèrent pas moins, depuis cette époque jusqu'en 1789, à venir honorer la Mère de Dieu dans son sanctuaire dépouillé. Enfin la Révolution, jalouse d'achever ce qu'avait commencé la Réforme, fondit à son tour sur l'abbaye avec la résolution de n'y plus laisser pierre sur pierre. On se met donc à démolir ; on exploite les bâtiments comme une carrière : charpentes, plombs, fers, sont arrachés des diverses parties de l'édifice. Mais voilà qu'au milieu de ces travaux de destruction un des démolisseurs, apercevant l'image de *Notre-Dame du Bien-mourir* à la partie élevée du mur, s'élance rapide et furieux vers elle : déjà il lève le bras pour frapper, lorsque tout à coup son pied chancelle, glisse sur un appui mal assuré, et le malheureux, roulant par terre, est écrasé sous les décombres. Depuis lors personne n'a osé toucher à cette partie de l'édifice, et ainsi l'image miraculeuse, toujours à la même place, continue de voir à ses pieds de nombreux pèlerins, surtout le lundi de la Pentecôte, qui est la grande fête de Notre-Dame de Fontgombault. » (*Notre-Dame de France.*)

POITOU

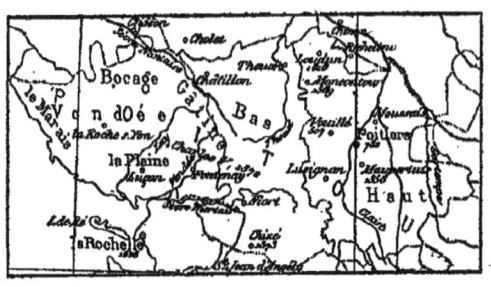

3 DÉPARTEMENTS

VIENNE, DEUX-SÈVRES, VENDÉE

Sommaire géographique. — Le *Poitou*, province occidentale de l'ancienne France, correspondait approximativement aux trois départements actuels de la Vienne, des Deux-Sèvres et de la Vendée. C'est un pays de plaines basses à l'ouest, dans le Bas-Poitou ; de plateaux boisés, de coteaux et de vallées à l'est, dans le Haut-Poitou ; les *hauteurs de la Gâtine*, au centre, atteignent 285 mètres au mont Mercure, point culminant ; l'altitude moyenne est de 115 mètres environ.

Hydrographiquement, le Poitou se partage entre le bassin de la Loire et les bassins côtiers. A la Loire vont la *Vienne*, grossie de la Creuse ; le Thouet et la *Sèvre-Nantaise*. Les rivières côtières sont : le Lay, la *Sèvre-Niortaise*, où se jette la *Vendée*, et la Charente.

Le Poitou jouit du *climat* maritime dit girondin. L'agriculture y est beaucoup plus importante que l'industrie. Les bœufs de la Vendée, les ânes et les mulets des Deux-Sèvres sont renommés. La Vendée exploite des marais salants et possède plusieurs stations de bains de mer. Comme productions industrielles, on ne peut guère citer que les gants de Niort, les couteaux et les armes de Châtellerault.

La pratique de la vraie religion est le thermomètre de la valeur morale des individus et peut seule leur donner, avec la paix en ce monde, le bonheur éternel dans l'autre. A ce point de vue, le paysan du Bas-Poitou est aussi remarquable que le Breton, avec lequel, il y a un siècle à peine, il s'unit pour défendre sa foi menacée. On loue aussi les Poitevins pour leur attachement au sol natal, leur loyauté, la douceur et l'ouverture de leur caractère. Le patois général du Poitou tient moins de la langue d'oc que de la langue d'oïl.

Historique. — Ce pays fut d'abord habité par les Celtes *Pictones* ou Pictaves. Il n'opposa qu'une faible résistance aux Romains, qui l'englobèrent dans la Gaule aquitanique et appelèrent sa capitale *Limonum*, aujourd'hui Poitiers. Les Pictones, bien traités par leurs vainqueurs, les aidèrent à vaincre les Vénètes et en furent aidés par réciprocité pour repousser les Andes, leurs voisins du nord.

Au commencement du ve siècle, les Westgoths s'emparèrent de cette contrée, dont ils furent dépossédés par Clovis à la journée de Vouillé, en 507. Dans la suite, le pays fit partie du duché d'Aquitaine. En 732, Charles Martel y écrasa les Sarrasins près de Poitiers, et sauva ainsi l'Europe presque entière de l'invasion musulmane. Conquis par Pépin le Bref sur Hunald et Waïfre, le Poitou eut dès lors ses comtes ou ducs particuliers; mais son territoire fut amoindri au nord par les conquêtes des seigneurs bretons et angevins. Les mariages d'Éléonore de Guyenne le portèrent d'abord à Louis VII le Jeune, puis à Henri Plantagenet, qui monta sur le trône d'Angleterre en 1154. Un demi-siècle plus tard, Philippe-Auguste le confisqua sur Jean sans Terre, et en 1259 le traité d'Abbeville confirma cette acquisition. Apanagé par saint Louis à son frère Alphonse, dit de Poitiers, le Poitou revint à la couronne en 1271 ; mais le traité de Brétigny le rendit en 1360 aux Anglais, qui avaient vaincu Jean le Bon à Maupertuis, quatre ans auparavant. Il fallut donc le reconquérir. Une révolte des seigneurs, restés attachés à la domination française, et la mort du fameux Chandos, tué au pont de Lussac, éveillèrent bientôt des espérances que du Guesclin réalisa en 1372-1373, par la prise des forteresses poitevines et la victoire de Chizé. Le Poitou fut alors apanagé à Jean de Berry; mais à la mort de son fils ou plutôt de Charles VI, en 1422, il fut définitivement réuni à la couronne.

Tel fut au moyen âge le rôle militaire de cette province, berceau des célèbres familles de Thouars, de Tiffauges, de Talmont, de la Trémouille et surtout de celle de Lusignan, qui donna des rois à Jérusalem et à Chypre.

Le monachisme ne fut pas moins remarquable dans le Poitou. Outre les deux plus anciens monastères des Gaules, ceux d'Ansion et de Ligugé, il en comprenait un grand nombre d'autres, grâce principalement à l'éclat répandu sur le diocèse de Poitiers par les vertus et la science de saint Hilaire, et plus tard de saint Fortunat, l'un de ses successeurs, comme aussi par les vertus monacales de la reine sainte Radegonde. Les églises de ces abbayes, somptueusement construites, déterminèrent la formation de la variété d'achitecture dite romane. Le genre Renaissance eut également un grand succès dans ce pays, où Poitiers était devenu un centre d'études, depuis la fondation de son université en 1431.

Les guerres de religion arrêtèrent ce bel essor, car elles furent terribles en Poitou; mais enfin le protestantisme y reçut un coup mortel à la bataille de Moncontour, en 1569.

Depuis 1207, Poitiers avait un sénéchal dont les causes allaient en appel au parlement de Paris; au XVIᵉ siècle, il y fut créé une généralité, comprenant sept élections. En 1790, on distinguait dans le Poitou deux divisions, topographiques plutôt qu'administratives. C'était d'abord le *Haut-Poitou*, capitale Poitiers, et renfermant la Gâtine, région naturelle, le Thouarsais, le Mellois, le Bressuirois, le Niortais et le Châtelleraudais; en second lieu, le *Bas-Poitou*, capitale Fontenay, et dont les subdivisions, toutes franchement naturelles, portaient les noms de Bocage, Plaine, Marais breton et Marais poitevin. De tous ces pays on tira, en 1790, les départements de la *Vienne*, des *Deux-Sèvres* et de la *Vendée*, plus des morceaux pour les départements voisins de l'est et du sud.

De 1793 à 1796, de sanglantes guerres eurent en partie pour théâtre la Vendée, dont elles ont pris le nom, et, dans les Deux-Sèvres, les arrondissements de Bressuire et de Parthenay. La lutte s'étendit en outre dans le Maine, l'Anjou et la Bretagne, dont un grand nombre d'habitants se joignirent aux Vendéens.

Les voies naturelles et historiques de communication en France. — Au point de vue des communications d'un pays, les massifs montagneux, tels que le Plateau central, sont des obstacles à franchir ou à tourner, tandis que les vallées et les plaines offrent des chemins naturellement praticables, qui sont en effet suivis de préférence, car c'est là qu'on rencontre surtout les agglomérations de population.

Paris, Lyon, Marseille, Bordeaux, centres attractifs situés dans les plaines, sur des fleuves ou sur la mer, ont de tout temps été reliés entre eux : d'abord par des routes, plus tard par des canaux, et de nos jours par des chemins de fer; toutes voies suivant les mêmes directions, marquées par des dépressions du sol.

Ces directions principales sont celles que suivent les lignes de chemins de fer de Paris à Bordeaux par Orléans, Tours, Poitiers (*seuil du Poitou*); — celle de Bordeaux à Cette et Marseille par la vallée de la Garonne, le seuil de Naurouse, les plaines du Languedoc et de Provence; — celle de Marseille à Paris par Lyon, Dijon, les vallées du Rhône, de la Saône et de la Seine. Elles contournent ainsi le massif du Plateau central, pôle répulsif de la France, laissant en dehors le plateau de Bretagne, les chaînes des Pyrénées, des Alpes et du Jura.

A ce grand *chemin de ronde*, qui enveloppe la France centrale, viennent se rattacher au sud les routes qui pénètrent en Espagne et en Italie, par le littoral ou par les cols des montagnes; au nord et à l'est, les routes de Paris vers la Belgique, l'Alsace et la Suisse, si souvent parcourues par les armées.

En effet, au temps de l'ancienne Gaule, le commerce de l'étain, venu des îles Scilly, remontait déjà la Seine et descendait la Saône et le Rhône, pour aboutir à Marseille. Les invasions romaines remontèrent du golfe du Lion, par la vallée du Rhône ou celles de l'Aude et de la Garonne, comme plus tard les invasions des Barbares suivirent les mêmes voies en sens inverse. Les Francs pénétrèrent dans le bassin parisien par les plaines du

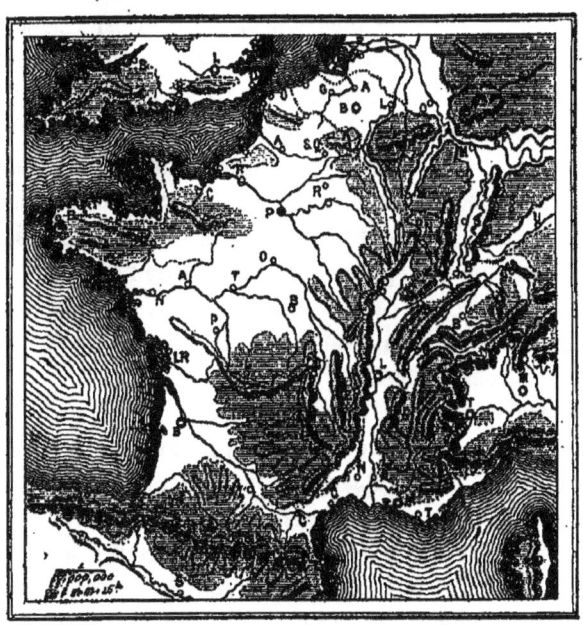

Relief de la France. — Voies naturelles de communication par les vallées, plaines et autres dépressions du relief. Le seuil du Poitou.

nord, défirent les Burgondes à Dijon, au seuil de la Côte d'Or, et les Westgoths à *Vouillé, au seuil du Poitou*. Les Sarrasins vinrent du Sud, par les mêmes voies, se faire battre à *Poitiers* et près de Lyon, tandis que les Anglais, venant de la Guyenne, furent victorieux à *Maupertuis*, près de cette même ville de Poitiers.

Nous parlerons plus loin de ces trois *batailles des Nations* qui ont illustré le seuil du Poitou. — Résumons d'abord le récit d'une guerre intestine qui a rendu célèbre le patriotisme religieux des Vendéens et des Poitevins.

Causes et caractères des guerres vendéennes. — « Entre les deux routes qui conduisent, l'une de Tours à Poitiers, et l'autre de Nantes à la Rochelle, dit M. Thiers, s'étend un espace de trente lieues de largeur, où il n'y avait alors que des chemins de traverse, aboutissant à des villages et à des hameaux. Au centre de ce pays, le département de la Vendée, foyer de l'insurrection, devait opposer aux armées conventionnelles les frontières de son *marais*, les haies touffues, les fossés profonds, les chemins tortueux de son *bocage*. Toutes les terres y étaient divisées en une multitude de petites métairies de cinq à six cents francs de revenus, confiées chacune à une seule famille qui partageait avec le maître de la terre le produit des bestiaux.

« Par cette division du fermage, les seigneurs avaient à traiter avec chaque famille, et entretenaient avec toutes des rapports continuels et faciles. La vie la plus simple régnait dans les châteaux : on s'y livrait à la chasse à cause de l'abondance du gibier ; les seigneurs et les paysans la faisaient en commun, et tous étaient célèbres par leur adresse et leur vigueur. Les prêtres, d'une grande pureté de mœurs, y exerçaient un ministère tout paternel, et leur influence était immense. »

On conçoit donc que la Révolution éprouva une vive résistance quand elle voulut pénétrer dans ce pays. Voyant leurs idées, leurs coutumes, leur religion, menacées par elle, les Vendéens s'irritèrent. Bientôt l'emprisonnement du roi, le renversement de la monarchie, les décrets de persécution lancés contre les prêtres catholiques, les mesures révolutionnaires que l'on tenta d'exécuter parmi eux, préparèrent une explosion prochaine. Enfin le bruit du régicide, commis le 21 janvier, pénètre dans la province. Les Vendéens, indignés, n'attendaient plus que le moment d'éclater. Ce moment arriva.

« La Convention, dit Gabourd, avait prescrit une levée en masse de trois cent mille hommes : quand ce fut le tour des départements de la Vendée et des Deux-Sèvres de fournir leur contingent, ils refusèrent de s'armer pour la défense du gouvernement qui avait chassé leurs prêtres, souillé leurs églises et mis à mort leur roi. Au voiturier Cathelineau et au garde-chasse Stofflet, qui furent leurs premiers chefs, se joignirent successivement les nobles de Charette, d'Elbée, Bonchamps, la Rochejacquelein, Lescure et plusieurs autres non moins dévoués à la cause de la religion et du trône. Ces hommes d'élite commandaient à des masses de paysans en sabots, armés à la hâte de fusils de chasse, de pieux, de faux et de fourches ; soldats improvisés, vêtus en laboureurs, marchant à l'ennemi une image du sacré Cœur ou de la Croix sur la poitrine, et récitant leur chapelet. Lorsqu'ils étaient en face d'une armée républicaine, on les voyait se jeter à genoux, recevoir la bénédiction d'un prêtre, et s'élancer ensuite sur les baïonnettes et l'artillerie. Ce courage aveugle confondait toutes les prévisions de la tactique. »

« La bravoure des Vendéens, dit à son tour M. Girard, était reconnue même de leurs plus implacables ennemis. L'antiquité ne nous a point transmis de paroles plus belles que ces paroles si connues de *la Rochejacquelein* : « Si j'avance, suivez-moi ; si je recule, tuez-moi ; si je meurs, vengez-moi. » — *Bonchamps* rappelait toutes les vertus de Bayard : même désintéressement, même humanité, même courage. C'était un de ces

Français tels que les formaient nos anciennes mœurs. — La religion semblait dominer particulièrement dans le jeune *Lescure ;* il communiait tous les huit jours ; il avait longtemps porté un cilice, dont on voyait la marque sur sa chair. Cette armure n'était pas à l'épreuve de la balle, mais elle était à l'épreuve des vices; elle ne défendait pas le cœur de Lescure contre l'épée, elle le mettait à l'abri des passions. — *Stofflet*, brave soldat, chef intelligent, mourut en criant: « Vive le roi ! » Il avait du cœur et de cette vertu opiniâtre qui ne cède jamais à la fortune, mais qui ne la dompte jamais. — *Charette* commanda le feu du peloton qui lui arracha la vie ; lui seul se trouvait digne de donner le signal de sa mort. Jamais capitaine depuis Mithridate n'avait montré plus de ressource et de génie militaire. — Le fier *d'Elbée*, couvert de blessures, fut pris dans l'île de Noirmoutier ; sa faiblesse l'empêcha de se lever. Ceux qui l'avaient vu si souvent debout sur le champ de bataille le fusillèrent dans un fauteuil. — Le *prince de Talmont*, en allant à la mort, prouva qu'il était du sang de la Trémouille. « Fais ton métier, dit-il au bourreau, je fais mon devoir. »

Les Vendéens, ayant à leur tête de tels chefs, comptèrent de nombreux succès, soit dans les batailles, soit dans les sièges. Rappelons leurs principaux faits. Ils furent d'abord victorieux à Fontenay, dans le Bocage, le 25 mars 1793 ; puis ils prirent Saumur, mais échouèrent devant Nantes (29 juin). Les républicains prennent l'offensive : Westermann est battu à Châtillon-sur-Sèvre, le 5 juillet. Alors parut un décret de la Convention déclarant que « les forêts seraient abattues, les repaires des rebelles détruits, les récoltes coupées, les bestiaux saisis ». L'armée de Mayence, avec Kléber, fut envoyée en Vendée. Les colonnes républicaines, partant des bords de la Loire, du Thouet, de la Sèvre-Niortaise et de la mer, devaient s'avancer simultanément vers l'intérieur pour cerner les Vendéens. Elles furent vaincues à Coron et à Torfou, les 18 et 19 septembre, mais victorieuses à Cholet, le 17 octobre. Les Vendéens passèrent alors la Loire, furent vainqueurs à Laval, mais échouèrent devant Granville (13 novembre). Battus devant Angers, ils se rejetèrent sur le Mans, où ils éprouvèrent un nouvel échec, puis sur Savenay, où ils furent anéantis (13 décembre 1793).

Toutefois les Vendéens n'étaient pas réduits. La Convention résolut de tenter la voie des négociations. Hoche, qui joignait beaucoup d'humanité à une grande science militaire, épargnait les campagnes, ramenait les paysans par la douceur, et lançait contre les chefs des colonnes mobiles qui les poursuivaient dans tous les sens et nuisaient au concert de leurs opérations. La mort de Stofflet, arrivée le 27 mars 1796, fut le dernier terme d'une lutte qui se borna depuis lors à quelques actes de « chouannerie ».

On sait que les Vendéens furent aussi appelés *Chouans*, du nom de leur premier chef, Jean Cottereau, dit le Chouan, c'est-à-dire chat-huant, parce qu'il avait adopté le cri de cet oiseau pour signe de ralliement.

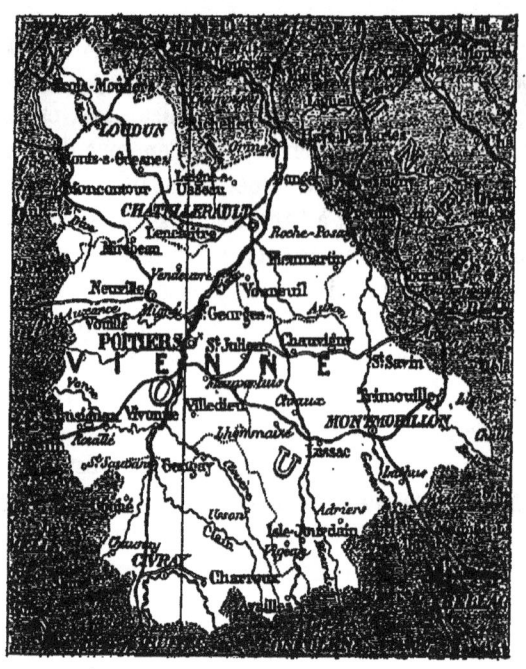

VIENNE

5 ARRONDISSEMENTS, 31 CANTONS, 300 COMMUNES, 338100 HABITANTS

Géographie. — Ainsi nommé de sa rivière majeure, qui le traverse du sud au nord, le département de la *Vienne* a été formé pour les quatre cinquièmes de l'ancien *Haut-Poitou*, qui avait pour capitale Poitiers, et pour l'autre cinquième d'un morceau du Berry et de deux pays de la Touraine, le *Loudunais*, capitale Loudun, et le *Mirebalais*, capitale Mirebeau. Son aire est de 7 023 kilomètres carrés : vingt départements sont plus étendus.

Le relief de la Vienne présente l'aspect d'un vaste plateau nu ou entrecoupé de bois, et sillonné du sud au nord par des cours d'eau qui l'ont creusée de vallées profondes, souvent pittoresques. Le point le plus bas est 35 mètres, à la sortie de la Vienne ; le plus élevé est 233 mètres, à la colline de *Prun*, sur la frontière de la Haute-Vienne, au nord-est de l'Isle-Jourdain. Poitiers est à 70-118 mètres d'altitude, Civray à 115-180 mètres ; l'altitude moyenne est de 130 mètres environ.

Le bassin de la Loire embrasse les dix-neuf vingtièmes du territoire, grâce principalement à la **Vienne**. Cette rivière a dans le département qu'elle dénomme une longueur de 120 kilomètres et une largeur moyenne de 115 mètres. « Elle s'y double par les sources du calcaire et de la craie, et surtout par l'annexion du Clain tranquille et de la Creuse rapide ; ces fontaines et le Clain transparent atténuent, sans la faire disparaître entièrement, la couleur rouge qu'elle doit aux roches primitives, son pays natal. » En Poitou, la Vienne baigne Châtellerault, où commence sa peu active navigation ; elle reçoit : 1º le *Clain*, qui arrose Poitiers et s'adjoint la Vonne, la Clouère et l'Auzance ; 2º la *Creuse*, qui forme limite et s'augmente de la Gartempe, qui traverse Montmorillon, et de l'Anglin. La Dive Mirebalaise, canalisée depuis Pas-de-Jeu, se rend à la Loire par le Thouet. La *Charente* ne fait qu'écorner le sud du territoire en passant par Civray.

Compris dans la zone aquitaine, le département jouit d'un *climat* tempéré, mais variable : à Poitiers, la température moyenne est de 12º centigrades ; il reçoit une couche de 65 centimètres d'eau pluviale par année.

Le sol, généralement crayeux ou sablonneux, produit cependant beaucoup de céréales et une assez grande quantité de vin, le plus souvent médiocre. Les bois occupent 85 000 hectares, — dont 3 440 pour la forêt de Moulière, — et les prairies naturelles 30 000, soit la moitié des surfaces des landes ou *brandes* qui couvrent les hauteurs. Les animaux domestiques sont nombreux. Une ferme-école départementale fonctionne à Civray. La Vienne extrait un peu de minerai de fer, des pierres lithographiques et meulières, des pierres de taille et des pierres à chaux, ainsi que des faluns pour engrais, près de Mirebeau. On utilise aussi les eaux minérales de la Roche-Pozay. L'industrie proprement dite est peu active, si ce n'est à Châtellerault, renommé par sa coutellerie et surtout par sa manufacture nationale d'armes blanches et à feu. Il y a encore quelques fabriques de serges et de gros draps, des fonderies, des fabriques de machines agricoles, des papeteries et des mégisseries.

Les habitants. — En 1891, la Vienne comptait 338 100 habitants, parmi lesquels 260 étrangers seulement. Son augmentation a été de 80 000 âmes de 1801 à 1871 et de 24 000 durant les vingt années suivantes ; mais il en a perdu 6 300 depuis 1891. Pour la population absolue il est le 49º département, et le 65º pour la densité, qui est de 49 habitants par kilomètre carré. Il s'y trouve environ 6 000 protestants, et l'on y parle le patois poitevin, en même temps que le français.

Personnages. — Outre l'illustre famille des Lusignan, citons saint Hilaire, évêque de Poitiers, sa ville natale, mort en 367 ; saint Emmeran, évêque de Ratisbonne, et le théologien scolastique Gilbert de la Porrée, nés également à Poitiers, morts l'un en 654, l'autre en 1154 ; le cardinal La Balue, né à Angles, mort en 1491 ; Scévolle de Sainte-Marthe, poète latin, et Renaudot, fondateur de la *Gazette de France*, nés à Loudun, morts en 1623 et 1653 ; le compositeur Lambert, né à Vivonne, mort en 1696 ; le physicien Babinet, né à Lusignan, mort en 1872.

Administration. — Le département forme, avec les Deux-Sèvres, le diocèse de Poitiers ; il ressortit à la cour d'appel et à l'académie de Poitiers, à la 9e région militaire (Tours), à la 9e région agricole (Ouest central), à la 24e conservation des forêts (Niort) et à l'arrondissement minéralogique de Poitiers.

Il comprend 5 arrondissements : *Poitiers, Loudun, Châtellerault, Montmorillon, Civray*, avec 31 cantons et 300 communes.

Poitiers. — Cathédrale Saint-Pierre.

I. **POITIERS**, chef-lieu de la Vienne[1], est une ville de 39 000 âmes, située par 70-118 mètres d'altitude au sommet et sur le penchant d'un coteau baigné par le Clain. Cette vieille cité, encore entourée d'une partie de ses remparts, offre, vue de la plaine, un bel aspect que son intérieur ne justifie pas entièrement ; car ses rues sont généralement étroites, escarpées, tortueuses et assez peu animées. En effet, le mouvement industriel et commercial de Poitiers n'est pas en rapport avec le chiffre de sa population, celle-ci se composant en grande partie de familles anciennes et aisées, d'employés supérieurs retraités, comme aussi de gens tranquilles et contents de leurs modestes revenus.

---

[1] Arrondissement de POITIERS : 10 *cantons,* 87 communes, 123 220 habitants.
Cantons et communes principales : 1-2. *Poitiers,* 38 520 habitants ; Ligugé, 1590 ; Migné, 2440 ; Saint-Benoît, 1190. — 3. *Lusignan,* 2140 ; Celle, 1590 ; Jazeneuil, 1130 ; Rouillé, 2680 ; Saint-Sauvant, 2570 ; Sanxay, 1390. — 4. *Mirebeau,* 2540 ; Champigny, 1050 ; Cherves, 1050 ; Thurageau, 1190. — 5. *Neuville,* 3150 ; Marigny, 1000 ; Vandœuvre, 2530. — 6. Saint-Georges, 1380 ; Chasseneuil, 1140 ; Dissay, 1130 ; Jaulnay, 2030. — 7. *Saint-Julien-Lars,* 1180 ; Bonnes, 1370. — 8. *Villedieu (la),* 520. — 9. *Vivonne,* 2490 ; Iteuil, 1140 ; Marcé, 1020 ; Marnay, 1020. — 10. *Vouillé,* 1600 ; Benassais, 1260 ; Béruges ; Chapelle-Montreuil, 1030 ; Latillé, 1420.

Cependant Poitiers est riche en monuments du moyen âge, qui pour la plupart sont de style roman. Le temple *Saint-Jean*, antique baptistère, date peut-être du IVe siècle : on le regarde comme le plus ancien édifice chrétien que nous possédions. Puis viennent Saint-Hilaire, autrefois collégiale, et Montierneuf, église d'une puissante abbaye du XIe siècle. *Sainte-Radegonde* renferme dans sa crypte le tombeau vénéré de la patronne de la ville ; Notre-Dame-la-Grande et la cathédrale Saint-Pierre ont leurs magnifiques façades aux sculptures bibliques, et Saint-Porchaire son admirable tour romane ; le palais des anciens comtes de Poitiers sert de palais de justice.

Poitiers. — Église Sainte-Radegonde.

Poitiers, l'une des plus anciennes villes de la Gaule, s'appela d'abord *Limonum*, puis *Pictavi*, du nom de la tribu dont elle était la capitale. Les Romains l'embellirent, en même temps que son évêque saint Hilaire l'illustrait par sa science et ses vertus. Pillée en 410 par les Vandales, elle fut prise plus tard par Alaric II, roi des Westgoths, qui en fit sa résidence jusqu'à la bataille de Vouillé, en 507, dans laquelle il fut vaincu et tué par Clovis. Sous les Francs, brilla le pieux et savant évêque Fortunat ; secondé par la reine sainte Radegonde, qui était venue prendre le voile au couvent de Sainte-Croix, il rétablit à Poitiers le goût des études, qui s'y est toujours maintenu depuis. En 732, Poitiers donne son nom à la victoire qui sauva la Gaule de l'invasion musulmane ; puis on y voit établis des comtes dont le plus connu dans l'histoire est Alphonse de Poitiers, frère de saint Louis. Après la bataille livrée aux environs en 1356, par le roi Jean, qui fut vaincu et fait prisonnier, l'antique cité passa aux Anglais, qui la conservèrent une vingtaine d'années, après lesquelles Charles V la donna à son frère Jean, duc de Berry. Pendant qu'il était « roi de Bourges », Charles VII transféra à Poitiers le parlement et l'université de Paris, dont l'acte le plus important dans cette ville fut l'examen de Jeanne d'Arc, en 1429 ; ce fut de là que la Pucelle partit pour convaincre définitivement le roi et recevoir de lui l'armée qui devait délivrer Orléans. Trois ans plus tard, la ville reçut elle-même une université particulière. Aux temps des guerres de religion et de la Fronde, les agitations qu'elle subit n'eurent qu'une portée locale.

Entre tous les enfants de Poitiers, le plus illustre, sans contredit, est **saint Hilaire**, docteur de l'Église. Issu d'une des plus nobles familles d'Aquitaine, mais encore engagée dans les erreurs du paganisme, Hilaire fut amené à la connaissance du vrai Dieu par l'étude de l'Écriture sainte. Le diocèse de Poitiers ayant perdu son évêque, il fut élu à sa place, par un dessein particulier de la Providence. L'empereur Constance, zélé protecteur de l'hérésie arienne, qui attaquait la divinité de Jésus-Christ, cherchait alors à la répandre dans l'Occident. Hilaire, par sa parole et ses nombreux écrits, se montra l'ardent défenseur du dogme fondamental du christianisme. L'empereur, irrité, l'exila en Phrygie. Au bout de cinq ans, le saint évêque fut, par les intrigues des ariens, renvoyé dans son diocèse. « On ne saurait dire avec quels transports d'allégresse la Gaule entière reçut ce héros, revenant du combat. »

Il mourut en 368, renommé dans tout le monde chrétien par ses hautes vertus et ses savants écrits.

Bataille de Poitiers. — (Elle eut lieu à Moussais, voir page 197.) « Après avoir défait Eudes d'Aquitaine, le sultan Abdérame, ne trouvant plus aucune résistance, envahit et ravagea le Périgord, l'Angoumois, la Saintonge et le Poitou, réduisant les peuples en esclavage, massacrant les prêtres, et brûlant les villes et les églises. *Le vent de l'islamisme*, disent les chroniqueurs arabes, *commençait à souffler contre les chrétiens*. Eudes, quoique l'ennemi de Charles Martel, le somma de venir à son aide et au secours de la foi chrétienne. Ce grand homme, faisant taire ses ressentiments, ne songea plus qu'au salut de la Gaule, et marcha rapidement, à la tête de ses Austrasiens, contre le généralissime des Maures. Abdérame campait non loin des murs de Poitiers. Les Francs et les Aquitains lui présentèrent la bataille un samedi du mois d'octobre 732, jour consacré au culte de la Mère de Dieu. La victoire fut longtemps disputée. « Les chrétiens, dit le chroniqueur westgoth, résistaient aux « coups comme des murs, et restaient debout comme des zones de « glace. » L'immense supériorité numérique des Arabes faillit plusieurs fois l'emporter sur la force et le courage des chrétiens. En vain la hache des Francs répandait-elle des flots de sang : Abdérame remplaçait les troupes vaincues ou fatiguées par des réserves pleines d'ardeur, et les chances de la bataille restaient égales. A la fin, Eudes ayant réussi à s'emparer du camp des Sarrasins à l'aide d'un petit nombre de Gaulois et de Gascons, cette diversion décida la victoire. Au bruit des clameurs lamentables qui s'élevaient de leurs tentes et à la vue des flammes qui dévoraient le camp, les Arabes prirent la fuite, laissant le champ de bataille couvert d'une multitude de cadavres, parmi lesquels se trouva celui de leur chef Abdérame. Le butin fut immense ; les richesses accumulées dans le camp des Sarrasins étaient celles de l'Afrique, de l'Espagne et de l'Aquitaine. Ce mémorable triomphe mérita à Charles, vainqueur, le surnom de Martel (Karol le Marteau), parce qu'il avait écrasé ses ennemis comme avec une massue. La bataille de Poitiers sauva la Gaule et arrêta l'invasion des Arabes. » (GABOURD, *Hist. de France.*)

A cinq kilomètres nord-ouest de Poitiers, *Migné*, sur l'Auxance, est célèbre par l'apparition, le 17 décembre 1826, d'une grande croix lumineuse dans le ciel pendant l'inauguration d'un calvaire; une foule de fidèles, assemblés pour cette circonstance de clôture d'une mission

Monastère de Ligugé.

prêchée dans la paroisse, purent contempler la croix miraculeuse pendant environ une demi-heure. — A sept kilomètres sud de Poitiers, sur le Clain, *Ligugé* conserve les bâtiments de la célèbre abbaye fondée en 360 par saint Martin, l'illustre disciple de saint Hilaire; ce monastère, le second de la Gaule, fut affilié au VIIe siècle à l'ordre des bénédictins.

LUSIGNAN, dans une charmante contrée, sur la Vonne, est une ancienne seigneurie dont les sires ne sont pas moins célèbres dans l'histoire que dans le roman. Par la protection de la fée Mélusine, dit-on, ils devinrent non seulement comtes de la Marche, mais encore rois de Jérusalem, puis de Chypre. Le redoutable château fort qui défendait leur ville d'origine fut pris et rasé par le duc de Montpensier, en 1575. — Près de *Sanxay*, le Père de la Croix, jésuite belge, mit au jour, de 1880 à 1884, les substructions d'une importante ville gallo-romaine, comprenant des rues entières avec de nombreuses maisons, un temple de soixante-dix mètres de façade sur cent quatorze de longueur, un théâtre dont la scène a quatre-vingt-dix mètres de largeur, et un établissement de bains dont les piscines, les hypocaustes, les canaux, les dallages existent encore.

Mirebeau, ancienne capitale du Mirebalais, dut son origine et son importance à un château bâti par Foulques Nerra, comte d'Anjou. Arthur de Bretagne y fut fait prisonnier par Jean sans Terre. Restes de ce château et de l'enceinte de la ville. Commerce d'ânes renommés, de mulets et de chevaux.

Au canton de Saint-Georges, *Chasseneuil*, sur le Clain, possède une « motte », dite Camp-Romain, emplacement présumé du palais carolingien de *Cassinogilum*, que d'autres placent à Casseuil (Lot-et-Garonne). — A *Dissay*, sur le Clain, magnifique château de la Renaissance, construit par Pierre d'Amboise.

Dans la commune de *Nouaillé*, est située la ferme de la Cardinerie, appelée autrefois **Maupertuis**, et autour de laquelle se livra la terrible bataille du 19 septembre 1356, entre Jean le Bon à la tête de 50 000 hommes, et le prince Noir commandant les Anglais, six fois inférieurs en nombre. « Ceux-ci s'étaient retranchés au sommet d'un coteau fort rapide, planté de vignes et bordé de fourrés impénétrables. On ne pouvait les atteindre que par un sentier étroit, sinueux et bordé de haies garnies d'archers. D'autre part, ils ne pouvaient descendre sans être enveloppés et taillés en pièces. En observant leurs mouvements, il était facile de consommer leur ruine ou d'attendre leurs propositions. Il n'en fut malheureusement pas ainsi. En effet, au lever du jour, les chevaliers français s'élancent étourdiment sur la position inaccessible des Anglais; mais à peine sont-ils engagés dans l'étroit sentier qui mène à l'ennemi, qu'une grêle de flèches tombe sur eux du haut des vignes et des buissons. Les chevaux, piqués par les javelots, s'effarouchent, s'emportent, renversent leurs cavaliers ou se jettent en désordre sur les lignes qui les suivent.

« Le prince Noir s'élance en ce moment, à la tête de sa cavalerie, sur le flanc de cette colonne ébranlée, la coupe, la disperse. Cette charge vigoureuse porte l'épouvante jusqu'au corps de bataille, où se trouvent le Dauphin et le duc d'Orléans. Les milices communales qui le composent perdent courage, lâchent pied et fuient en désordre dans la direction de Poitiers. Le roi, si lâchement abandonné, s'honora au moins par son courage. A la tête de quelques féodaux fidèles, il déploya une valeur extraordinaire. Mille ennemis essayent de le saisir vivant et lui crient : « Rendez-vous! » Jean ne répond qu'en renversant tout ce qui se rencontre devant lui. Deux fois il est blessé au visage; il s'oublie lui-même pour s'attendrir sur son fils Philippe, blessé en le défendant. Il l'éloigne; l'enfant revient et crie avec force : « Père, gardez-vous à droite! Père, gardez-vous à gauche. » Enfin, épuisé de fatigue et enveloppé de toutes parts, Jean rendit son épée au chevalier de Morbec, gentilhomme artésien au service de l'Angleterre. » (F. Agohard.)

Vivonne, au confluent du Clain et de la Vonne, avait jadis le titre de duché. Dans son château aujourd'hui en ruines, naquit le marquis de Rambouillet, dont le salon à Paris fut si célèbre dans l'histoire littéraire du XVIIe siècle.

Vouillé, sur l'Auxance, est célèbre par la victoire remportée en 507 par Clovis, sur Alaric II, roi des Visigoths (Goths de l'ouest). Les évêques, persécutés par ce prince arien, implorèrent la protection du roi des Francs. Clovis, qui avait la passion des combats et l'ambition des conquêtes, dit à ses guerriers : « Amis, je ne puis voir sans douleur que ces hérétiques possèdent la plus belle partie des Gaules. Allons, et avec l'aide de Dieu, chassons-les. » Les guerriers applaudissent, et l'expédition est résolue. L'armée des Francs marche droit à Poitiers. En traversant la Touraine, Clovis défend de prendre autre chose que de l'herbe et de l'eau. Il punit de mort un soldat qui avait commis un vol sur les terres où saint Martin avait été évêque. « Où est l'espoir du succès, dit-il, si nous offensons saint Martin? »

Les Francs rencontrent les ennemis dans les plaines de *Vouillé*, près de Poitiers. Les Westgoths, énervés par le contact des Romains dégénérés, ne tinrent pas longtemps contre le courage et l'intrépidité de leurs adversaires. Déjà la déroute était commencée lorsque, au plus fort de la mêlée, les deux chefs se rencontrent et sans hésiter s'élancent l'un contre l'autre. Les deux champions se heurtent, échangent de terribles coups; enfin, après une dernière lutte, la francisque du vainqueur de Tolbiac fait voler en éclats la brillante armure d'Alaric. Par cette victoire, la domination de Clovis s'étendit du Rhin aux Pyrénées, à l'exception de la Septimanie et de la Provence. — Près de *Béruges*, se trouvent les restes de l'abbaye cistercienne du Pin, fondée en 1136, — et à *Montreuil*, ceux d'un château attribué à Richard Cœur-de-Lion.

II. LOUDUN, petite sous-préfecture de 4600 âmes[1], s'élève à 100 mètres d'altitude sur un coteau qui domine une plaine fertile. Aussi, malgré les ravages du phylloxéra, fait-il un assez grand commerce de vins. D'origine gauloise, comme l'indique son nom de *Laudunum*, cette ville devint la capitale du Loudunais, et fut prise par les catholiques en 1560. Un traité y a été signé en 1616 entre la régente Marie de Médicis, les princes révoltés et les protestants. Louis XIII fit démolir son château et son enceinte, qui abritaient un grand nombre de ces derniers. Un autre souvenir historique de cette époque, c'est le procès et le supplice d'Urbain Grandier, accusé d'avoir ensorcelé le couvent des Ursulines.

MONCONTOUR, sur la Dive du Nord, a donné son nom à une sanglante bataille gagnée en 1569 par le duc d'Anjou, plus tard Henri III, sur les protestants commandés par Coligny. Sur un monticule voisin, donjon carré du XIIᵉ siècle, reste d'un château fort pris par du Guesclin en 1371.

Au nord-est des TROIS-MOUTIERS, châteaux de la Motte-Champdeniers et

---

[1] Arrondissement de LOUDUN : 4 cantons, 57 communes, 34 860 habitants.
Cantons et communes principales : 1. *Loudun*, 4620 habitants. — 2. *Moncontour*, 800 Saint-Jean, 1410. — 3. *Monts-sur-Guesnes*, 880; Verrue, 1000. — 4. *Trois-Moutiers (les)* 1250; Rolffé, 1010.

de Chandoiseau; — près de *Roiffé*, allée couverte de la Pierre-Folle, ayant 17 mètres de longueur.

III. **CHATELLERAULT**, sous-préfecture de 20 000 habitants[1], est située par 55 mètres d'altitude sur la rive droite de la Vienne, qui la sépare de son faubourg de Châteauneuf. Cette ville, très industrielle, est surtout renommée pour sa grande fabrication de coutellerie et par la manufacture d'armes que l'État y a créée après les traités de 1815, afin de remplacer celles de Charleville et de Mézières, trop rapprochées de la nouvelle frontière.

« Établie au confluent de la Vienne et de l'Envigne, cette manufacture

Châtellerault. — Le pont et le faubourg de Châteauneuf.

dispose d'une force hydraulique de 350 chevaux, et de 3 000 chevaux fournis par la vapeur. Des dynamos puissantes et une batterie d'accumulateurs, desservant 1 100 régulateurs et autant de lampes à incandescence, distribuent la lumière et au besoin la force dans toutes les parties de l'établissement. Il s'y fabrique toutes les armes à feu et toutes les armes en usage dans nos armées de terre et de mer pour les officiers et pour la troupe. La production journalière peut atteindre 1 200 armes. C'est la seule manufacture qui confectionne l'arme blanche, c'est-à-dire les lances, les cuirasses, les sabres et épées de tous modèles, les haches d'abordage. Les travaux s'y font à l'entreprise, sous la direction d'officiers d'artillerie et de contrôleurs d'armes. Le nombre des ouvriers, variable avec l'importance des commandes, a dépassé 5 000. » (JOANNE.)

[1] Arrondissement de CHATELLERAULT : 6 *cantons*, 51 communes, 65 480 habitants.
Cantons et communes principales : 1. *Châtellerault*, 20 010 habitants ; Colombiers, 1 010 ; Naintré, 2 750 ; Thuré, 1 970. — 2. *Dangé*, 790 ; Ingrandes, 1 040 ; Ormes (les), 1 310. — 3. *Leigné-sur-Usseau*, 410 ; Saint-Gervais, 1 410. — 4. *Lencloître*, 2 010 ; Saint-Genest, 1 400 ; Scorbé, 1 570. — 5. *Pleumartin*, 1 300 ; Coussay, 1 070 ; Lappuye, 1 020 ; Roche-Posay (la), 1 350 ; Vicq, 1 470. — 6. *Vouneuil-sur-Vienne*, 1 540 ; Archigny, 1 760 ; Beaumont, 1 420 ; Bonneuil, 1 420 ; Cenon.

Les deux églises de Châtellerault, construites au moyen âge et récemment restaurées, sont dédiées, l'une à saint Jacques, l'autre à saint Jean-Baptiste. La ville a aussi un joli pont en pierre sur la Vienne et une belle promenade dite de Blossac. Châtellerault doit la seconde partie de son nom au vicomte Hérault, qui au IXe siècle en tenait la forteresse au nom des comtes de Poitiers. La terre, devenue vicomté héréditaire, fut érigée en duché par François Ier en 1514.

Au canton de DANGÉ, *Ingrandes* et *les Ormes*, sur la Vienne, possèdent, le premier de vastes souterrains-refuges, le second un magnifique château

Manufacture d'armes de Châtellerault.

des Voyer-d'Argenson, dans les galeries duquel sont peintes les batailles du règne de Louis XV. — *Scorbé-Clairvaux*, à l'ouest de LENCLOÎTRE, offre également un remarquable château avec parc.

Au nord-est de PLEUMARTIN, *la Roche-Posay*, pittoresquement située près du confluent de la Creuse et de la Gartempe, exploite dans un établissement thermal trois sources sulfureuses carbonatées et chlorurées sodiques froides. Curieux donjon du XIe siècle, reste d'un château qui fut au moyen âge le siège d'une importante seigneurie. A quatre kilomètres sud-est, ruines de l'abbaye cistercienne de la Merci-Dieu, fondée en 1151.

C'est sur les bords du Clain, près de *Moussais-la-Bataille*, hameau de VOUNEUIL, que, selon la plupart des érudits, Charles Martel écrasa les Sarrasins d'Abdérame. Des tombelles y sont regardées, par la tradition locale, comme la sépulture des principaux chefs arabes. — *Archigny*, sur l'Auzon, est peuplé de descendants de familles acadiennes, chassées d'Amérique au xviiie siècle par les Anglais. — A *Beaumont*, près du Clain, château de Beaudiment, du xve siècle, restauré et embelli dans le style de l'époque. Colline remplie de souterrains-refuges préhistoriques, dits « guériments ». — Près de *Cenon*, se voient les ruines gallo-romaines du *Vieux-Poitiers*, sur un coteau dominant le Clain ; là peut-être s'éleva primitivement *Limonum*, la cité des Pictaves, que les Romains transférèrent au lieu occupé actuellement par Poitiers. On y remarque, en outre, un menhir portant l'une des rares inscriptions gauloises que l'on connaisse.

IV. — **MONTMORILLON**, sous-préfecture de 5 300 habitants[1], s'élève en amphithéâtre sur les deux rives de la Gartempe, à 85-127 mètres d'altitude. Cette ville fut prise aux Ligueurs par Henri IV, qui en fit démolir les fortifications et le château. Outre l'église Notre-Dame, des xie et xive siècles, on remarque parmi les bâtiments du séminaire un curieux monument orné de figures bizarres et connu sous le nom d'Octogone. Cet édifice, que l'on a longtemps attribué aux druides, n'est autre qu'une rotonde sépulcrale à double étage du xiie siècle. Fabrication de macarons renommés, de chaux et de machines agricoles.

CHAUVIGNY, sur une colline de la rive droite de la Vienne, est une des localités les plus intéressantes du Poitou par ses deux magnifiques églises romanes de Notre-Dame et de Saint-Pierre, des xiie et xiiie siècles, ainsi que par les belles ruines des cinq forteresses qui défendaient la ville au moyen âge. Les environs, très pittoresques, offrent les curieux rochers de David, l'abondante source de Talbat et, au-dessus de la profonde vallée des Goths, la caverne à ossements de *Jioux*, « le type le plus complet des cavernes fortifiées de main d'homme qui existent en France. » — Importante carrière de pierres dures.

LUSSAC-LES-CHATEAUX, près de la Vienne, est célèbre par le combat du 31 décembre 1369, où périt l'Anglais Jean Chandos, le rival de du Guesclin en loyauté et en talents.

SAINT-SAVIN, sur la Gartempe, possède la remarquable église d'une abbaye fondée en 810 par Charlemagne. Longue de 80 mètres, cette église est surmontée de deux tours, dont l'une, avec flèche dentelée du xve siècle, atteint une hauteur de 94 mètres. La crypte, renfermant le tombeau de saint Savin, est ornée, aussi bien que l'église, des plus anciennes peintures murales (xie siècle) qui, en France, présentent un ensemble complet.

---

[1] Arrondissement de MONTMORILLON : 6 *cantons*, 60 communes, 64 880 habitants. Cantons et communes principales : 1. *Montmorillon*, 5 280 ; Lathus, 2 260 ; Saulgé, 1 470. — 2. *Chauvigny*, 2 350 ; Saint-Martin, 1 070 ; Saint-Pierre, 1 990. — 3. *Isle-Jourdain (l')*, 1 060 ; Adriers, 1 930 ; Luchapt, 1 030 ; Millac, 1 150 ; Moussac, 1 200 ; Queaux, 1 700 ; Vigean (le), 2 070. — 4. *Lussac-les-Châteaux*, 1 800 ; Bouresse, 1 330 ; Persac, 1 910 ; Salles, 1 100 ; Sillars, 1 020 ; Verrières, 1 090. — 5. *Saint-Savin*, 1 620 ; Angles, 1 100 ; Antigny, 1 010 ; Béthines, 1 160 ; Saint-Pierre, 1 380. — 6. *Trimouille (la)*, 1 840 ; Brigueil, 1 040 ; Journet, 1 130 ; Liglet, 1 160.

La Trimouille, naguère *la Trémouille,* est le berceau de la célèbre famille ducale de ce dernier nom, dont les diverses branches possédèrent la principauté de Talmont, les duchés de Thouars et de Châtellerault, l'importante seigneurie de Laval et, en Italie, la principauté de Tarente.

V. **CIVRAY,** sous-préfecture[1], est une petite ville de 2600 âmes située sur la courbe la plus septentrionale de la Charente, qui coule ici par 115 mètres d'altitude. C'est un marché au blé dans une région de grande production. Son église Saint-Nicolas, du XIIe siècle, offre l'une des plus belles façades de l'école romane poitevine, avec une jolie tour octogonale au-dessus de la croisée. Sur un plateau dominant la Charente, restes d'une commanderie de Malte. L'ancien nom latin de Civray est *Severiacum;* on écrivait encore au XVIIIe siècle Sivrai. L'arrondissement de Civray est riche en débris des temps anciens. C'est ainsi qu'aux environs de *Savigné,* sur la Charente, on remarque les belles grottes préhistoriques du Chaffaud, les restes d'un important prieuré bénédictin, et ceux d'un camp antique.

Charroux, près de la Charente, possédait jadis une célèbre abbaye de bénédictins fondée par Charlemagne, et de laquelle dépendaient de nombreux monastères; il en reste une belle tour octogonale du XIIe siècle. Dans les environs, on voit plusieurs enceintes antiques, deux camps présumés romains, des grottes préhistoriques et de nombreuses tombelles.— A *Céaux,* se trouve la ferme-école de Monts ou Montlouis.

Gençay, sur la Clouère, montre l'imposant château de la Roche, du XVIe siècle, et les ruines non moins remarquables d'un autre château du XIIIe (monument historique). — *Sommières,* sur le Clain, a également un beau château du XVIIe siècle, attribué à Mansart.

---

[1] Arrondissement de Civray : 5 *cantons,* 48 communes, 49690 habitants.
Cantons et communes principales : 1. *Civray,* 2550 habitants; Blanzay, 1520; Savigné, 1690. — 2. *Availles-Limousine,* 2250; Mauprévoir, 1350; Pressac, 1200; Saint-Martin, 1150. — 3. *Charroux,* 1880; Genouillé, 1410; Saint-Romain, 1170. — 4. *Couhé,* 1840; Brux, 1540. Chaunay, 1870; Payré, 1530; Romagne, 1790; Vaux, 1260. — 5. *Gençay,* 1210; Champagné, 1750; Château-Garnier, 1220; Saint-Maurice, 1170; Saint-Secondin, 1130; Sommières, 1180; Usson, 1550.

DEUX-SÈVRES

4 ARRONDISSEMENTS, 31 CANTONS, 354 COMMUNES, 346 700 HABITANTS

Géographie. — Ce département est ainsi appelé de deux rivières du nom de *Sèvre :* la *Sèvre-Niortaise* et la *Sèvre-Nantaise.* Il a été composé pour les neuf dixièmes de trois pays poitevins : le *Niortais,* chef-lieu Niort; le *Thouarsais,* chef-lieu Thouars; la *Gâtine,* chef-lieu Parthenay, et, pour le reste, de communes prises à l'Aunis et à la Saintonge. Son étendue, de 6 055 kilomètres carrés, le place au 45e rang sous ce rapport.

De forme rectangulaire, allongée du nord au sud, ce territoire peu élevé présente néanmoins trois régions naturelles distinctes. Au nord et au centre, la *Gâtine* est une contrée de collines et de plateaux, de bois, d'étangs, de vallons étroits et de chemins creux bordés de haies: ce qui en fit au siècle dernier un pays éminemment favorable à la petite guerre d'embûches et de surprises; le *terrier de Saint-Martin-du-Fouilloux* (272 mètres), au sud-est de Parthenay, en est le point culminant. La *Plaine,* contrée basse et monotone, occupe toute la partie méridionale, excepté le sud-ouest, qui comprend un lambeau du *Marais poitevin.* Ce marais, aujourd'hui desséché, est traversé par la Sèvre-Niortaise, dont la sortie marque l'altitude minimum du territoire : 3 mètres. Niort est à 15-45 mètres, Parthenay à 172; l'altitude moyenne est de 120 mètres.

La moitié du territoire envoie ses eaux à la Loire, notamment par la

Sèvre-Nantaise et par le *Thouet*, qui recueille le *Thouaret*, l'*Argenton*, formé de l'Argent et du Ton, ruisseau de Bressuire, ainsi que la *Dive du Nord*, canalisée depuis Pas-de-Jeu. La seconde moitié départementale fait partie du bassin de la Charente par la *Boutonne*, qui recueille la *Béronne* de Melle, et surtout du bassin de la *Sèvre-Niortaise*, dont les affluents n'ont ici que leur cours supérieur, savoir : l'Autise, la *Vendée* et le Mignon, navigable depuis Mauzé.

« **La Sèvre-Nantaise**, ainsi nommée de ce qu'elle a son embouchure à Nantes, naît dans la Gâtine de Poitou sur les mêmes collines que le Thouet et la Vendée. Lente en son voyage, sinueuse, mais par petits cingles, tantôt en val, tantôt en gorge, son eau sans transparence, ni bleue ni verte, reflète confusément des promontoires de granit sombres comme elle. Elle n'arrose dans le département aucune localité importante. — La **Sèvre** dite **Niortaise**, de ce qu'elle arrose Niort, a pour origine deux charmantes riviérettes bleues, qui se réunissent dans la vaste prairie au-dessous de la Mothe-Sainte-Héraye : la Sèvre et le Pamproux. Ses deux branches réunies, la Sèvre baigne Saint-Maixent; elle reçoit des sources de la roche oolithique et des ruisseaux tortueux de l'impénétrable Gâtine; elle frôle la colline de Niort, puis s'engage dans le Marais : là elle coule comme elle peut, sans pente, sinueusement, péniblement, par des lits étroits, vaseux, profonds, vers lesquels tend le réseau compliqué des canaux du palus. Elle entre dans l'anse de l'Aiguillon près du bourg de Charron. » (O. RECLUS, *En France*.)

Le département des Deux-Sèvres jouit du *climat* girondin, essentiellement doux et modéré : plus froid dans la Gâtine, plus chaud dans la Plaine, plus humide dans le Marais; année moyenne, il y tombe environ 65 centimètres de pluie.

Le sol granitique de la Gâtine, naturellement peu fertile, s'est beaucoup amélioré, grâce aux chaulages et à une culture intelligente. Dans le sud, le sol calcaire de la Plaine est fécond, de même que le terrain alluvial du Marais. Les moissons y sont abondantes et les prairies nombreuses. C'est dans le nord et le sud-ouest que dominent les vignobles. On élève un grand nombre de bêtes à cornes, des chevaux pour la remonte et, dans l'arrondissement de Melle, des mulets dont la race passe pour être l'une des plus belles de l'Europe.

Le département n'exploite guère que les mines de houille de Saint-Laurs. Son industrie manufacturière comprend principalement la filature et la fabrication des draps, cotonnades et toiles : à Parthenay, Azay, Bressuire, Thouars, Saint-Maixent, Niort, etc.; mais cette dernière ville, renommée pour son *angélique*, exerce surtout la peausserie et la ganterie.

Les habitants. — En 1896, le département comptait 346 700 habitants, dont à peine 250 étrangers. C'est le 45ᵉ pour la population absolue et le 47ᵉ pour la densité, avec 57 habitants par kilomètre carré. Il a augmenté de 89 000 âmes de 1801 à 1871 et de 23 000 durant les vingt années suivantes; mais il en a perdu 7 600 depuis le recensement de 1891. Ce département est un de ceux qui comptent le plus de protestants, soit 40 000, lesquels habitent surtout le sud-ouest. Le patois poitevin y est très usité.

Personnages. — Mme de Maintenon, née à Niort, morte en 1719. De Lescure, chef vendéen, né près de Bressuire, mort en 1793. Henri de la Rochejacquelein, autre chef vendéen, né à Châtillon-sur-Sèvre, mort en 1794. De Fontanes, littérateur et homme d'État, né à Niort, mort en 1821. L'explorateur René Caillié, né à Mauzé, mort en 1838. Le colonel Denfert-Rochereau, né à Saint-Maixent, mort en 1878.

Administrations. — Ce département fait partie du diocèse de Poitiers et de la 9e région militaire (Tours). Il ressortit à la cour d'appel et à l'académie de Poitiers, ainsi qu'à la 7e région agricole (Ouest-Central).

Il comprend quatre arrondissements : *Niort, Bressuire, Parthenay, Melle*, avec 31 cantons et 354 communes.

I. NIORT, chef-lieu du département[1], est une ville de 24 000 âmes, bâtie en partie sur le penchant de deux coteaux de 15 à 45 mètres d'altitude, en partie dans la vallée de la Sèvre-Niortaise, qui devient ici navigable. La principale église de Niort, Notre-Dame, date de 1491 à 1534 et offre le style gothique dans toute sa richesse; sa flèche en pierre a 75 mètres de haut. Belles également sont les églises modernes de Saint-Hilaire et de Saint-André, celle-ci dominant toute la ville par sa situation et ses clochers. Le Donjon est un curieux monument formé de deux grosses tours carrées, flanquées de tourelles et réunies par un corps de logis; on l'attribue, soit à Richard Cœur-de-Lion, soit à son père Henri II. Charmant est le jardin public, à côté duquel se trouve la belle fontaine du Vivier.

Les pépinières et les jardins maraîchers de Niort sont justement renommés, ainsi que sa confiture d'angélique. L'industrie de la peausserie : ganterie, chamoiserie, tannerie, corroierie, est une de celles qui y occupent le plus grand nombre d'ouvriers : plus de 1 100 travaillent à la confection des gants de castor ou de daim et à celle des gants d'ordonnance pour la cavalerie. A l'époque gallo-romaine, Niort était un port situé au fond du golfe du Poitou; puis ce fut une simple bourgade jusqu'à Henri Plantagenet, qui bâtit son château. Enlevée en 1202 aux Anglais, qui la ressai-

---

[1] Arrondissement de NIORT : 10 *cantons*, 92 communes, 109 030 habitants.
Cantons et communes principales : 1-2. *Niort*, 23 670 habitants; Coulon, 1 750; Échiré, 1 580; Magné, 1 110; Sainte-Pezenne, 1 750; Saint-Florent, 1 700; Saint-Liguaire, 1 120; Souché, 1 180. — 3. *Beauvoir*, 480. — 4. *Champdeniers*, 1 410; Burin, 1 010. — 5. *Coulonges-sur-l'Autize*, 2 370; Ardin, 1 730; Béceleuf, 1 040; Beugnon, 1 000; Busseau, 1 710; Fenioux, 1 620; Saint-Laurs, 1 230; Saint-Pompain, 1 090; Villiers-en-Plaine, 1 190. — 6. *Frontenay*, 1 940; Vanneau, 1 080. — 7. *Mauzé*, 1 550; Saint-Hilaire-la-Palud, 1 900. — 8. *Prahecq*, 1 040; Aiffres, 1 020; Vouillé, 1 580. — 9-10. *Saint-Maixent*, 5 370; Augé, 1 450; Azay, 1 680; Breloux, 2 190; Cherveux, 1 600; Exireuil, 1 120; Nanteuil, 1 290; Saint-Martin, 1 040; Salvres, 1 550; Souvigné, 1 470.

sirent vers 1290, puis en 1361, elle leur fut définitivement reprise par du Guesclin en 1372. Les protestants y soutinrent en 1569 un siège opiniâtre contre l'armée royale.

Notre-Dame-de-l'Arceau, à Maisontiers.

Échiré, sur la Sèvre-Niortaise, montre le château de Mursay, où fut élevée Mme de Maintenon, et la forteresse en ruines du Coudray-Salbart.

CHAMPDENIERS, dont les foires aux mulets sont très fréquentées, possède une église du XIe siècle, avec crypte, à trois nefs, — et COULONGES, sur l'Autise, un château de la Renaissance. — *Saint-Laurs* exploite des mines de houille et fabrique une grande quantité de chaux pour l'agriculture. — FRONTENAY-ROHAN-ROHAN est une ancienne place forte que saint Louis et son frère Alphonse prirent en 1242. Rohan-Rohan est le nom sous lequel le fief de Frontenay-l'Abattu fut érigé en duché-pairie, en 1764, pour une branche cadette de la famille de Rohan.

MAUZÉ, sur le Mignon, a élevé un buste à René Caillié, célèbre explorateur du Soudan occidental et du Sahara (1799-1838). — *Aiffres*, au canton de PRAHECQ, montre un puits nommé Fosse-de-Paix, vomissant en hiver des torrents d'eau qui inondent les environs.

SAINT-MAIXENT, sur le Mignon, est une ville ancienne qui doit son origine à un monastère fondé vers 460, et dont furent abbés saint Maixent, puis saint Léger, qui devint évêque d'Autun. L'église de cette abbaye subsiste en partie et renferme dans sa crypte les tombeaux des saints précités, tandis que les bâtiments claustraux, reconstruits au XVIIe siècle, sont occupés depuis 1874 par une école militaire des sous-officiers d'infanterie. La ville possède aussi une école de dressage, des filatures et des fabriques de tissus de laine. Jadis fortifiée et beaucoup plus importante, mais infectée d'hérésie protestante, elle fut démantelée en 1627 et dépeuplée par la révocation de l'édit de Nantes. Statue du colonel Denfert-Rochereau, qui défendit Belfort en 1870-71.

II. **BRESSUIRE**, sous-préfecture de 4700 habitants[1], s'élève à 180 mètres d'altitude sur une colline dominant le profond vallon du Ton ou Dolo. Son église Notre-Dame, des XIIe et XVe siècles, a reçu une belle tour de la Renaissance de 1538 à 1542. Le château, des mêmes époques que l'église, est la ruine féodale la plus considérable du Poitou. Bâti sur un promontoire rocheux qui s'avance dans la vallée du Ton, il se compose de deux enceintes de forme très allongée, dont les murs, flanqués jadis de 48 tours, ont un développement total de 670 mètres, de 820 en y joignant la barbacane ou enceinte avancée. Néanmoins ce château est dû à de simples seigneurs, les Beaumont, qui relevaient des vicomtes de Thouars. La ville, qui comptait 8000 habitants lorsque du Guesclin la prit en 1370, n'en avait plus que 630 en 1801, ayant été brûlée par les républicains en 1794. Bressuire, un des premiers marchés de France pour les bestiaux, fabrique des étoffes diverses dites trois-marches.

A *Boismé*, restes du château de Clisson, où naquit le chef vendéen de Lescure (1766-1793).

---

[1] Arrondissement de BRESSUIRE : 6 *cantons*, 91 communes, 86190 habitants.
Cantons et communes principales : 1. *Bressuire*, 4670 habitants; Boismé, 1660; Breuil, 1110; Chiché, 1800; Faye, 1190; Noirterre, 1110; Terves, 1380. — 2. *Argenton-Château*, 1170; Bouillé-Loretz, 1200; Cersay, 1030; Moutiers, 1010. — 3. *Cersizay*, 2030; Cirières, 1010; Combrand, 1320; Courlay, 2550; Pin (le), 1310; Saint-André, 1170. — 4. *Châtillon-sur-Sèvre*, 1520; Aubiers (les), 2630; Neuil, 2130; Saint-Amand, 1980; Saint-Aubin, 1840; Saint-Jouin, 1050; Saint-Pierre, 1150. — 5. *Saint-Varent*, 1970. — 6. *Thouars*, 5030; Mauzé, 1440; Oyron; Saint-Martin, 1230.

Argenton-Chateau, sur une colline très escarpée dominant l'Argenont, fabrique du drap, des serges, des toiles et des coutils. Il doit son surnom à un château qui fut habité par Philippe de Commines et ruiné pendant les guerres de Vendée.

Chatillon-sur-Sèvre, en réalité à 7 kilomètres de la Sèvre-Nantaise, s'appela *Mauléon* jusqu'en 1736, époque de son érection en duché-pairie

Bressuire et son ancien château fort.

pour un comte de Châtillon. Jadis fortifiée, cette ville fut souvent prise et reprise pendant les guerres vendéennes. Environs pittoresques; fabrication de flanelles, de croisés et de cuirs. — Au nord de *Saint-Aubin* se voit le château de la Durbeillère, où naquit en 1773 le chef vendéen Henri de la Rochejacquelein, tué au combat de Nouaillé en 1794. — Le village voisin des *Aubiers* avait été témoin d'une de ses victoires sur les républicains, le 5 mai 1793.

Thouars, sur une colline dominant le Thouet, qui forme ceinture de l'est à l'ouest, est une petite ville assez commerçante, encore entourée d'une partie de ses fortifications du XIIIᵉ siècle. Sur la rivière, profondément encaissée, sont jetés trois ponts hardis et pittoresques; mais ce qu'on remarque surtout, c'est le vaste château, aujourd'hui converti en maison de correction.

« Marie de la Tour-d'Auvergne, épouse d'Henri de la Trémouille, duc de Thouars, fit bâtir ce château en 1635, sur le plan que Philibert Delorme avait proposé à Catherine de Médicis pour la construction du palais des Tuileries. Il se compose d'un grand corps de logis central, accompagné

Château de Thouars.

de quatre pavillons et se développant sur une ligne de cent vingt mètres. La profondeur est de vingt-cinq mètres. Le Thouet coule à l'est; au sud et à l'ouest, on descend par quatre terrasses formant autant de jardins placés en amphithéâtre les uns au-dessus des autres. La façade à l'ouest est précédée d'une cour entourée de portiques à terrasse avec balustrades. L'escalier qui conduit au premier étage est couvert d'un donjon bordé de balustrades, et à l'intérieur présente une gracieuse coupole. Au nord du château on voit la chapelle, ou plutôt quatre étages de chapelles superposées. La plus basse, taillée dans le granit, servait de sépulture aux ducs de Thouars; la seconde servait d'église paroissiale; la troisième portait le nom de chapelle de la Vraie-Croix; la quatrième enfin, la plus vaste et la plus belle, est la chapelle ducale, bâtie dans le genre gothique, très régulière et bien éclairée. »   (Mᵐᵉ Tastu.)

D'origine au moins mérovingienne, Thouars devint une ville féodale très puissante sous ses vicomtes particuliers, qui la possédèrent de 883 à 1397. Plus tard, elle appartint à la famille de la Trémouille, pour laquelle le fief fut érigé en duché-pairie en 1563. Thouars a subi deux sièges brillants, quoique sans succès : l'un en 1372 contre du Guesclin, l'autre en 1793 contre les Vendéens.

A 10 kilomètres sud-est, *Oyron* possède un magnifique château de la Renaissance, dont la chapelle sert actuellement d'église paroissiale.

III. **PARTHENAY**, sous-préfecture de 7000 habitants[1], s'élève en amphithéâtre sur une colline de 170 mètres d'altitude, entourée d'un côté par le Thouet, de l'autre par un ravin. Au pittoresque de cette situation s'ajoute celui de la ville elle-même, dont l'aspect extérieur, complété par une ceinture de remparts à grosses tours, est celui d'une place forte du moyen âge. Les églises Saint-Laurent et Sainte-Croix, conservées au culte, sont, malgré leurs beaux restes d'architecture romane, moins remarquables qu'un portail ruiné du xiie siècle, magnifique débris de l'église Notre-Dame de la Couldre. Une autre église abandonnée, mais presque intacte, se voit à *Parthenay-le-Vieux*, auprès d'anciens bâtiments conventuels.

Parthenay, jadis *Partiniacum*, fut dès le xie siècle la seigneurie la plus puissante de la Gâtine. En 1661, le fief, déjà baronnie, fut érigé en duché pour le maréchal de la Meilleraie. En 1789, il appartenait au comte d'Artois, le futur Charles X. Durant les guerres vendéennes, la ville fut prise et reprise plusieurs fois. Aujourd'hui elle s'adonne à la fabrication des lainages et des cuirs.

AIRVAULT, jolie petite ville près du Thouet, conserve de son ancienne abbaye une église du xiie siècle, remarquable par son triple portail ogival et sa haute flèche en pierre. — *Saint-Jouin-de-Marnes*, près de la Dive Mirebalaise, a également une grande église qui dépendait d'une abbaye de bénédictins. Cette abbaye, la plus ancienne des Gaules, fut fondée au ive siècle par saint Hilaire de Poitiers en un lieu appelé *Ansion* et prit plus tard le nom de son premier abbé, Jovin, frère de saint Maximin de Trèves. En 1303, le comte d'Anjou y gagna sur le duc d'Aquitaine une bataille, à la suite de laquelle le Poitou perdit la rive gauche de la Loire, jusqu'alors sa limite naturelle.

A MAZIÈRES, ferme-école du Petit-Chêne, — et à *Beaulieu*, magnifiques ruines du château construit en 1638 par le maréchal de la Meilleraie.

SAINT-LOUIS-SUR-THOUET a aussi un beau château du temps de Louis XIII, mais qui est bien conservé ; il appartenait au cardinal de Sourdis ; auprès se voient les restes d'une forteresse du moyen âge.

---

[1] Arrondissement de PARTHENAY : 8 *cantons*, 79 communes, 82680 habitants.

Cantons et communes principales : 1. *Parthenay*, 6920 habitants ; Amailloux, 1330. — 2. *Airvault*, 1770 ; Saint-Jouin, 1120. — 3. *Mazières-en-Gâtine*, 1150 ; Beaulieu ; Saint-Georges, 1550 ; Saint-Pardoux, 2130 ; Verruyes, 1740. — 4. *Ménigoute*, 1060 ; Vasles, 3080 ; Vautebis, 1000. — 5. *Moncoutant*, 2920 ; Absie (l'), 1670 ; Chanteloup, 1350 ; Chapelle-Saint-Laurent (la), 2250 ; Clessé, 1370 ; Largeasse, 1250 ; Moutiers, 1370 ; Saint-Paul, 1230. — 6. *Saint-Loup-sur-Thouet*, 1350 ; Gourgé, 1790 ; Louin, 1410 ; Maisontiers. — 7. *Secondigny*, 2460 ; Allonne, 2130 ; Azay, 1420 ; Neuvy-Bouin, 1000 ; Saint-Aubin, 1840 ; Vernoux, 1690. — 8. *Thénezay*, 2360 ; Ferrière (la), 1020 ; Peyratte (la), 1380.

Maisontiers est une modeste et très ancienne commune de 350 habitants, située à l'extrémité du plateau de Gâtine, au canton de Saint-Loup. On y vénère une madone du nom de *Notre-Dame de l'Arceau*, placée d'abord dans la niche supérieure d'une construction en briques, qui paraît d'origine romaine et qui aurait été une borne milliaire. Une statuette de César occupait cette niche, dit la chronique, lorsque saint Hilaire, évêque de Poitiers, passant sur les lieux, y substitua une image de la très sainte Vierge. Cette image, détruite sans doute par les huguenots, fut remplacée au xvii° siècle par une statue en bois assez grossièrement sculptée, mais portant une couronne royale fleurdelisée. Sauvée de la Révolution, elle est conservée dans la nouvelle église, où elle est l'objet de la vénération publique. Une personne pieuse a fait don d'une superbe statue en fonte, qui occupe la niche du monument de l'Arceau.

SECONDIGNY, qui possède une remarquable église du xii° siècle, — et *Azay-sur-Thouet*, fabriquent des tissus. — A *la Peyratte*, canton de THÉNEZAY, se voit une lanterne des morts, monument funéraire du xii° siècle.

IV. **MELLE** est une modeste sous-préfecture de 2 700 habitants[1], bâtie à 140 mètres d'altitude sur le penchant et au sommet d'une colline dominant la Béronne. Cette petite ville possède trois églises romanes : Saint-Pierre sur la colline, Saint-Hilaire dans la vallée, et Saint-Savinien annexée au tribunal. Quelques-unes des galeries souterraines creusées sous le sol de la commune résultent de l'exploitation par les Romains d'une mine de plomb argentifère, qui fit donner à la ville son nom de *Metallum*. Après l'épuisement de cette mine au xii° siècle, la ville redevint prospère par l'industrie des serges qui s'y conserva longtemps. De nos jours elle fait un grand commerce de bestiaux, surtout de beaux mulets, élevés dans l'arrondissement et exportés dans toute l'Europe.

Chizé, sur la Boutonne, fut autrefois une importante place qu'assiégea du Guesclin et sous les murs de laquelle il battit les Anglais, le 21 mars 1373.
— CELLES conserve les restes d'une abbaye de Génovéfains, dont l'église fut reconstruite aux frais de Louis XI et une seconde fois au xvii° siècle.
— CHEF-BOUTONNE, sur une colline au-dessus de la source puissante de la Boutonne, a des fabriques de draps, des tanneries, des clouteries et corderies. — *Rom* est l'antique station romaine de *Rauranum*, située sur la voie de Saintes à Poitiers.

LA MOTHE-SAINTE-HÉRAYE, sur la Sèvre-Niortaise, fabrique des tissus et fait le commerce de mulets. Beau château ayant appartenu à Murat, puis au comte de Lobau.

[1] Arrondissement de MELLE : 7 *cantons*, 92 communes, 68 790 habitants.
Cantons et communes principales : 1. **Melle**, 2 670 habitants. — 2. *Brioux-sur-Boutonne*, 1 210 ; Périgné, 1 360. — 3. *Celles*, 1 590 ; Mougeon, 1 360 ; Prailles, 1 250 ; Thorigné, 1 000 ; Verrines, 1 310. — 4. *Chef-Boutonne*, 2 140. — 5. *Lezay*, 2 550 ; Chenay, 1 000 ; Chey, 1 080 ; Rom, 1 740 ; Sainte-Solline, 1 010 ; Sepvret, 1 120. — *Mothe-Sainte-Héraye (la)*, 2 350 ; Exoudun, 1 310 ; Pamproux, 2 040. — 7. *Sauzé-Vaussais*, 1 710 ; Clussais, 1 350 ; Limalonges, 1 490 ; Melleran, 1 100.

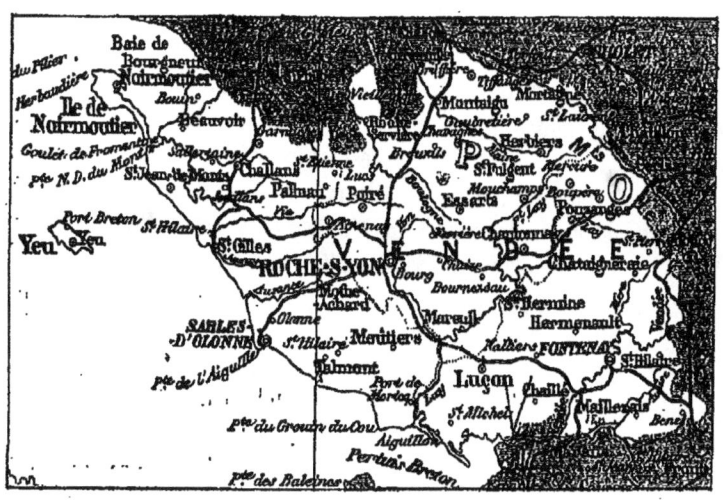

VENDÉE

3 ARRONDISSEMENTS, 30 CANTONS, 303 COMMUNES, 447 700 HABITANTS

Géographie. — Le département de la *Vendée* tient son nom d'une rivière peu importante, et d'ailleurs fort excentrique, qui baigne Fontenay-le-Comte et se jette dans la Sèvre-Niortaise. Tiré du *Bas-Poitou*, qui avait pour capitale ce même Fontenay, il a une superficie de 6 971 kilomètres carrés, y compris l'île de Noirmoutier et l'île d'Yeu. C'est le 25e département pour l'étendue.

La Vendée, limitée par l'Océan à l'ouest, se partage entre les mêmes régions naturelles que les Deux-Sèvres. Le granitique *Bocage*, qui en occupe la plus grande partie, est surtout accidenté à l'est, où se trouvent le mont des Alouettes, 231 mètres, le puy Crapeau, 270 mètres, et la colline de *Saint-Michel-Mont-Mercure*, 285 mètres, point culminant entre Pouzauges et les Herbiers; mais, si ce pays paraît fort boisé, il le doit moins à ses nombreux petits bois qu'aux arbres qui s'élancent des haies vives bordant les chemins creux et toute propriété champêtre. La *Plaine*, contrée calcaire, sèche et dépouillée, n'occupe qu'un faible espace au sud-est. La région alluviale appelée « Marais » comprend au nord-ouest le *Marais breton*, avec ses marais salants qu'on abandonne de plus en plus, et au sud une partie du *Marais poitevin*, coupé de sinueuses et dormantes rivières, de digues et d'innombrables canaux de desséchement. La Roche-sur-Yon est à 50-73 mètres, Fontenay à 8-40 mètres; l'altitude moyenne est de 90 mètres environ.

La côte vendéenne, qui mesure plus de 150 kilomètres, est basse, bordée de marais salants ou de dunes fixées par des plantations de pins. Elle présente un notable exhaussement du sol dans les Marais, qui sont d'anciens golfes actuellement réduits aux baies de Bourgneuf et d'Aiguillon ; l'ancienne île Bouin est aujourd'hui réunie à la côte, et le goulet de Fromentine, entre le littoral et l'île de Noirmoutier, n'a plus que 1500 mètres de largeur à marée basse. Aussi la Vendée ne possède qu'un port à citer, celui des Sables-d'Olonne.

Le Marais poitevin. « Dans ce golfe de fond mou, qui s'appelle l'anse d'Aiguillon, l'imperceptible soulèvement du sol et les dépôts de terre et de mer rétrécissent de plus en plus le domaine de l'Océan. Il y a vingt siècles environ, cette baie poussait au loin des bras dans le continent, jusqu'à Luçon, Fontenay, Niort, Aigrefeuille. L'homme aidant la nature par ses canaux et ses digues, la petite mer intérieure, qui asseyait patiemment ses vases autour d'une vingtaine d'îlots calcaires de dix, de vingt, de trente et quelques mètres de hauteur, a fini par faire place au *Marais poitevin*, que se partagent inégalement la Vendée, les Deux-Sèvres et la Charente-Inférieure. C'est 40 à 50 000 hectares qu'a perdu le vieux golfe, devenu une campagne plate qui domine un peu la mer basse, qui même ne craint pas le flux ; mais les hautes marées de syzygie la dépassent de près de deux mètres, et s'écrouleraient sur elle sans l'obstacle des digues et des sous-digues. L'hiver d'ailleurs couvre cette plaine amphibie, à l'exception des îlots, des levées, des terrées et des mottes. Les îlots, autour desquels s'est cristallisé le Marais, portent des villages, des bourgs, des villes, brandissent des ailes de moulins à vent ; les levées sont plantées de saules et de frênes ; les terrées, buttes artificielles, portent également des frênes, des saules et des trembles, des peupliers, des aulnes ; les mottes, exhaussements faits de boues fournies par le curage des fossés d'enceinte, servent de jardins aux *cabaniers* et aux *huttiers*, ainsi qu'on nomme les maraîchins du palus du Poitou. La baie se remblaie de plus en plus : elle perd en moyenne 30 hectares par an, et déjà l'on pourrait, par des levées, la diminuer de 2000 hectares. » (Onésime Reclus, *En France*.)

Quant aux cours d'eau, quelques-uns se dirigent vers la Loire, tels sont : la *Sèvre-Nantaise*, grossie de la *Maine* vendéenne, et la *Boulogne*, tributaire du lac de Grand-Lieu ; les autres vont directement à la mer ; ce sont d'abord le Falleron, le Grand-Étier, la Vie, navigable depuis Pas-Opton, et l'Ausance. Le *Lay*, qui mesure 104 kilomètres, dont 40 navigables depuis Beaulieu, se forme du Grand-Lay et du Petit-Lay ; il reçoit l'Yon, frôlant le coteau du chef-lieu de la Vendée. La *Sèvre-Niortaise* sert de limite au sud sur 40 kilomètres, qui sont tous navigables ; elle reçoit l'*Autise*, puis la *Vendée*.

La rivière de **Vendée** est presque entièrement comprise dans le territoire qu'elle dénomme ; seulement son origine appartient aux Deux-Sèvres, et le bas de son cours sépare la Vendée de la Charente-Inférieure.

Née sur un faîte de 260 mètres, la Vendée descend en moyenne vers le sud-ouest, et se porte par de très beaux, de très harmonieux replis, dans une gorge profonde de la forêt de Vouvant, à la rencontre de la *Mère*, qui lui arrive à Mervent; elle quitte le Bocage pour la plaine à Fontenay-le-Comte; en même temps elle devient navigable pour des embarcations plates calant habituellement de quatre à vingt tonnes seulement. De Fontenay à l'embouchure dans la Sèvre-Niortaise, il lui reste à parcourir 25 kilomètres, à s'amortir dans le Marais poitevin et à tomber dans le petit fleuve un peu en amont de Marans, à la limite de remonte de la marée. Son cours est de 70 kilomètres.

Le *climat* de la Vendée, compris dans la zone aquitanienne, est généralement doux; plus froid dans le Bocage, plus chaud dans la Plaine, plus humide dans le Marais, qui est aussi malsain. Année moyenne, le territoire reçoit environ 65 centimètres de pluie.

La Vendée, essentiellement agricole, a fait de grands progrès sous ce rapport, notamment dans le Bocage, dont les terres généralement médiocres ont été améliorées par les amendements. On y récolte beaucoup de blé, du vin, des betteraves, des fèves de marais et des choux fourragers. Les prairies naturelles se trouvent surtout dans le Bocage, les prairies artificielles dans la Plaine; mais les bois n'occupent que 31 000 hectares, dont 2 980 pour la forêt de Vouvant, à l'ouest. On élève des bœufs dits de Cholet dans le Bocage, de grands bœufs et de beaux chevaux dans le Marais, des mulets renommés dans la Plaine. Il existe une école d'agriculture à Pétré, près Luçon.

Le département exploite 1 300 hectares de *marais salants* sur la côte et à Noirmoutier, le bassin houiller de Vouvant-et-Chantonnay, des carrières de granit, de pierres à bâtir, et comme engrais les immenses bancs coquilliers de Saint-Michel-en-l'Herm. L'industrie manufacturière, peu active, comprend quelques filatures, des fabriques de draps et de toiles, de chapeaux et de papier.

Les riverains s'occupent aussi de la pêche de la morue et de celle de la sardine, dont on fait des conserves à Saint-Gilles et aux Sables-d'Olonne; près de cette dernière ville, aux bains de mer renommés, existent des parcs d'huîtres.

Les habitants. — En 1896, la Vendée comptait 441 700 habitants, dont 200 étrangers seulement. C'est le 25e département pour la population absolue et le 33e pour la densité, avec 66 habitants par kilomètre carré. Il a gagné 158 000 âmes de 1801 à 1871, et 40 300 durant les vingt-cinq années suivantes. Malgré la foi vive et pratique de ce pays, on y compte environ 4 000 protestants; les campagnards parlent le patois poitevin.

Personnages. — Saint Senoch, né à Tiffauges, vıe siècle. La reine Éléonore de Guyenne, née à Nieul, morte en 1204. Le président au parlement Brisson, né à Fontenay, mort en 1591. Le corsaire Nau, dit l'Olonnais, né aux Sables-d'Olonne, mort en 1671. La Réveillère-Lepeaux, membre du Directoire, né à Montaigu, mort en 1824. Le cardinal de la Fare, né à Luçon, mort en 1829. Le général Belliard, né à Fontenay, mort en 1832.

Administrations. — Le département forme le diocèse de Luçon, ressortit à la cour d'appel et à l'académie de Poitiers, à la 11e région militaire (Nantes) et à la 7e région agricole (Ouest-Central). Il comprend trois arrondissements : *la Roche-sur-Yon, Fontenay-le-Comte* et *les Sables-d'Olonne*, avec 30 cantons et 301 communes.

I. **LA ROCHE-SUR-YON**, chef-lieu du département[1], s'élève à 50-78 mètres d'altitude sur une colline dont l'Yon baigne le pied. C'est une ville toute moderne d'un peu plus de 12 700 âmes, régulièrement bâtie, mais triste et sans vie, où l'on ne remarque guère que la statue équestre de Napoléon Ier, son fondateur, et celle du général Travot, pacificateur de la Vendée. C'était primitivement un bourg du nom de la Roche-sur-Yon, qui eut le titre de principauté dès le xve siècle et fut entièrement détruit pendant les guerres de Vendée. En 1804, Napoléon voulant placer le chef-lieu du département au centre du Bocage, dont il craignait de nouveaux soulèvements, choisit à cet effet l'emplacement de la Roche-sur-Yon, et créa de toute pièce la ville qui prit son nom. La Restauration de 1814 changea ce nom en celui de Bourbon-Vendée; le second empire reprit celui de Napoléon-Vendée; les deux républiques de 1848 et 1870 ont rétabli le nom primitif. — La Roche-sur-Yon tient en mai et juillet des foires où l'on vend un grand nombre d'excellents chiens de chasse.

A *Saint-André-d'Ornay* se trouvent des eaux minérales et les restes de l'abbaye bénédictine des Fontenelles, fondée en 1210.

CHANTONNAY, à trois kilomètres du Grand-Lay, était avec Vouvant le centre d'un petit bassin houiller. Les Vendéens y battirent les républicains le 5 septembre 1793.

LES ESSARTS, à la source de la Petite-Maine, conserve les ruines pittoresques d'un château des Clisson, incendié en 1793.

LES HERBIERS, sur la Grande-Maine naissante, était autrefois une place forte qu'éprouvèrent surtout les guerres de la Vendée. A trois kilomètres au nord se dresse le mont des Alouettes (231 mètres), d'où l'on jouit d'un

---

[1] Arrondissement de LA ROCHE-SUR-YON : 10 *cantons*, 105 communes, 167250 habitants.
Cantons et communes principales : 1. *Roche-sur-Yon* (*la*), 12710 habitants; Bourg, 3020; Chaize (la), 2670; Saint-Florent, 2020; Thorigny, 1540; Venansault, 1920. — 2. *Chantonnay*, 4070; Bournezeau, 2370; Saint-Philbert, 1510. — 3. *Essarts* (*les*), 3480; Dompierre, 1670; Ferrière (la), 2380; Sainte-Cécile, 1850; Saint-Martin, 2310. — 4. *Herbiers* (*les*), 3570; Ardelay, 1670; Beaurepaire, 1510; Épesses, 2010; Mouchamps, 3110. — 5. *Mareuil*, 1840. — 6. *Montaigu*, 1780; Boissière (la), 1530; Bruffière (la), 3000; Cugand, 2190; Saint-Georges, 2370; Saint-Hilaire, 2210. — 7. *Mortagne*, 2200; Gaubretière (la), 2160; Landes (les), 1510; Saint-Laurent, 2910; Verrie (la), 2270. — 8. *Poiré-sur-Vie* (*le*), 4330; Aizenay, 4300; Lucs (les), 2760; Saint-Denis, 1380. — 9. *Rocheservière*, 2030; Saint-Philbert, 2320. — 10. *Saint-Fulgent*, 2200; Brouzils (les), 2660; Chauché, 2860; Chavagnes, 3170; Saint-André, 1690.

immense panorama. Il porte une chapelle élevée à la mémoire des Vendéens tués aux environs, et sept moulins à vent dont les ailes, par leurs dispositions, indiquaient aux Vendéens la situation relative des armées.

Montaigu, sur la Maine, est une ancienne place forte qui eut beaucoup à souffrir dans les guerres de Vendée. Les Vendéens furent défaits sous ses murs en 1793 et y prirent une éclatante revanche la même année.

Vue de la Roche-sur-Yon.

Cugand, près de la Sèvre-Nantaise, possède des filatures de laine et de coton, des fabriques de draps, de futaine, et une papeterie.

Mortagne, en amphithéâtre sur la Sèvre-Nantaise, renferme également des filatures et des ateliers de tissage. Autrefois fortifiée, elle fut prise pendant les guerres de Cent ans et de religion; les Vendéens y furent défaits le 15 octobre 1793. — A *Saint-Laurent-sur-Sèvre* se trouve la maison mère des Sœurs de la Sagesse, l'un des établissements religieux les plus importants de France. — *Tiffauges*, pittoresquement situé sur la Sèvre-Nantaise, montre un château fort qui appartint au cruel Gilles de Retz, dit la Barbe-Bleue. Suivant quelques érudits, c'est aux environs d'*Aizenay* qu'habitèrent les Gaulois Agésinates, placés par d'autres en

Angoumois. — A *Rocheservière*, sur la Boulogne, les royalistes insurgés pendant les Cent jours furent écrasés par le général Lamarque, le 20 juin 1815. — Saint-Fulgent, sur une hauteur, fut témoin d'une victoire des Vendéens en 1793.

II. **LES SABLES-D'OLONNE** ou simplement les Sables, sous-préfecture de 11 800 âmes, près de l'Océan [1], se compose de deux parties distinctes : la ville proprement dite, qui s'allonge au bord d'une rade s'ouvrant au sud, et de l'autre côté d'un chenal le curieux faubourg de la Chaume, aux maisons basses à ne pas dépasser les dunes de la côte. C'est ce faubourg notamment qu'habitent les matelots des Sables, grands pêcheurs de sardines, et qui, pour avoir la réputation de hardis marins, n'en sont pas moins fidèles à visiter la chapelle voisine de Notre-Dame-d'Espérance, soit en accomplissement d'un vœu fait dans un péril imminent, soit pour implorer celle qui est si justement appelée l'Étoile de la mer. Du reste, n'est-ce pas au pied des autels de Marie, et plus encore devant le tabernacle où réside pour nous son divin Fils, que se puisent le courage et la consolation véritables? Le port des Sables, accessible aux navires de 350 à 400 tonneaux, est le principal qui sert de débouché aux produits de la Vendée : grains, sel, huîtres et conserves alimentaires. On remarque aux alentours deux phares et le fort déclassé de Saint-Nicolas, ainsi que des chantiers de construction de navires, de vastes huîtrières et l'une des plages les plus agréables de France par la douceur de sa pente et la finesse du sable ; aussi est-elle fréquentée par de nombreux baigneurs.

Fondée vers la fin du xe siècle par des pêcheurs basques et espagnols, cette ville fut fortifiée par les vicomtes de Thouars, dont elle dépendait. Plus tard, Louis XI creusa son port ; mais en 1696 une flotte anglo-batave la détruisit presque entièrement. En 1793, les Vendéens l'assiégèrent deux fois inutilement ; aujourd'hui ses fortifications sont démolies. — *Olonne* était jadis le siège d'un comté, qui comprenait le canton actuel des Sables.

Beauvoir-sur-Mer ne mérite plus son surnom, car il est maintenant à quatre kilomètres de l'Océan, avec lequel il communique par le canal de la Cahouette ; il s'adonne à la pêche des huîtres et à la fabrication du sel, ainsi que *Bouin*, dans l'île alluviale de ce nom, entourée par la baie de Bourgneuf et les deux bras du Falleron. — *Challans*, à l'entrée du Marais

---

[1] Arrondissement des Sables-d'Olonne : 11 *cantons*, 84 communes, 132450 habitants.
Cantons et communes principales : 1. *Sables-d'Olonne (les)*, 11830 habitants ; Château-d'Olonne, 1750 ; Olonne, 2930. — 2. *Beauvoir-sur-Mer*, 2550 ; Bouin, 2670 ; Saint-Gervais, 2020. — 3. *Challans*, 5450 ; Bois-de-Cené, 1890 ; Garnache (la), 3360 ; Sallertaine, 2460. — 4. *Ile-d'Yeu (l')*, 3490. — 5. *Mothe-Achard (la)*, 960 ; Beaulieu, 1620 ; Sainte-Flaive, 1670. — 6. *Moutiers-les-Mauxfaits (les)*, 960 ; Angles ; Champ-Saint-Père (le), 1930 ; Saint-Vincent, 1800. — 7. *Noirmoutier*, 6090 ; Barbâtre, 1690. — 8. *Palluau*, 620 ; Apremont, 1530 ; Saint-Christophe, 2040 ; Saint-Étienne, 2480. — 9. *Saint-Gilles-sur-Vie*, 1780 ; Coëx, 1800 ; Commequiers, 1900 ; Croix-de-Vie, 1830 ; Saint-Hilaire, 2930. — 10. *Saint-Jean-de-Monts*, 4250 ; Barre-de-Monts (la), 1540 ; Perrier (le), 2060 ; Soullans, 2230. — 11. *Talmont*, 1160 ; Grosbreuil, 1540 ; Longeville, 1840 ; Saint-Hilaire, 2930.

breton, fait le commerce de chaux pour l'agriculture, de même que *la Garnache*, jadis l'un des plus importants fiefs du Poitou.

L'île d'**Yeu** ou île *Dieu*, « ne porte réellement, dit M. Vivien, que le premier de ces deux noms : la lettre *d*, agglutinée au mot, représente ici la préposition qui est notre génitif : *île d'Ieu* pour Yeu; les anciennes chartes le prouvent, qui ne nous donnent d'autres formes que *Oga, Ogia, Oya*. » Séparée du continent par un détroit de 20 kilomètres, cette terre de 2250 hectares est peuplée de 3500 habitants, et défendue par un fort et plusieurs batteries. Son bourg central est Saint-Sauveur, et son havre principal Port-Breton, sur la côte nord. Le comte d'Artois et les Anglais, voulant débarquer en Vendée, l'occupèrent du 2 octobre au 17 novembre 1795, mais ne purent exécuter leur projet.

Angles, au canton de Moutiers, conserve une église avec crypte de l'ancienne abbaye d'Augustins de Notre-Dame-des-Anges.

L'île de **Noirmoutier**, à son extrémité sud, n'est plus qu'à 800 mètres de la côte, et même on va de l'une à l'autre presque à pied sec par le passage du Gué, qui traverse le détroit de Fromentine. C'est une terre de 55 kilomètres carrés, très fertile, ayant des marais salants, mais si basse que les deux tiers ont dû être protégés par des digues. Peuplée de 7800 habitants, elle a pour localité principale Noirmoutier, place forte avec port et bains de mer sur la rade de la Chaize. L'église paroissiale et un donjon sont les restes de la célèbre abbaye bénédictine de Her, fondée vers 680 par saint Philibert, et à laquelle la ville doit son nom : *Hermoutier*, dont on a fait Nermoutier, selon la prononciation du pays. Au IXe siècle, les Normands ravagèrent l'île, qui depuis appartint longtemps aux La Trémouille et ne revint à la couronne qu'en 1720. D'Elbée, général vendéen, y fut pris et fusillé par les républicains en 1794.

Au canton de Palluau, *Apremont*, sur la Vie, conserve de beaux restes du château construit par l'amiral Chabot au-dessus d'une charmante vallée.

Saint-Gilles-sur-Vie est un petit port de pêche à l'embouchure de la Vie. Pendant les Cent jours, les royalistes furent défaits aux environs, le 2 juin 1815, ainsi que le lendemain, près de Saint-Jean-de-Monts, où périt Louis de la Rochejacquelein, leur chef.

Talmont était jadis un port de mer sur l'Océan, et le siège d'une principauté qui appartint aux maisons de Thouars, d'Amboise et de La Trémouille. Ruines d'un château de la Renaissance, et, dans la commune du *Jard*, celle d'une abbaye de Prémontrés, dite Lieu-Dieu.

III. **FONTENAY-LE-COMTE**, sous-préfecture de 10000 âmes, s'élève sur le penchant d'une colline et sur la Vendée, qui y devient navigable à 8 mètres d'altitude. On y remarque les églises Notre-Dame et Saint-Jean, avec portail et flèches admirables, de nombreuses et belles maisons de la Renaissance, les maisons pittoresques qui s'étagent au-dessus du pont des Sardines, et les ruines de l'ancien château des comtes de Poitiers, auxquels la ville doit son surnom. Fortifié dès le XIIIe siècle, Fontenay fut pris quatre fois pendant les guerres de religion. En 1793, les Vendéens furent tour à tour vaincus et vainqueurs sous ses murs. Alors la ville était depuis trois ans le chef-lieu du département, titre qui ne lui fut retiré qu'en 1806. Quant à son industrie, la chapellerie en est actuellement la branche la plus importante, tandis que les grains, chevaux et mulets y sont l'objet d'un grand commerce [1].

Cathédrale de Luçon.

Bazoges-en-Pareds possède des retranchements gallo-romains; — *le Breuil-Baret*, des fabriques de serge, de molleton et de flanelle; — *Vouvant*, des gisements de houille et une église avec portail monumental.

Luçon, à la lisière du Marais poitevin, est une petite ville de 6500 âmes, ayant un port qui communique avec l'anse de l'Aiguillon par un canal de 14 kilomètres. C'est le siège d'un évêché, créé en 1317, et dont Richelieu fut titulaire de 1606 à 1624. Sa cathédrale, de style gothique, est surmontée d'une flèche de 67 mètres de haut. Luçon doit son origine à un monastère fondé au VIIe siècle par saint Philbert; les protestants la saccagèrent en 1568, et les républicains y défirent les Vendéens en 1793.

Les bouchots de l'anse de l'Aiguillon. — *L'Aiguillon-sur-Mer* est un port de pêche et de cabotage, près de l'embouchure du Lay et sur l'anse ou golfe de l'Aiguillon. On y fait la culture des moules dans d'immenses enclos appelés *bouchots*, et formés de palissades en pieux et clayonnages. Ces palissades dessinent un angle dont le sommet est vers la pleine mer, et l'ouverture du côté de la terre. Une porte étroite, ménagée à l'extrémité de l'angle pour recevoir des filets ou d'autres engins qui arrêtent le poisson au moment du flux, complète le bouchot en en faisant un parc à moules et une pêcherie. C'est là que se développent les moules.

Les petites moules, écloses au printemps, portent le nom de « semence »

---

[1] Arrondissement de FONTENAY-LE-COMTE : 9 *cantons*, 114 communes, 142080 habitants.

Cantons et communes principales : 1. *Fontenay-le-Comte*, 10010 habitants; Langon (le), 1530. — 2. *Chaillé-les-Marais*, 2200; Champagné, 1550; Ile-d'Elle (l'), 1980; Vouillé, 1590. — 3. *Châtaigneraie (la)*, 1940; Bazoges, 1910; Mouilleron, 1710; Saint-Pierre-du-Chemin, 2240. — 4. *Hermenault (l')*, 1950; Nailliers, 2550. — 5. *Luçon*, 6750; Aiguillon (l'), 1820; Saint-Michel, 2870; Triaize, 1540. — 6. *Maillezais*, 1360; Benet, 2590; Vix, 2530. — 7. *Pouzauges*, 3410; Boupère (le), 2930; Flocellière (la), 1950; Montournais, 2240; Saint-Mesmin, 1870; Saint-Michel, 1670. — 8. *Saint-Hilaire-des-Loges*, 2530; Foussais, 1500. — 9. *Sainte-Hermine*, 1960.

dans le langage des *boucholeurs*, qui emploient des expressions de jardinage. Jusque vers la fin de mai, elles ne sont guère plus grosses que les « lentilles »; alors elles grossissent rapidement, et en juillet elles atteignent la taille d'un « haricot ». Elles peuvent être « transplantées » ou mises dans des poches faites de vieux filets, que l'on fixe sur des clayonnages moins avancés en mer. Les jeunes moules se répandent tout autour de la poche et s'attachent à l'aide de leurs filaments connus sous le nom de *byssus*. A mesure qu'elles grossissent et que l'espace leur manque, on les « éclaircit » et on les « répique » sur de nouveaux pieux plus rapprochés du rivage. Enfin on « plante » sur les bouchots les plus élevés les moules qui ont acquis toute leur grosseur et sont devenues marchandes. C'est là que se fait la « récolte ». Chaque jour une énorme quantité de moules sont transportées à la Rochelle, d'où les expéditeurs les envoient à Tours, Limoges, Bordeaux, etc. — Les bouchots, disposés sur sept rangs, dont quelques-uns ont jusqu'à un kilomètre de la base au sommet, occupent une longueur de 10 kilomètres sur 4 de largeur, soit une superficie de 4 000 hectares; ils sont de la part des habitants l'objet d'un commerce qui s'élève de un à deux millions de francs par an.

Près de *Saint-Michel-en-l'Herm*, on voit d'immenses bancs de coquilles d'huîtres, complètement émergés, qui se trouvent maintenant à dix mètres au-dessus de l'Océan, et que l'on a utilisés au moyen âge pour construire une jetée abritant un port, aujourd'hui éloigné de la mer.

MAILLEZAIS, sur l'Autise, avait jadis une puissante abbaye de bénédictins, fondée en 990, et où fut rédigée aux deux siècles suivants une chronique fort importante pour notre histoire. En 1317, un évêché ayant été établi dans la ville, l'église abbatiale devint cathédrale; mais, en 1648, cet évêché fut transféré à la Rochelle, et depuis lors Maillezais n'a cessé de déchoir; la cathédrale et l'abbaye elles-mêmes sont en ruines.

POUZAUGES s'élève sur le penchant d'une colline de 280 mètres, autrefois couronnée par une forteresse, dont il reste notamment un beau donjon carré du XIIIe siècle. De là le regard embrasse presque toute la Vendée jusqu'à l'Océan, de la flèche de Niort aux tours de la cathédrale de Nantes. — *Saint-Michel-Mont-Mercure* est situé à 285 mètres d'altitude, au point le plus élevé du département. Le surnom de cette commune, longtemps altéré en *Mont-Malchus*, montre le culte de saint Michel, généralement pratiqué sur les hauteurs, succédant à celui de Mercure, adoré sur les hauts lieux par les Gallo-Romains. Cette localité est la seule en France qui conserve le souvenir en quelque sorte vivant de cette substitution, familière aux premiers missionnaires chrétiens.

Faymoreau, près de la Vendée naissante, utilise dans une grande verrerie à bouteilles la houille extraite sur son territoire. — *Nieul-sur-Autise* conserve l'église et le cloître d'une importante abbaye de bénédictins, fondée en 1068 par Guillaume VI, duc d'Aquitaine.

LIMOUSIN ET MARCHE

3 DÉPARTEMENTS

HAUTE-VIENNE, CORRÈZE, CREUSE

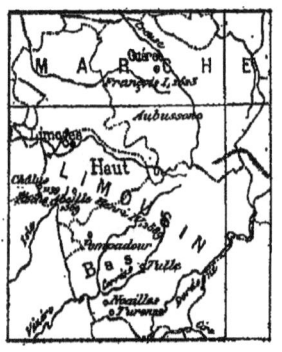

Carte historique.

Sommaire géographique. — Le territoire du *Limousin* et de la *Marche* forme un plateau granitique de 450 mètres d'altitude moyenne, sillonné de vallées généralement profondes et surmonté de collines ou monts, dont le plus élevé atteint 984 mètres : c'est le Bessou, situé au sud-est d'Eymoutiers, à la lisière du plateau de Millevaches, qui est la clef de voûte occidentale du Massif central ; la sortie de la Vézère, au sud-ouest, est le point le plus bas : 80 mètres.

Ces deux anciennes provinces envoient leurs eaux à la Loire et à la Garonne. Le climat y est rude comme sur le Plateau central, sauf dans le bassin inférieur et calcaire de Brive, qui jouit du climat méridional dit girondin. Cette dernière région est aussi la seule qui soit favorable à l'agriculture ; ailleurs dominent les forêts et les pâturages, où l'on élève de nombreuses bêtes à cornes ou à laine et d'excellents chevaux limousins. L'industrie est peu active ; toutefois le sous-sol fournit surtout le kaolin de Saint-Yrieix, qui alimente les célèbres manufactures de porcelaine de Limoges; la manufacture nationale d'armes établie à Tulle et les fabriques de tapis d'Aubusson sont aussi réputées.

Historique. — Le **Limousin**, un des grands gouvernements de la France centrale, était borné au nord par la Marche, à l'est par l'Auvergne, au sud et à l'ouest par la Guyenne. Ses deux villes principales étaient comme aujourd'hui Limoges, chef-lieu du Haut-Limousin, aussi bien que de toute la province, et Tulle, chef-lieu du Bas-Limousin. C'est la patrie des anciens *Lémovices*, mais patrie amoindrie au xe siècle par la distraction de son septentrion, qui devint l'important comté de la Marche. — Après avoir lutté longtemps contre les Romains, les Lémovices furent incorporés dans l'Aquitaine. Au IIIe siècle, saint Martial leur apporta la connaissance du divin Sauveur et fonda l'évêché de Limoges. Par sa victoire de Vouillé, en 507, Clovis chassa les Westgoths de l'Aquitaine, qui fut érigée en duché sous ses descendants. L'un d'eux, Dagobert, eut pour ministre l'illustre saint Éloi, qui fit de l'abbaye de Solignac le berceau de la grande école d'orfèvrerie limousine. Au reste, la vie monastique fut très florissante dans le Limousin jusqu'au XIIIe siècle. Il suffit de citer les abbayes de Saint-Martial de Limoges, de Saint-Léonard, du Dorat, de Saint-Junien, surtout celle de Grandmont, qui devint le foyer de l'émaillerie limousine et eut des affiliations dans toute la France. C'est encore aux religieux que sont dues les intéressantes chroniques rédigées dans le Limousin au XIe et au XIIe siècle, ainsi qu'une belle variété d'architecture romane qui se répandit dans les pays d'alentour. Au moyen âge, la langue limousine, assez identique au catalan ou au valencien d'Espagne, fut illustrée par des troubadours célèbres, tels que Bernard de Ventadour et Bertrand de Born.

Au point de vue politique, le Limousin ne forma jamais de fief à lui seul. Dépendant de l'Aquitaine, il passa à l'Angleterre par suite du mariage d'Éléonore avec Henri Plantagenet, dont le fils et successeur, Richard Cœur-de-Lion, reçut un coup mortel au siège de Châlus, en 1199. Le pays ne fut reconquis définitivement qu'à la fin de la guerre de Cent ans, dont il eut beaucoup à souffrir. Il fut de même très éprouvé pendant les guerres de religion, qui donnèrent lieu à la bataille de la Roche-l'Abeille, en 1569. Alors les villes qui avaient fait partie de la puissante vicomté de Limoges appartenaient à la famille d'Albret; elles revinrent peu après à la couronne avec Henri IV. Louis XV compléta la réunion de la province en achetant la vicomté de Turenne. En 1790, le Limousin forma le département de la Corrèze, la partie sud-est de la Haute-Vienne, des lambeaux de la Creuse et de la Dordogne.

La **Marche**, dont le nom signifie *frontière*, était située sur la limite septentrionale du Limousin : d'où son nom de Marche *limousine*. A la Révolution, elle formait un grand gouvernement militaire qui avait pour bornes : le Berry au nord, le Bourbonnais et l'Auvergne à l'est, le Limousin et un coin de la Guyenne au sud, le Poitou à l'ouest. Ses deux divisions principales étaient la *Haute-Marche*, capitale Guéret, qui l'était aussi de toute la province, et la *Basse-Marche*, qui eut successivement pour capitales le Dorat et Bellac.

Primitivement habité par des *Lémovices*, le territoire de la Marche fut compris dans la première Aquitaine des Romains jusqu'à l'invasion des Westgoths, puis conquis par les Francs en 507, et incorporé au duché d'Aquitaine avec le reste du pays limousin auquel il avait toujours été uni. Ce fut le duc Guillaume Tête-d'Étoupe qui l'en sépara en 944, pour le donner à Bozon le Vieux, premier comte de la Marche. Les plus célèbres successeurs de Bozon furent les Lusignan, qui régnèrent sur le pays de 1177 à 1303. Saisie à cette dernière date par Philippe le Bel, la Marche passa plus tard en différentes mains jusqu'à sa réunion définitive à la couronne en 1531, par suite de la confiscation des domaines du connétable de Bourbon. Depuis lors le seul événement à signaler est l'insurrection des Crocquants, qui, en 1592, du bourg de Crocq s'étendit dans plusieurs de nos provinces du centre. En 1790, on tira de la Marche le département de la Creuse presque entier, la partie nord de la Haute-Vienne et une petite partie de l'Indre.

Saint Martial et sainte Valérie. — « On croit que Martial est cet heureux enfant que Jésus appela et qu'il plaça au milieu de ses apôtres en leur disant : « En vérité je vous le dis, si vous ne vous convertissez et ne devenez comme les petits enfants, vous n'entrerez point dans le royaume des cieux. » Ce serait lui aussi que désigna saint André en disant à Jésus au moment de la multiplication des pains : « Il y a ici un petit garçon qui a cinq pains d'orge et deux poissons ; mais qu'est-ce que cela pour tant de monde ? » Chargé par l'apôtre saint Pierre d'annoncer l'Évangile aux peuples de la Gaule, saint Martial travailla pendant de longues années à la conversion de l'Aquitaine, immense province qui s'étendait entre l'Océan, la Loire et le Rhône.

« Pendant qu'il annonçait la parole de Dieu au peuple de Limoges, saint Martial reçut l'hospitalité chez une illustre dame romaine, Suzanne, veuve du dernier proconsul de la province.

« Suzanne et **Valérie**, sa fille, reçurent le baptême avec six cents de leurs esclaves.

« A la mort de sa mère, la pieuse Valérie résolut de se consacrer entièrement à Dieu. Elle avait été destinée à épouser Julianus Silanus, le nouveau proconsul ; mais elle renonça à cette brillante alliance et fit le vœu de virginité. Puis elle partagea entre l'évêque et les pauvres de Limoges son or, ses bijoux, ses riches vêtements et ses vastes domaines. Elle affranchit ses nombreux esclaves, et les confia à saint Martial pour qu'il les formât à la vie chrétienne. — Furieux de la conversion de la noble jeune fille, dont il convoitait les biens, Julianus Silanus lui ordonna de comparaître en sa présence. Valérie se présenta devant lui avec un maintien digne et modeste, et attendit humblement qu'il lui plût de l'interroger. Le proconsul l'ayant accablée de reproches, elle l'exhorta avec douceur à abandonner comme elle les idoles pour s'attacher au vrai Dieu. Mais Julianus, outré de colère, la condamna à avoir la tête tranchée. Valérie s'avança joyeuse vers le lieu du supplice, et fut probablement parmi les vierges de la Gaule la première qui eut le bonheur de donner sa vie pour Jésus-Christ. » (Isabelle VERNY, *les Saints de France*.)

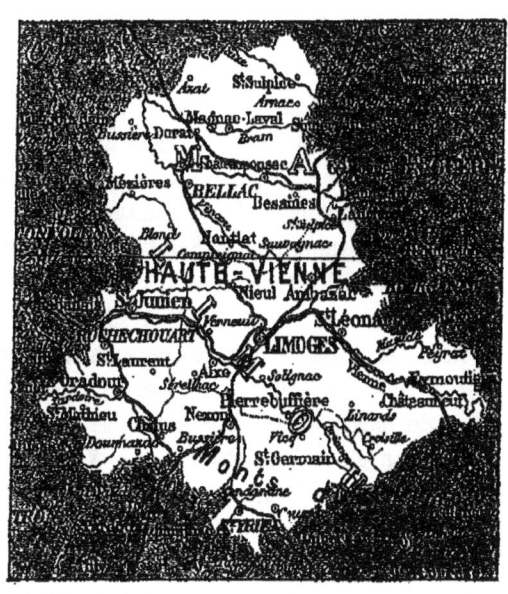

HAUTE-VIENNE

4 ARRONDISSEMENTS, 27 CANTONS, 203 COMMUNES, 375 700 HABITANTS

Géographie. — Ainsi nommé de la *Vienne* supérieure, qui le traverse de l'est à l'ouest, ce département a été tiré, pour les trois cinquièmes, du *Haut-Limousin*, dont le chef-lieu était Limoges, et, pour le reste, de la *Basse-Marche*, qui eut successivement le Dorat et Bellac pour capitale, de portions du Poitou et du Berry. Sa superficie est de 5 490 kilomètres carrés, ce qui le place au 65ᵉ rang sous ce rapport.

Par la nature granitique et l'élévation de son sol, le territoire de la Haute-Vienne appartient au Plateau central, dont il constitue l'extrémité occidentale. Sillonné de nombreuses vallées étroites, mais fraîches et souvent pittoresques, il est traversé de l'est à l'ouest par deux chaînes principales : celle du sud, connue sous le nom de *monts du Limousin*, renferme le point culminant du département, la colline de *Souffrangeas*, au sud-est d'Eymoutiers, sur la frontière de la Corrèze : elle atteint 777 mètres ; la chaîne du nord, ou les *monts de la Marche*, a pour sommet le plus haut le Puy de Sauvagnac, 701 mètres. Limoges est à 210-260 mètres, Saint-Yrieix à 335-408 mètres ; le point le plus bas est la sortie de la Gartempe, 125 mètres ; l'altitude moyenne, de 350 mètres environ.

Les huit dixièmes du territoire appartiennent au bassin de la Loire par la *Vienne*, qui y parcourt 140 kilomètres de l'ouest à l'est.

La **Vienne** « naît sur le plateau bossu de Millevaches, à la base du plus haut mamelon du mont Odouze. Puis ses eaux claires, bien que teintées de rouge, usent un chemin de pierre dans une délicieuse vallée tournoyante, entre les dômes boisés, dans les prairies où paissent les grands bœufs et les chevaux du Limousin. De sa source, à 858 mètres d'altitude, elle descend si vite, par Eymoutiers et Saint-Léonard, qu'à Limoges son niveau n'est plus que de 240 mètres. Devant cette ville, au loin renommée pour ses porcelaines, elle est large de 75 à 80 mètres, ayant déjà pris leur eau, leur nom, leur gloire à trois courants faits de ruisseaux nés sur des pelouses éternellement humides, à trois joyeux torrents qui, de l'amont à l'aval et du plus petit au plus grand, se nomment la Combade, la Maude et le Taurion ». (O. RECLUS.) — La Vienne reçoit ensuite la Briance, la Glane, la Graine, ruisseau de Rochechouart, et par la Creuse la *Gartempe*, qui recueille la Semme, le Vincou, arrosant Bellac, et la Brame.

Au bassin de la *Charente* appartiennent les sources de ce fleuve, de la Tardoire, du Bandiat, et au bassin de la Garonne celles de l'*Isle* et de ses affluents : l'Auvezère, la Loue et la Dronne.

La Haute-Vienne dépend généralement du *climat* auvergnat, l'un des plus froids de France; les pluies annuelles y atteignent près d'un mètre.

Le sol est généralement infertile sur les hauteurs, que couvrent des landes ou bruyères, des bois (45 000 hectares) et des châtaigneraies; aussi les châtaignes sont-elles avec les pommes de terre la principale nourriture des habitants, qui récoltent moins de froment que de seigle et de sarrasin. En revanche, les prairies naturelles occupent un quart du territoire de la Haute-Vienne, qui élève d'excellents chevaux limousins et de nombreux animaux de races bovine, ovine et porcine. Une ferme-école départementale fonctionne à Chavagnac, commune de Peyrilhac.

Ce département est riche en minéraux; mais ses gisements de beaucoup les plus importants sont ceux de kaolin et de pétunzé, exploités à Saint-Yrieix et à Coussac-Bonneval. L'industrie de la porcelaine, qui a pour centre Limoges, est non seulement la plus importante de la région, mais encore ses produits ont une renommée universelle. Viennent ensuite les flanelles et droguets, les fers, les cartons et papiers-paille, les spiritueux, les gants, les sabots et chaussures, dont Limoges est aussi généralement le centre de fabrication.

Les habitants. — En 1896, la Haute-Vienne comptait 375 700 habitants, parmi lesquels 300 étrangers à peine. Pour la population absolue, ce département est le 37e, et pour la densité le 31e, ayant 68 habitants par kilomètre carré. Il a gagné 77 300 âmes de 1801 à 1871, et 53 200 pendant les vingt-cinq années suivantes. La religion catholique y est presque exclusivement professée; dans les campagnes règne le patois limousin; ce département est l'un des derniers au point de vue de l'instruction. — La douceur, l'amour du travail, l'économie, l'hospitalité, l'attachement aux croyances religieuses, l'amour du sol natal et du foyer domestique, auxquels ils reviennent toujours malgré leur migration forcée, sont les qualités communes à tous les Limousins.

Personnages. — Saint Yrieix, né à Limoges, mort en 591. Saint Éloi, né à Chaptelat, mort en 659. Le bienheureux Lamy, patriarche de Jérusalem, né à Limoges, mort en 1360. L'émailleur Léonard Limosin, né à Limoges, mort en 1550. Le savant Marc-Antoine Muret, né à Muret, mort en 1585. Le vertueux chancelier d'Aguesseau, né à Limoges (mort en 1751), ainsi que l'orateur girondin Vergniaud, mort en 1793, et les maréchaux Jourdan et Bugeaud, morts en 1833, 1849. Le chirurgien Dupuytren, né à Pierrebuffière, mort en 1835. Le chimiste et physicien Gay-Lussac, né à Saint-Léonard, mort en 1850. Le président Sadi Carnot, né à Limoges, mort tragiquement à Lyon en 1894.

Administration. — La Haute-Vienne forme avec la Creuse le diocèse de Limoges, ressortit à la cour d'appel de Limoges, à l'académie de Poitiers, à la 12e région militaire (Limoges), à la 4e région agricole (Ouest) et à l'arrondissement minéralogique d'Angers.

Il comprend 4 arrondissements: *Limoges, Bellac, Rochechouart, Saint-Yrieix*, avec 27 cantons et 203 communes.

I. **LIMOGES**, chef-lieu du département[1], est une cité prospère de 78 000 âmes, qui s'élève, par 210-260 mètres d'altitude, au sommet et sur le penchant d'un coteau que baigne la Vienne. Cette ville, la plus considérable du centre de la France, est généralement mal bâtie; mais elle s'embellit chaque jour. On y remarque notamment la magnifique cathédrale gothique Saint-Étienne, commencée en 1273; les ponts Saint-Martial et Saint-Étienne, de la même époque; le bel hôtel de ville moderne, le musée céramique et les nouveaux quartiers qui ont pour centre la place Jourdan.

Limoges, célèbre au moyen âge par ses ateliers d'orfèvrerie religieuse et plus tard par l'habileté de ses émailleurs, a remplacé au xviiie siècle ces industries alors déchues par celle des porcelaines, qui n'a cessé de se développer jusqu'à ce jour. C'est ainsi que de nombreux établissements dans la ville et aux environs s'occupent de la préparation du kaolin, de la fabrication et de la cuisson des pâtes, de la décoration et de la vente des porcelaines limousines, d'une réputation universelle. La fabrication

---

[1] Arrondissement de Limoges : 10 *cantons*, 81 communes, 186 480 habitants.
Cantons et communes principales : 1-2. *Limoges*, 77 700 habitants; Couzeix, 1 890; Isle, 2 170; Panazol, 1 660; Solignac; Vigen, 1 720. — 3. *Aixe-sur-Vienne*, 3 700; Sérellhac, 2 280; Verneuil, 2 120. — 4. *Ambazac*, 3 760; Saint-Laurent, 1 540. — 5. *Châteauneuf*, 1 750; Croisille (la), 2 360; Linards, 2 060; Neuvic, 2 010. — 6. *Eymoutiers*, 4 560; Bujaleuf, 2 510; Nedde, 2 130; Peyrat, 2 510; Saint-Julien, 1 660. — 7. *Laurière*, 1 890; Bersac, 1 740; Saint-Sulpice-Laurière, 1 500; Saint-Sylvestre, 1 610. — 8. *Nieul*, 1 010; Peyrilhac, 1 380; Veyrac, 1 720. — 9. *Pierrebuffière*, 960; Saint-Jean-Ligoure; Saint-Paul, 1 910. — 10. *Saint-Léonard*, 5 630; Sauviat, 1 630.

des chaussures et des sabots, la distillation des spiritueux et le tissage des étoffes, ont aussi une grande importance à Limoges.

Lorsque cette ville était la capitale des Gaulois Lémovices, elle avait nom *Rita* et s'élevait sur une terrasse de la rive droite de la Vienne, à deux kilomètres sud-ouest de son emplacement actuel. Les Romains la descendirent au bord de la rivière, l'ornèrent d'édifices somptueux et la nommèrent *Augustoritum*. Au IIIe siècle, saint Martial y apporta le christianisme et fonda son évêché. Le tombeau de cet apôtre, érigé sur la colline voisine, devint l'origine d'un monastère, et le monastère lui-même le noyau d'une nouvelle ville, qui depuis le Xe siècle dépassa toujours la

Limoges. — Cathédrale Saint-Étienne.

Cité en importance : elle appartint longtemps aux abbés de Saint-Martial, tandis que sa sœur aînée dépendait des vicomtes de Limoges. Vassaux indisciplinés des ducs d'Aquitaine, devenus rois d'Angleterre, les vicomtes s'attirèrent la colère de leurs suzerains, Henri au Court-Mantel et Richard Cœur-de-Lion; mais, en voulant réprimer la révolte, ceux-ci furent blessés à mort, le premier devant la Cité en 1181, le second au siège de Châlus en 1199, avant d'arriver à Limoges. Moins heureuse pendant la guerre de Cent ans, la ville, ayant ouvert ses portes à du Guesclin, fut mise à feu et à sang par le prince Noir en 1370. La possession de la vicomté de Limoges par la famille d'Albret y favorisa malheureusement l'introduction du protestantisme, qui donna lieu à des rixes sanglantes entre les habitants de la ville haute et ceux de la ville basse. L'administration éclairée de Turgot vint enfin préparer la réunion des deux agglomérations en une même ville, et faciliter l'assainissement et l'embellissement des principaux quartiers, en même temps que l'augmentation de la richesse publique par l'essor nouveau donné au commerce et à l'industrie. Jusqu'à la Révolution, Limoges fut la capitale du Limousin.

Fabrication de la porcelaine. — Le kaolin est la principale matière employée dans la fabrication de la porcelaine. Le kaolin français est une argile blanche, friable, maigre au toucher, ne faisant pâte avec l'eau que difficilement. Il est d'abord lavé et décanté pour le dépouiller d'une quantité considérable d'un sable siliceux, et aussi de gros grains de quartz.

Dans la porcelaine dite de service : assiettes, tasses, vases, etc., qui se fabrique à Sèvres, il entre 70 centièmes de kaolin, 20 centièmes de sable feldspath (pétunzé) et 10 centièmes d'une craie qu'on tire de Bougival

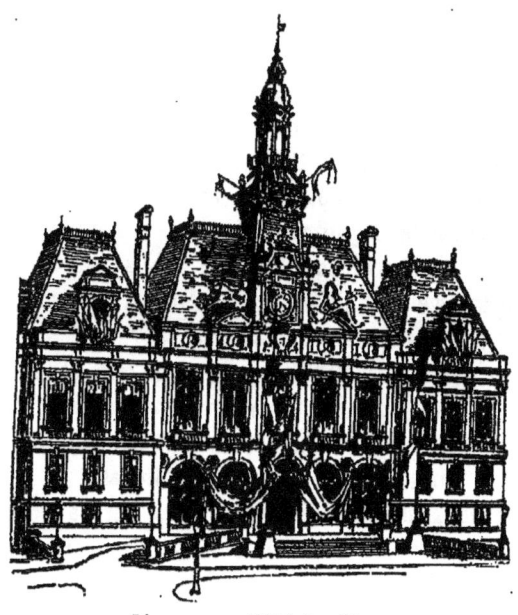

Limoges. — Hôtel de ville.

(près Paris). Le tout est réduit en une poudre tamisée avec soin et assez fine pour flotter sur l'eau. On forme une pâte, et l'on abandonne la matière à son action propre pendant un temps plus ou moins long, soit environ six mois. Ce sont des pâtes de cette sorte que Limoges expédie en barriques. Quand vient le moment d'employer la pâte, on lui rend sa souplesse avec de l'eau, on la triture et on la bat pour en chasser les bulles d'air; puis on la façonne au tour comme les autres poteries, mais en y apportant un soin extrême. Les pièces ainsi préparées sont déposées à l'étuve dans des enveloppes de plâtre, qui absorbent l'humidité. Les voûtes, le plancher, les tablettes de l'étuve sont aussi de plâtre. Au bout de deux heures, les pièces sont sèches; on les répare avec un couteau, on les polit avec la main, enfin on les enferme dans des *gazettes*, longs vases d'une argile très réfractaire et où il entre beaucoup de sable : celle qui vient de la forêt de Dreux est réputée la meilleure.

On met au four pendant quarante-huit à soixante heures, en élevant graduellement la chaleur; après quoi le biscuit est terminé. Il reste à le recouvrir d'émail blanc ou colorié. La peinture sur porcelaine se fait au pinceau comme la miniature, avec des matières colorantes qu'on fixe par une ou plusieurs nouvelles cuissons : opérations critiques, car un feu trop violent brûle les couleurs ou en détruit l'harmonie, et quelquefois fend la porcelaine, forçant ainsi à recommencer sur nouveaux frais.

Solignac, sur la Briance, possédait avant la Révolution une importante abbaye de bénédictins, dont l'intéressante église est actuellement paroissiale et les bâtiments occupés par une manufacture de porcelaine. Cette abbaye, fondée par saint Éloi en 651, devint, grâce à lui et à son disciple saint Tillon, le berceau de l'orfèvrerie limousine.

Aire-sur-Vienne est une jolie petite ville qui fabrique des cuirs et des instruments de pesage; son château fort, célèbre dans les guerres des Anglais et de religion, fut détruit en 1809.

Ambazac conserve la magnifique châsse byzantine renfermant les reliques de saint Étienne de Muret, fondateur de l'abbaye de Grandmont, laquelle fut établie primitivement au village de Muret, commune d'Ambazac. — Chateauneuf a une papeterie importante.

Eymoutiers, bâti en amphithéâtre sur la rive gauche de la Vienne, doit son nom à l'abbaye bénédictine d'*Antimonasterium*, fondée au xe siècle sur le tombeau de saint Pramoldy, et dont il reste une belle église des xie-xve siècles. Tanneries, minoteries et filatures.

Au canton de Laurière, *Bersac* montre sur la Gartempe un beau viaduc du chemin de fer de Paris à Toulouse, qui possède aussi une importante gare de bifurcation à *Saint-Sulpice-Laurière*. — Près de *Saint-Sylvestre*, quelques ruines marquent l'emplacement de l'illustre abbaye chef d'ordre de *Grandmont*, fondée en 1076 par saint Étienne de Muret, et qui fut aux xiie et xiiie siècles le centre de l'école d'émaillerie limousine. La plupart des reliquaires répandus aujourd'hui dans les églises de la Haute-Vienne et de la Corrèze proviennent de ce centre artistique. Pour sa part, l'église de Saint-Sylvestre possède une châsse en argent doré et un buste en argent du saint fondateur.

Au canton de Nieul se trouve *Chaptelat*, lieu de naissance de saint Éloi, évêque de Noyon, en Ile-de-France.

« **Saint Éloi**, né de parents riches et vertueux, fut élevé dans la crainte de Dieu : son esprit et son cœur, dociles aux impressions de la grâce, répondaient parfaitement aux soins dont il fut environné. Comme on lui remarquait un goût prononcé pour les ouvrages d'art, son père le plaça chez un orfèvre de Limoges, où il ne tarda pas à développer un talent rare; mais ce qui le distingua surtout, ce fut sa douceur, sa droiture et sa piété.

« Vers l'âge de trente ans, la Providence le conduisit à Paris, et il s'y distingua bientôt par son habileté et par sa vertu. Bobbon, intendant des finances, charmé de son adresse, lui fit faire plusieurs ouvrages précieux. Le roi Clotaire II, désirant un trône d'or et de pierreries, livra à Éloi la matière nécessaire et lui confia l'ouvrage. L'habile et consciencieux ouvrier, au lieu d'un, en confectionna deux, et, comme le roi se montrait émerveillé du premier, on lui présenta le second, qu'il n'attendait pas. De ce jour, l'orfèvre devint un des favoris du prince; mais il n'abusa pas de sa faveur : on ne le vit ni moins humble, ni moins retenu, ni moins pieux.

« Le roi Dagobert renchérit encore sur l'estime et sur l'amitié que son père avait pour Éloi. Profitant de cette bienveillance, le pieux artiste s'en servit pour inspirer à ce prince des sentiments de religion, le retirer de ses dérèglements et le mener à une vie chrétienne. Il continua de se livrer à l'orfèvrerie, mais il eut la consolation de travailler presque uniquement pour les saints et pour les églises.

« Après la mort de Dagobert, le clergé et le peuple de Noyon demandèrent pour évêque celui qu'on appelait le *religieux de la cour*. Clovis II donna son adhésion, et le saint ministre-orfèvre, malgré ses raisons, ses prières et ses larmes, se vit contraint de recevoir les ordres sacrés. Il dit alors à la cour un éternel adieu, et il alla s'ensevelir dans les devoirs de son épiscopat. Bientôt, sous un tel évêque, la discipline ecclésiastique régna dans le clergé; la piété refleurit parmi les fidèles, la foi triompha au milieu des idolâtres. Son zèle alla jusqu'en Zélande et aux extrémités du Brabant détruire les restes des superstitions païennes, et planter l'étendard de la croix sur les ruines des idoles. Le don des miracles soutenait son zèle et le faisait fructifier. Comblé de mérites, usé de pénitence et de travaux apostoliques, Éloi mourut à l'âge de soixante-dix ans, le 1er décembre 659. » (CROISET.)

Saint Éloi est le patron des orfèvres, des serruriers, des forgerons, des charrons, des ferblantiers et de tous ceux qui travaillent les métaux. Beaucoup d'ouvriers et d'agriculteurs choisissent ainsi pour patron le saint qui a honoré leur profession par ses vertus et ses talents.

A deux kilomètres de *Peyrilhac*, ferme-école départementale de Chavagnac.

Au territoire de *Saint-Jean-Ligoure*, patron de PIERREBUFFIÈRE, se dressent sur une colline les pittoresques ruines de la double forteresse de Chalusset, construite aux XIIe et XIIIe siècles.

Saint-Léonard est une ancienne ville bâtie sur un coteau qui domine la Vienne de près de 100 mètres. Cette localité s'appelait primitivement Noblac, nom que conserve le hameau de *Pont-de-Noblac*, où se trouvent d'importantes manufactures de porcelaine, des fabriques de papier-paille et des usines métallurgiques. Elle doit son nom actuel, aussi bien que son origine, à un monastère fondé au VIe siècle par saint Léonard, disciple de saint Remy et filleul, suivant la tradition, du roi Clovis. Son église romane, des XIe-XIIIe siècles, fut jusqu'à la Révolution une importante collégiale.

II. **BELLAC**, sous-préfecture de 4800 âmes[1], s'élève sur le penchant d'un coteau que baigne le Vincou, à 200 mètres d'altitude. Bien avant d'être la capitale de la Basse-Marche au xve siècle, cette ville avait reçu du comte Boson un château fort, que le roi Robert assiégea vainement en 995, et dont les débris servent actuellement de prison. Manufactures de lainages, tanneries et fonderies.

Au canton de BESSINES, la commune de *Razès* comprend Chanteloube, hameau célèbre parmi les minéralogistes pour les curieuses espèces de minéraux qu'on y trouve.

CHATEAUPONSAC, sur la Gartempe, est une ancienne ville dont l'église, des XIIe et xve siècles, renferme de nombreux reliquaires. Aux environs, ruines pittoresques du château de Ventenat et antique camp retranché de Chégurat.

LE DORAT, à deux kilomètres de la Brame, doit son origine à un monastère fondé, dit-on, par Clovis en mémoire de la bataille de Vouillé, et qu'illustrèrent au xie siècle les deux saints Israël et Théobald. Son église romane, bâtie sur crypte de 1088 à 1130, est l'une des plus belles du Limousin. On remarque aussi les restes des fortifications de la ville, qui fut jusqu'en 1790 le chef-lieu de la sénéchaussée de la Basse-Marche. — Au nord, la commune d'*Azat-le-Riz* possède le château du Riz-Chauveron, flanqué d'un magnifique donjon carré du xve siècle.

MAGNAC-LAVAL, sur la Brame, fut jadis le siège d'une baronnie longtemps possédée par la maison de Lamothe-Salignac-Fénelon, et qui fut érigée en duché en 1723 pour le maréchal Laval-Montmorency. C'est aujourd'hui le siège d'une subdivision militaire.

Au sud de MÉZIÈRES, que dominent les collines de Bloud (515 mètres), beau château de la Côte, du xvie siècle. — A *Mortemart*, ruines du château de la famille de ce nom, pour laquelle le fief fut érigé en duché-pairie en 1650. — Au canton de NANTIAT, *Cieux* et *Vaulry* exploitent des mines d'étain et de wolfram.

SAINT-SULPICE-LES-FEUILLES et *Saint-Georges-les-Landes* possèdent de magnifiques reliquaires du xiiie siècle, provenant de l'abbaye de Grandmont; — *Arnac-la-Poste*, plusieurs mégalithes remarquables.

III. **ROCHECHOUART**, sous-préfecture de 4500 habitants[2], est

---

[1] Arrondissement de BELLAC : 8 *cantons*, 65 communes, 83 580 habitants.
Cantons et communes principales : 1. *Bellac*, 4790 habitants; Blond, 2250; Saint-Bonnet, 1500. — 2. *Bessines*, 2760; Foiles, 1680; Razès, 1530. — 3. *Châteauponsac*, 4030; Rancon, 1880. — 4. *Dorat (le)*, 2840; Azat-le-Riz. — 5. *Magnac-Laval*, 4710; Saint-Léger, 1860. — 6. *Mézières-sur-Issoire*, 1460; Bussière, 2320; Mortemart. — 7. *Nantiat*, 1720; Cieux, 1970; Compreignac, 2170; Vaulry. — 8. *Saint-Sulpice-les-Feuilles*, 2110; Arnac, 2100; Lussac, 1670; Saint-Georges-les-Landes.

[2] Arrondissement de ROCHECHOUART : 5 *cantons*, 30 communes, 56 470 habitants.
Cantons et communes principales : *Rochechouart*, 4510 habitants; Vayres, 2250. — 2. *Ora-*

situé par 240 mètres d'altitude sur un coteau que baigne la Graine. On y remarque un important château des XIIIe-XVe siècles, qui en remplace un plus ancien appelé *Rupes Cavardi*. Ce château appartint à une branche cadette des vicomtes de Limoges, qui a été elle-même la tige de plusieurs maisons féodales, notamment celles de Mortemart et de Tonnay-Charente. Exploitation de mines d'antimoine et de carrières de kaolin qui alimentent les fabriques de porcelaine de la ville.

Saint-Junien, sur le penchant d'une colline dominant la Vienne, est la seconde ville du département par sa population de près de 10 000 âmes,

Saint-Junien. — Tombeau roman du saint de ce nom.

aussi bien que par son industrie, comprenant des papeteries, des mégisseries, des ganteries et des manufactures de porcelaine. On remarque sa belle église romane du XIIe siècle, renfermant le mausolée roman de saint Junien, revêtu d'un luxe de sculpture extraordinaire, et près du pont de la Vienne, également du moyen âge, une magnifique chapelle gothique de Notre-Dame reconstruite par Louis XI : cette chapelle était alors le but d'un pèlerinage très fréquenté, ainsi que le tombeau de saint Junien, ermite du VIe siècle. Avant de prendre le nom de ce saint, la ville, simple bourgade à l'époque romaine, s'appelait *Comodoliacum*.

A *Saint-Victurnien*, sur la Vienne, église romane renfermant le tombeau de saint Victurnien, solitaire venu d'Écosse en Limousin au VIIe siècle. — Au canton de SAINT-MATHIEU, *Douarnazac*, près de la Dronne naissante, offre les intéressantes ruines du château de Montbrun, du XVe siècle, flanqué de quatre grosses tours rondes.

dour-sur-Vayres, 3290; Champagnac, 1880; Champsac, 1590; Cussac, 2070. — 3. *Saint-Junien*, 9670; Chaillac, 1840; Oradour-sur-Glane, 2080; Saint-Brice, 1520; Saint-Victurnien. — 4. *Saint-Laurent-sur-Gorre*, 2680; Cognac, 1900; Saint-Auvent, 1830. — 5. *Saint-Mathieu*, 2530; Dournazac, 2490; Maisonnais, 1720; Marval, 1780.

IV. **SAINT-YRIEIX**, sous-préfecture de 8500 âmes[1], s'élève sur un coteau de 335-408 mètres d'altitude, baigné par le ruisseau de la Loue. Cette ville doit son origine à un monastère fondé vers 560 par saint Yrieix ou Ared : de là le nom d'Arédiens donné à ses habitants. Elle a une belle église, bâtie en majeure partie en 1180, et renfermant trois beaux reliquaires du moyen âge. En 1770, on a découvert sur son territoire d'abondantes carrières de kaolin et de pétunzé, les premières exploitées en France ; leurs produits alimentent la plupart de nos manufactures de porcelaine et s'exportent jusqu'en Russie et aux États-Unis. Naturellement la localité possède plusieurs de ces manufactures ; de plus, elle fabrique des flanelles et droguets.

Coussac-Bonneval, à l'est de Saint-Yrieix, participe à la même industrie extractive et manufacturière. Dans son château du xve siècle naquit le fameux aventurier Claude de Bonneval, qui, après avoir combattu pour sa patrie, servit contre elle et devint pacha turc (1675-1747).

Chalus, sur la Tardoire naissante, est dominé par les ruines de la célèbre forteresse au siège de laquelle Richard Cœur-de-Lion fut mortellement blessé d'une flèche, en 1199. Voici à quelle occasion. Guidomar, vicomte de Limoges, venait de découvrir un trésor qu'on savait enfoui dans ce lieu, et refusait de le livrer à son suzerain, le roi Richard, qui le réclamait en vertu des lois féodales. Celui-ci vint assiéger le château de Châlus, où le trésor était gardé. Comme il en reconnaissait les approches, un trait lancé par une arbalète le frappa dangereusement à l'épaule. Quelques jours après, ses gens prirent le château et massacrèrent toute la garnison, à l'exception de Bertrand Gourdon, l'arbalétrier qui avait lancé le trait. Ils le réservaient à une mort plus horrible. On le conduisit devant Richard, qui touchait à sa fin : « Est-ce vraiment toi, lui dit le roi, qui as osé frapper l'oint du Seigneur ? — C'est moi, » répondit fièrement Gourdon. Cœur-de-Lion était généreux ; il ordonna qu'on rendît la liberté à cet homme, et qu'on lui donnât quelque argent pour retourner en lieu sûr. Mais, Richard mort, sa volonté dernière ne fut pas respectée : Bertrand fut tenaillé et écorché vif avant d'être pendu.

Le rocher de Maumont, où se tenait le roi lorsqu'il fut frappé, a été ébréché par les Anglais, qui en emportent des parcelles comme souvenirs.

La Roche-l'Abeille, au canton de Nexon, conserve les restes d'un château fort au pied duquel, en 1569, les armées combinées de Coligny et du duc des Deux-Ponts vainquirent l'armée catholique, commandée par le duc d'Anjou et l'Italien Strozzi. Henri de Béarn (plus tard Henri IV), âgé de seize ans, y fit ses premières armes.

---

[1] Arrondissement de Saint-Yrieix : 4 *cantons*, 27 communes, 49200 habitants.
Cantons et communes principales : 1. *Saint-Yrieix*, 8470 habitants ; Boussac-Bonneval, 3670 ; Ladignac, 2200. — *Châlus*, 2590 ; Bussière-Galant, 2410 ; Flavignac, 1640. — 2. *Nexon*, 3030 ; Meyze (la), 1520 ; Saint-Priest, 1830. — 4. *Saint-Germain-les-Belles*, 2260 ; Château-Chervix, 1930 ; Meuzac, 1600 ; Vicq, 2290.

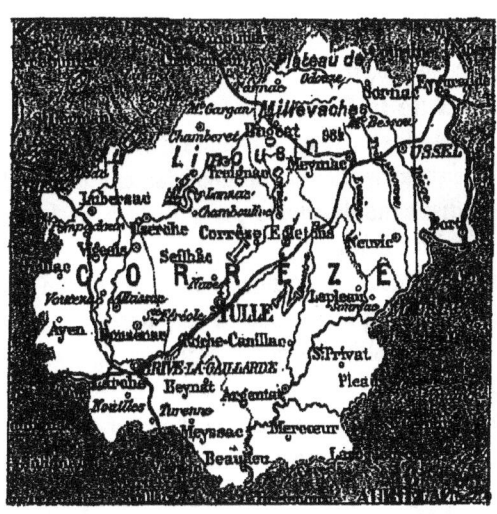

CORRÈZE

3 ARRONDISSEMENTS, 29 CANTONS, 287 COMMUNES, 322 400 HABITANTS

Géographie. — Le département de la *Corrèze* doit son nom à un cours d'eau qui n'est, après la Dordogne et la Vézère, que le troisième en importance de son territoire, mais qui en arrose la vallée centrale et les deux principales villes : Tulle et Brive. Il a été formé de la majeure partie du *Bas-Limousin*, qui avait pour capitale Tulle et auquel il emprunta 5 887 kilomètres carrés ; cinquante-deux départements sont plus étendus.

Incliné du nord-est au sud-ouest, le sol présente l'aspect d'un vaste plateau mamelonné, généralement triste, nu et granitique : ce sont les *Terres froides* ou Haut-Pays, ainsi nommées par opposition aux *Terres chaudes* ou Bas-Pays, composées de calcaire, moins élevées, riantes et fertiles, qui occupent la portion méridionale de l'arrondissement de Brive. Celles-ci renferment le point le plus bas du département (80 mètres), qui est la sortie définitive de la Vézère; celles-là, son point culminant, le mont Bessou, 984 mètres, situé au nord dans le plateau de *Millevaches*, près de la route de Meymac à Felletin. Ce plateau renferme encore le Signal de Meymac, 978 mètres; le Mas-Chevalier, 971 mètres; le mont Audouze, 954 mètres. Au sud-ouest, se détache la chaîne des *Monédières*, que domine un sommet de 920 mètres. A l'est, les collines basaltiques de

Bort ont 860 mètres d'altitude. Ussel est à 590 mètres. L'altitude moyenne est de 450 mètres environ.

Les plateaux de la Corrèze. — « Si le « pays bas. », l'arrondissement de Brive, est plus riche en souvenirs historiques, en ruines curieuses et sites riants, la partie haute du département de la Corrèze est plus pittoresque, se distingue du moins par un genre de beauté mélancolique et âpre qui rappelle l'Écosse.

« A Meymac, à Bugeat, à Sornac, nous sommes en pleine montagne. Rien n'est plus morne que les pentes qui descendent de Lapleau à la Luzège. La chaîne de collines vient presque en ligne droite du nord; elle se détache des montagnes de Meymac et rejoint, au sud, les escarpements sauvages de la Dordogne. Des contreforts, partant des crêtes de la chaîne, s'allongent parallèlement, se pressent les uns contre les autres, forment une frange épaisse, qui va finir au fond du vallon. Toutes ces échines de granit sont d'une effrayante maigreur. Une mince croûte de terre noire dissimule à peine les aspérités du roc. La bruyère végète dans ce mauvais sol, ne s'élève pas, prend des teintes rousses, semble trouée par places comme un vêtement de gueux. Quelques maisons, aux façades blanches et aux toitures de chaume, forment des groupes vivants, colorés, qui reposent et distraient le regard fatigué par la teinte uniforme des bruyères. Sur le bord des chemins, des hêtres montent et verdissent. Au-dessus, du côté de Millevaches, les puys arides s'effritent, étalent à nu des bancs de tuf granitique, crevassés par les orages, semblables à des cicatrices. De longues rangées de bouleaux les sillonnent; s'ils n'étaient solidement attachés par leurs racines, ces arbres ne résisteraient pas aux furieux assauts du vent; ils sont à demi couchés, en files éclaircies, courbent la tête en gémissant sous chaque rafale.

« Ce sombre paysage a aussi ses sourires. La vallée de la Sarsonne, qui se déploie comme une ceinture autour d'Ussel, est gracieuse et fleurie. De la terrasse d'Eygurande, des hauteurs de Saint-Hippolyte, la vue s'étend au loin, se repose sur de douces collines. Des forêts ondulent sur des croupes arrondies; des bois touffus tapissent les pentes, effacent les ravins et couvrent d'un épais feuillage les tranchées profondes où serpentent les rivières. Des clochers pointus se dressent çà et là; dans les éclaircies, des villages apparaissent, entourés de champs et de prairies. »

(René FAGE.)

A part le coin de terre arrosé par les sources de la *Vienne*, tout le département appartient au bassin de la *Dordogne*. Cette rivière, aux gorges parfois profondes de 200 à 300 mètres, baigne ou limite la partie orientale du territoire pendant 125 kilomètres, dont 80 navigables à la descente. Ses affluents, aux rives pittoresques comme elle, sont : le Chavanon limitrophe; la Rhue, qui forme le saut de la Saule; la Diège, qui passe au pied d'Ussel; la Luzège, le Doustre, la Maronne; la *Cère,* qui fait limite sur 20 kilomètres, et la *Vézère* (140 kilomètres), qui tombe par le saut de la Virolle et reçoit la Corrèze. Cette dernière rivière a son cours de 85 kilomètres tout entier dans le département qu'elle dénomme. Née au pied d'un mont de 948 mètres, qui rattache les Monédières au plateau de Millevaches, elle arrose une vallée granitique profonde, très pittoresque, où se trouvent le village de Corrèze, origine du flottage à bûches perdues, et la ville de Tulle, au sortir de laquelle conflue la *Montane*, célèbre par ses cascades de Gimel; elle entre dans une plaine fertile au-dessus de Brive, pour se terminer en aval dans la Vézère. L'*Auvézère* va se jeter dans l'Isle.

Excepté dans le sud de l'arrondissement de Brive, où la température est méridionale, le *climat* de la Corrèze participe à celui du Massif central, c'est-à-dire que ses hivers sont longs et rigoureux, ses étés courts et chauds; la moyenne annuelle des pluies est de 80 centimètres environ.

Le Bas-Pays produit des céréales, des fruits de toute espèce et des vins ordinaires, tandis que le Haut-Pays n'a que de maigres récoltes, de vastes landes ou vaines pâtures : en somme, céréales insuffisantes, compensées par une grande quantité de pommes de terre et de châtaignes, principale nourriture des habitants de la campagne. Les forêts ne couvrent guère que 50 000 hectares, tandis que les prairies en comptent 75 000; on élève d'excellents chevaux limousins, un grand nombre de moutons, vaches et chèvres. Une ferme-école existe aux Plaines, commune de Neuvic. La Corrèze extrait un peu de houille, de minerai de fer, de kaolin et d'argile réfractaire. A part la manufacture nationale d'armes de Tulle, son industrie proprement dite ne comprend qu'un petit nombre d'établissements : filatures et fabriques d'étoffes, papeteries, tanneries, poteries et huileries.

Les habitants. — En 1896, le département comptait 322 400 habitants, dont à peine 300 étrangers, ce qui lui donne le 53e rang pour la population absolue et le 52e pour la densité, avec 55 habitants par kilomètre carré. Il a augmenté de 20 000 âmes sur 1871 et de 79 000 sur 1801, mais il a diminué de 5 700 depuis 1891. A part quelques protestants, tous les Corréziens sont catholiques; ceux de la campagne parlent un patois dérivé de l'ancienne langue limousine et sont arriérés pour l'instruction.

Personnages. — Outre qu'il est le berceau des familles de Noailles, de Ségur, de Pompadour, des Cars et de Turenne, le département a vu naître plusieurs célébrités : Bertrand de Ventadour, troubadour du XIIe siècle. Les papes Clément VI et Grégoire XI, nés au château de Maumont, près de Rosiers, morts en 1352, 1378. Le pape Innocent VI, né à Monts-de-Beyssac, mort en 1362. Le docte Baluze, né à Tulle, mort en 1718. Le cardinal-ministre Dubois, né à Brive, mort en 1723. Le littérateur Marmontel, né à Bort, mort en 1799. Le général Marbot, né près de Mansac, mort en 1800. Le maréchal Brune, né à Brive, mort en 1815.

Administrations. — Ce département forme le diocèse de Tulle, ressortit à la cour d'appel de Limoges, à l'académie de Clermont, à la 12e région militaire (Limoges) et à la 9e région agricole (Sud-Central).

Il comprend trois arrondissements : *Tulle, Ussel, Brive*, avec 29 cantons et 287 communes.

I. **TULLE**, chef-lieu du département[1], peuplé de 17500 âmes, est très pittoresquement situé par 214 mètres d'altitude, dans l'étroite et profonde vallée de la Corrèze aux abrupts versants. Cette ville, assez mal

Tulle, sur la Corrèze.

bâtie, n'a qu'un monument digne de ce nom : la cathédrale Saint-Martin, que surmonte un beau clocher à flèche en pierre de 71 mètres de hauteur. Pareillement, elle n'a qu'un établissement industriel considérable : la manufacture d'armes à feu, occupant de 1500 à 3000 ouvriers et pouvant fournir, avec ses annexes de *Souillac* et de *Laguenne*, 70 000 fusils par an.

[1] Arrondissement de TULLE : 12 *cantons*, 118 communes, 137990 habitants.
Cantons et communes principales : 1-2. *Tulle*, 17870 habitants; Chameyrat, 1570; Cornil, 1810; Lagarde, 1040; Laguenne, 1070; Naves, 2420; Sainte-Fortunade, 2130; Saint-Germain, 1830; Saint-Hilaire, 1530; Saint-Martial, 1250; Saint-Mexant, 1060. — 3. *Argentat*, 3090; Albussac, 1540; Monceaux, 1810; Saint-Chamant, 1130. — 4. *Corrèze*, 1890; Bar, 1040; Moustiers-Ventadour, Saint-Augustin, 1400. — 5. *Égletons*, 1750; Rosiers, 1210; Saint-Yrieix, 1360. — 6. *Lapleau*, 1930; Saint-Hilaire, 1040; Soursac, 2180. — 7. *Mercœur*, 770; Altillac, 1500. — 8. *Roche-Canillac (la)*, 500; Marcillac, 1730; Saint-Martin, 1310. — 9. *Saint-Privat*, 1220; Auriac, Saint-Julien, 1160; Servières, 1160. — 10. *Seilhac*, 2080; Chamboulive, 2830; Chanteix, 1190; Lagraulière, 2100; Saint-Clément, 1700; Saint-Jal, 1620; Saint-Salvadour, 3160. — 11. *Treignac*, 2870; Chamberet, 3410; Lonzac (le), 2750. — 12. *Uzerche*, 3220; Condat, 1750; Eyburie, 1500; Masseret, 1190; Meilhards, 1630; Saint-Ybard, 1570; Salon, 2040.

L'industrie privée produit des droguets, du cuir et du papier-paille, mais non des tulles, comme on est généralement porté à le croire. — Antique *Tutela Lemovicum*, plus tard capitale du Bas-Limousin, Tulle eut depuis le xᵉ siècle une abbaye de bénédictins, qui fut érigée en évêché en 1317. Alors fortifiée, la ville fut prise plusieurs fois durant les guerres de Cent ans et de religion. — Au nord de Tulle, la commune de *Naves* possède les ruines d'un monument romain, dit les Arènes de Tintignac, — tandis qu'à *Gimel*, au nord-est, la Montane s'abat par cinq cascades d'une hauteur totale de 125 mètres.

Tulle. — Crypte de la cathédrale Saint-Martin.

Argentat est une jolie petite ville située dans une riche plaine au débouché de la Dordogne, que franchit ici un beau pont suspendu de 100 mètres de portée. Son industrie comprend l'exploitation d'un petit bassin houiller, la récolte de vins liquoreux, la filature des laines et une expédition considérable d'échalas sur Bordeaux. — A *Monceaux*, enceinte retranchée du Puy-du-Tour.

Corrèze, sur la rivière de ce nom, possède la chapelle Notre-Dame du Pont-du-Salut, but de pèlerinage. — Dans la commune de *Rosiers*, canton d'Égletons, un coteau dominant un bel étang porte les ruines du château de Maumont, où sont nés deux papes : Pierre Roger, ou Clément VI, pape à Avignon de 1342 à 1352, et son neveu, appelé aussi Pierre Roger, pape de 1370 à 1378 sous le nom de Grégoire XI, et qui rétablit à Rome le siège pontifical. — Près de *Moustiers*, dans un site pittoresque et sauvage, le château aujourd'hui ruiné de Ventadour fut le siège d'un duché créé en 1578 et érigé en pairie onze ans plus tard.

Au canton de Saint-Privat, près d'*Auriac*, on visite les ruines de l'abbaye cistercienne de la Valette, fondée en 1150, et les gorges de la Dordogne, étroites et profondes de plus de 200 mètres. — A *Servières*, un petit séminaire est établi dans l'ancien château des vicomtes de Turenne.

Treignac est une ancienne petite ville très pittoresque, située sur le flanc d'un coteau dominant la Vézère. — Sur une hauteur voisine, la Croix de Lescaut ou de la Bussière, existe une chapelle dédiée à la Vierge et destinée à servir d'asile au voyageur surpris par la tempête. Autrefois cette chapelle avait une cloche que les habitants du hameau le plus prochain allaient sonner tour à tour pendant les temps de neige. Le château de Saint-Martin, à Treignac, bâti sur un rocher qu'entoure de tous côtés un circuit de la Vézère, est tombé en ruine; mais ce qui reste suffit pour attester la puissance des anciens seigneurs du pays. Cette place d'armes appartint aux maisons de Comborn, de Pompadour et de Hautefort.

« En remontant la Vézère, à 4 kilomètres à l'est de Treignac, on voit une cascade digne de l'attention des voyageurs : c'est le **saut de la Virolle**. Les eaux de la rivière, après avoir longtemps coulé dans un étroit défilé, franchissent une haute muraille de rochers et se précipitent de 33 mètres d'élévation au fond d'un vaste entonnoir dont la profondeur est inconnue, et dont les bords, hérissés de rochers abrupts, sont tapissés d'arbustes et d'arbrisseaux, comme pour diminuer l'horreur de ce site sauvage. Les rochers et les broussailles, toujours couverts d'une sorte de poussière humide, étincelante, offrent pendant l'hiver un spectacle magique. On dirait un immense palais de stalactites et de rubis. Dans la belle saison, les troupeaux de chèvres et de brebis s'aventurent entre les précipices et s'avancent sur les bords les plus escarpés. Sur les sommets déserts, les bergers veillent pour écarter les loups, dont les hurlements dominent le sourd fracas de la cascade. » (MALTE-BRUN, *Fr. ill.*)

Uzerche, sur la Vézère, est une ville d'origine gauloise. Fortifiée d'abord par Pépin le Bref, elle fut plusieurs fois assiégée, notamment durant la guerre de Cent ans par les Anglais, qui ne purent jamais s'en emparer. « Uzerche, dit un voyageur, quoique mal percée et peu agréable à parcourir, se présente cependant de loin d'une manière avantageuse et offre un aspect très pittoresque. L'église Saint-Pierre, ancienne abbatiale, et quelques autres constructions éminentes donnent de la variété à cette vue. D'ailleurs, toutes les maisons sont couvertes en ardoise. Autrefois elles étaient crénelées et garnies de tours; c'est ce qui avait donné lieu au proverbe : « Qui a maison à Uzerche a château en Limousin. »

« La Vézère, profondément encaissée, entoure Uzerche de trois côtés, à l'ouest, au nord et à l'est. Quoique très élevée au-dessus de la rivière, la ville est de toutes parts dominée par une chaîne de collines; elle a deux faubourgs : l'un au nord, qui porte le nom de Sainte-Eulalie; l'autre au sud, nommé la Pomme. On ne peut rien voir de plus pittoresque que le site d'Uzerche. Lorsqu'on se place à l'aspect de l'orient, on a à ses pieds des jardins soutenus par des terrasses d'une élévation prodigieuse; au bas de ces terrasses, la route de Paris à Toulouse; au-dessous de cette route et à une grande profondeur, la Vézère, qui semble sortir de la base du

Puech de Chammart, et dont l'œil suit avec délices le cours paisible et sinueux, dominé par le clocher de l'église paroissiale, qui s'élève majestueusement à plus de trois cents pieds au-dessus du sol. En face, par delà la Vézère, est le Puech Groslié ou Puy Grolier, dont la cime, couverte de terres labourables, contraste merveilleusement avec les prairies, les bouquets d'arbres et même les rocs à demi découverts qui garnissent ses flancs et descendent jusqu'au nord de la rivière. Sur le côté sud de ce Puech est un vieux bâtiment flanqué de quatre tourelles et depuis longtemps inhabité.

Uzerche, sur la Vézère.

Du côté opposé, vers le nord, on trouve les ruines du château de Fargeas. Le côté de l'ouest ne présente qu'une nature sauvage et triste. La vue, bornée par un étroit horizon, ne se repose que sur des collines couvertes de bruyères et de châtaigniers. »

II. **USSEL**, sous-préfecture de 4 800 habitants[1], s'élève sur un plateau de 640 mètres d'altitude, resserré entre la Diège et son affluent la Sarsonne. De la situation de cette ville dans une presqu'île et de la confor-

[1] Arrondissement d'Ussel : 7 *cantons*, 71 communes, 66 480 habitants.
Cantons et communes principales : 1. *Ussel*, 4840 habitants; Saint-Angel, 1440; Saint-Exupéry, 1410. — 2. *Bort*, 3880; Saint-Julien, 1420; Sarroux, 1130. — 3. *Bugeat*, 1160; Perols, 1080; Tarnac, 2000. — *Eygurande*, 1070; Aix, 1050. — 5. *Meymac*, 3960; Ambrugeat, 1140; Combressol, 1200; Davignac, 1090. — 6. *Neuvic*, 3410; la Mazière, 1570; Liginiac, 1520; Sérandon, 1430. — 7. *Sornac*, 2010; Peyrelavade, 2120; Saint-Setiers, 1630.

mité des noms, quelques savants ont inféré qu'Ussel pouvait être l'*Uxellodunum* des *Commentaires* de César; mais cette opinion est aujourd'hui abandonnée, Ussel ne s'étant jamais trouvé en « pays cadurque ». Il en est ainsi d'Uzerche, qui partageait la même prétention. Du XVI° à la fin du XVIII° siècle, Ussel fut le chef-lieu du duché de Ventadour. On y a découvert de nombreuses antiquités romaines, entre autres un camp, près duquel se trouve le sanctuaire vénéré de Notre-Dame de la Chabanne. — Exploitation de mines de fer et de carrières de granit.

Bort occupe une position très agréable sur la Dordogne, au pied d'un escarpement formé par les célèbres Orgues de Bort, colonnade basaltique qui surplombe de 360 mètres le lit de la rivière, et d'où l'on jouit d'un des plus beaux panoramas de France, principalement sur les monts du Cantal. Dans le voisinage mugit la belle cascade du Saut de la Saule, formée par la Rhue. Situé sur les confins du Limousin et de l'Auvergne, Bort est un centre commercial très actif entre ces deux régions.

Meymac, sur la Luzège, a des gisements houillers ainsi que des mines de bismuth, peut-être les seules exploitées en France. On y remarque une belle église du XI° siècle et des restes de remparts, de même qu'à Neuvic, près duquel se trouve la ferme-école des Plaines. — Près de Sornac, ruines pittoresques du château de Rochefort, couronnant un rocher à pic.

III. **BRIVE**, sous-préfecture[1], est une ville de 18 000 âmes, agréablement située sur la rive gauche de la Corrèze par 110 mètres d'altitude. Placée au fond d'une charmante plaine bien ombragée, dans une enceinte circonscrite par de belles promenades, elle a été percée de voies nouvelles qui ont néanmoins laissé subsister un certain nombre de vieilles maisons pittoresques. Les principaux monuments sont : l'église romane de Saint-Martin, remarquable surtout par ses trois nefs presque égales en hauteur; l'hôtel Raynal, occupé par le petit séminaire; la statue du maréchal Brune et celle du docteur Majour, son beau-frère, bienfaiteur de la ville. Dans les environs se trouvent de nombreuses grottes en partie artificielles, qui ont pour la plupart servi d'habitations à l'époque préhistorique et dans les diverses guerres du pays. — Ancienne *Briva Curretiæ*, c'est-à-dire Pont-sur-Corrèze, Brive vit en 585 le triomphe momentané du prétendant Gondowald, qui y fut proclamé roi d'Aquitaine. Au moyen âge, elle disputa vainement à Tulle le titre de capitale du Bas-Limousin. Le surnom de

---

[1] Arrondissement de Brives : 10 *cantons*, 98 communes, 117970 habitants.
Cantons et communes principales : 1. *Brives*, 18110 habitants; Malemort, 1710; Noailles; Ussac, 1860; Varetz, 1510. — 2. *Ayen*, 1190; Brignac, 1050; Objat, 1,770; Saint-Aulaire, 1090; Yssandon, 1090. — 3. *Beaulieu*, 2240; Astaillac. — 4. *Beynat*, 2090; Aubazine, Lanteuil, 1040; Sérilhac, 1580. — 5. *Donzenac*, 3090; Allassac, 4210; Sadroc, 1160; Sainte-Féréole, 2620; Saint-Viance, 1270. — 6. *Juillac*, 2540; Saint-Bonnet; Vignols, 1120; Voutezac, 2220. — 7. *Larche*, 770; Cublac, 1280; Mansac, 1210; Saint-Pantaléon, 1380. — 8. *Lubersac*, 3980; Arnac-Pompadour, 1680; Beyssac, 1300. — Saint-Pardoux, 1110; Ségur, 1000. — 9. *Meyssac*, 1650; Collonges, 1010; Turenne, 1540. — 10. *Vigeois*, 2990; Orgnac, 1100; Perpezac, 1600; Troche, 1130.

« Gaillarde » qui lui vient, soit de la force de ses murailles, soit du courage de ses habitants, ne s'emploie guère plus que dans un sens plaisant; aujourd'hui il a disparu de tous les documents officiels. Brive a une industrie active et fait un commerce considérable de produits agricoles.

Noailles est le berceau de l'illustre famille de ce nom, laquelle reçut en 1638 le brevet de duc et pair. — Près de *Varetz*, château féodal de Castelnovel, dans une situation magnifique.

Ayen, dans une riche contrée minière, est un ancien comté que Louis XV érigea en duché pour Louis de Noailles en 1737. — A 7 kilomètres d'*Objat*, belle cascade du Saillant, formée par la Vézère à l'issue de profondes et sombres gorges.

Beaulieu, sur la Dordogne, doit son origine à une abbaye fondée en 860 par Raoul, en mémoire de sa victoire d'*Astaillac* sur les Normands. L'église est un vaste édifice roman, dont la porte latérale sud servit de prototype au célèbre portail de Moissac; elle renferme une précieuse statue de la Vierge en argent repoussé du XIIe siècle. Ruines du château d'Estresse. — Au canton de Bennat, *Aubazine*, près de la Corrèze, possède la maison mère des Sœurs du Saint-Cœur de Marie, ainsi que les ruines d'une célèbre abbaye cistercienne, fondée en 1135 par saint Étienne, dit d'Obazine. L'église, également du XIIe siècle, est surmontée d'une jolie tour octogonale et renferme le magnifique tombeau de ce saint.

Donzenac, ancienne place forte, exploite des carrières d'excellentes ardoises, de même qu'*Allassac*. — Au canton de Juillac, *Saint-Bonnet* possède une curieuse église ronde à bas côté tournant, du XIe siècle, remaniée et mutilée au XVIIe.

Au canton de Lubersac et sur la commune de *Beyssac*, le château de Mons a vu naître Étienne d'Albert, qui devint pape à Avignon sous le nom d'Innocent VI (mort en 1362). — Au territoire d'*Arnac-Pompadour* se trouve le château de Pompadour, que Louis XV érigea en marquisat, en 1751, pour une de ses favorites qui en prit le nom. Le duc de Choiseul, auquel il appartint ensuite, y établit un haras national qui est l'un des plus importants de France. — *Ségur*, sur l'Auvézère, est dominé par les ruines d'une forteresse du XIIIe siècle, berceau de la famille de Ségur.

Au canton de Meyssac, le bourg de *Turenne*, sur une colline baignée par la Tourmente, a conservé son aspect du moyen âge. Son château fort fut le berceau de la célèbre famille de Turenne et le siège de la puissante vicomté de ce nom, dont les seigneurs, presque indépendants, ne tenaient leurs droits, disaient-ils, que de Dieu. Cette vicomté, fondée en 767, passa en 1544 dans la maison de la Tour-d'Auvergne, d'où est sorti l'illustre maréchal de Turenne, puis en 1591 dans la maison de Bouillon; elle fut vendue à Louis XV en 1738.

Vigeois, sur la Vézère, possède une belle église des XIe et XIIe siècles, qui fit partie d'une abbaye bénédictine fondée vers 570 par saint Ared ou Yrieix.

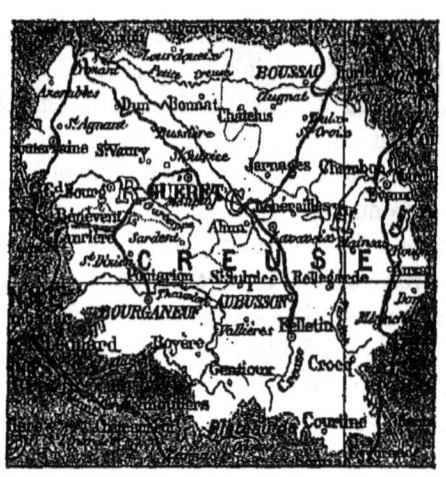

CREUSE

4 ARRONDISSEMENTS, 25 CANTONS, 266 COMMUNES, 279 400 HABITANTS

Géographie. — Le département de la *Creuse* doit son nom à la rivière encaissée qui le traverse du sud au nord-ouest et le partage en deux parties à peu près égales. Il a été formé pour les trois cinquièmes de la *Haute-Marche*, dont la capitale était Guéret, et, pour le reste, du *Franc-Alleu* et d'une partie du *Combrailles*, pays d'Auvergne, de faibles portions du Limousin, du Bourbonnais et du Berry. Son territoire de 5 605 kilomètres carrés en fait notre 63e département pour la superficie.

Aucune chaîne de montagnes n'y est bien caractérisée; mais une série de hauteurs y forment comme autant de gradins étagés du nord au sud, où ils se soudent, par le plateau de Gentioux (874 mètres) au plateau de Millevaches (Corrèze), clef de voûte occidentale du massif central. L'altitude minimum est la sortie de la Creuse, 175 mètres, et le point culminant la forêt de *Châteauvert*, 931 mètres, à l'est de la Courtine, sur la frontière de la Corrèze. Les collines de Combrailles, à l'est, atteignent 655 mètres; le Maupuy, près de Guéret, en a 686; Aubusson est à 428 mètres; l'altitude moyenne est de 450 mètres environ.

Le pays Marchois. — « L'Auvergne, dont le Ciel d'ailleurs me garde de médire, a des beautés un peu empruntées aux Alpes, mais réduites à des dimensions trop étroites pour produire un grand effet. Le pays Marchois, son voisin, a, si je puis m'exprimer ainsi, plus de bonhomie et de simplicité dans son désordre. Ses montagnes de fougères ne se hérissent pas de roches menaçantes; elles entr'ouvrent çà et là leur robe de verdure pour montrer leurs flancs arides que ronge le lichen blanchâtre. Les torrents fougueux ne s'élancent pas de leur sein et ne grondent pas parmi les décombres; de mystérieux ruisseaux, cachés sous la mousse, filtrent goutte à goutte le long des parois granitiques et s'y creusent parfois un petit bassin qui suffit à désaltérer la bécassine ou le vanneau à la voix mélancolique. Le bouleau allonge sa taille serrée dans un étui de satin

Types de la Creuse.

blanc et balance son léger feuillage sur le versant des ravins rocailleux. Là où la croupe des collines s'arrondit sous le pied des pâtres, une herbe longue et fine, toute coupée de filets d'eau, bien plantée de hêtres et de châtaigniers, nourrit de grands moutons couverts d'une laine plate et rude, des poulains trapus et des vaches naines, mais fécondes en lait excellent. » (George SAND.)

Le département offre cette particularité que les rivières et les ruisseaux qui l'arrosent y prennent tous leur source. A part quelques-uns qui se rendent dans la Dordogne, ces cours d'eau, clairs et généralement encaissés, mais dont aucun n'est navigable, finissent par gagner la Loire. Les principaux sont : 1° le *Cher*, qui reçoit la *Tardes*, où se jette la Vouise;

2° divers affluents de la Vienne : la Maulde, le Taurion, qui passe au pied de Bourganeuf, et la Creuse.

La **Creuse**, rivière centrale du département qui en porte le nom, naît au flanc d'un mamelon de 920 mètres, qui se rattache au mont Odouze; elle frôle la haute colline qui porte la ville de Felletin, traverse la pittoresque Aubusson, le bassin houiller de Lavaveix-les-Mines, et coule sous le viaduc du Busseau-d'Ahun, haut de 56 mètres; ensuite ayant laissé sur la colline, à six kilomètres à gauche, la ville capitale du département, Guéret, elle s'achemine à la rencontre de la *Petite-Creuse*, rivière de Boussac, au confluent de laquelle commencent des gorges singulièrement belles. La *Gartempe* est tributaire de la Creuse.

Les gorges de la Tardes. — « Le pays est adorable, dit encore George Sand en parlant de la *vallée de la Tardes* : on quitte de grands plateaux, d'un terrain maigre et humide, couvert de petits arbres et de grands buissons, et l'on descend dans une gorge longue, sinueuse, qui par endroits s'élargit assez pour devenir une vallée. Au fond de cette gorge, qui se ramifie, coulent des rivières de vrai cristal, point navigables et plutôt torrents que rivières, quoiqu'elles ne fassent que filer vite en tourbillonnant un peu et sans menacer personne. C'est un pays d'herbes et de feuilles, un continuel berceau de verdure. On voit se dérouler des prairies naturelles qui sont des tapis de fleurs. »

« La *Vouise* ou Vouèze, ajoute M. Monnier, a des gorges qui ne le cèdent guère à celles de la Tardes pour la beauté des paysages; elle lui apporte l'excédent de plusieurs étangs, dont le plus vaste est le grand étang des Landes, aux nombreux îlots, à la ceinture mamelonnée de bruyères ou de forêts, se combinant pour donner à ces lieux l'originalité d'une sauvagerie captivante. Mais les habitants du voisinage l'apprécient moins pour la beauté du site que pour l'abondance du poisson, dont la pêche quinquennale est pour eux une sorte de solennité. Cette pêche fructueuse, qui dure près de soixante jours, donne un profit extraordinaire, car certains brochets atteignent le poids énorme de quinze à vingt kilogrammes, tandis que l'anguille s'y multiplie avec une facilité étonnante. Le gibier d'eau, surtout le canard sauvage, s'abat par bandes sur les rives lacustres, où les chasseurs prennent par centaines les volatiles. » (*Notre belle Patrie.*)

Le département participe au rude *climat* du Massif central : l'hiver y est long, l'été court, les changements de température fréquents et brusques; la hauteur annuelle des pluies y varie de 60 centimètres au nord à plus d'un mètre au sud.

Le sol de la Creuse est en général composé d'une mince couche de terre végétale reposant sur des roches granitiques ou schisteuses. Aussi est-ce la production du seigle qui domine, avec celle des pommes de terre et des châtaignes; d'autre part, 135 000 hectares de prés ou herbages et

100000 hectares de landes ou pâtis alimentent un grand nombre de bêtes à cornes et de moutons de petite espèce. La superficie boisée n'est que de 36000 hectares. Le département possède une ferme-modèle à Remiraud, près d'Évaux, et une ferme-école à Villeneuve, près de Vallières.

La Creuse exploite les mines de houille d'Ahun et de Lavaveix, ainsi que les sources thermales d'Évaux. Son industrie manufacturière, peu importante, comprend principalement les fabriques de tapis renommés d'Aubusson et de Felletin, les papeteries de Bourganeuf, quelques filatures de laine et des fabriques de drap.

Les habitants. — Le département a gagné 56000 âmes de 1801 à 1871, et 15000 durant les vingt années suivantes. En 1896, il comptait 279400 habitants, dont 150 étrangers seulement. C'est le 67ᵉ pour la population absolue et le 67ᵉ pour la densité, avec 50 habitants par kilomètre carré. Le catholicisme y est à peu près exclusivement professé; dans les campagnes se parle un patois dérivé de l'ancienne langue limousine ou auvergnate, selon les régions. Chaque année 15000 hommes émigrent dans nos grandes villes, pour y exercer de mars à novembre la maçonnerie principalement, et revenir ensuite au pays.

Personnages. — Le maréchal Jean de Brosses, né à Boussac, mort en 1433. Pierre d'Aubusson, illustre grand maître de Saint-Jean-de-Jérusalem, né à Monteil-au-Vicomte, mort en 1503. Le cardinal de la Roche-Aymon, né à Mainsat, mort en 1777.

Administrations. — Le département de la Creuse forme, avec celui de la Haute-Vienne, le diocèse de Limoges. Il ressortit à la cour d'appel de Limoges, à l'académie de Clermont, à la 12ᵉ région militaire (Limoges), à la 7ᵉ région agricole (Sud-Central) et à l'arrondissement minéralogique de Poitiers.

Il forme quatre arrondissements : *Guéret, Boussac, Aubusson, Bourganeuf*, avec 25 cantons et 266 communes.

I. **GUÉRET**, préfecture de 7500 âmes[1], s'élève en amphithéâtre par 460 mètres d'altitude, entre le Maupuy à l'est et la Creuse à l'ouest. Son monument le plus remarqué est l'hôtel des Monneyroux, assez bel édifice du XVᵉ siècle, improprement appelé « palais des comtes de la Marche ». La ville, nommée *Waractum* au moyen âge, doit son origine à une abbaye fondée en 669 par saint Pardulphe ou Pardoux. Les habitants de l'oppi-

---

[1] Arrondissement de Guéret : 7 *cantons*, 76 communes, 97910 habitants.
Cantons et communes principales : 1. *Guéret*, 7460 habitants; Ajain, 1940; Glénic, 1200; Jouillac, 1230; Ladapeyre, 1510; Saint-Feyre, 1620. — 2. *Ahun*, 2300; Cressat, 1550; Pionnat, 2070. — 3. *Bonnat*, 2600; Chéniers, 1710; Lourdoueix, 2140; Méasnes, 1580; Moutiers, 1700. — 4. *Dun*, 1680; Celle (la), 1740; Crozant, 1600; Fresselines, 1820; Lafat, 1020; Naillat, 2050; Saint-Sébastien, 1720; Saint-Sulpice, 1650. — 5. *Grand-Bourg (le)*, 3360; Saint-Étienne, 2340; Saint-Pierre, 1610. — 6. *Saint-Vaury*, 2730; Anzême, 1520; Bussière, 2820; Saint-Sulpice, 2040. — 7. *Souterraine (la)*, 4590; Azérables, 2270; Saint-Agnant, 2070; Saint-Maurice, 1940; Saint-Priest, 1430.

dum gaulois du Puy de Gaudy, situé à trois kilomètres au sud-est, formèrent principalement le noyau de sa population. Elle devint au XIIIe siècle la capitale de la Marche et le demeura quand ce fief eut été réduit en province sous François Ier. Guéret n'a pas d'industrie spéciale, mais il s'y fait un grand commerce de bestiaux, de beurre et de fruits.

Ahun, sur une colline près de la Creuse, a donné son nom à un bassin houiller, qui produit en moyenne 170 000 tonnes de charbon par année. Cette ville est l'antique *Acitodunum*, où les Mérovingiens eurent un palais. — Au *Busseau*, le chemin de fer traverse la Creuse sur un magnifique viaduc métallique de 300 mètres de long et de 56 de haut. — *Le Moutier-d'Ahun*, sur la Creuse, doit son origine et son nom à une abbaye de bénédictins fondée en 997, et dont le chœur, servant d'église paroissiale, renferme d'admirables boiseries du XVIIe siècle.

Crozant, dans une situation fort pittoresque sur la Creuse, est à ce titre très fréquenté par les peintres et les touristes; une crête voisine porte les tours en ruine de son ancienne forteresse, démantelée par ordre de Richelieu. — A trois kilomètres nord-ouest de *Saint-Pierre-de-Furzac*, restes du château de Chabannes, fief patrimonial des comtes de Chabannes, seigneurs de la Palice, qui se rendirent si célèbres dans les guerres du XVe et du XVIe siècle.

A Saint-Vaury, l'église, autrefois dépendance d'une abbaye, renferme de magnifiques bas-reliefs représentant la Passion de Notre-Seigneur.

La Souterraine, sur la Sédelle naissante, fait le commerce de bestiaux et fabrique des draps, des toiles et une grande quantité de sabots. Outre un beau couvent moderne, on y remarque du moyen âge une belle église avec crypte romane, deux portes fortifiées et une lanterne des morts. A l'est se voient le donjon de Bridier, les retranchements romains dits de Breth, le menhir de la Gevafie et deux énormes tombelles. Des antiquités existent aussi à *Azerables* et un magnifique dolmen à *Saint-Priest*.

II. **BOUSSAC**, à 380 mètres d'altitude[1], sur une colline dominant la Petite-Creuse, est l'une de nos plus modestes sous-préfectures, puisque sa population est à peine celle d'un simple bourg, soit moins de 1 400 âmes. La ville doit son origine à un vaste château du Xe siècle, qui fut le chef-lieu de la vicomté de Brosses, réunie à la couronne au XVe siècle. Le château, reconstruit à cette dernière date, est occupé par la sous-préfecture.

Toulx-Sainte-Croix, sur un plateau accidenté, est l'ancienne *Tullum*, station gallo-romaine considérable, si l'on en juge d'après sa triple enceinte, les débris de ses édifices et par sa nécropole formée de quatre couches de

---

[1] Arrondissement de Boussac : 4 *cantons*, 46 communes, 40190 habitants.
Cantons et communes principales : 1. Boussac, 1350 habitants; Bord, 1200; Boussac-Bourg, 1310; Soumans, 1400; Toulx-Sainte-Croix, 1230. — 2. Chambon, 2260; Lussat, 1190. — 3. *Châtelus-Malvaveix*, 1280; Bétête, 1180; Cellette (la), 1010; Clugnat, 2110; Genouillat, 1810; Roches, 1400. — 4. *Jarnages*, 790; Domeyrot, 1020; Gouzon, 1680; Parsac, 1610.

tombes superposées. Le plateau est encore parsemé de nombreux blocs mégalithiques, dont les principaux groupes sont dits pierres Jômâtres et pierres d'Ep-Nell.

Chambon, au confluent de la Tardes et de la Vouise, possède le tribunal de première instance de l'arrondissement. Dans l'église, surmontée de deux curieux clochers, un buste en argent, donné, dit-on, par Louis XI, renferme les reliques de sainte Valérie. Aux environs, viaduc du chemin de fer, élevé de 105 mètres au-dessus de la Tardes. — A *Lépaud*, magnifique château moderne.

Chatelus-Malvaleix et Jarnages avaient autrefois un château fort qui

Vue de Guéret.

fut pris par les ligueurs en 1591. — A *Bétête*, belles ruines de l'abbaye cistercienne de Prébenoît, fondée en 1140.

III. **AUBUSSON**, sous-préfecture de 6701 âmes [1], est située par 456 mètres d'altitude, dans la vallée de la Creuse que dominent de hautes collines. C'est la ville la plus industrielle du département, grâce à ses fila-

---

[1] Arrondissement d'Aubusson : 10 *cantons*, 103 communes, 98440 habitants.
Cantons et communes principales : 1. *Aubusson*, 6670 habitants. — 2. *Auzances*, 1480; Dontreix, 2000; Rougnat, 1980. — 3. *Bellegarde*, 630; Champagnac, 1600; Lupersac, 1540; Mainsat, 2120; Mantes, 1000. — *Chénérailles*, 1750; Issoudun, 1050; Lavaveix-les-Mines, 3450; Peyrat, 1640; Saint-Chabrais, 1060; Saint-Médard, 1250; Saint-Pardoux, 1250. — 5. *Courtine* (la), 1030; Magnat, 1650; Saint-Merd, 1180. — 6. *Crocq*, 1050; Mérinchal, 1980; Saint-Agnant, 1090. — 7. *Évaux*, 3210; Arfeuille, 1020; Charron, 1160; Reterre, 1080; Sannat, 1450. — 8. *Felletin*, 3120; Saint-Quentin, 1140; Saint-Yrieix, 1180; Vallières, 2610. — 9. *Gentioux*, 1340; Faux-la-Montagne, 1840; Nouaille (la), 1460. — 10. *Saint-Sulpice-les-Champs*, 1150; Ars, 1000; Fransèches, 1010

tures, à ses fabriques de drap et de cuir, à ses teintureries et surtout à ses manufactures de tapisseries ; ces dernières, qui n'ont cessé de gagner en importance depuis le XVe siècle, occupent aujourd'hui près de 2000 ouvriers et produisent la moquette, le tapis ras, appelé spécialement tapis d'Aubusson, etc. Cette ville fut, dit-on, fondée vers 732 par des Sarrasins échappés au désastre de Poitiers. Devenue au siècle suivant la capitale d'une vicomté, elle fut cédée aux comtes de la Marche en 1260; mais le titre de vicomté n'en demeura pas moins à la célèbre famille d'Aubusson, dont le château primordial, aujourd'hui en ruines, couronne une hauteur voisine.

Les tapis. — On sait que la tapisserie vulgaire consiste à exécuter à l'aiguille, sur un canevas, avec de la laine ou de la soie de diverses couleurs, un dessin représentant un objet quelconque. Mais il n'en est pas tout à fait ainsi dans les manufactures. Les fils colorés, nommés brins, s'appliquent autour de fils non colorés, qui portent le nom de chaînes. Quand on se sert d'un métier dont les chaînes sont tendues horizontalement, on dit que c'est de la tapisserie de basse lisse. Aubusson fabrique, sur une grande échelle, les tapis ras et veloutés et aussi de la moquette. Dans le tapis velouté, qui se fait en haute lisse, les chaînes sont en coton, et le tissu forme un velours dont chaque point est arrêté à la chaîne par un nœud, ce qui leur donne une inaltérable solidité que le frottement et l'usage ne font que rendre plus grande encore, puisque leur effet est de serrer le nœud avec plus de force. Ce sont des femmes qui exécutent ces tapis. Dans le tapis ras, qui se fait entièrement à basse lisse, le dessin s'exécute à l'envers et par la trame. Leur perfection dépend de l'intelligence de l'ouvrier, qui copie un tableau, et qui est presque un artiste. La moquette se fabrique aussi facilement que les tissus de soie, depuis que l'on a appliqué le métier Jacquard à l'art de la tapisserie. Aubusson a pour cette industrie des rivales en France, mais n'est dépassée pour la beauté des produits que par les manufactures nationales de Beauvais et des Gobelins à Paris.

Lavaveix-les-Mines, sur des collines à deux kilomètres de la Creuse, est un gros bourg de création récente, qui doit son existence à ses importantes mines de houille et à sa grande verrerie, dite de Saint-Joseph. — Près de *Peyrat*, beau château de Mazaud, de la Renaissance, et ruines de l'abbaye cistercienne de Bonlieu, fondée en 1121.

CROCQ, sur une hauteur dominant la Tardes, conserve de ses anciennes fortifications deux belles tours rondes reliées par une haute courtine. C'est là, dit-on, que prit naissance en 1592 l'insurrection des paysans appelés pour cette raison « croquants ». Cette insurrection, qui dura quatre ans, résista avec avantage aux deux gouverneurs du Limousin et de la Marche; elle ne put être réduite que par le maréchal de Matignon.

EVAUX, entre le Cher et la Tardes, est une ville qui doit son nom à ses eaux thermales, *èva* signifiant eau en certains patois du centre. Ses dix-huit sources, utilisées dans un établissement au hameau d'Evaux-les-Bains, sont sulfatées sodiques ou ferrugineuses et d'une température variant de 29º à 57º. Elles furent connues des Romains, qui y ont laissé de curieux débris de thermes. Evaux était jadis la capitale du pays de Combrailles, et eut un monastère de génovéfains, dont il reste l'église.

Felletin, sur une colline abrupte baignée par la Creuse, est connu depuis le xvie siècle par ses fabriques de tapis ; mais il a aussi des filatures de laine, des fabriques de drap, des tanneries et corroieries. Sur la place, une fontaine porte le buste de Quinault, qu'on a longtemps cru originaire de Felletin. — La commune de *Vallières* possède la ferme-école de Villeneuve ; — celle de *Faux-la-Montagne*, une roche branlante et les mégalithes du Dorat.

IV. **BOURGANEUF**, sous-préfecture de 3 500 habitants[1], s'élève à 450 mètres d'altitude sur un coteau dominant la vallée du Taurion. On n'y remarque guère que les bâtiments du grand prieuré d'Auvergne, de l'ordre de Malte, entre autres la tour Zizim, bâtie en 1484 pour servir, suivant une tradition fort suspecte, de prison au prince turc Djem ou Zizim, frère du sultan Bajazet II, qui probablement ne quitta jamais l'Italie, où il mourut. Cette petite ville fabrique de la porcelaine, du papier et des feutres. — Au nord, *Bosmoreau* et plusieurs autres communes exploitent des mines de houille et de fer.

Bénévent-l'Abbaye est un bourg qui s'appelait jadis Ségondélas ; son nom et son surnom lui viennent d'une abbaye d'augustins fondée en 1048, où l'on apporta de Bénévent, en Italie, les reliques de saint Barthélemy ; l'église, type du style roman limousin, est surmontée d'une tour centrale dont le couronnement actuel est périgourdin. — A *Saint-Goussaud*, retranchements gallo-romains sur le mont Juvis ou Jouer.

Au pied du monticule de *Saint-Martin-Château*, cascade du Gour des Jarreaux, qui passe pour l'une des plus belles de France. Elle est formée par la Maulde, dont les eaux, d'abord séparées par des rochers granitiques, se réunissent brusquement pour se précipiter en masse dans une tranchée verticale de 12 à 15 mètres de hauteur. — A *Monteil-au-Vicomte*, ruines du château où naquit l'illustre grand maître de Saint-Jean-de-Jérusalem, Pierre d'Aubusson, qui défendit héroïquement l'île de Rhodes contre les Turcs en 1480.

[1] Arrondissement de Bourganeuf : 4 cantons, 41 communes, 42 830 habitants.
Cantons et communes principales : 1. *Bourganeuf*, 3 520 habitants ; Saint-Dizier, 2 430 ; Saint-Martin, 1 400. — 2. *Bénévent-l'Abbaye*, 1 890 ; Arrênes, 1 220 ; Châtelus, 1 940 ; Marsac, 1 120 ; Mourioux, 1 400 ; Saint-Goussaud, 1 090. — 3. *Pontarion*, 810 ; Janaillat, 1 520 ; Saint-Georges, 1 190 ; Sardent, 2 340. — 4. *Royère*, 2 330 ; Saint-Martin, 1 290 ; Saint-Moreil, 1 330 ; Saint-Pierre, 1 070.

ANGOUMOIS

1 DÉPARTEMENT

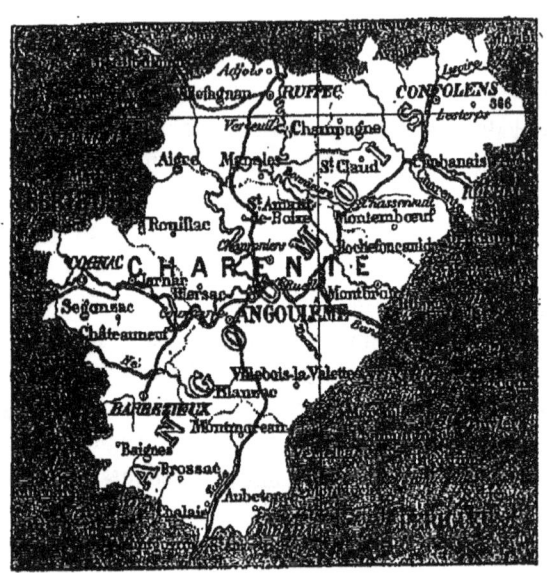

CHARENTE

5 ARRONDISSEMENTS, 29 CANTONS, 426 COMMUNES, 355 200 HABITANTS

Carte historique.

Historique. — L'Angoumois, qui avait pour capitale Angoulême et faisait partie du grand gouvernement de Saintonge-et-Angoumois, était circonscrit par le Poitou, la Marche, le Limousin, le Périgord et la Saintonge. Du temps de César et postérieurement, il était partagé entre les *Pictaves*, les Lémovices, les Pétrécoriens et les *Santones*. Rangé sous Honorius dans la IIe Aquitaine, il fut conquis en 419 par les Westgoths, et en 507 par les Francs. Au IXe siècle, il forma un comté, qui relevait de l'Aquitaine, dont l'héritière épousa Henri Plantagenet, qui devint roi d'Angleterre en 1154. Conquis par Louis VIII, il fut rendu partiellement aux Anglais par le traité d'Abbeville en 1259, et entièrement par celui de Brétigny en 1360. Reconquis par Charles V douze ans plus tard, l'Angoumois devint l'apanage de la branche Valois-Angoulême, dont le dernier comte monta sur le trône en 1515 sous le nom de François I*er*. Peu après, ce pays ayant embrassé la Réforme, des luttes violentes s'y engagèrent entre catholiques et protestants, notamment la bataille de Jarnac, gagnée en 1569 par le duc d'Anjou sur le prince de Condé. Le duché d'Angoulême, érigé par François I*er*, fut définitivement réuni à la couronne sous Louis XIV. En 1790, l'Angoumois forma presque tout le département de la Charente et une petite partie de ceux de la Dordogne et de la Charente-Inférieure. Le titre de duc d'Angoulême fut porté en dernier lieu par le fils aîné de Charles X.

Géographie. — Le département de la *Charente* doit son nom à la sinueuse rivière qui baigne le coteau de Ruffec, celui d'Angoulême et Cognac. Grand de 5972 kilomètres carrés, il a été composé pour près des quatre cinquièmes de l'*Angoumois* et, pour le reste, de morceaux des provinces voisines. Quarante-huit départements sont plus étendus.

Ce territoire est sillonné de collines, dont la plus élevée (366 mètres) se trouve à l'est de Confolens, sur la frontière de la Haute-Vienne ; la colline du Lindois, plus au sud, s'élève à 345 mètres, Barbezieux à 102, Angoulême à 96 ; le point le plus bas (6 mètres) est celui où le petit fleuve passe en Charente-Inférieure ; l'altitude moyenne est d'environ 130 mètres. On distingue deux régions naturelles principales : au nord-est, les *Terres-Froides* du Confolentais, de nature granitique ou schisteuse, et dans presque tout le reste du pays, les *Terres-Chaudes*, de nature calcaire ou crayeuse ; celles-ci comprennent quelques sous-régions : au sud la *Double* ou le *Bois*, à l'ouest la *Grande* et la *Petite-Champagne*. Les *Pays-Bas* sont une plaine argileuse au nord de Cognac.

La **Charente**, que Henri IV appelait « le plus beau ruisseau de son royaume », entre dans le département auquel elle a donné son nom à quelques kilomètres de sa source dans la Haute-Vienne, à Chéronnac. Si elle restait fidèle à sa première direction, qui est le nord-nord-ouest, elle atteindrait la Vienne près d'Exideuil ; mais le seuil de partage du bassin de la Loire l'arrête à Civray. Coulant alors, non sans d'innombrables circonflexions, par une route nord-sud presque contraire à son premier chemin, le fleuve, humble encore, s'accroît d'une foule de sources claires fournies par l'oolithe et de riviérettes intarissables, notamment la Tardoire. Il passe à Condac, qui est comme un faubourg de la ville de Ruffec, et coule dans de très larges prairies où il ne cesse de s'éparpiller en branches, puis de se concentrer pour se désunir encore. La Charente arrive ainsi en face de la célèbre *Touvre*, qui fait plus que la doubler, et aussitôt après elle effleure la racine de l'abrupte et altière colline d'Angoulême. Devenue dès lors une rivière navigable de 60 mètres de largeur moyenne, la Charente change encore de route vers l'ouest, puis le nord-ouest, qu'elle ne quittera plus jusqu'à l'Océan. Elle arrose Jarnac, qui rappelle une victoire des catholiques, et Cognac, renommé pour ses eaux-de-vie; le *Né* s'y jette à sa sortie du département.

La *Tardoire* et son affluent le *Bandiat* sont deux rivières caractérisées par la perte ou l'infiltration de leurs eaux, dans les « fossés » ou crevasses des terrains calcaires de leur cours inférieur. En effet, dans les temps ordinaires, c'est-à-dire lorsqu'il n'y a pas de pluie ou de fonte de neige considérable, le Bandiat cesse de couler quelques kilomètres avant sa fin naturelle dans la Tardoire. A son tour celle-ci s'arrête et se perd généralement au pont d'Agris, en amont de la Rochefoucauld, de sorte que son embouchure ne verse presque jamais d'autre eau à la Charente que celle de la constante *Bonnieure*, son second affluent. Du reste, les eaux ainsi disparues de la Tardoire et du Bandiat ne sont pas perdues pour la Charente, car ce sont elles qui reparaissent à l'est d'Angoulême par les deux fortes sources du *Bouillon* et du *Dormant*; ces sources forment aussitôt, comme celles du Loiret, une rivière considérable et, de plus, très limpide : la *Touvre*, qui porte bateau dès son origine et qui, malgré son trajet restreint de 10 kilomètres, fait marcher d'importantes papeteries, ainsi que la fonderie de canons de Ruelle.

Le département appartient aussi, mais pour une faible portion, au bassin de la Loire par la *Vienne*, et à celui de la Garonne par la *Dronne*, qui recueille la *Nizonne* et la Tude.

Il jouit d'un *climat* tempéré, plus froid dans les Terres-Froides, qui se rapprochent du Plateau central; plus doux dans les Terres-Chaudes, où règne le climat girondin. Il y tombe en moyenne 80 centimètres de pluie par année.

Autrefois la vigne était la culture favorite des Charentais. La plus grande partie du vin, d'ailleurs assez médiocre, était distillée et donnait les fameuses eaux-de-vie connues sous le nom de *cognac* ou fine champagne. L'invasion du phylloxéra a détruit plus de la moitié des vignobles, soit 50 000 hectares, que l'on reconstitue activement. Les truffes, les châtaignes et les noix sont relativement abondantes. De fort belles prairies bordent la Charente. Les bois, qui abritent encore de nombreux fauves, couvrent 88 000 hectares, dont 4800 pour la forêt de Braconne, à l'ouest de la Rochefoucauld.

Outre les eaux-de-vie, l'industrie manufacturière produit les papiers renommés d'Angoulême, des tissus et des cuirs. L'établissement métallurgique le plus important est la fonderie de canons de Ruelle; aux environs d'Angoulême existe une poudrerie nationale, et l'on extrait d'excellentes pierres de taille.

Les habitants. — En 1896, la Charente comptait 356 200 habitants,

Abside de la cathédrale d'Angoulême. (Avant sa restauration.)

soit 11 400 de moins qu'en 1871 ou 56 000 de plus qu'en 1801. C'est le 42e département pour la population absolue et le 43e pour la densité, avec 60 habitants par kilomètre carré. Sur le total, on compte à peine 700 étrangers, mais environ 4000 protestants. Au nord-est, les Charentais sont limousins par le langage et les habitudes, tandis qu'au sud ils se rapprochent par ces deux côtés de la race périgourdine.

Personnages. — François Ier, né à Cognac, mort en 1547. Marguerite de Valois, reine de Navarre, et l'écrivain Guez de Balzac, nés à Angoulême, morts en 1549, 1654. La Quintinie, jardinier de Louis XIV, né à Chabanais, mort en 1688. Le savant dom Rivet de la Grange, né à Confolens, mort en 1748. L'ingénieur militaire de Montalembert et le physicien Coulomb, nés à Angoulême, morts en 1800, 1806. Le général Dupont de l'Étang, né à Chabanais, mort en 1840.

Administrations. — Le département forme le diocèse d'Angoulême; il relève de la cour d'appel de Bordeaux, de l'académie de Poitiers, de la 12e région militaire (Limoges), de la 7e région agricole (Ouest-Central) et de la 24e conservation forestière (Niort). Il comprend cinq arrondissements : *Angoulême, Ruffec, Confolens, Barbezieux, Cognac*, avec 29 cantons et 426 communes.

I. **ANGOULÊME**, chef-lieu du département[1], est une ville de 38 000 âmes située à l'extrémité d'un promontoire de 96 mètres d'altitude, qui tombe presque à pic sur la rive gauche de la Charente : aussi jouit-on d'une vue magnifique des boulevards qui bordent sa partie haute. Ses deux édifices les plus remarquables sont : un bel hôtel de ville moderne, bâti sur l'emplacement du château comtal, dont il reste deux tours, et surtout la cathédrale Saint-Pierre, du XIIe siècle, dont la façade est la plus riche qui nous reste de l'époque romane. Angoulême est justement renommée pour ses nombreuses papeteries de luxe, situées dans la ville et les environs, sur la Touvre et les clairs ruisseaux du bassin de la Charente. C'est aussi l'un des centres du commerce des eaux-de-vie de l'Angoumois. Dans le voisinage se trouvent une poudrerie de l'État et des carrières de pierres blanches très estimées, dites d'Angoulême, qui s'exportent jusqu'en Espagne. *L'Houmeau*, à trois kilomètres nord-est, est le port d'Angoulême. — Saint Auzone, fondateur de l'évêché d'Angoulême au IVe siècle, est le premier qui nous parle de cette ville; il la nomme

---

[1] Arrondissement d'ANGOULÊME : 9 *cantons*, 136 communes, 136 060 habitants.
Cantons et communes principales : 1-2. *Angoulême*, 38 070 habitants; Champniers, 2730; Couronne (la), 3460; Houmeau-Pontouvre (l'), 2880; Magnac, 1830; Nersac, 1430; Roullet, 1210; Ruelle, 3620; Saint-Michel, 1310; Saint-Yrieix, 1470; Soyaux, 1520. — 3. *Blanzac*, 950; Moutiers, 1330. — 4. *Hiersac*, 670; Isle-d'Espagnac, 1000. — 5. *Montbron*, 3580; Écuras, 1540. — 6. *Rochefoucauld (la)*, 2810; Agris, 1030; Brie, 1290; Chazelles, 1150. — 7. *Rouillac*, 2070; Genac, 1060; Marcillac, 1040. — 8. *Saint-Amant-de-Boixe*, 1050. — 9. *Villebois-la-Valette*, 810; Dignac, 1130.

Iculisma, nom qui se changea bientôt en celui d'*Engolisma*, d'où la forme actuelle. Le traité de Brétigny livra Angoulême aux Anglais en 1360; mais les habitants, les ayant chassés en 1372, obtinrent pour récompense de ce fait d'armes que leur ville devînt l'apanage d'un des fils de France : tel François Ier, qui porta d'abord le titre de comte d'Angoulême et transforma ensuite le comté en duché. La ville eut beaucoup à souffrir des guerres de religion ; en 1789, elle était capitale de l'Angoumois.

La cathédrale. — « Pendant les guerres de religion, la cathédrale Saint-Pierre fut horriblement saccagée par les calvinistes. On travailla à la restaurer dès la fin du XVIe siècle ; mais ce ne fut qu'à dater de 1628 qu'elle commença à reprendre une partie de son ancien état. Les grands travaux qui furent faits alors à la lanterne ou coupole, qui éclaire l'église par douze vitraux, à la voûte du chœur et à celle de la nef, sont dus aux soins et aux frais du doyen Jean Mesneau.

« Ces mots : *Temple de la Raison,* inscrits dans des temps de triste mémoire (la Révolution) et qu'on lisait il y a peu d'années en caractères mal effacés au-dessus de la principale porte d'entrée, prouvaient que cette cathédrale eut encore à souffrir. Les perturbateurs de l'ordre religieux et social en firent disparaître tous les ornements intérieurs ; les ruines annoncent partout leur passage.

« La belle façade, dont les tours viennent d'être rétablies, paraît au premier coup d'œil divisée en cinq entre-colonnements, ou plutôt en cinq arcades allongées, dont l'une, celle du milieu, plus large et plus élevée que les deux autres, monte jusque vers le sommet de l'entablement. Elles sont séparées par des colonnes dont la forme, moins trapue qu'à l'époque seconde de l'architecture romano-byzantine, est déjà passablement élancée ; les chapiteaux, à feuillages variés, rappellent assez bien la corbeille d'acanthe du chapiteau corinthien. Au pied de la grande arcade est la principale porte d'entrée. Plus haut se trouve la seule fenêtre du frontispice, ayant à droite et à gauche six figures debout, dont les deux inférieures sont placées dans les cintres. Au sommet de l'arcade, un cadre à peu près ovale entoure la statue de Jésus-Christ, que l'on a regardé longtemps comme la figure de Jupiter, dans l'idée où l'on était que la façade remontait jusqu'au paganisme. Cette statue est couronnée de flammes, pour exprimer sans doute l'ardeur de la charité et peut-être encore la lumière de la vérité qui brille dans l'Évangile. Comme à l'église Saint-Trophime, à Arles, elle est accompagnée de la figure emblématique des quatre évangélistes : l'homme ou l'ange, l'aigle, le bœuf et le lion ; dans l'archivolte on voit huit anges en adoration. La partie inférieure des quatre autres arcades présente autant de cintres, renfermant à leur sommet les douze apôtres divisés trois par trois. A droite, dans une petite plate-bande, on voit une sorte de combat où figurent quatre cavaliers, dont les cottes de mailles et les casques pointus sont absolument conformes à ceux que le célèbre bénédictin dom Bernard de Montfaucon nous donne comme usités au temps de la première croisade.

« Le reste des entre-colonnements est subdivisé en douze cintres, décorés de douze statues; huit autres statues sont posées dans des niches, sous les archivoltes des arcades. Sur la petite corniche qui règne au-dessus de ces arcades s'appuient six autres cintres, ornés de vingt et un médaillons. Un entablement droit, à corniche saillante supportée par quatre consoles, couronne tout l'édifice; c'est un exhaussement beaucoup plus moderne que les autres parties de la façade, et tout à fait dans le goût de la Renaissance. A ses extrémités s'élèvent deux campaniles élégants, de forme ronde, et du même âge que l'entablement. »

(BOURASSÉ, *les Cathédrales de France*.)

La Couronne est un bourg remarquable par ses nombreuses papeteries, les belles ruines d'une abbaye du XIIe siècle et l'asile d'aliénés de Breuty.

Château de la Rochefoucauld.

Ruelle est connu par son importante fonderie de canons pour la marine, créée en 1750 par le marquis de Montalembert et occupant 800 ouvriers. En amont, on visite les sources de la *Touvre* appelées le Dormant et le Bouillon, comparables à leurs homonymes du Loiret, soit pour l'importance de leur débit, soit parce qu'elles sont la réapparition d'eaux engouffrées, celles de la Tardoire et du Bandiat. La Touvre est encore plus courte que la rivière orléanaise, soit dix kilomètres; mais elle est, dit-on, « pavée de truites, bardée d'anguilles et bordée d'écrevisses. » — A BLANZAC, vieille tour et tumulus. — A HIERSAC, château du Maillou. — MONTBRON, sur la Tardoire, est une ancienne ville qui avait jadis des barons. — En aval, LA ROCHEFOUCAULD est aussi une vieille cité féodale; elle est actuellement dominée par un magnifique château de la Renaissance, construit sur l'emplacement de celui que bâtit au IXe siècle le seigneur Foucauld et qui fut l'origine de la ville. La seigneurie était alors une baronnie nommée la Roche; François Ier l'érigea en comté, et Louis XIII en duché-pairie. Le second duc, François VI, est le célèbre auteur des *Maximes*. La famille ducale de la Rochefoucauld a produit plusieurs branches importantes : la Rochefoucauld-Liancourt, la Rochefoucauld-Marcillac, la Rochefoucauld-Doudeauville, etc. C'est en amont et en aval de cette ville que la Tardoire se perd dans les fissures et les gouffres de son lit calcaire; si bien qu'en été elle ne coule plus dans ces parages, de même que son affluent le Bandiat. — Fabrication de draps, de toiles et de produits céramiques.

Rancogne offre de vastes grottes à stalactites, où se perd un ruisseau, — et VILLEBOIS-LA-VALETTE, les ruines de deux châteaux, dont l'un, celui de la Valette, fut le siège d'un duché-pairie créé en 1622 pour la famille d'Épernon.

II. **RUFFEC**, sous-préfecture de 3400 âmes[1], s'élève à 110 mètres

Lesterps. — Ruines de l'abbaye. Église (restaurée depuis).

d'altitude sur un coteau voisin de la rive droite de la Charente. C'est une petite ville renommée pour ses pâtés de perdreaux et de foies d'oies truffés. Son église, des XIIe et XVIe siècles, a l'une des plus belles façades romanes de l'Angoumois; mais il ne reste que des vestiges de son château, qui, après avoir été le siège d'une baronnie et d'une vicomté, fut érigé en marquisat et cédé à la famille de Broglie en 1763.

Nanteuil-en-Vallée possède les restes d'une abbaye de bénédictins

---

[1] Arrondissement de RUFFEC : 4 *cantons*, 82 communes, 44110 habitants.
Cantons et communes principales : 1. *Ruffec*, 3430 habitants; Nanteuil, 1120; Verteuil. — 2. *Aigre*, 1450. — 3. *Mansle*, 1540; Cellefrouin, 1620. — 4. *Villefagnan*, 1420.

fondée par Charlemagne, — et *Verteuil-sur-Charente*, un magnifique château où Charles-Quint et Louis XIII reçurent l'hospitalité. — AIGRE, sur l'Houme, fabrique des eaux-de-vie, — et MANSLE, sur la Charente, de la chaux hydraulique et des ciments. — *Cellefrouin*, sur le Son, possède une église romano-ogivale, autrefois abbatiale, et une lanterne des morts, monument funéraire du XIIe siècle, haut de douze mètres. — VILLEFAGNAN, jadis fortifié, produit de bons vins et fait un grand commerce de mulets.

III. **CONFOLENS**, chef-lieu d'arrondissement[1], est une petite ville de 3200 âmes située par 175 mètres d'altitude au *confluent* de la Vienne et de la Goire; d'où son nom. C'était jadis une place forte défendue par un château et une enceinte, dont il reste quelques débris. On remarque aussi la belle flèche en pierre de l'église Saint-Maxime, des XIVe et XVe siècles. — *Abzac*, sur la Vienne, utilise en boisson trois sources minérales chlorurées sodiques (15°). — Près de *Saint-Germain*, dans une île de la Vienne, magnifique dolmen de la pierre de Sainte-Madeleine, dont la table monolithe, appuyée sur quatre pierres debout, mesure 4 mètres 40 de long sur 3 mètres 50 de large et 80 centimètres d'épaisseur. — *Lesterps* conserve de son ancienne abbaye une église romane, dont le beau clocher à trois étages date du XIIe siècle et mesure 42 mètres de haut.

CHABANAIS, pittoresquement situé sur la Vienne, est une ancienne seigneurie que posséda Colbert. Au sud-ouest, joli château moderne de Savignac, ayant appartenu au général Dupont de l'Étang, tristement célèbre par la capitulation de Baylen. Au nord, le hameau de la Quintinie a donné le jour au célèbre jardinier de ce nom. — *Chassenon* est situé sur l'emplacement de la ville gallo-romaine de *Cassinomagus*, dont les débris ont servi à la construction des villages voisins. Les ruines principales (monuments historiques) sont celles d'un établissement de bains, d'un temple, d'un amphithéâtre, d'aqueducs et de nombreuses sépultures. — *Exideuil* possède des papeteries et une chapelle de Notre-Dame de la Pitié, but de pèlerinage.

CHAMPAGNE-MOUTON, qui eut un camp romain à Ambournet, fait voir la motte féodale du Fort. — A MONTEMBŒUF, de vastes corridors souterrains sont regardés comme des silos gaulois. — SAINT-CLAUD doit son nom à un ermite du VIe siècle, dont le corps est vénéré dans la crypte de l'église paroissiale. — A *Chasseneuil*, sur la Bonnieure, camps romains de Chez-Fouquet et du Camp-des-Peines.

[1] Arrondissement de CONFOLENS : 6 *cantons*, 66 communes, 66240 habitants.
Cantons et communes principales : 1-2. *Confolens*, 3120 habitants; Abzac, 1250; Ansac, 1020; Brigueil, 1370; Brillac, 1540; Lesterps, 1460; Manot, 1210; Pleuville, 1000; Saint-Christophe, 1080; Saint-Germain; Saint-Maurice, 1900. — 3. *Chabanais*, 1990; Chassenon, 1170; Chirac, 1180; Étagnac, 1550; Exideuil, 1840; Pressignac, 1500; Saulgond, 1240. — 4. *Champagne-Mouton*, 1190; Alloue, 1410; Benest, 1270. — 5. *Montembœuf*, 1280; Cherves, 1340; Lésignac, 1010; Lindois, 1010; Massignac, 1360; Roussines, 1130; Vitrac, 1130. — 6. *Saint-Claud*, 1810; Chasseneuil, 2470; Nieuil, 1360; Saint-Laurent, 1330.

IV. **BARBEZIEUX**, sous-préfecture de 4200 âmes[1], s'élève en amphithéâtre à 100 mètres d'altitude, sur un monticule dominant les vallées du Trèfle et du Condéon. Cette petite ville, qui a donné son nom à une race de volaille renommée, fait le commerce de comestibles truffés et surtout des eaux-de-vie du pays. Elle était jadis fortifiée et le siège d'un marquisat, qui appartint longtemps à la maison de la Rochefoucauld, d'où il passa dans celle de Louvois.

Aubeterre est une petite ville qui doit probablement son nom au roc de craie blanche sur lequel elle est bâtie, entre la Dronne et les ruines de son vieux château. L'église Saint-Jean, du XIIe siècle, est creusée dans ce roc, ainsi que de vastes souterrains s'étendant sous l'ancien couvent des Minimes. — A *Saint-Séverin*, sur la Lisonne, grandes papeteries de l'Épine et de Marchais. — A Baignes-Sainte-Radegonde, le château de Montausier fut au XVIIe et XVIIIe siècles le siège d'un marquisat. — Près de Brossac, dans le bois de Dausenac, restes d'une villa et d'un aqueduc romains (monuments historiques).

Chalais, au pied d'une colline couronnée par un château, était jadis une principauté, qui passa à la famille de Talleyrand dès le XIVe siècle. Henri de Talleyrand-Chalais, qui conspira contre Richelieu, fut décapité en 1626.

Montmoreau, sur le penchant d'une colline escarpée baignée par la Tude, possède une belle église du XIIe siècle et d'intéressants restes de son château du moyen âge.

V. **COGNAC**, sous-préfecture de 22000 âmes[2], située à 8 mètres d'altitude sur la Charente, est le centre de la fabrication et du commerce des eaux-de-vie renommées dites de Cognac. Or son arrondissement en produit annuellement pour environ 200 millions de francs. Les meilleures viennent de la Champagne charentaise; elles s'exportent principalement dans le nord de l'Europe et en Amérique. Cognac possède une église ayant une magnifique façade romane et un beau clocher avec flèche en pierre, du XVe siècle. D'agréables promenades ont remplacé ses anciennes fortifications, dont il ne reste qu'une porte flanquée de tours à l'entrée du pont. Sur l'une des places s'élève la statue équestre du roi-chevalier François Ier, qui vint au monde dans le château encore partiellement debout. En 1526, ce prince y conclut contre Charles-Quint une ligue avec le Pape, Henri VIII, les Suisses et les princes italiens, dans le but de

---

[1] Arrondissement de Barbezieux : 6 *cantons*, 80 communes, 43800 habitants.
Cantons et communes principales : 1. *Barbezieux*, 4230 habitants. — 2. *Aubeterre*, 710; Saint-Séverin, 1180. — 3. *Baignes-Sainte-Radegonde*, 1900. — 4. *Brossac*, 950. — 5. *Chalais*, 890; Montboyer, 1050. — 6. *Montmoreau*, 740.

[2] Arrondissement de Cognac : 4 *cantons*, 62 communes, 66040 habitants.
Cantons et communes principales : 1. *Cognac*, 20230 habitants; Château-Bernard, 1280; Cherves, 2810; Saint-Brice, Saint-Sulpice, 1570. — 2. *Châteauneuf-sur-Charente*, 2780; Bouteville. — 3. *Jarnac*, 4930; Bassagnac, Sigogne, 1010; Triac. — 4. *Segonzac*, 2120; Gensac-la-Pallue, Saint-Même, 1540.

maintenir l'équilibre européen. Plus tard, Cognac embrassa le calvinisme et fut donné comme place de sûreté aux protestants. Condé l'assiégea inutilement pendant la Fronde.

« **La fabrication de l'eau-de-vie** repose sur les principes suivants : lorsqu'on chauffe du vin, qui peut être considéré comme un mélange d'eau et d'alcool, l'alcool se vaporise le premier, et, si l'on reçoit sa vapeur dans un récipient entouré d'eau froide, elle redeviendra liquide par le refroidissement, et l'on aura ainsi séparé l'alcool de l'eau, qui ne bout qu'à une température plus élevée. Toutefois la séparation complète ne pourra se faire qu'à la suite de plusieurs opérations, attendu qu'à la température de 68°, où bout l'alcool, l'eau émet aussi des vapeurs qui se mélangent aux vapeurs alcooliques. L'eau-de-vie ordinaire est le résultat d'une seule opération. Elle se fabrique surtout dans l'Angoumois, la Saintonge, le Languedoc et la Provence; les qualités les plus estimées sont fournies par l'Angoumois, où la distillation se fait en général dans les campagnes et à l'aide d'un appareil distillatoire excessivement simple. Il se compose d'une chaudière en cuivre communiquant avec un tube qui serpente dans un récipient rempli d'eau froide. Le vin est placé dans la chaudière, puis chauffé avec précaution; il faut que le feu soit très régulier et qu'il marche jour et nuit. Les vingt premiers litres qui passent à la distillation sont mis de côté, ainsi que les dernières portions; ils fournissent une eau-de-vie moins estimée, que l'on appelle *seconde* et qui a un goût amer et métallique. La distillation est conduite de manière à avoir un liquide qui renferme de 63 à 67 pour 100 d'alcool. Ce liquide est blanc, et c'est seulement dans les fûts en chêne, où on le met, qu'il acquiert à la longue la couleur ambrée qu'a ordinairement l'eau-de-vie.

« On fait dans le midi de la France des quantités considérables d'eau-de-vie. Beaucoup de propriétaires distillent eux-mêmes : c'est ce qu'on appelle *brûler du vin;* mais la distillation se pratique aussi dans d'importantes usines, où l'on emploie des appareils perfectionnés. »

(POIRÉ, *Industrie*.)

Saint-Brice, sur la Charente, a un château où Henri de Navarre eut une entrevue avec Catherine de Médicis, le 25 septembre 1586. A deux kilomètres nord-est, église du XIIe siècle, dont la façade est une des plus belles qui subsistent de l'époque romane : c'est le seul reste de l'abbaye augustine de Notre-Dame de Chartres, fondée en 1077.

CHATEAUNEUF, sur la Charente, exploite des carrières de bonne pierre de taille, fabrique des étoffes et fait le commerce d'eaux-de-vie; c'était autrefois le chef-lieu d'un comté et une place forte; les Français l'enlevèrent aux Anglais en 1380, et les catholiques aux protestants en 1569. — *Bouteville*, à l'ouest, eut, entre autres seigneurs, François de Bouteville, décapité en 1627 par ordre de Richelieu, pour avoir enfreint l'édit contre les duels.

Jarnac, sur la rive droite de la Charente, fabrique une quantité considérable d'eaux-de-vie renommées. Ancienne baronnie et place forte, cette ville fut possédée par le fameux Guy Chabot, qui, dans un duel avec La Châtaigneraie, fendit le jarret à son ennemi par un coup imprévu : d'où l'expression de « coup de Jarnac », désignant un coup décisif et inattendu dirigé contre un adversaire. Quant à la bataille dite de Jarnac, elle fut livrée à l'est sur les territoires de *Triac* et de *Bassac*, où s'élève une pyramide commémorative ; c'était le 13 mars 1569 : les catholiques, commandés par le duc d'Anjou, depuis Henri III, y défirent les protestants commandés par le prince de Condé, qui périt dans la lutte.

« Pour prévenir la jonction de Condé et des vicomtes, le duc occupa Châteauneuf sur la Charente, et jeta un pont pendant la nuit dans un endroit mal gardé, à peu de distance de Bassac, où était logé Coligny. L'amiral n'avait pas assez de troupes pour accepter le combat : il voulut se retirer, mais ne put le faire à temps. Les catholiques, dont le nombre allait grossissant, se jetèrent sur l'ennemi en retraite, l'obligèrent à faire volte-face, enveloppèrent son arrière-garde et enlevèrent La Noue avec plusieurs autres capitaines. Condé, averti, accourut à la rescousse avec le reste de la cavalerie des huguenots. Il chargea en personne avec sa vigueur habituelle, mais sa division fut très maltraitée et lui-même jeté par terre. Il venait de remettre son épée, quand Montesquiou, officier du duc d'Anjou, lui tira par derrière un coup de pistolet dans la tête et l'étendit raide mort. Quatre cents cavaliers huguenots, dont cent au moins appartenaient à la plus haute noblesse, demeurèrent sur le champ de bataille. La perte des catholiques fut moindre de moitié. »

(DARESTE, *Hist. de Fr.*)

Au sud, SEGONZAC est situé dans la partie de la Champagne qui produit les meilleures eaux-de-vie, — tandis que *Saint-Même* exporte jusque dans l'Amérique du Sud son excellente pierre blanche. — A *Gensac-la-Pallue*, belle église romane du XIIe siècle.

AUNIS ET SAINTONGE

1 DÉPARTEMENT

CHARENTE-INFÉRIEURE

6 ARRONDISSEMENTS, 40 CANTONS, 480 COMMUNES, 453 500 HABITANTS

Carte historique.

Historique. — Le territoire de l'Aunis et de la Saintonge était primitivement habité par les *Santones*, que les Romains incorporèrent dans la IIe Aquitaine. Il passa ensuite aux Westgoths en 419, aux Francs en 507, et devint au IXe siècle un comté dépendant de l'Aquitaine, qu'Éléonore porta en dot à Henri Plantagenet, futur roi d'Angleterre (1154). Louis VIII l'ayant conquis sur les Anglais en 1224, ceux-ci essayèrent de le reprendre, mais furent battus à Saintes et à Taillebourg par saint Louis (1242).

Néanmoins ils obtinrent, en 1259, la partie de la Saintonge située au sud de la Charente. Le reste du pays, donné au comte Alphonse de Poitiers, revint à la couronne en 1271 et y demeura attaché jusqu'au traité de Brétigny, en 1360. Du Guesclin le reconquit avec la Saintonge onze ans après, pour être définitivement réuni au domaine royal.

Vers cette époque, l'Aunis forma une province particulière ayant la Rochelle pour capitale, en attendant de devenir l'un de nos grands gouvernements militaires, de tous le plus petit. La Saintonge, dont la capitale

Marais salants de la Saintonge.

était Saintes, fut réunis à l'Angoumois pour former un autre grand gouvernement. Au XVIIe siècle, les protestants, qui voulaient créer « un État dans l'État », étaient particulièrement nombreux dans cette région. La prise de la Rochelle, due à l'énergie de Richelieu, ébranla ce parti jusque dans ses fondements (1628). En 1694, l'Aunis et la Saintonge formèrent une généralité divisée en six élections et, en 1790, le département de la Charente-Inférieure, avec des tronçons de la Charente et des Deux-Sèvres.

Géographie. — Ainsi nommé de ce que la Charente s'y jette dans l'Atlantique, le département de la *Charente-Inférieure* a été formé de l'*Aunis*, capitale la Rochelle, de la presque totalité de la *Saintonge*, capitale Saintes, et d'un lambeau du Poitou. C'est le plus long après la Corse et le Nord (170 kilomètres) et l'un des plus bizarrement découpés;

d'une superficie de 7 230 kilomètres carrés, avec les îles qui en dépendent, il est le 17º sous le rapport de l'étendue.

Pays marécageux, plat ou ondulé, son point le plus élevé n'a que 172 mètres au-dessus de l'Océan : c'est une colline frontière des Deux-Sèvres, entre la source de la Nie et la forêt d'Aulnay. Comme régions naturelles, on y distingue : 1º le *Bocage*, jurassique au nord de la Charente, crétacé au sud, occupant plus des quatre cinquièmes du territoire, y compris une partie des *Pays-Bas* et de la *Petite-Champagne* à l'est; du reste, ce bocage est aujourd'hui peu boisé, moins même que l'infertile *Double*, située au sud; 2º sur le bord de la Gironde, le *Marais*, petite contrée d'alluvions, coupée de marais salants, fertile mais insalubre, qu'il ne faut pas confondre avec les marais, de même nature cependant, qui s'étendent sur les rives de la Seudre, de la Charente et de la Sèvre-Niortaise, le long d'une partie du littoral et des îles; enfin les *Dunes* (35 000 hectares), fixées par des plantations de pins et dont les plus vastes sont celles de la presqu'île d'Arvert, entre la Seudre et la Gironde.

D'un développement de 175 kilomètres entre la Sèvre et la Gironde, le littoral du département est tantôt escarpé, comme vers la Rochelle, tantôt sablonneux, comme en Arvert, ou marécageux, comme à Brouage et à Marennes. Les courants violents et les tempêtes l'ont aussi très déchiqueté et en ont même séparé les îles de Ré et d'Oleron, tandis que l'exhaussement du sol et les apports le font empiéter sans cesse sur l'Océan.

Après la *Sèvre-Niortaise*, qui reçoit le Mignon et la *Vendée*, le littoral s'ouvre à la *Charente*, puis à la *Seudre*, qui forme un long estuaire et s'achève entre Marennes et la Tremblade. Au bassin de la *Gironde* n'appartiennent que la rive droite de l'estuaire de ce nom, le Lary et la Dronne, sous-affluents de la Dordogne par l'Isle. La plupart de ces cours d'eau sont navigables, ainsi que les *canaux* de Marans à la Rochelle et de la Charente à la Seudre; celui de Charras ou de Surgères sert au dessèchement des marais.

La **Charente** arrive sur le territoire au Port-du-Lis par 6 mètres d'altitude, et y fait un chemin de 90 kilomètres par des plis et replis dont la moyenne générale a pour direction le nord-ouest. Elle y boit par plusieurs riviérettes le tribut éparpillé de la transparente *Seugne*, baigne Saintes et Taillebourg, qui rappellent deux victoires de saint Louis, et commence, elle jusque-là si pure, à devenir trouble. Elle frôle ensuite Saint-Savinien, absorbe la *Boutonne*, et dans une vallée de plus en plus palustre s'achemine vers Tonnay-Charente, célèbre par son pont suspendu de 22 mètres d'élévation. Vient ensuite la ville de Rochefort, port militaire à 15 kilomètres de la mer : la Charente y est assez profonde pour les grands vaisseaux, mais par compensation elle n'y a pas plus de 150 à 200 mètres de largeur; c'est seulement au delà du Vergeroux que le fleuve s'élargit en estuaire, pour aller s'achever par une ouverture de 2500 mètres à marée basse, à une dizaine de kilomètres de l'île d'Oleron. Sans la puissance de la marée sur cette côte, la Charente serait impraticable et Rochefort n'existerait pas : il n'y a parfois que 60 centimètres d'eau sur la barre vaseuse de l'embouchure, mais la mer monte ici à sept mètres. Grâce à cet afflux de l'Océan, le fleuve est navigable dans toute la Charente-Inférieure.

Le département jouit du *climat* maritime dit girondin, sain à l'intérieur, insalubre dans les marais; les chaleurs y sont fortes, les orages fréquents et les pluies abondantes : 85 centimètres d'eau par an. Le sol de la Charente-Inférieure, généralement fertile, produit des céréales en abondance, des fruits et des légumes excellents, notamment des fèves de marais, mais beaucoup moins de vin qu'avant l'invasion du phylloxéra. Les prairies et les marais « gâts » nourrissent de nombreux bestiaux; les bois et les forêts couvrent 80 000 hectares. Il existe une ferme-école à Puilboreau, près de la Rochelle.

Les deux principales branches industrielles sont : la conversion de la plus grande partie des vins en eaux-de-vie de Cognac, et l'exploitation des **marais salants** dans les arrondissements maritimes et les îles. — Tous les terrains d'alluvion du golfe saintongeois, peu élevés au-dessus du flux, se prêtent admirablement à la production du sel. Le sol y est divisé en une série de bassins carrés : d'un premier récipient, dit *vasière*, où elle se repose et se clarifie, l'onde marine passe dans d'autres compartiments où se fait, à la chaleur du soleil, l'évaporation du chlorure de sodium et des autres carbonates et sulfates que l'océan livre à l'industrie. Dans les derniers réservoirs, qui s'appellent *œillets*, la couche d'eau n'a plus qu'une épaisseur de quelques millimètres; c'est là que le *paludier*, à l'aide de son grand râteau de bois, recueille les cristaux de sel gris du fond, et écrème à la surface le sel blanc.

La construction des navires est très active dans les ports de Rochefort, Tonnay-Charente et la Rochelle. Un grand nombre de riverains s'occupent, soit de la pêche du poisson, soit de la culture des coquillages : moules d'Esnandes, huîtres de Ré, de Marennes et des bords de la Seudre; quelques centaines d'ouvriers extraient la tourbe, les pierres de taille et les meulières du pays.

Les habitants. — En 1896, le département comptait 453 500 habitants, dont 800 étrangers. C'est une augmentation de 57 000 âmes sur 1801 ou une diminution de 12 150 sur 1871. Il est au 26e rang pour la population absolue et au 37e pour la densité, avec 63 habitants par kilomètre carré. Il renferme environ 16 000 protestants. Le patois de l'intérieur se rattache à la langue d'oïl, celui du littoral se rapproche davantage du français moderne.

Personnages. — L'armateur Aufrédi et le chancelier Doriole, nés à la Rochelle, morts en 1220, 1485. Champlain, fondateur de Québec, né au Brouage, mort en 1635. Le maire Guiton et l'anecdotier Tallemant des Réaux, nés à la Rochelle, morts en 1646, 1692. L'amiral de la Galissonnière, né à Rochefort, mort en 1756. Le physicien Réaumur et le jurisconsulte Dupaty, nés à la Rochelle, morts en 1757, 1788. Le vice-amiral Latouche-Tréville, né à Rochefort, mort en 1804. Le contre-amiral Renaudin, né au Gua, mort en 1809. Le médecin Guillotin, né à Saintes, mort en 1814. Le conventionnel Billaud-Varennes, né à la Rochelle, mort en 1819. Le général-ingénieur de Chasseloup-Laubat, né à Saint-Sornin, mort en 1833. L'amiral Duperré, né à la Rochelle, mort en 1846, et l'amiral Rigault de Genouilly, né à Rochefort, mort en 1873.

Administrations. — La Charente-Inférieure forme le diocèse de la

La Rochelle. — Cathédrale Saint-Louis.

Rochelle et ressortit à la cour d'appel et à l'académie de Poitiers, à la 18e région militaire (Bordeaux), au 4e arrondissement maritime (Rochefort), à la 7e région agricole (Ouest-Central) et à la 24e conservation forestière (Niort).

Il comprend six arrondissements : *la Rochelle, Rochefort, Saint-Jean-d'Angély, Marennes, Saintes, Jonzac,* avec 40 cantons et 480 communes.

1. LA ROCHELLE, chef-lieu du département[1], est une ville forte et maritime de 28 000 âmes, située à l'embouchure du canal de Marans, au fond d'une petite baie s'ouvrant sur le pertuis d'Antioche. Son port, l'un des plus sûrs et des plus accessibles de l'Océan, comprend un avant-port partagé par la grande digue de Richelieu, un havre d'échouage, auquel

---

[1] Arrondissement de LA ROCHELLE : 7 *cantons*, 55 communes, 83 060 habitants.
Cantons et communes principales : 1-2. *La Rochelle*, 28380 habitants; Angoulins, 1440; Aytré, 1100; Dompierre, 1370; Esnandes; Lagord; Nieul, 1310; Puilboreau; Saint-Xandre, 1130. — 3. *Ars*, 1730; Couarde (la), 1190. — 4. *Courçon*, 1090; Ronde (la), 1480; Saint-Jean, 1950; Saint-Sauveur, 1050; Taugon, 1280.— 5. *Jarrie (la)*, 860; Saint-Médard, 1080; Sainte-Soulle, 1490. — 6. *Marans*, 4520; Andilly, 1220; Charron, 1280. — 7. *Saint-Martin-de-Ré*, 2463; Bois (le), 1620; Flotte (la), 2370; Saint-Marie, 2610.

conduit un chenal de 1 700 mètres, un bassin de carénage et un bassin à flot. Une rade excellente précède ce port, dont le chiffre des marchandises est en moyenne de 300 000 tonnes par an, ce qui lui assigne le 13e rang parmi ses congénères français. Il exporte principalement des eaux-de-vie, des sels, des poissons frais ou salés; il importe des houilles

Hôtel de ville de la Rochelle.

d'Angleterre, du minerai de fer d'Espagne, des bois de Suède et de Norvège, des denrées coloniales.

L'industrie rochelloise proprement dite consiste surtout dans la tonnellerie et la construction maritime. La Rochelle a conservé en partie sa physionomie du passé : vieilles rues bordées de porches, hôtel de ville ayant l'aspect d'une forteresse, portes et tours des fortifications, hôpital Aufrédi, clochers gothiques accompagnant la cathédrale Saint-Louis et l'église Saint-Sauveur, qui sont de style classique; il faut y ajouter l'arsenal, le bel établissement de bains et la jolie promenade du Mail.

La Rochelle, dont l'histoire ne date que du xe siècle, doit son nom à un petit rocher (Rupella) sur lequel furent bâties ses premières maisons. Après avoir appartenu aux ducs d'Aquitaine et aux Anglais, elle fut définitivement réunie à la couronne en 1372. Depuis lors jusqu'au xvie siècle elle fut une importante cité maritime, mais devint ensuite la principale place d'armes des calvinistes.

Siège de la Rochelle. — « La Rochelle était pour l'hérésie un puissant arsenal de révolte; c'est dans cette ville que la faction protestante avait concentré toutes ses forces, ainsi que dans un retranchement. Comme son port permettait de la ravitailler ou de la secourir par mer, et que de formidables remparts la protégeaient du côté de la terre, en faire le siège paraissait une entreprise insensée et au-dessus des forces royales. Richelieu ne se laissa pas intimider par de tels obstacles : lui-même exerçant à la fois les fonctions de ministre, de garde des sceaux, de surintendant de la marine et de général, voulut diriger une armée contre cette place réputée imprenable. Par ses ordres le marquis de Thoiras enleva l'île de Ré, que défendaient les protestants et une flotte anglaise. Le siège fut ensuite poussé avec vigueur. Richelieu en surveillait les opérations. Pour fermer le port aux Anglais, il entreprit de fermer, par une digue d'environ quatre mille cinq cents pieds, le canal qui va de la pleine mer au port de la Rochelle. Cet ouvrage exigea à peine quatre mois. On enfonçait dans les eaux de longues poutres liées ensemble par d'autres poutres mises en travers, et l'on jetait au milieu de cette charpente des pierres sèches, sans autre ciment que la vase apportée par l'Océan dans les intervalles. La digue s'élevait en talus; large de soixante-douze pieds à sa base, elle se rétrécissait insensiblement, et n'en avait que vingt-quatre dans sa partie supérieure. On laissa, au milieu du canal, une ouverture de quatre toises pour donner un libre cours au flux et au reflux, et dans ce vide on fit couler des vaisseaux chargés de pierres, qui embarrassaient le passage et le rendaient impraticable. Pour appeler les bénédictions du ciel sur les opérations du siège, Richelieu établit dans son camp la plus austère discipline : les jeux de hasard, les blasphèmes, les duels étaient sévèrement proscrits. Cet ordre parfait encourageait les habitants de la campagne à apporter leurs vivres à l'armée, et les marchés ne cessèrent d'être abondamment pourvus.

« Cependant les assiégés se défendaient avec toute l'énergie du fanatisme. Ils avaient élu pour maire Jean Guiton, homme inaccessible à la crainte. Pressé d'accepter ces fonctions, ce hardi magistrat, après quelque résistance, dit aux habitants en leur montrant un poignard : « Je serai maire, « puisque vous le voulez; mais c'est à condition qu'il me sera permis

« d'enfoncer ce fer dans le cœur du premier qui parlera de se rendre. » Cependant la famine exerçait dans la ville les plus affreux ravages; des milliers d'hommes mouraient de faim. « Eh! qu'importe! disait Guiton, « il suffit qu'il en reste un pour fermer les portes. » Vaine bravade. Après quatre mois de siège, les rares habitants qu'avait épargnés la faim consentirent à se rendre à Louis XIII, et le farouche Guiton présenta lui-même au roi les clefs de la ville. Les Rochellois eurent la vie sauve et obtinrent le libre exercice de leur culte, mais leurs remparts furent rasés et leurs privilèges abolis. Bien que ce siège eût coûté quarante millions, le cardinal ne crut pas avoir payé trop cher l'occasion de frapper d'un même coup la féodalité, la république et le calvinisme. »

(Amédée GABOURD, *Histoire de France*.)

En 1648, Louis XIV donna de la force à l'élément catholique en transférant à la Rochelle l'évêché de Maillezais. Après la révocation de l'édit de Nantes, qui obligea un grand nombre de protestants obstinés à s'expatrier, la ville fut très éprouvée par la perte de nos colonies d'Amérique, principalement du Canada, dont le commerce faisait sa richesse. Chef-lieu de l'Aunis jusqu'en 1790, elle le devint de la Charente-Inférieure en 1810 et fut témoin en 1822 du complot tramé contre les Bourbons par les « quatre sergents de la Rochelle ».

La Pallice, port sur l'Océan, possède un grand bassin nouvellement creusé et qui paraît appelé à un certain avenir, à cause des inconvénients de celui de la Rochelle. — *Esnandes*, sur la baie d'Aiguillon, est un des centres les plus importants de la culture des moules en bouchots. Église fortifiée des XIIe et XVe siècles. — *Lagord* possède l'école normale d'instituteurs, — et *Puilboreau* la ferme-école du département. — Sur la côte méridionale, le hameau de Châtel-Aillon, commune d'*Angoulins*, a pris le nom d'une ville voisine disparue dans les flots et dont les habitants formèrent le noyau de la population de la Rochelle.

L'île de Ré, dont l'extrémité occidentale n'est qu'à trois kilomètres du continent, est une terre d'environ 75 kilomètres carrés, qui se dirige vers l'ouest-nord-ouest, entre les pertuis Breton et d'Antioche. Elle n'a que 19 mètres d'altitude maximum, et serait coupée en deux si l'on ne protégeait son isthme de Martray, large de 70 mètres, par d'incessants travaux. La côte méridionale, sans cesse battue par une mer sauvage, ne possède aucun des ports rhétiens, qui tous se trouvent sur la côte nord; les plus importants sont : ARS, SAINT-MARTIN et la *Flotte*. De nombreux marais salants, une production considérable d'huîtres et des vins assez abondants constituent, avec la pêche et le cabotage, la principale richesse de l'île, dont la population n'est pas moins de 14 600 habitants, soit 194 par kilomètre carré. — Autrefois appelée *Ratis*, et non *Rhea*, comme plusieurs l'ont imaginé, l'île de Ré appartint longtemps aux ducs d'Aquitaine, puis aux Anglais, qui l'attaquèrent souvent, mais en vain, pendant le siège de la Rochelle. Elle est divisée en deux cantons, ayant pour chefs-lieux les bourgs fortifiés d'Ars et de Saint-Martin.

Marans, sur la Sèvre-Niortaise et à la tête du canal de la Rochelle, fait un commerce considérable d'excellents fromages, de pierres de taille et surtout de céréales; ses foires sont un des marchés régulateurs de la France pour les graines et les grains. Cette ville possède, en outre, un dépôt de bois de construction pour la marine marchande et celle de l'État. Elle doit son origine à un château construit sous la domination anglaise et démoli sous Louis XIII, en 1638. Cinq ans après furent commencés les travaux de desséchement des marais qui couvraient la vaste plaine de Marans. — *Charron*, près de la baie d'Aiguillon, élève des moules, que l'on appelle « charrons » dans une partie de la région sud-ouest. Un château de la Renaissance y est transformé en couvent des sœurs de Saint-André de la Croix.

II. **ROCHEFORT** ou *Rochefort-sur-Mer,* ville de 34 000 âmes, la plus peuplée du département, s'élève sur la rive droite de la Charente, qui a encore ici 15 kilomètres à parcourir jusqu'à l'Océan. C'est non seulement le siège d'une sous-préfecture ordinaire[1], mais, ce qui est plus, le chef-lieu de notre 4e arrondissement maritime et un port de guerre qui surveille toute la côte entre la Loire et la frontière espagnole. Créée par Colbert en 1666 et fortifiée par Vauban en 1675, cette ville est en effet toute militaire : régulièrement bâtie, mais sans monument, et défendue par une double enceinte, dont la plus grande ferme toute la cité, tandis que l'autre protège spécialement le port et l'arsenal. Ce port, étant formé par la Charente elle-même, où les navires tiennent à l'ancre, c'est le long de la rivière que se trouvent les chantiers de construction et ces intéressants établissements de la marine qui s'appellent : fonderie, chaudronnerie, forges, corderies, magasins de vivres; mais l'hôpital, si vaste et si bien assorti, est en dehors des murs, où l'on a foré un puits artésien de 856 mètres de profondeur, fournissant de l'eau à 42°. Quant aux fortifications avancées du port, elles comprennent les forts échelonnés sur la Charente-Inférieure et ceux de la rade d'Aix. La navigation, toujours favorable dans cette rade, est au contraire pénible dans la rivière, profonde sans doute, mais embarrassée par la barre de l'embouchure et par des bancs de sable. Aussi Rochefort ne tient que le dernier rang parmi nos ports militaires, et les navires de guerre construits dans ses chantiers ne sont armés qu'en rade de l'île d'Aix.

Le port marchand, appelé aussi Cabane-Carrée, est situé en amont; il se compose de trois bassins à flot, accessibles aux bâtiments du plus fort

---

[1] Arrondissement de Rochefort : 5 *cantons*, 41 communes, 70 710 habitants. *Cantons* et communes principales : 1-2. *Rochefort*, 34 390 habitants; Fouras, 1990. — 3. *Aigrefeuille*, 1620; Thairé, 1000. — 4. *Surgères*, 3300; Marsais, 1160; Saint-Georges, 1500; Saint-Mard, 1180. — 5. *Tonnay-Charente*, 4460; Saint-Hippolyte, 1000.

tonnage. Son commerce avec Tonnay-Charente, Angoulême et Marennes d'une part, l'Angleterre, la Suède-Norvège et l'Espagne d'autre part, s'évalue par 230 000 tonnes de marchandises, chiffre qui place ce port

L'île de Ré. — La pointe des Baleines et ses phares.

au 22e rang. La ville proprement dite ne s'occupe guère que de la fabrication des conserves alimentaires, de produits céramiques, de toiles à voiles et de ciment.

Près de *Fouras,* situé à l'embouchure de la Charente, se trouve une petite anse où Napoléon Ier s'embarqua sur le *Bellérophon* pour Sainte-Hélène, le 15 juillet 1815; une borne rappelle cet événement.

L'empereur venait de son palais de la Malmaison, près Paris, où le 29 juin, à 5 heures du soir, il monta en voiture et partit pour Rochefort avec le projet de s'embarquer pour l'Amérique. Après d'inutiles tentatives pour échapper à la croisière anglaise, il se remit à la « générosité » britannique et se rendit à l'amiral Hotham. Traité comme prisonnier de guerre, il fut conduit sur le *Bellérophon* en Angleterre, et là, sans avoir débarqué et malgré sa protestation, transféré sur le *Northumberland* et déporté à Sainte-Hélène (8 août). « ... J'en appelle à l'histoire, écrivait alors Napoléon ; elle dira qu'un ennemi qui fit vingt ans la guerre au peuple anglais vint librement, dans son infortune, chercher un asile sous ses lois : quelle preuve plus éclatante pouvait-il donner de son estime et de sa confiance ? »

Mais comment répondit-on, en Angleterre, à tant de magnanimité ? On feignit de tendre une main hospitalière à cet ennemi, et, quand il se fut livré de bonne foi, on l'immola. — Il est vrai que lui-même, fléau de Dieu, avait immolé en sa vie tant de milliers de victimes, et il faut voir dans ce châtiment des derniers jours bien moins la malignité des hommes que la justice de Dieu, lui demandant compte de la manière dont il avait traité autrefois les souverains pontifes Pie VI et Pie VII.

On sait que six ans plus tard, le 5 mai 1821, Napoléon mourait sur l'îlot rocheux de Sainte-Hélène. Ses restes, rapportés en 1840 par le prince de Joinville, reposent dans un magnifique tombeau de porphyre sous le dôme non moins admirable de l'hôtel des Invalides. Il avait dit lui-même : « Je désire reposer sur les bords de la Seine, au milieu de ces Français que j'ai tant aimés ! »

SURGÈRES, au nord de Rochefort, possède une belle église du XIIe siècle, avec crypte renfermant les tombeaux des barons de Surgères, et un beau château en partie féodal, en partie moderne, transformé en hôtel de ville. Commerce d'eaux-de-vie.

TONNAY-CHARENTE, sur la Charente, est un port de commerce assez important, d'où principalement s'expédient à l'étranger les eaux-de-vie de la Saintonge et de l'Angoumois. C'était avant 1790 le siège d'une principauté appartenant à la famille de Mortemart. Beau pont suspendu, sous lequel passent, voiles déployées, les navires marchands ; ancien château, chantiers de construction de bateaux.

III. **SAINT-JEAN-D'ANGÉLY**, sous-préfecture de 7 200 âmes[1], est située par 25 mètres d'altitude sur la Boutonne, qui y devient navigable. Cette ville se forma autour d'une abbaye fondée au VIIIe siècle et où se conservait le chef de saint Jean-Baptiste, qui y attira de nombreux pèlerins. Elle n'en embrassa pas moins la Réforme au XVIe siècle. Prise

---

[1] Arrondissement de SAINT-JEAN-D'ANGÉLY : 7 *cantons*, 120 communes, 69 490 habitants. *Cantons* et communes principales : *Saint-Jean-d'Angély*, 7 480 habitants ; Asnières, 1 020. — 2. *Aulnay*, 1 780 ; Néré, 1 100. — 3. *Loulay*, 580. — 4. *Matha*, 2 210. — 5. *Saint-Hilaire*, 1 100 ; Aumagne, 1 130 ; Brizambourg, 1 190. — 6. *Saint-Savinien*, 2 950 ; Bords, 1 020 ; Taillebourg. — 7. *Tonnay-Boutonne*, 1 040.

en 1568 par les protestants, qui ruinèrent l'abbaye, elle fut reprise l'année suivante par le duc d'Anjou, depuis Henri III. En 1621, Louis XIII dut lui-même tenter un nouveau siège, et, pour punir les habitants de leur vigoureuse résistance, il leur enleva leurs anciennes franchises, ordonna la destruction de leurs remparts et fit substituer le nom de Bourg-Louis à l'ancien nom, que l'usage a néanmoins conservé. Le surnom *Angély* est une altération d'*Angéri*, forêt voisine dans laquelle les rois mérovingiens venaient parfois chasser. La ville fait le commerce des vins, eaux-de-vie, grains et farines. On y remarque l'église, restée inachevée, qui devait remplacer l'église abbatiale en ruines, et la statue du maréchal Regnauld de Saint-Jean-d'Angély. Celui-ci habita longtemps cette localité et en prit son surnom, mais n'y est pas né.

AULNAY possède une magnifique église romane du XIIᵉ siècle et un donjon du XIIIᵉ, reste d'un château dont du Guesclin chassa les Anglais en 1372. — MATHA offre également une église romane et des restes d'un ancien château. — SAINT-SAVINIEN, sur la Charente, a un petit port qui expédie beaucoup de vins, d'eaux-de-vie et de pierres de taille de son territoire.

Taillebourg, sur la Charente, que dominent les ruines d'une importante forteresse, est célèbre par la victoire que saint Louis y remporta en 1242 sur les Anglais et le comte de la Marche. « Lorsque le roi les rencontra, ils étaient retranchés sur les bords de la rivière. Aussitôt, à l'aide de bateaux, il fait passer la rivière à une partie de ses soldats, et en même temps il commence l'attaque du pont. Elle se fait avec furie; les Français l'emportent d'abord, mais bientôt ils sont repoussés. Alors Louis, s'abandonnant à toute l'ardeur de son courage, met pied à terre, et, suivi seulement de huit chevaliers, il se précipite, l'épée à la main, au milieu des ennemis, et pénètre jusqu'à l'extrémité du pont. Les Anglais l'entourent; il se défend avec un courage héroïque, repousse ceux qui fondent sur lui, range en même temps ses chevaliers qui accourent pour le soutenir, et, étant parvenu à mettre l'ordre parmi ces derniers, il renouvelle impétueusement l'attaque, culbute les ennemis, et les poursuit battant presque sous les murs de Saintes, où il remporte une seconde victoire. Dans ce nouveau triomphe, le butin des Français fut immense : chevaux, chariots, bagages, tout tomba en leur pouvoir. Henri III s'enfuit en Guyenne avec les débris de son armée, et le comte de la Marche vint, en suppliant, se jeter aux pieds de son vainqueur, qui lui pardonna. » (F. AGOHARD.)

IV. **SAINTES**, chef-lieu d'arrondissement peuplé de 21400 âmes[1],

---

[1] Arrondissement de SAINTES : 8 cantons, 110 communes, 102280 habitants.

Cantons et communes principales : 1-2. *Saintes*, 20990 habitants; Chaniers, 2030. — 3. *Burie*, 1600; Chérac, 1230; Migron, 1150. — 4. *Cozes*, 1600; Épargnes, 1170; Mortagne, 1660. — 5. *Gémozac*, 2540; Meursac, 1380; Saint-André, 1180. — 6. *Pons*, 4720; Montils, 1020; Pérignac, 1370. — 7. *Saint-Porchaire*, 1150; Pont-l'Abbé, 1430; Port-d'Envaux, 1270; Sainte-Gemme, 1090. — 8. *Saujon*, 3220; Corme, 1150; Sablonceaux; Saint-Georges, 1860; Saint-Romain, 1360.

s'élève à 30 mètres d'altitude sur la rive gauche de la Charente. Cette ville est remarquable par ses monuments religieux et civils : l'ancienne cathédrale Saint-Pierre, reconstruite au XVIIe siècle ; l'église Saint-Eutrope, dont la belle et vaste crypte du XIIe siècle renferme le tombeau de saint Eutrope, apôtre et premier évêque de Saintes, mort vers 290 ; Notre-Dame ou Sainte-Marie, le spécimen le plus complet de l'art roman saintongeois. Des monuments romains, il reste principalement quelques voûtes et gradins de l'amphithéâtre, qui pouvait contenir 20 000 spectateurs, et l'arc de triomphe de Germanicus, qui se trouvait primitivement sur le pont. L'ancien hôtel de ville, de la Renaissance, renferme un riche musée d'antiquités. Statue de Bernard Palissy, qui habita longtemps la ville.

Saintes, appelée *Mediolanum* sous les Gaulois, puis *Santones,* du nom du peuple dont elle était la capitale, fut sous les Romains une des cités les plus florissantes de toute l'Aquitaine. Comme Toulouse et Narbonne, elle avait un capitole, qui, transformé plus tard en citadelle, fut détruit au XIVe siècle. En 1242, saint Louis remporta sous les murs de Saintes, sur Henri III et le comte de la Marche, une victoire qui compléta celle de Taillebourg. En 1568, les protestants s'emparèrent de la ville et y détruisirent, suivant leur coutume, tous les monuments qu'ils purent. La Révolution priva Saintes de son évêché et remplaça son titre de capitale de la Saintonge par celui de chef-lieu de la Charente-Inférieure, qu'elle perdit en 1810. Son commerce, assez actif, est alimenté par les eaux-de-vie, les bois et les cuirs. — Aux environs, chêne de Montravail, qui mesure 26 mètres de tour à hauteur d'homme : les forestiers portent son âge à 2 000 ans. — Au *Douhet* et à *Fontcouverte,* restes d'un aqueduc romain qui portait à Saintes les eaux de la fontaine dite du Roc.

Au canton de Cozes, *Mortagne,* près de la Gironde, est une ancienne principauté qui appartenait à la maison de Richelieu ; commerce d'eaux-de-vie, ainsi qu'à Gémozac, non loin de la Seudre.

Pons, sur la Seugne, était au moyen âge un fief très important, dont les seigneurs portaient le titre de sires. Pris par les protestants en 1568, il devint une de leurs places les plus fortes, ce qui décida Louis XIII à faire démanteler ses remparts et son château. Celui-ci domine la ville avec son beau donjon roman de trente mètres de haut. Bons vins et lainages.

Près de Saint-Porchaire, s'élève le joli château gothique de la Roche-Courbon, au-dessous duquel s'ouvrent des grottes à stalactites. — Saujon est une petite ville située sur la Seudre, qui, de simple ruisseau, se transforme au hameau de Ribériou en estuaire maritime soumis à la marée ; grand commerce de coquillages et de poissons salés. — A *Sablonceaux,* curieuse église romane à coupoles, consacrée en 1136 pour une abbaye d'augustins. — Aux environs de *Saint-Romain,* tour romaine de Pirelonge et camp antique très bien conservé.

V. MARENNES, sous-préfecture [1], est une ville maritime de 6300 âmes, située par 10 mètres d'altitude à deux kilomètres de l'Océan, sur le canal de la Charente à la Seudre. Elle exporte chaque année une grande quantité de sel et pour plus de deux millions de francs d'huîtres vertes, qui passent pour les meilleures de l'Europe. C'est que dans son arrondissement l'estuaire de la Seudre est bordé de marais salants, qui sont toutefois de moins en moins étendus, et d'huîtrières qui le sont de plus en plus et où l'on engraisse annuellement, dans 5000 fosses appelées « claires », 30 millions d'huîtres apportées de divers rivages de la France. Marennes possède une belle église, reconstruite au XVIIe siècle et surmontée d'un magnifique clocher. Cette ville, dont l'ancien nom était *Maritima,* eut une grande importance comme port de pêche au moyen âge, alors que la Seudre elle-même était le principal port de notre marine de guerre sur l'Atlantique.

Brouage, sur un chenal maritime de trois kilomètres, était autrefois une ville considérable, réduite aujourd'hui à l'état d'un misérable hameau, par suite de l'ensablement de son port et de l'insalubrité des marais environnants. Toutefois ses remparts sont encore debout.

L'île d'Oleron est séparée de la presqu'île d'Arvert par l'étroit et dangereux pertuis de Maumusson. D'une superficie de 160 kilomètres carrés, elle nourrit un peu plus d'habitants que Ré, soit 16700, mais sur un territoire double. Jadis reliée comme cette dernière à la terre ferme, elle a d'ailleurs tous ses caractères, si ce n'est qu'elle est plus élevée : 32 mètres d'altitude maximum. — L'île d'Oleron, ancienne *Olario,* après avoir longtemps appartenu aux ducs d'Aquitaine et aux Anglais, fut définitivement conquise par Charles VII. Elle est administrativement divisée en deux cantons : *le Château* et *Saint-Pierre.*

Le Château, sur la côte orientale de l'île, est un petit port de pêche et de cabotage, que défend une citadelle construite par Louis XIII en 1530. Il a aussi des marais salants, des parcs à huîtres, des chantiers de construction et des forges pour la marine. En 1159, la reine Éléonore y signa le célèbre recueil de coutumes maritimes, dites Rôles ou Jugements d'Oleron. — *Saint-Trojan* est un village bâti à côté de celui de même nom, englouti par les dunes. Bains de mer à Belair. — Saint-Pierre, au centre de l'île d'Oleron, possède le port du Douhet. — La Tremblade, à deux kilomètres de l'estuaire de la Seudre, est une petite ville qui élève des huîtres et distille des eaux-de-vie; elle a aussi des bains de mer et un petit port qui communique par un chenal avec la Seudre. — *Arvert* a donné son nom à la presqu'île formée par les estuaires de la

---

[1] Arrondissement de Marennes : 6 *cantons,* 34 communes, 58040 habitants.
Cantons et communes principales : 1. *Marennes,* 6290 habitants; Gua (le), 1650; Hiers-Brouage; Saint-Just, 1690; Saint-Sornin, 1280. — 2. *Château (le),* 3570; Dolus, 2060; Saint-Troyan, 1160. — 3. *Royan,* 8290; Mornac. — 4. *Saint-Agnant,* 1230; Échillais, 1340; Saint-Nazaire, 1370; Soubise. — 5. *Saint-Pierre,* 4420; Saint-Denis, 1320; Saint-Georges, 4130. — 6. *Tremblade (la),* 3650; Arvert, 2490; Chaillevette, 1090; Étaules, 1100.

Gironde et de la Seudre. Cette presqu'île est en partie couverte de dunes, aujourd'hui fixées par des plantations de pins, mais qui jadis montaient vers l'est à l'assaut des villages, dont plusieurs furent engloutis; d'où le vieux dicton que « les monts marchent en Arvert ».

Royan, à l'embouchure de la Gironde, est un port de commerce et de pêche de sardines, défendu par un fort. La beauté de ses plages, appelées « conches », y attire 50 000 visiteurs chaque année. Belle église gothique moderne; environs pittoresques. Au moyen âge, Royan était le siège d'un marquisat et une place assez importante, qui fut démantelée en punition de sa résistance aux troupes de Louis XIII. — A *Mornac*, camp présumé romain bien conservé. — Au canton de Saint-Agnan, *Soubise*, sur la Charente, est le berceau de la famille Rohan-Guéménée, pour laquelle ce fief fut érigé en principauté. Au sud, établissement thermal où sont utilisées deux sources carbonatées calciques.

VI. **JONZAC** est une sous-préfecture de 3 300 âmes[1], située sur la Seugne par 27-42 mètres d'altitude. Dominée par un vieux château fort construit sur un rocher à pic, cette ville formait autrefois une châtellenie, qui fut donnée par Charlemagne à l'abbaye de Saint-Germain-des-Prés, de Paris. Elle eut à soutenir plusieurs sièges pendant les guerres du XIVe au XVe siècle. Commerce d'eaux-de-vie et de volailles renommées.

Au nord-est d'Archiac se dresse une colline couronnée des ruines d'un château, d'où l'on jouit d'un immense panorama, avantage que présente également la colline de Mirambeau, où se trouve une colonie agricole dite de Saint-Joseph. — Montendre fabrique des faïences et de grosses étoffes. — Montguyon offre une belle allée couverte, appelée la Pierre-Folle, et les imposantes ruines d'un château fort qui appartint longtemps à la famille de la Rochefoucauld.

Monthieu possède un petit séminaire; — *Bois*, au canton de Saint-Genis, une colonie agricole dite de Saint-Antoine; — *Saint-Germain* et *Saint-Sigismond*, les ruines d'anciennes abbayes.

---

[1] Arrondissement de Jonzac : 7 *cantons*, 120 communes, 69 880 habitants.
Cantons et communes principales : 1. *Jonzac*, 3 340 habitants. — 2. *Archiac*, 730. — 3. *Mirambeau*, 2 010; Boisredon, 1 180; Saint-Bonnet, 1 440; Saint-Ciers, 1 000; Saint-Thomas, 1 350. — 4. *Montendre*, 1 400. — 5. *Montguyon*, 1 570; Cercoux, 1 380; Clérac, 1 340; Fouilloux (le), 1 050; Saint-Aigulin, 1 600. — 6. *Montlieu*, 880; Chevanceaux, 1 170. — 7. *Saint-Genis*, 1 020; Bois; Saint-Dizant, 1 180; Saint-Fort, 1 930; Saint-Germain; Saint-Sigismond.

GUYENNE

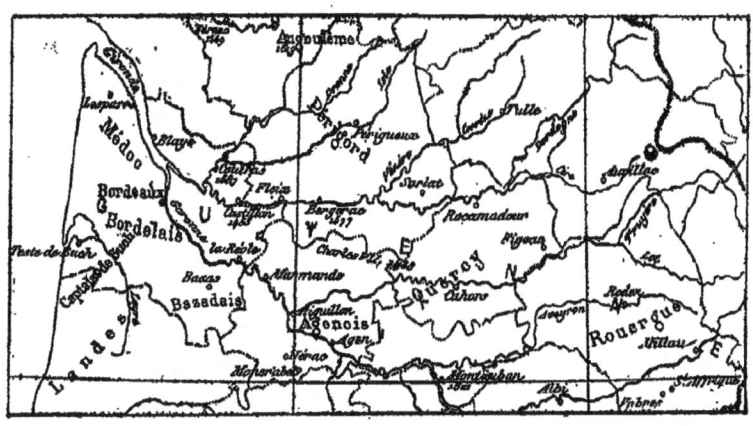

6 DÉPARTEMENTS

GIRONDE, DORDOGNE, LOT, AVEYRON, LOT-ET-GARONNE
TARN-ET-GARONNE

Sommaire géographique. — La *Guyenne*, dont l'altitude moyenne est de 200 à 300 mètres, présente les aspects les plus divers. On y trouve à l'est les monts d'Aubrac, qui atteignent 1 450 mètres, et les *Causses*, plateaux calcaires et arides coupés par les gorges et les profondes vallées des rivières; plus à l'ouest, des collines hautes et rapprochées qui s'abaissent et s'écartent de façon à ne plus former que de molles ondulations en deçà de Bordeaux, tandis qu'au delà jusqu'à la mer s'étendent des plaines sablonneuses. De cette diversité d'aspect, il résulte que les pays d'Est appartiennent au climat rigoureux du Plateau central et ceux d'Ouest au climat girondin, qui est modéré ou chaud suivant les régions.

Presque toutes les eaux gagnent l'Océan par la *Garonne*, qui reçoit directement ou indirectement : le Tarn et l'Aveyron, le Lot et la Truyère, le Dropt, la Dordogne, la Cère, la Vézère, l'Isle et la Drôme, le Gers et la Baïse. La Garonne est en partie accompagnée d'un canal. Malgré la stérilité des Causses, la Guyenne est riche en produits agricoles et minéraux. Aux premiers se rapportent les célèbres vins de Bordeaux, les truffes du Périgord et du Quercy, les prunes d'ente et les tabacs de l'Agenais, les fromages du Quercy et de Roquefort, la culture du maïs, les pins des

Landes, les pâturages et les châtaigneraies du Plateau central, enfin l'élevage des bœufs de l'Agenais et des moutons des Causses. Aux seconds appartiennent les carrières et les mines de fer du Périgord et du Rouergue, ainsi que les mines de houille de ce dernier, où se trouvent les importants établissements métallurgiques de Decazeville et d'Aubin. Bordeaux construit principalement des navires.

Historique. — Le nom de Guyenne est une corruption du mot Aquitaine, dans lequel se trouve le radical *Esc, Asc, Eusc*, qui veut dire basque. Cette province, qui avait Bordeaux pour capitale, comprenait environ les deux tiers de notre plus grand gouvernement, celui de Guyenne-et-Gascogne. On la sépara de la Gascogne parce qu'elle en est réellement distincte par ses caractères ethnographiques, aussi bien que par son histoire et sa topographie, différences qui existent également entre les divers pays guyennais, que certaines convenances politiques ont pu seules réunir depuis les trois derniers siècles du moyen âge jusqu'à la Révolution.

La Guyenne avait pour bornes : au nord, la Saintonge, l'Angoumois, la Marche, le Limousin et l'Auvergne; à l'est, le Languedoc; au sud, le Languedoc et la Gascogne; à l'ouest, l'Océan. La plus grande partie de son territoire fut primitivement habitée par diverses tribus celtiques, qui formèrent autant de pays guyennais; ce sont : les *Bituriges Vivisci* du Bordelais, les *Petrocorii* du Périgord, les *Cadurci* du Quercy, les *Nitiobriges* de l'Agenais, les *Rutheni* du Rouergue; le reste comprenait deux petites peuplades celtibériennes : les *Boïates* du pays de Buch et les *Vasates* du Bazadais. Sous la domination romaine, le territoire de la Guyenne se trouva d'abord vers le centre de l'Aquitaine, qui allait de la Loire aux Pyrénées; puis il occupa le sud des première et deuxième Aquitaines subdivisionnaires. C'est durant cette période que les saints Martial, Amateur, Front et Amans, apportèrent à ses habitants la bonne nouvelle du salut opéré par le Rédempteur du monde.

Conquis vers 419 par les Westgoths, le pays tomba au pouvoir des Francs en 507, après la victoire de Vouillé remportée par Clovis sur Alaric II. Dans la suite il fit partie du duché d'Aquitaine, qui se rendit indépendant sous les derniers Mérovingiens, mais que soumirent Pépin le Bref et Charlemagne après une longue lutte contre Hunald et Waïfre (759-771). Érigée en royaume vers cette dernière époque, l'Aquitaine redevint duché en 877. Ce duché, qui se confondit avec le comté de Poitiers, s'arrêtait à la Garonne inférieure, au sud de laquelle s'était déjà créé le duché de Gascogne. En 1137, le mariage d'Éléonore de Guyenne avec Louis VII réunit ces États à la couronne, sauf le Rouergue et le Quercy, fiefs du comté de Toulouse; puis un second mariage de cette princesse les porta au duc d'Anjou, Henri Plantagenet, qui ceignit la couronne britannique en 1154. Dès lors, pendant les luttes qui s'engagent entre la France et l'Angleterre pour la possession de la Guyenne, cette dernière puissance est presque constamment la maîtresse. C'est seulement à la fin de la guerre de Cent ans, après la bataille de Castillon et la prise de Bordeaux, que la Guyenne occidentale est rattachée à la France (1453); le Périgord et le Rouergue n'y furent réunis qu'à l'avènement d'Henri IV; le captalat de Buch et le comté de Benauges, à la Révolution. Or, en ce qui concerne la domination trois fois séculaire des Anglais en Guyenne, il est juste de dire qu'elle fut bienfaisante : c'est ainsi qu'au XIIIe siècle le pays avait vu s'élever d'importantes localités, telles que Libourne, Villeneuve-sur-Lot, Villefranche-de-Rouergue, tandis qu'au XIVe siècle, sous le gouvernement du célèbre prince Noir, il forma une sorte de vice-royauté. Les guerres de religion y donnèrent lieu notamment à la bataille de Coutras en 1587, et au siège de Montauban en 1621. A l'époque de la Fronde, le grand Condé, gouverneur de la province, y trouva son meilleur appui contre la cour; c'est dans le Bordelais que la lutte fut le plus ardente et qu'elle vint se terminer.

Sous le rapport civil, la Guyenne occidentale ressortit au parlement de Bordeaux dès 1462 et fit partie de la même généralité depuis 1686, alors que la Guyenne orientale formait la généralité de Montauban. Au point de vue ecclésiastique, la province était divisée en neuf évêchés, parmi lesquels ceux de Bazas, de Sarlat et de Vabres, furent supprimés en 1790.

A cette dernière date, la Guyenne forma cinq départements à peu près complets : la *Gironde*, la *Dordogne*, le *Lot*, le *Lot-et-Garonne* et l'*Aveyron*, plus une partie des Landes. Le département de *Tarn-et-Garonne*, auquel elle contribua pour les trois quarts, ne fut créé qu'en 1808 par Napoléon Ier.

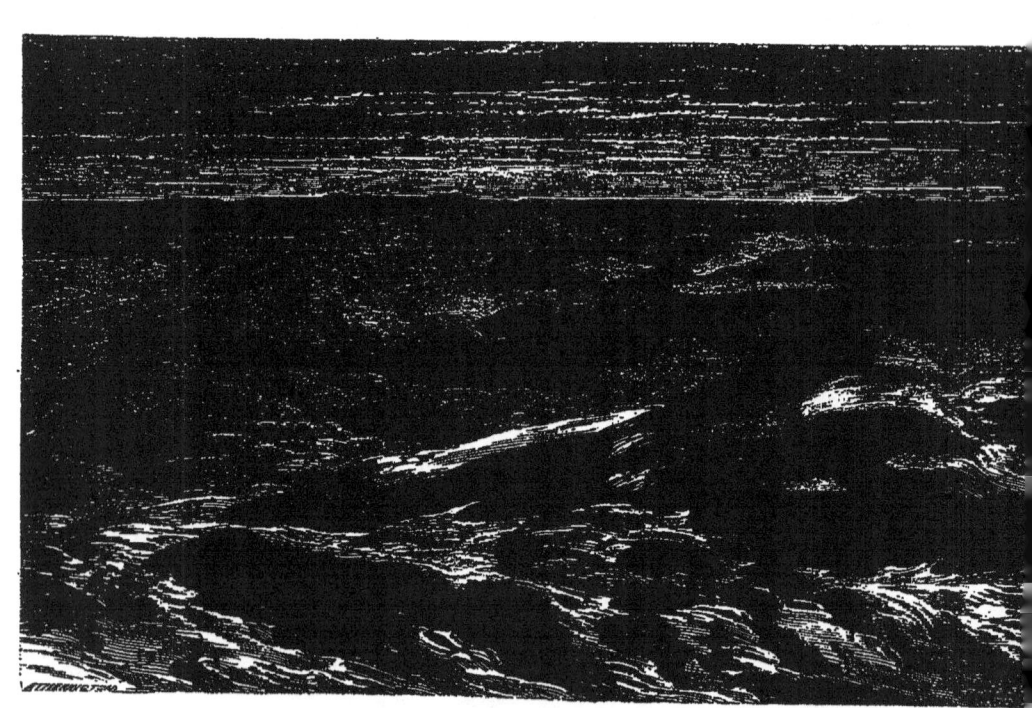
Les dunes de Gascogne et la mer.

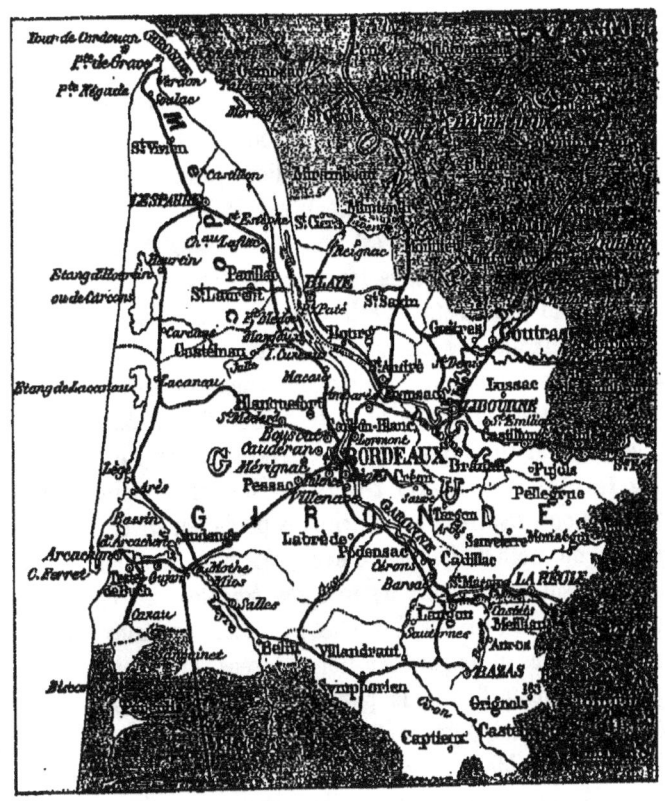

GIRONDE

6 ARRONDISSEMENTS, 49 CANTONS, 554 COMMUNES, 809 900 HABITANTS

Géographie. — Le département de la *Gironde* est ainsi nommé de l'estuaire formé en aval du confluent de la Garonne et de la Dordogne. Il se compose de pays de l'ancienne Guyenne, savoir : le *Bordelais*, chef-lieu Bordeaux; le *Bazadais*, chef-lieu Bazas, et, en très faibles portions, le *Périgord* et l'*Agenais*. Ses 10 726 kilomètres carrés en font le plus grand de tous nos départements.

Au point de vue du relief du sol, le territoire comprend deux régions distinctes, que délimitent assez exactement les vallées de la Gironde, de la Garonne et du Ciron. A l'est, c'est la belle région des Coteaux girondins, enveloppant de riches vallées et vallons; le plus élevé est celui de Samazeuil (163 mètres), à l'est de Bazas, sur la frontière de Lot-et-Garonne. La région des Landes, située à l'ouest, est une plaine monotone de

25 mètres d'altitude, se relevant le long de l'Océan en rangées de dunes séparées par des vallons ou *lèdes;* au sud, la dune de Lescour est la plus élevée de France : 89 mètres. Le confluent de la Garonne et de la Dordogne est à deux mètres d'altitude, Libourne à quatre mètres, Bordeaux à six mètres; l'altitude moyenne est d'environ soixante-dix mètres.

Le département touche à l'Océan sur 125 kilomètres, de la pointe de Grave à l'étang de Cazau : c'est une côte rectiligne, inhospitalière, bordée de dunes, derrière lesquelles les eaux descendues de la région landaise ont formé une série d'étangs reliés entre eux par des courants ou canaux. Les principaux de ces étangs sont ceux d'*Hourtin* et de *Carcans,* de *Lacanau* et de *Cazau;* ce dernier appartient surtout au département des Landes; au nord, se trouve le vaste bassin d'*Arcachon,* qui communique avec la mer par un large chenal s'ouvrant au cap Ferret.

Les landes. — « Imaginez-vous une immense plaine, d'un sol sablonneux blanc ou grisâtre, en été aride et pelée, en hiver détrempée et toute parsemée de petites flaques d'eau très peu profondes. Sur de vastes étendues le sol est couvert de maigres *bruyères* au feuillage grêle, aux petites fleurs en clochettes, blanches, violettes ou roses, ailleurs de petits buissons d'ajoncs et de genêts à fleurs dorées. Au printemps, quand toutes ces plantes sont en fleurs, la plaine paraît au loin comme un tapis irrégulièrement dessiné, à grandes taches roses, jaunes et vertes. En certaines parties plus humides croissent des herbes grêles, des mousses; dans les petites mares ce sont des joncs et des plantes aquatiques. Enfin des forêts de pins aux gros troncs ébranchés, au feuillage rude et sombre, forment comme des îles. Ni champs, ni villages, ni chemins, pas même de sentiers; seulement de distance en distance, au coin d'une forêt de pins, on rencontre un hameau de pauvres maisonnettes avec des toits de bruyère, semblables aux huttes des bûcherons dans nos bois. Ceux qui vivent là, ce sont des *résiniers* qui récoltent la résine des pins; ou des bergers qui font paître sur la lande leurs grands troupeaux de brebis maigres. Et comme ces étendues sans chemins frayés, couvertes de buissons ras et épineux, de larges mares, sont très difficiles à parcourir, les bergers landais ont pris l'habitude bizarre de marcher sur de hautes échasses, en s'appuyant d'un long bâton. Veulent-ils se reposer, ils vont s'asseoir en équilibre sur une étroite planchette de bois qui termine leur bâton; ainsi perchés, ils ont l'air d'être assis sur un énorme trépied. De là ils voient au loin et surveillent leurs troupeaux. (Cet usage a disparu.)

« Les landes de Gascogne occupaient autrefois tout l'espace entre la Garonne, l'Adour et la mer; mais depuis un siècle environ on a planté de pins de très vastes terrains, défriché d'autres parties, de sorte que l'étendue stérile de la lande est beaucoup diminuée. » (Ch. Delon.)

La Gironde. — A part la *Leyre* flottable, qui se dirige vers le bassin d'Arcachon, tous les cours d'eau du département finissent par gagner la

Gironde, bras de mer ou estuaire de plus de 72 kilomètres de longueur, de 3, puis de 5, de 7, de 10 kilomètres de largeur, enfin de quatre et demi seulement à l'embouchure, entre la pointe de Grave et le rivage

Paysage des landes. Landescots d'autrefois sur leurs échasses.

de Royan. Cet estuaire est formé au Bec d'Ambès, point de réunion de la Garonne et de la Dordogne, qui lui fournissent ordinairement 750 et 320 mètres cubes d'eau par seconde; mais qu'est ce maigre apport en comparaison des 300 000 mètres cubes d'eau marine qui pénètrent dans l'estuaire pendant le flux et qui s'échappent aux heures de reflux? Ouvert au nord-ouest, cette sorte de bras de l'Atlantique, violemment brassé et rebrassé par la marée, côtoie de sa rive gauche le très célèbre Médoc avec ses mamelons, ses graviers, ses vignes fécondes, ses chais, ses châteaux, tandis que sa rive droite est dominée par les craies du Blayais, puis, au delà de la plaine très palustre justement appelée Marais, par les falaises de la Saintonge. Quand on contemple la nappe de l'estuaire, non du sommet d'un promontoire, mais simplement du bord de la plage, on ne distingue pas même en son entier le rivage opposé; quelques bouquets de pins, séparés les uns des autres par la ligne blanche des eaux lointaines, semblent former un archipel : le fleuve a pris l'apparence d'une mer semée d'îles et d'îlots. Quoique les bancs de vase soient, malheureusement pour la navigation, très nombreux, les profondeurs de l'estuaire sont aussi beaucoup plus fortes que celles de la plupart des fleuves de l'Europe; à l'embouchure proprement dite, la sonde ne touche le fond du chenal qu'à 32 mètres. Quoi qu'il en soit, la navigation de l'estuaire et de la Garonne en aval de Bordeaux n'est pas aussi facile qu'autrefois : les ports se comblent, les passes s'oblitèrent; où il y avait une eau profonde, des seuils embarrassent la marche des navires; mais d'incessants dragages ont commencé l'amélioration de l'estuaire et du fleuve.

La **Garonne** parcourt 95 kilomètres dans le département, où elle baigne la Réole, Bordeaux, et recueille le Dropt et le Ciron, tandis que la **Dordogne**, longue ici de 117 kilomètres, arrose Libourne, où elle reçoit l'*Isle*, grossie de la Dronne. Un canal accompagne le fleuve en amont de Castets.

Le climat *girondin* est généralement doux et agréable; il a des étés fort chauds, des hivers courts et peu rigoureux; les pluies atteignent 75 centimètres de hauteur moyenne annuelle. Au point de vue agricole, le département se divise en quatre régions : à l'ouest, les Landes, en partie couvertes de pinadas; au sud-est, dans le Bazadais, des prairies nourrissant une excellente race de bêtes à cornes; au nord, le pays de Libourne, fertile en blé; enfin la région viticole, de beaucoup la plus riche du département, malgré les ravages du phylloxéra.

Les **vins dits de Bordeaux** possèdent des qualités spéciales qui justifient l'estime et la faveur dont ils sont l'objet dans l'opinion universelle. Ils sont non seulement inoffensifs, mais réconfortants, et en quelque sorte médicaux; les transports, les lointains voyages en mer, loin de les altérer, les bonifient; ils peuvent se conserver de longues années, le temps n'exerçant sur eux qu'une heureuse influence.

« Les vignobles du Bordelais s'étendent le long des rives de la Gironde, de la Garonne et de la Dordogne, et entre ces deux rivières sur des plateaux, des coteaux argilo-calcaires et les terrains d'alluvions graveleuses qu'ils dominent. De là les noms génériques de vins de *Côtes*, de *Graves*, de *Palus*, d'*Entre-deux-Mers*.

« Le **Médoc** est cette partie du département de la Gironde qui s'étend entre Bordeaux et la mer d'une part, entre la rive gauche du fleuve et les Landes de l'autre. Cette petite langue de terre, cette presqu'île, dont le nom, suivant quelques étymologistes, veut dire « au milieu de l'eau » (*in medio aquæ*), d'où l'on a fait par contradiction Médoc, est toute plantée de vignes. Sur le côté qui borde le fleuve, sur une longueur totale de 60 kilomètres et une largeur moyenne de 8, on ne rencontre que vignobles. Là chaque commune porte un nom célèbre. C'est *Margaux*, c'est *Cantenac*, c'est *Saint-Julien* ou *Saint-Estèphe*; là sont les noms les plus

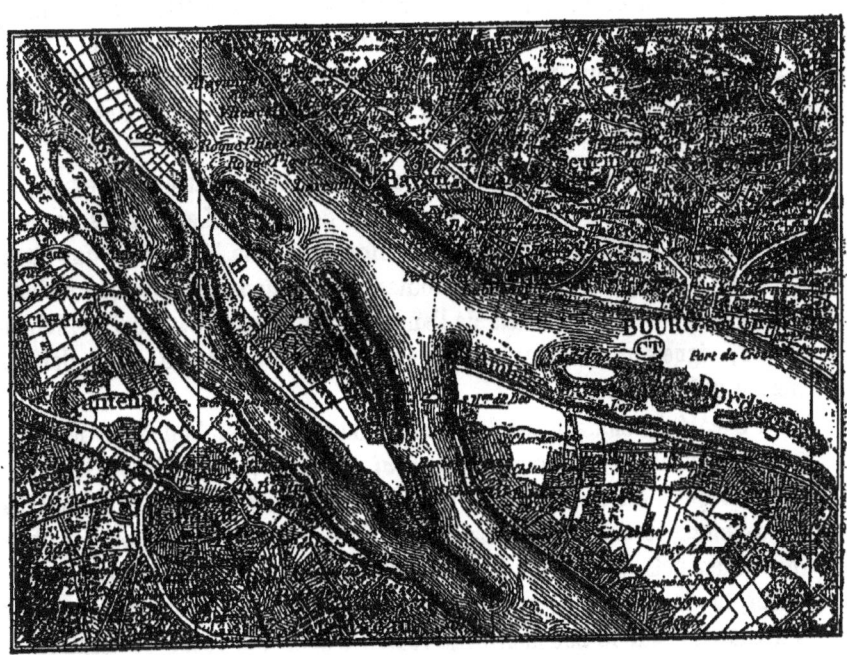

fameux, le *Château-Laffite*, qui était déjà fort apprécié au XIVe siècle; le *Château-Margaux*, qui appartint un moment à Édouard III, roi d'Angleterre; le *Château-Latour*, qui est resté pendant des siècles la propriété des Ségur. Avec le *Château-Haut-Brion*, ces trois crus composent les quatre premiers grands crus des grands vins rouges de la Gironde. Cette classification est officielle; elle fait loi sur le marché. Il faut être un des riches de ce monde pour posséder de pareils crus. Quant aux vins blancs, le nom de *Sauternes* (*Château-Yquem*) a fait le tour du monde.

« Le nom de « château » donné à la plupart des crus n'implique pas l'idée d'une habitation seigneuriale, remontant ou non aux temps de la féodalité, bien que beaucoup de châteaux soient dignes de porter ce nom, tant par l'antiquité des constructions, comme le Château-Laffite, que par l'élégance architecturale, comme le Château-Margaux. La plupart des châteaux ne sont que des demeures de campagnards, des espèces de villas d'apparence souvent rustique, d'où le propriétaire surveille volontiers lui-même l'exploitation de son vignoble et préside patriarcalement à ses vendanges. »

Culture de la vigne; chais et vendanges. — Devant le « château » s'étendent les champs de vignes, où l'arbuste est aligné en règes (*riga*, ligne droite) et disposé en espaliers très bas, soutenus par des échalas de bois de pin et des fils de fer ou des tiges d'osier qui courent d'un échalas à l'autre. La vigne étend ses sarments sur le tuteur; ses feuilles, ses grappes s'y développent et s'y baignent à l'aise de lumière et de soleil, d'air et d'humidité. Le terrain caillouteux reflète sur la vigne les rayons solaires, la réchauffe, pendant que les racines, s'enfonçant dans le sol sableux, siliceux, un peu calcaire, ferrugineux et toujours perméable, vont y chercher leur nourriture favorite, que complètent des amendements de matière végétale ou minérale à propos employés.

Le labour est fait soigneusement entre les règes quatre fois par an, au moyen de charrues spéciales traînées par des bœufs. Les femmes, les sarmenteuses, les plieuses, portant une blouse de toile blanche et une capeline sur la tête, sont chargées de toutes les attentions délicates que réclame la vigne à certains moments de l'année. Tout ce monde, bouviers, laboureurs, vignerons et vigneronnes, est attaché au château et vit dans la ferme qui en dépend.

« A côté du château est le pressoir ou cuvier, où l'on foule le raisin au moment de la vendange, et le *chai* ou cellier, où le vin est transvasé en barriques. On cite quelques chais remarquables, comme ceux du Château-Latour ou de Léoville. La longue file de barriques, les lourdes charpentes en bois du plafond y présentent un coup d'œil imposant. Finalement, le vin est mis en bouteille avec l'*étampe*, l'estampille sacramentelle du château, sur le bouchon et la feuille d'étain qui recouvre celui-ci.

« L'époque des *vendanges* au Médoc varie de la mi-septembre au commencement d'octobre; elle s'ouvre quand on juge que le raisin est suffisamment mûr. Il n'y a pas de ban, chacun vendange à son jour; on appelle à ce moment des ouvriers supplémentaires qu'on loue au dehors. La vendange se fait avec discipline : les coupeurs et coupeuses, surveillés par un *brigadier*, s'avancent régulièrement le long des règes, en rang de huit à la fois, détachent les grappes, les visitent soigneusement, les vident dans des paniers que des porteurs remettent à un char traîné par des bœufs. Le char contient deux cuves ou douils (*dolium*, tonneau).

« Une fois qu'ils sont pleins, le bouvier conduit son attelage vers le pressoir. Un *commandant* dirige tous les ouvriers, ce qu'on nomme le *manœuvre*. Au pressoir, le raisin est ordinairement égrappé, soit avec un râteau ou trident, ou avec une trémie dans laquelle se meut un rouleau cylindrique, soit sur une grille horizontale; puis le raisin est foulé sous les pieds des vendangeurs, au son du violon qui les excite et les fait aller en cadence. On préfère cette manière antique, datant de Bacchus ou de Thespis « barbouillé de lie », à toute autre mode de foulage mécanique artificiel. Le travail intelligent de l'homme fait mieux ici que le travail inconscient de l'engin. Celui-ci est brutal, écrase le pépin, ce qu'il ne faut pas ; les pieds de l'homme sont souples, élastiques, ne compriment que le grain. » (L. SIMONIN, *Revue des Deux-Mondes*.)

Fabrication du vin. — « Le vin est une liqueur obtenue par la fermentation du jus de raisin ; ce liquide contient du sucre qui, sous l'influence de la fermentation, se transforme partiellement en alcool et en un gaz appelé acide carbonique. La fabrication du vin est une opération assez simple, dont les détails varient d'une région à l'autre, mais qui peut être ramenée à quelques principes généraux, que nous exposerons rapidement, en commençant par le *vin rouge*, qui fait l'objet de la plus grande consommation.

« La *vendange*, ou récolte du raisin, a lieu à des époques variables suivant les années et les régions, mais en général du commencement de septembre au 15 octobre. On doit attendre pour la faire que les raisins soient bien mûrs. La récolte étant achevée, il faut extraire le jus du raisin : c'est le *foulage*. Cette opération se fait ordinairement par des hommes qui, les jambes et les pieds nus, piétinent le raisin, placé dans de grandes cuves qui sont ordinairement en chêne, de forme conique ou carrée, pouvant contenir 40 à 50 hectolitres. Le raisin foulé et encuvé ne tarde pas à entrer en *fermentation*, si toutefois la température n'est pas inférieure à 20 degrés. Il y a deux méthodes générales pour opérer la fermentation : d'après l'une, la plus ancienne et la plus employée quoique la moins bonne, on fait fermenter au libre contact de l'air atmosphérique ; tandis que, dans la seconde, on interdit plus ou moins le contact de l'air. Dans la première méthode, au deuxième jour d'encuvage, la fermentation commence : la température s'élève, et le sucre se transforme en alcool et en acide carbonique. Les matières solides soulevées par le dégagement du gaz s'accumulent à la surface et forment une croûte d'écume qu'on appelle le chapeau. Au bout de quelques jours la fermentation devient moins tumultueuse, puis s'arrête ; on brasse alors le mélange de manière à immerger entièrement le chapeau et à remettre de nouveau en contact le jus sucré et les matières solides ; la fermentation recommence, moins tumultueuse que la première fois, et, lorsqu'elle est arrêtée, on procède au *décuvage*. Il importe, lorsque la fermentation a lieu à l'air libre, de bien saisir le moment où doit se faire le décuvage ; si l'on attend trop tard, le vin peut s'aigrir ou au moins s'appauvrir par l'évaporisation de son alcool. Ces inconvénients sont évités par la seconde méthode, qui consiste à recouvrir la cuve avec un couvercle qu'on lute sur elle et qui porte un tube destiné à mener l'acide carbonique au dehors.

« Lorsqu'on a soutiré tout le vin qui peut s'écouler spontanément, les matières solides restant dans la cuve et formant le *marc* sont enlevées dans des hottes et portées au pressoir. On en extrait par la pression, ou *pressurage*, le vin qu'elles renferment encore et qui est d'une qualité inférieure au premier; on traite aussi le marc par l'eau pour faire la *piquette*, qui est la boisson ordinaire du vigneron.

« Dans les tonneaux où l'on a mis le vin et qu'on a transportés dans les celliers, le liquide continue à fermenter lentement et à dégager de l'acide carbonique; il importe alors de soigner le vin, de le séparer par plusieurs soutirages de la lie qui s'est déposée au fond des tonneaux. Enfin on le rend tout à fait limpide par le *collage*. Cette opération s'effectue en y versant de la gélatine ou du blanc d'œuf. Ces substances forment avec le tannin du vin des flocons insolubles qui entraînent avec eux, au fond du tonneau, les matières en suspension.

« La fabrication du *vin blanc* diffère sur quelques points de celle du vin rouge. D'abord le pressurage doit précéder la fermentation. Voici pourquoi : la matière colorante du raisin se trouve dans la pellicule du grain et ne peut se dissoudre qu'à l'aide de l'alcool produit par la fermentation; si donc, avant la fermentation, on sépare par le pressurage la pellicule et le jus, il ne pourra y avoir de coloration, puisque la matière colorante sera restée dans la pellicule. Pour atteindre ce résultat, après le foulage, qui écrase les grains sans en écraser les pépins, on livre le raisin au pressoir. Le premier moût obtenu par le piétinage produira le meilleur vin blanc. Le moût est ensuite mis dans des tonneaux, où il subit la fermentation, qui, pour les vins rouges, se fait dans les cuves. Dans la Gironde, le vin blanc est toujours fait avec du raisin blanc; les raisins rouges ne donneraient pas de bon vin blanc. » (*Industrie*, Paul POIRÉ.)

Le territoire girondin produit aussi beaucoup de tabac, de légumes et de fruits de table. Sous le rapport forestier, il est au second rang, avec 348 000 hectares boisés, principalement en pins. Les landes et terres incultes occupent 150 000 hectares; une ferme-école est établie à Machorie, canton de Saint-Macaire. Le département n'exploite guère que des carrières de pierres de taille; mais outre les industries qui résultent de la culture de la vigne, il possède des établissements manufacturiers, concentrés principalement à Bordeaux ou dans sa banlieue. Viennent ensuite l'exploitation des pinadas qui donnent principalement la résine et les poteaux de mines; la pêche côtière et celle des bassins landais; les huîtrières d'Arcachon et de l'embouchure de la Gironde, les plus considérables de notre pays; l'élève des sangsues des marais de Blanquefort; les constructions navales, moins importantes toutefois qu'au temps des navires en bois; enfin les transports maritimes, effectués surtout par le port de Bordeaux.

Les habitants. — En 1896, la Gironde comptait 809 900 âmes, soit une augmentation de 291 000 sur 1801 ou de 105 000 sur 1871, augmentation due principalement à l'immigration vers les Landes fertilisées et vers la grande ville girondine. Ce département est le 6ᵉ pour la population absolue et le 18ᵉ pour la densité, avec 75 habitants par kilomètre carré. Il renferme environ 11 400 étrangers, 14 000 protestants et 3 000 juifs. Le patois gascon est le langage courant des populations rurales.

Personnages. — Ausone, poète latin, et saint Paulin, évêque de Nole, nés à Bordeaux, morts en 394, 441. La reine Éléonore d'Aquitaine, née, selon quelques auteurs, à Belin, morte en 1204. Le pape Clément V, né à Villaudrant, mort en 1314. Jean de Grailly, captal de Buch, né à Bordeaux (mort en 1377), ainsi que Richard II, roi d'Angleterre, mort en 1400; l'historiographe du Haillan, mort en 1610, et l'archevêque-amiral de Sourdis, mort en 1628. Le philosophe Montesquieu, né au château de Labrède, mort en 1755. L'écrivain Berquin, l' « ami des enfants », né à Langoiron, mort en 1791. Les députés girondins Gensonné, Ducos, Boyer-Fonfrède, Grangeneuve, nés à Bordeaux, et Guadet, né à Saint-Émilion, tous morts sur l'échafaud en 1793 ou 1794. Le général Nansouty, né à Bordeaux, mort en 1815. Les généraux Constantin et César Faucher, les *Jumeaux de la Réole*, morts en 1815. Sont nés à Bordeaux : l'avocat de Sèze, mort en 1828, le ministre de Martignac (1832), le peintre Carle Vernet (1836), le ministre de Peyronnet (1853) et le physiologiste Magendie (1855). Le ministre duc Decaze, né à Saint-Martin-en-Laye, mort en 1860.

Administrations. — Le département forme le diocèse de Bordeaux, ressortit à la cour d'appel et à l'académie de Bordeaux, au 18ᵉ corps d'armée (Bordeaux), au 4ᵉ arrondissement maritime (Rochefort), à la 6ᵉ région agricole (Ouest-Central), à la 29ᵉ conservation forestière (Bordeaux). Il comprend 6 arrondissements : *Bordeaux, Lesparre, Blaye, Libourne, la Réole, Bazas,* avec 49 cantons et 554 communes.

I. **BORDEAUX**, ancienne capitale du gouvernement de Guyenne-et-Gascogne[1], aujourd'hui chef-lieu de la Gironde, est une belle et grande cité maritime bâtie par 6 mètres d'altitude sur la rive gauche de la Garonne, à 97 kilomètres de l'Atlantique. C'est la quatrième ville de France par sa population, qui est de 257 000 âmes.

---

[1] Arrondissement de BORDEAUX : 19 *cantons*, 168 communes, 492980 habitants.
Cantons et communes principales : 1-7. *Bordeaux*, 256910 habitants; Bègles, 10370; Bouscat (le), 9320; Bruges, 2270; Caudéran, 10460; Talence, 9220. — 8. *Audenge*, 1370; Arès, 1798; Biganos, 2040; Mios, 2790. — 9. *Belin*, 1680; Barp (le), 1500; Salles, 3860. — 10. *Blanquefort*, 2960; Eysines, 2820; Macau, 1910; Saint-Médard, 3890; Taillan (le). — 11. *Cadillac*, 2720; Langoiran, 1890. — 12. *Carbon-Blanc*, 860; Ambarrès-et-Lagrave, 3210; Ambès, 1510; Cenon, 2590; Floirac, 2520; Lormont, 3210; Saint-Loubès, 2780. — 13. *Castelnau*, 1650; Listrac, 2240; Margaux, 1950; Moulis, 1520. — 14. *Créon*, 1140; Latresne, 1860; Sauve (la). — 15. *Labrède*, 1700; Léognan, 2510. — 16. *Pessac*, 4410; Cestas, 1710; Gradignan, 2820; Mérignac, 6710; Villenave, 3820. — 17. *Pocensac*, 1710; Barsac, 2970; Landiras, 1750; Portets, 2030; Preignac, 2550. — 18. *Saint-André-de-Cubzac*, 3920; Cubzac-les-Ponts. — 19. *Teste (la)*, 6660; Arcachon, 8220; Gujan, 4020.

Composée en grande partie de quartiers modernes qui entourent la vieille ville, elle s'étend le long du fleuve, qui décrit un demi-cercle de plus de six kilomètres de développement. Son aspect est incomparable lorsqu'on la considère de la Bastide, l'unique faubourg de la rive droite. De là, on embrasse d'un seul coup d'œil le port avec sa forêt de mâts de vaisseaux, les constructions monumentales qui bordent ses larges quais disposés en hémicycle, les hautes flèches de ses églises, l'un des plus beaux ponts en pierre qui existent, se composant de 17 arches, d'une longueur totale de

Bordeaux et son pont sur la Garonne, vus de la rive opposée.

près de 500 mètres, et le pont viaduc du chemin de fer, aux six puissantes piles de fonte. Du reste, les édifices sont nombreux à l'intérieur. Sans parler du « palais Gallien », amphithéâtre romain en ruines, ce sont d'abord les églises du moyen âge : la cathédrale Saint-André, en partie ogivale, près de laquelle s'élève isolé le clocher de Pey-Berland ; l'église ogivale Saint-Michel, avec un clocher également solitaire qui s'élève à 107 mètres : c'est le plus haut de nos édifices du Midi. Sainte-Croix, qui fait partie d'une abbaye aujourd'hui transformée en hospice, est un beau spécimen de l'art roman, tandis que Saint-Seurin possède une belle chapelle de Notre-Dame-des-Roses et une très ancienne crypte renfermant le tombeau de saint Fort. Les autres églises datent généralement des deux derniers siècles.

Parmi les édifices civils légués par l'architecture moderne, le plus remarquable est le Grand-Théâtre, qui servit de lieu de réunion à l'Assemblée nationale en 1870-1871. Toutefois, ce qui donne surtout à Bordeaux un caractère monumental, ce sont les élégantes maisons en pierre de taille bordant les larges rues qui rayonnent autour des allées de Tourny et de l'immense place des Quinconces. Cette place, la plus grande de la ville, ne le cède en agrément qu'au Jardin public; avec le nouveau Parc, ce sont les deux principales promenades bordelaises, bien qu'il y ait de magnifiques cours, établis en partie sur l'emplacement de la vieille enceinte.

« Ce qui me frappe dans Bordeaux, c'est que cette ville est tout à fait belle, belle au premier abord, belle encore après que la première impression

Cathédrale de Bordeaux.

s'est calmée, belle toujours et belle partout! Ce qui me charme dans sa physionomie, c'est cet air ouvert, expressif, chaleureux, brillant, qui est le fond des physionomies vraiment bordelaises. En effet, vous arrivez sur le sommet d'une hauteur qui domine la ville, et déjà Bordeaux vous sourit et vous appelle. Vous descendez; la ville vous ouvre deux admirables coteaux chargés de son meilleur vin, entre lesquels vous roulez doucement jusqu'à ses portes. Voici la rivière; elle a une demi-lieue de large; mais attendez! la ville a jeté pour vous, d'une rive à l'autre, l'un des plus magnifiques ponts qui soient au monde. Vous voilà sur la rive gauche de la Garonne; la ville s'y pose avec majesté sur une lieue d'étendue, embrassant dans cette vaste ceinture son fleuve chéri qui lui baise les pieds, et la marée qu'elle retient captive dans cette courbe immense et gracieuse, chargée de monuments et de palais. C'est ainsi que Bordeaux vous reçoit. C'est avec cette bonne humeur, avec cette grâce charmante que Bordeaux vous accueille, les bras ouverts, l'air content, le visage épanoui, le sourire sur les lèvres, le soleil du Midi étincelant sur sa noire chevelure! Mais ce n'est pas tout. — Pendant que la rive gauche vous reçoit en reine sur ses quais magnifiques, l'autre rive vous regarde avec amitié par ses maisons de plaisance, par ses vergers, par ses jardins, par les vignobles qui la couronnent, tandis qu'à ses pieds d'innombrables saules se baignent aux eaux du fleuve, forêt de verdure qui brille entre cette autre forêt de mâts dont la rivière est chargée. C'est là un spectacle véritablement enchanteur; et pourtant il n'est presque pas un habitant de Bordeaux qui n'en puisse jouir tous les matins en mettant le nez à sa fenêtre, ou en faisant cinquante pas hors de chez lui. » (CUVILLIER-FLEURY, *Voyages*.)

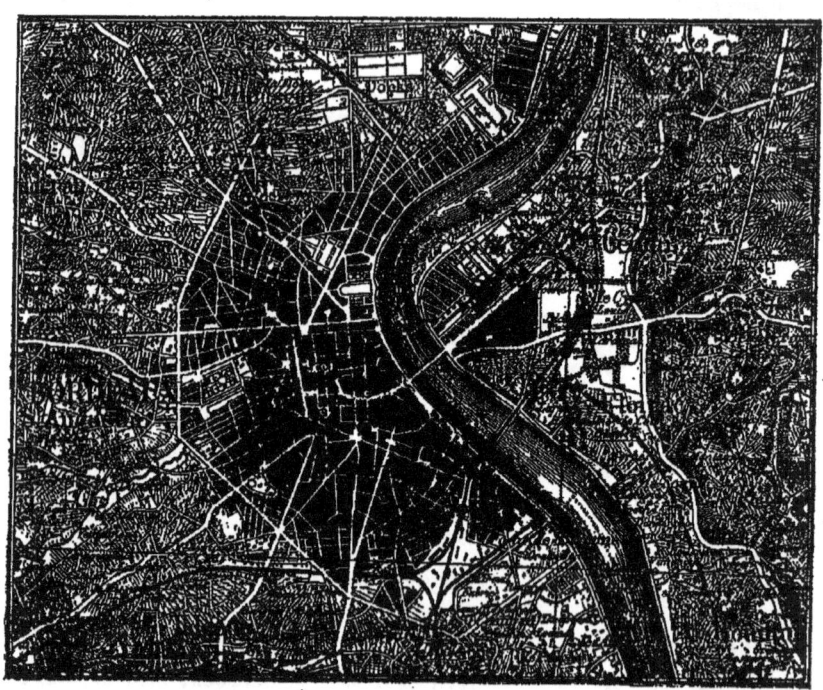

Le port de Bordeaux est le quatrième de France pour le poids effectif des marchandises, qui dépasse deux millions de tonnes, tant à l'entrée qu'à la sortie. Bien qu'éloigné de la mer, ce port est accessible aux navires calant 7m50, grâce à la marée haute et à de nombreux dragages. Il est formé par une courbure de la Garonne, ce qui a fait donner jadis à Bordeaux le nom de « port de la Lune » et peut contenir de 1 000 à 1 200 navires. Toutefois les paquebots transatlantiques stationnent plus particulièrement en aval dans un vaste bassin à flot, où ils arrivent non sans beaucoup de peine, et après avoir même été obligés de décharger une partie de leur matériel dans l'avant-port de Pauillac. En relation régulière avec les principaux ports français et ceux de l'Europe occidentale, plusieurs de nos colonies et les Amériques, il importe principalement les métaux, les denrées coloniales, les houilles d'Angleterre, les bois de construction du

Nord; il exporte des poteaux de mines, des produits manufacturés, des conserves alimentaires, des liqueurs et eaux-de-vie, surtout des vins dits de Bordeaux et les autres du bassin de la Garonne. « Tout le commerce de Bordeaux, dit L. Simonin, est dans son vin, dans les chais où on le manipule, dans les caves où on l'entrepose et on le conserve. On peut dire à Bordeaux du vin ce qu'on dit à Marseille du blé, et à Paris de l'industrie du bâtiment : « Quand le vin va, tout va. » A Bordeaux tout le monde parle de ce commerce, s'y intéresse, en vit; tout le monde est quelque peu propriétaire d'un « château » qui produit des « crus classés », ou que l'on classe soi-même. »

L'industrie bordelaise est aussi très développée. Outre de grands chantiers

Le Grand-Théâtre de Bordeaux.

de construction et autres établissements nécessaires pour la marine, elle comprend des filatures, des verreries, des fonderies, des ateliers de construction de machines à vapeur, un hôtel des monnaies, une grande manufacture nationale de tabac, une très importante fabrique de porcelaine, des moulins à vapeur, des distilleries (anisette), des raffineries de sucre, des fabriques de conserves alimentaires, etc. Cette ville tient une place non moins distinguée par ses nombreux établissements d'instruction publique, par son université et ses sociétés savantes; elle possède différents musées et une bibliothèque de 170 000 volumes.

Bordeaux, l'une des plus anciennes villes de la Gaule celtique, était, sous le nom de *Burdigala*, capitale des Bituriges Vivisci. Elle devint métropole de l'Aquitaine IIe sous les Césars et l'une des principales cités de l'empire, tant par son commerce que par ses somptueux édifices et ses écoles florissantes. Mais, dévastée par les Barbares, elle le fut davantage encore par les Sarrasins et les Normands. Sa prospérité ne lui revint qu'en 1152, c'est-à-dire lorsque, en qualité de capitale de la Guyenne, elle passa sous la domination anglaise pour y demeurer trois siècles. Pendant ce temps, son commerce ne fit que progresser, grâce à une protection spéciale des rois d'Angleterre. Aussi, lorsqu'elle retourna à la France, Charles VII crut-il devoir s'assurer son obéissance en construisant deux châteaux forts, qui subsistaient encore avant la Révolution. Ces précautions ne furent que trop justifiées dans la suite, bien que Louis XI eût rendu à la ville ses anciens privilèges et l'eût dotée d'une université et d'un parlement. C'est ainsi qu'elle se révolta sous Henri II contre l'établissement de la gabelle, et sous Louis XIV à l'occasion de la Fronde et de l'impôt du timbre. Les embellissements considérables dont elle fut l'objet au milieu du xviiie siècle ne la rendirent pas plus sympathique à la royauté : en 1789, le peuple s'y révolta comme à Paris, et ses députés méritèrent de donner le nom de leur département au parti le plus hostile à la monarchie. Mais, les « Girondins » ayant été vaincus par leurs adversaires de la Convention, il s'ensuivit parmi leurs concitoyens une résurrection du royalisme, que développa encore la politique du premier Napoléon, trop ruineuse pour le commerce. Aussi l'héritier présomptif de la branche aînée des Bourbons reçut-il le titre de duc de Bordeaux. Hâtons-nous d'ajouter qu'aujourd'hui tout esprit d'antagonisme a disparu de la grande cité, qui est devenue l'une des plus patriotiques comme l'une des plus riches de notre pays. Pendant l' « année terrible », l'Assemblée nationale, obligée de quitter Tours, se fixa à Bordeaux, où elle demeura du 10 décembre 1870 au 11 mars 1871.

Le Bouscat, Caudéran, Talence, Bègle, sont d'importantes localités qui participent à l'activité industrielle et commerciale de Bordeaux, dont elles sont les faubourgs.

AUDENGE, près de l'étang d'Arcachon, prépare la résine et la térébenthine, élève des sangsues et des poissons. — *Biganos* a des verreries, des forges et fonderies. — Au canton de BELIN, la vallée de *Salles*, sur la Leyre, est surnommée le « paradis des Landes ».

BLANQUEFORT, sur une « jalle » ou affluent de la Garonne, récolte de bons vins du Médoc, et dans ses marais de grandes quantités de sangsues médicinales. Autrefois chef-lieu d'une importante seigneurie, ce fut la dernière place que les Anglais occupèrent après leur défaite de Castillon, en 1453. — *Saint-Médard* possède une poudrerie de l'État ; — *Eysines* et *le Taillan,* de belles sources captées au profit de Bordeaux.

CADILLAC, sur la Garonne, fut construit au xive siècle sur un plan régulier pour servir de capitale à la vicomté de Benauge. Il conserve une partie de son enceinte flanquée de tours, et l'ancien château des ducs d'Épernon, transformé en maison de détention pour les femmes. Bons vins rouges et blancs. — *Langoiran,* dans une situation pittoresque, construit des navires, ainsi que *Lormont,* au canton de CARBON-BLANC, qui, avec *Ambès,* produit

Forêt de pins et résiniers des Landes.

des vins de palus. — La commune de *Margaux*, canton de CASTELNAU, renferme l'un des trois premiers grands crus du Médoc : le Château-Margaux. — Au pied des dunes, étang très poissonneux de *Lacanau* (20 kilomètres carrés). — CRÉON, sur une colline de l'Entre-deux-Mers, est une bastide ou ville neuve du XIIIᵉ siècle. — A l'est, *la Sauve* conserve quelques bâtiments de son abbaye bénédictine de Notre-Dame, aujourd'hui occupés par une école normale d'instituteurs.

LABRÈDE montre dans ses environs le château paternel de Montesquieu,

Château de Labrède, où est né Montesquieu.

qui y écrivit en partie ses ouvrages sur l' « Esprit des lois » et la « Grandeur et décadence des Romains ».

De PESSAC dépend le célèbre vignoble des Graves, dit Château-haut-Brion, rival des premiers grands crus du Médoc. — A *Mérignac*, vaste asile d'épileptiques.

PODENSAC, sur la Garonne, a de vastes entrepôts des produits des Landes : poteaux de mines et matières résineuses, tandis que *Preignac* et *Barsac* sont surtout renommés pour leurs vins. — SAINT-ANDRÉ-DE-CUBZAC, sur la Dordogne, est l'un des premiers ports du département. — *Cubzac-les-Ponts* doit son surnom à ses deux ponts métalliques tubulaires sur la Dordogne, longs de plus de 550 mètres, élevés de 25 mètres au-dessus de la rivière et servant l'un au chemin de fer, l'autre aux voitures. Ce dernier a remplacé le célèbre pont suspendu renversé par un ouragan en 1870.

La Teste, sur la rive sud du bassin d'Arcachon, s'adonne à la pêche et au cabotage, mais s'occupe surtout de l'ostréiculture et de la fabrication des résines. C'est l'antique *Testa*, capitale des Boïens celtibères, qui ont laissé à la région le nom de Buch. Elle fut également la résidence des seigneurs ou « captals » de Buch au moyen âge. Son territoire, de 21 700 hectares, est l'un des plus vastes de France.

Arcachon, voisine de la Teste, est une ville toute récente de 8 000 âmes,

Huîtrières d'Arcachon (au moment de la marée basse).

comprenant une « ville d'été », qui s'étend le long d'un boulevard de quatre kilomètres entre la base des dunes et la mer, et une « ville d'hiver », composée de villas bâties parmi les pins et abritées des vents du large par une triple rangée de dunes. La première doit son existence et sa prospérité à ses bains de mer, fréquentés chaque année par plus de 200 000 baigneurs, la plupart Bordelais et Méridionaux; la seconde se développe constamment, grâce à la douceur de son climat et à l'air résineux qu'on y respire, ce qui rend son séjour très favorable aux phtisiques. Arcachon possède une belle église ogivale moderne et une chapelle dédiée à Notre-Dame, but de pèlerinage. Quant à son « bassin », vaste de 150 kilomètres carrés, il assèche en grande partie aux basses marées, et c'est ainsi que les « crassats » de l'île des Oiseaux et les autres bancs vaseux du lac ont pu être convertis en parcs à huîtres, dont la production annuelle est de 300 millions de mollusques.

Près de l'île des Oiseaux existe un important établissement de l'État, consacré à l'élève des huîtres célèbres sous le nom « d'huîtres d'Arcachon ». Sorties de ces parcs mêmes, elles n'ont pas la délicatesse des mollusques de Cancale et d'Auray; mais transportées en quantités considérables dans la Charente-Inférieure, à Marennes, à Oleron, ainsi qu'à Saint-Jean-de-Luz, elles y sont déposées dans des parcs appelés « claires », où elles croissent en grosseur et en qualité. Le nombre des parcs du bassin est d'environ 4200, sur 4000 hectares. Les rives du bassin offrent en outre des marais salants, des marais à sangsues et des réservoirs de poissons.

II. **LESPARRE**, sous-préfecture de 3400 âmes [1], est située par cinq mètres d'altitude au centre de la presqu'île du Médoc, à la lisière des riches vignobles de ce nom. On ne peut guère y signaler que le donjon de son ancien château, appelé l'*Honneur* de Lesparre, du latin *honor*, qui dans les actes du moyen âge désignait un fief noble. Le fief de Lesparre dépendait de la maison de Foix lors de la domination des Anglais, auxquels la ville se montra fidèle jusqu'en 1451, époque de sa réunion à la France.

PAUILLAC, sur la rive gauche de la Gironde, est un port où s'allègent les paquebots qui se rendent à Bordeaux. C'est le principal lieu d'expédition des vins du Médoc, dont son territoire possède deux premiers grands crus, dits Château-Lafitte et Château-Latour. On y élève aussi des huîtres. Son canton, qui est l'un des plus riches de France sous le rapport vinicole, produit encore les célèbres vins de *Saint-Estèphe*, rangés parmi les deuxièmes grands crus médocains.

SAINT-LAURENT participe à cette richesse, principalement par son cru de la Tour-Carnet. — A l'ouest, le bel étang d'*Hourtain-et-Carcans*, long de 15 kilomètres, large de 4, s'étale au pied des dunes et reçoit des Landes de nombreuses « crastes », ruisseaux constants sortis, comme les « jalles », des sources vives qui se forment sur l'alios, sous-sol imperméable.

Le canton de SAINT-VIVIEN renferme de nombreux polders et des marais salants. — Au Vieux-Soulac, commune de *Soulac*, église romane ensevelie progressivement sous les sables, du XVIe au XVIIIe siècle, avec l'ancien village et dégagée de nos jours; station de bains de mer. — Plus au nord, à l'extrémité de la presqu'île médocaine, le mouillage du *Verdon* sert d'abri aux vaisseaux qui attendent le moment favorable pour entrer dans la Gironde ou prendre la haute mer. Un fort y croise ses feux avec celui de Royan sur la rive opposée. — A sept kilomètres à l'ouest de la pointe de Grave, l'îlot rocheux de *Cordouan* porte à 72 mètres au-dessus de la

---

[1] Arrondissement de LESPARRE : 4 *cantons*, 82 communes, 45 550 habitants.
Cantons et communes principales : 1. *Lesparre*, 4940 habitants; Bégadan, 1510; Gaillan, 1710; Queyrac, 1580; Vendays, 1680. — 2. *Pauillac*, 5180; Saint-Estèphe, 3440; Saint-Julien, 1970. — 3. *Saint-Laurent-et-Benon*, 3030. — 4. *Saint-Vivien*, 1510; Jau-Dignac, 1750; Soulac; Verdon (le).

basse mer le principal phare de l'entrée de la Gironde; c'est en partie l'œuvre de Louis de Foix, architecte du XVIe siècle.

III. **BLAYE**, sur la rive droite de la Gironde, est une sous-préfecture de 4800 âmes[1] et un port faisant un grand commerce de vins. Cette ville est dominée par une citadelle, qui commande le passage du fleuve avec le fort Pâté, bâti sur un îlot, et le fort Médoc, s'élevant sur la rive opposée.

Phare de Cordouan, à l'embouchure de la Gironde.

Dans la citadelle, œuvre de Vauban, la duchesse de Berry fut détenue en 1832. On y voit le tombeau de Caribert, fils de Clotaire II et roi de Toulouse, qui avait été primitivement inhumé, ainsi que Roland, le célèbre paladin, dans l'ancienne abbaye de Saint-Romain. Baye est l'antique station romaine de *Blavia militaris*.

BOURG s'élève en amphithéâtre sur la Dordogne, à deux kilomètres et demi de son confluent avec la Garonne au Bec d'Ambès. C'est un port

---

[1] Arrondissement de BLAYE : 4 *cantons*, 57 communes, 56790 habitants.
Cantons et communes principales : 1. *Blaye*, 4800 habitants; Berson, 1800. — 2. *Bourg*, 2890. — 3. *Saint-Ciers-Lalande*, 2700; Marcillac, 1720; Reignac, 2060. — 4. *Saint-Savin*, 1750; Laruscade, 1640; Saint-Christoly, 1790.

assez actif pour les vins, grains et pierres de taille, après avoir été jadis une place forte, que les Français reprirent aux Anglais en 1451, et les troupes royales aux partisans de la Fronde en 1653.

Saint-Ciers-Lalande est situé à la lisière de marais étendus qui le séparent de la Gironde. — Saint-Savin a une belle église moderne, — et *Saint-Christoly* des vignobles renommés.

IV. **LIBOURNE**, sous-préfecture de 18 000 âmes [1], est situé par 7 mètres d'altitude au confluent de la Dordogne et de l'Isle, toutes deux navigables, dans une plaine très vaste et magnifique que domine la Motte de Fronsac. C'est la deuxième ville du département par sa population et son importance commerciale. Son port, accessible aux bricks moyens, grâce à la marée qui remonte la Dordogne, expédie une grande quantité de grains et surtout les vins de son arrondissement. Libourne est régulièrement bâti : ses huit rues principales, auxquelles aboutissent toutes les autres, rayonnent aux quatre angles d'une place carrée entourée de larges porches; son église Saint-Jean, des XVe et XIXe siècles, est surmontée d'un clocher avec flèche de 71 mètres de haut; deux autres tours de la ville sont des restes de ses anciennes fortifications. — L'emplacement de Libourne fut d'abord occupé par une localité gauloise du nom de Condate et plus tard par une paroisse appelée Saint-Jean-de-Fozera. Cette paroisse reconstruite au cordeau par l'Anglais de Leyburn, qui lui laissa son nom, devint en 1269 la ville actuelle, dont une charte libérale, promulguée par le roi d'Angleterre, assura aussitôt la prospérité. Libourne, par reconnaissance, soutint la cause anglaise durant la guerre de Cent ans. Moins favorisé par les souverains de France, il prit une part active à la révolte contre la gabelle en 1541 et se laissa fortifier par Condé pendant la Fronde. Avant 1789, c'était la capitale du Libournais.

Saint-Émilion, bâti en amphithéâtre sur un coteau dominant la riche vallée de la Dordogne, est connu pour ses vins rouges, qui sont « la plus haute expression des vins de Côtes ». Au point de vue archéologique, c'est la localité secondaire la plus remarquable de toute la Guyenne. On y remarque notamment une église « monolithe » taillée dans le roc, une chapelle en rotonde et l'ermitage de Saint-Émilion, autour duquel se forma la ville, l'église paroissiale avec un beau cloître et un clocher isolé, des débris considérables des remparts, un donjon carré dû à Louis VIII et d'immenses grottes artificielles, dont quelques-unes sont habitées. En 1272, Saint-Émilion fut la première ville qui s'associa à la commune de Bordeaux, sous le titre de « filleule »; mais cette association ne put empêcher sa

---

[1] Arrondissement de Libourne : 9 *cantons*, 133 communes, 114 390 habitants. Cantons et communes principales : 1. *Libourne*, 18 020 habitants; Arveyres, 1570; Saint-Émilion, 3440; Vayres, 2020. — 2. *Branne*, 670. — 3. *Castillon*, 3150; Sainte-Terre, 1710. — 4. *Coutras*, 3900; Abzac, 1630; Églisottes, 1540. — 5. *Fronsac*, 1440. — 6. *Guîtres*, 1440; Saint-Denis, 2570. — 7. *Lussac*, 1810; Montagne, 1670. — 8. *Pujols*, 790; Rauzan. — 9. *Sainte-Foy-la-Grande*, 3280.

décadence, que hâta au XIVe siècle le développement de la nouvelle cité de Libourne.

Castillon, sur la Dordogne, fut témoin de la défaite infligée aux Anglais le 17 juillet 1453, défaite qui coûta la vie à Talbot leur général, et qui amena la soumission de toute la Guyenne à Charles VII. On y a érigé un monument commémoratif de la bataille.

Coutras, port sur la Dronne, rappelle une autre bataille, celle du 20 octobre 1587, dans laquelle Henri de Navarre, plus tard Henri IV, vainquit les catholiques commandés par le duc de Joyeuse. Le château de Coutras, habité par ce prince, était alors l'un des plus beaux de la Renaissance; il est aujourd'hui en ruines, tandis que celui de Laubardemont, sur l'Isle, est transformé en une minoterie. — En amont, le bourg des *Églisottes* possède l'une des plus importantes papeteries de France.

Fronsac, à deux kilomètres en aval de Libourne, doit sa célébrité à son « Tertre », qui fut de tout temps une importante position stratégique, et du haut duquel on jouit d'un superbe panorama. Charlemagne y fit construire un château fort qui, après avoir été rebâti et très disputé entre Français et Anglais, finit par devenir un repaire de révoltés : il fut rasé par Louis XIII à la prière des Libournais. Le fief de Fronsac fut érigé en duché-pairie en 1608 et appartint à la famille Richelieu de 1646 à la Révolution.

Guitres, sur l'Isle, donna son nom aux paysans soulevés contre l'impôt du sel sous François Ier. Belle église romane et restes d'une abbaye bénédictine. — En aval, *Saint-Denis-de-Pile* a des chantiers de construction de bateaux.

Aux environs de Lussac, se voient les beaux restes de l'abbaye cistercienne de Faize, fondée en 1138. — Pujols, près de la Dordogne, offre une remarquable église romane, un château féodal et un beau dolmen; — *Rauzau*, une belle grotte à stalactites et les imposantes ruines d'un château fort.

Sainte-Foy-la-Grande, sur la Dordogne, fabrique de bons vins, des toiles et des chapeaux. Fondée sur un plan régulier par Henri III d'Angleterre, cette ville devint au XVIe siècle une place forte des protestants. Beau clocher en pierre et tour d'une commanderie de templiers.

V. **LA RÉOLE**, sous-préfecture de 4300 habitants[1], s'élève par 6-44 mètres d'altitude sur le flanc d'une colline dominant la Garonne. Cette ville doit son origine et son nom à l'abbaye bénédictine de *la Règle*, dont il reste l'église Saint-Pierre et des bâtiments occupés par divers services administratifs. Autrefois fortifiée, elle fut souvent prise et reprise durant les guerres de Cent ans et de religion. On y remarque les ruines du château

---

[1] Arrondissement de La Réole : 6 *cantons*, 103 *communes*, 88 690 habitants.

Cantons et communes principales : 1. *La Réole*, 4270 habitants. — 2. *Monségur*, 1510; Castelmoron. — 3. *Pellegrue*, 1480. — 4. *Saint-Macaire*, 2280; Saint-Martin; Verdelais. — 5. *Sauveterre*, 980. — 6. *Targon*, 1140; Arbis.

dit des Quatre-Sœurs, parce qu'il était flanqué d'autant de tours. — La Réole est un marché important pour les produits agricoles.

Au canton de Monségur, ancienne bastide située sur le Drot, *Castelmoron-d'Albret* est la plus petite commune de France : quatre hectares, avec 115 habitants. C'est le centre de la *Gavacherie*, région nommée ainsi par dérision, parce qu'elle fut peuplée d'étrangers saintongeois et angevins à la suite de l'épidémie de 1525.

Saint-Macaire se compose de deux quartiers : la ville basse ou quartier neuf, sur la Garonne, et la ville haute, qui conserve en partie son aspect et ses édifices du moyen âge, notamment sa double enceinte et son église romano-ogivale. Cette dernière, l'antique *Ligena*, fut une place très importante qui subit de nombreux sièges du XIII° au XVII° siècle. Extraction de pierre de taille. — A deux kilomètres nord de *Saint-Martin*, ferme-école départementale de Machorre.

Sauveterre est une bastide anglaise créée en 1281 par Édouard Ier; elle conserve ses rues à angles droits, ainsi que les portes de son enceinte. — Au canton de Tragon, se voient près d'*Arbis* les ruines remarquables du château de Benauge, capitale primitive de la vicomté de ce nom.

Verdelais possède une chapelle de Notre-Dame, qui est l'un des sanctuaires les plus anciens et les plus vénérés du sud-ouest de la France.

« Verdelais! A ce nom tout s'émeut, tout sourit, tout espère, tout prie dans la vieille Aquitaine. C'est que nulle histoire n'est plus touchante que celle de ce sanctuaire, nul lieu plus recueilli que cette vallée, « disposée « tout exprès pour la prière, dit le cardinal Donnet, fermée à tous les « bruits d'ici-bas, et ouverte seulement du côté du ciel pour recevoir et « retenir, comme dans une coupe sacrée, la rosée des bénédictions qui « en descendent. » L'église est assise sur le penchant d'un coteau couvert de vignobles et de bois. Sa façade, d'ordre ionique, est ornée de statues et surmontée d'une balustrade en pierre au milieu de laquelle s'élève une croix enlacée par un serpent. Un clocher Renaissance, dont le gracieux campanile porte l'image de Marie, couronne le pieux édifice, que domine la cime élevée du mont Cussol. L'intérieur est richement décoré. Derrière le maître-autel, dans une niche ornée des dons de la reconnaissance, se trouve la statue miraculeuse.

« Fondé au commencement du XII° siècle par le puissant seigneur de Renange et confié aux religieux de Grandmont, le sanctuaire de Verdelais a éprouvé bien des vicissitudes; mais, après chaque ruine, Dieu lui a réservé une résurrection merveilleuse. En 1793, il ne put échapper à la rage des modernes Vandales : tout fut pris, saccagé, vendu. Une seule chose restait, la statue. Le conseil municipal ordonne au sacristain Jean Michel de l'abattre; mais celui-ci refuse. Un ancien soldat, Étienne Ganier, résiste non moins hardiment aux mêmes injonctions : « Fais-le toi-même, « dit-il, citoyen maire, et monte si tu l'oses. Pour moi, jamais! » A ces mots, le maire jacobin, fou de rage, applique une échelle et s'élance; mais à peine a-t-il franchi quelques degrés, qu'il tombe à la renverse en s'écriant: « Soutenez-moi, je n'y vois plus. » On l'emporte tout effrayé et hors de lui-même, et la statue de Notre-Dame, marquée une fois de plus au sceau du miracle, demeure dans la niche où les fidèles l'honorent depuis tant de siècles. En 1858, le cardinal Donnet y appela les Pères Maristes, et fonda l'œuvre de Verdelais, qui, par des cotisations annuelles, a couvert tous les frais de restauration, de sorte que la gloire du nouveau temple efface celle de l'ancien. Il n'est pas jusqu'au chemin de croix, créé sur les pentes du mont Cussol, qui n'ait été rétabli le long de la route, dont les rubans jalonnés par les quatorze stations aboutissent au sommet transformé en Calvaire. » (*Sanctuaires de Notre-Dame.*)

VI. **BAZAS**, sous-préfecture d'environ 4800 âmes[1], s'élève à 80 mètres d'altitude sur une colline dont le Beuve frôle la base. C'est l'antique *Cossio*, capitale de la tribu novempopulane des *Vasates*, dont elle prit le nom au IIIe siècle. Au moyen âge, elle appartenait à ses évêques, dont le premier connu est Sextilius, qui vivait du temps de Clovis. Pendant la guerre de Cent ans, Bazas se trouva, par son attachement à la France, la rivale de Bordeaux dévoué à l'Angleterre. Elle eut aussi à souffrir des guerres de religion et de la Fronde; enfin la Révolution supprima son évêché. La cathédrale ogivale Saint-Jean, des XIIIe et XVIe siècles, est un monument remarquable. Fabriques d'étoffes, de cuirs et de chapeaux; commerce de bois et de résine.

Bernos possède des papeteries; — *Aillas*, au canton d'Auros, une belle église romane et les ruines d'un château du XIVe siècle.

Langon, sur la Garonne soumise à l'influence de la marée, est une ville assez industrielle et commerçante. Elle était autrefois fortifiée, et fut prise par les royalistes en 1649. Son église est surmontée d'un magnifique clocher. — En amont, *Castets* est un petit port à la jonction du canal latéral au fleuve. — A *Mazères*, le château féodal de Roquetaillade, restauré de nos jours, est le plus remarquable du département. — *Sauternes*, sur le Ciron, est renommé pour ses vins blancs, dont le premier grand cru, dit de Château-Yquem, s'est vendu jusqu'à 20000 francs le tonneau de 1000 litres.

Villandraut, sur le Diron, offre les ruines d'un important château féodal bâti par l'archevêque de Bordeaux, Bertrand de Goth, qui devint pape sous le nom de Clément V. Ce pontife naquit à *Uzeste*, dont il construisit également l'église, qui renferme les débris de son tombeau mutilé par les protestants.

[1] Arrondissement de Bazas : 7 cantons, 71 communes, 51580 habitants.
Cantons et communes principales : 1. *Bazas*, 4810 habitants; Bernos. — 2. *Auros*, 610; Aillas. — 3. *Captieux*, 1580. — 4. *Grignols*, 1680. — 5. *Langon*, 4960; Castets; Mazères; Sauternes. — 6. *Saint-Symphorien*, 2000. — 7. *Villandraut*, 1140; Noaillan, 1580; Préchac, 1830; Uzeste.

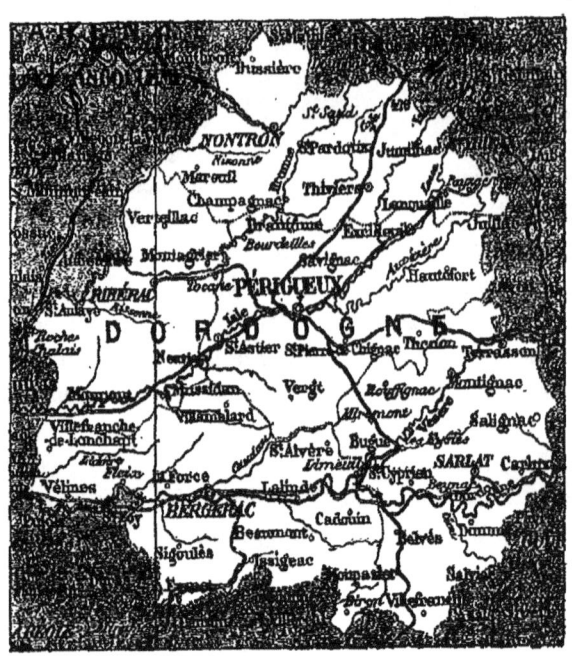

DORDOGNE

4 ARRONDISSEMENTS, 47 CANTONS, 585 COMMUNES, 465 000 HABITANTS

Géographie. — Le département de la *Dordogne* tire son nom de la belle rivière qui le traverse de l'est à l'ouest dans sa partie méridionale. Il a été formé de la presque totalité du *Périgord*, chef-lieu Périgueux, et d'une partie de l'*Agenais*, deux pays de l'ancienne Guyenne; en outre, de fragments de l'Angoumois et du Limousin. Ses 9 223 kilomètres carrés le placent au 3e rang pour la superficie.

Ainsi que l'indique la direction de ses cours d'eau, ce département est incliné d'une façon générale de l'est et du nord-est au sud-ouest. Il est sillonné de nombreuses collines dites du Périgord, dont la plus élevée est la *Forêt de Vieillecour* (478 mètres), près de Saint-Pierre-de-Frugie, frontière de la Haute-Vienne. Les vallées sont généralement pittoresques, mais étroites, si ce n'est sur le cours inférieur de l'Isle et de la Dordogne. L'endroit où cette dernière quitte le territoire est le point le plus bas : 4 mètres. Périgueux est à 83 mètres d'altitude, Bergerac à 30 mètres; l'altitude moyenne est d'environ 130 mètres.

Le département fait presque entièrement partie du bassin de la

Dordogne, sa principale rivière. Celle-ci y coule d'abord « au pied des fiers escarpements que couronne le bourg de Domme sur son créneau de rochers; non moins belles sont plus bas les parois de la Roche-Gageac et la pierre hautaine qui porte le château de Beynac : sur ces rocs et derrière ces rocs, coteaux, plateaux et vallons s'en vont en terres rouges dans le Sarladais, pays des châtaigniers; mais dans la vallée tout est vert, exubérant, gai, touffu, splendide. La Dordogne, rarement endormie, s'ébranle souvent en vague onduleuse sur la grève de son lit, au pied de la muraille de craie, ou devant les hauts coteaux, ou dans la plaine uberrime. A Limeuil, par 40 mètres, la *Vézère*, teintée de rouge, lui apporte de 12 à 1 200 mètres cubes d'eau par seconde, en moyenne 25. Par cingles largement éployés, que le chemin de fer de Saint-Denis, près Martel à Libourne, coupe par de grands ponts, elle arrive dans le pays de Lalinde à ses plus forts rapides : au grand Thoret, au saut de la Gratusse, au rapide des Pesqueyroux, tous accidents que les bateaux évitent au moyen du canal de Lalinde. Ces trois rapides marquent la fin du val, qui devient une plaine ample de 3 à 6 kilomètres, entre des collines jadis orgueilleuses de leurs vins, surtout de leur « bergerac » et de leur « saint-émilion ». Bergerac est, avec Libourne, la seule ville de plus de 10 000 âmes assise au bord de la rivière des Périgourdins. A deux kilomètres en aval, le « Grand barrage », construit dans un but de navigation, relève le plan d'eau de la Dordogne, qui, en amont de cette levée, est très large, très profonde, avec toutes les apparences d'un maître fleuve; magnifique aussi en grande crue, voire en tout temps, est la chute des eaux sur le plan incliné de la digue ». (O. Reclus.) — Puis la Dordogne ne touche plus le département que par sa rive droite, jusqu'à ce qu'elle l'abandonne complètement en recevant la Lidoire, alors qu'elle est déjà soumise à la marée. Outre la pittoresque *Vézère*, navigable depuis Terrasson, la Dordogne reçoit du département l'*Isle*, qui devient navigable à Périgueux et recueille la Loue, l'Auvézère et la Dronne, qui passe au pied de Ribérac et se grossit de la Nizonne. A la Garonne se rend directement le Drot, de même que vers la Charente court la Tardoise, avec son affluent le Bandiat venu de Nontron.

Le *climat* de la Dordogne est celui du Plateau central dans le nord, où il fait relativement froid; le climat girondin dans le sud, où il fait plus chaud; il est généralement sain, sauf dans l'humide Double. La hauteur moyenne des pluies annuelles est d'environ 70 centimètres; l'automne est la plus belle saison.

Le département, dont le sol est recouvert alternativement d'une couche de sable, d'argile ou de silex, est généralement peu fertile, si ce n'est dans les vallées. Il produit passablement de céréales et de tabac, les vins renommés de Bergerac, une grande quantité de châtaignes et de noix, de champignons et surtout de truffes du Périgord, réputées les meilleures du monde; il nourrit plus de porcs qu'aucun autre, soit 200000, et ses forêts, qui couvrent un nombre égal d'hectares, renferment encore beaucoup de loups.

La Dordogne extrait un peu de minerai de fer, des ardoises, du kaolin, des pierres de taille, des pierres lithographiques et meulières. Son industrie manufacturière, peu importante, comprend, outre la fabrication des vins, celle des huiles de noix, des conserves alimentaires et des pâtés truffés, de la coutellerie commune, des farines et d'un peu de fer.

Les habitants. — Le département a gagné 71000 âmes de 1801 à 1871, puis il en a perdu 15400 jusqu'en 1896, époque où il en comptait 464800, dont 700 étrangers. C'est le 24e pour la population absolue et le 60e pour la densité, avec 50 habitants par kilomètre carré. Il compte environ 6000 protestants, et l'on y parle concurremment le français et le patois périgourdin.

Personnages. — Le troubadour Bertrand de Born, né au château d'Hautefort, mort en 1215. L'écrivain de la Boëtie, né à Sarlat, mort en 1563. Le maréchal de Gontaut-Biron, né au château de Biron (mort en 1592), ainsi que son fils également maréchal de France, décapité en 1602. Le philosophe Montaigne, né à Saint-Michel, mort en 1592. Le chroniqueur Brantôme, né à Bourdeilles, mort en 1614. Le maréchal Caumont de Laforce, né au château de Laforce, mort en 1652. Fénelon, archevêque de Cambrai, né au château de la Motte-Fénelon, mort en 1715. Mgr de Belsunce, évêque de Marseille, né à Laforce, mort en 1755. Mgr Dulau, dernier archevêque d'Arles, né à Biras, massacré aux Carmes en 1792. Le général Morand, né à Mussidan, mort en 1813. Le métaphysicien Maine de Biran, né à Bergerac, mort en 1824. Le général Daumesnil, né à Périgueux, mort en 1832. L'acteur Lafon, né à Lalinde, mort en 1846.

Administrations. — Le département forme le diocèse de Périgueux et de Sarlat, ressortit à la cour d'appel et à l'académie de Bordeaux, à la 12e division militaire (Limoges), à la 7e région agricole (Ouest-Central), et à la 29e conservation militaire (Bordeaux). Il comprend cinq arrondissements : *Périgueux, Nontron, Sarlat, Bergerac, Ribérac*, avec 37 cantons et 585 communes.

PÉRIGUEUX est une ville de 31500 habitants, située au centre du département dont elle est le chef-lieu[1]. Bâtie dans la belle vallée de

---

[1] Arrondissement de PÉRIGUEUX : 9 *cantons*, 113 communes, 16790 habitants.
Cantons et communes principales : 1. *Périgueux*, 31310 habitants; Chancelade, 1250; Château-l'Évêque, 1560; Coulounieix, 1420; Trélissac, 1290. — 2. *Brantôme*, 2848; Agonac, 1530; Bourdeilles, 1130; Lisle, 1190. — 3. *Excideuil*, 1780; Génis, 1440; Saint-Mesmin, 1120. — 4. *Hautefort*, 1840; Badefols, 1310; Chervoix, 1230; Courtoirac, 1230. — 5. *Saint-Astier*, 3070. — 6. *Saint-Pierre-de-Chignac*, 950; Notre-Dame-de-Sanilhac, 1510. — 7. *Savignac-les-Églises*, 880; Coulaures, 1210; Cubjac, 1170; Saint-Vincent-d'Excideuil; Sorges, 1680. — 8. *Thenon*, 1730; Azerat, 1040; Saint-Orse, 1040. — 9. *Vergt*, 1680; Lacropte, 1000.

l'Isle par 83-108 mètres d'altitude, elle comprend comme Limoges deux villes distinctes : la Cité et le Puy-Saint-Front. Cette dernière, assise au sommet du plateau, est devenue la ville proprement dite, le centre administratif et commercial. C'est là que se sont créés de nos jours les plus belles promenades et les plus beaux monuments, entre autres la préfecture. Les places ou cours y sont ornés des statues en bronze de Montaigne et de Fénelon, de Bugeaud et de Daumesnil, celui-ci enfant de la ville. Mais ce que l'on y admire surtout, c'est la cathédrale *Saint-Front*, ancienne abbatiale construite au moyen âge sur un plan analogue à celui de Siant-Marc à Venise.

Quant à la Cité ou ville gallo-romaine, bâtie au pied de la colline, elle offre des débris d'amphithéâtre, de thermes et de remparts du ve siècle, la tour de Vésone, reste d'un temple de la déesse de ce nom,

Périgueux. — Cathédrale Saint-Front.

et l'église Saint-Étienne, qui fut la cathédrale de Périgueux jusqu'en 1669; en outre la ville possède l'un de nos plus riches musées lapidaires. Depuis longtemps elle a conquis l'affection des gourmets par ses pâtés de foie gras et de perdreaux truffés, qui sont l'objet d'un commerce important, aussi bien que les truffes, les volailles et les porcs; de plus, elle possède des fabriques de tissus, de conserves alimentaires, de liqueurs, des minoteries et des établissements métallurgiques. — L'antique *Vesunna*, capitale des *Petrocorii*, s'élevait primitivement sur les coteaux de la rive gauche de l'Isle, d'où les Romains la transportèrent au pied des collines de la rive droite, où se trouve le quartier actuel de la Cité. Après l'invasion des Barbares, les habitants des faubourgs allèrent peu à peu s'établir sur le plateau, autour du tombeau vénéré de saint Front, apôtre et premier évêque de Périgueux : d'où le nom de Puy-Saint-Front, donné au nouveau centre de population. Du reste, ces deux quartiers de la ville formèrent jusqu'en 1240 deux municipalités distinctes, obéissant soit aux évêques, soit à des comtes institués au ixe siècle. Souvent prise et reprise durant les guerres contre les Anglais, l'ancienne capitale du Périgord ne nous appartient définitivement que depuis 1454; les protestants la possédèrent de 1576 à 1591, et les Frondeurs de 1651 à 1653.

« La **cathédrale Saint-Front**, dit Mme A. Tastu, a la forme d'une croix grecque ; chaque branche, élevée sur un plan carré, est couverte par une large coupole de douze mètres de diamètre et de vingt-cinq mètres de hauteur sous clef au-dessus du sol. Une cinquième coupole couvre l'intersection des bras de croix. Toutes les coupoles reposent sur des arcades en plein cintre et sur des pendentifs appuyés aux murs. A l'extérieur chacune a sa toiture en pierres. Chacune des douze faces de la croix grecque est couronnée par un pignon percé de trois fenêtres et encadré par des pyramides quadrangulaires. En avant de la nef s'élève le porche de l'église latine primitive, datant du VIIe siècle, haut de soixante-six mètres. Les deux étages supérieurs de cette tour, en retrait l'un sur l'autre et percés de deux rangs de fenêtres qui rappellent le style des fenêtres gallo-romaines, sont surmontés d'une lanterne cylindrique comprenant un dôme porté par des colonnes antiques. » — « Nous pouvons l'avancer hardiment, ajoute M. l'abbé Bourassé, aucun édifice religieux ne peut occuper dans l'histoire de l'art une place plus distinguée que la cathédrale de Périgueux. C'est un édifice unique,

Cathédrale de Saint-Front (intérieur).

d'un style tout spécial. C'est une fleur d'Orient transportée sous le ciel du Nord. Épanouie aux rayons du soleil étranger, elle a conservé presque toutes les beautés naturelles qui la distinguent dans sa patrie native, tout en subissant les influences d'un climat nouveau. Cette basilique, l'une des plus vastes et des plus anciennes de la France, est aussi incontestablement l'une des plus curieuses pour quiconque veut étudier la marche de l'architecture dans notre pays. Depuis longtemps déjà l'attention des antiquaires français a été vivement émue par le caractère original de cette construction. Nulle part, en France, on ne rencontrera d'édifice où les procédés de l'école de Byzance aient été appliqués d'une manière aussi complète. »

On doute aujourd'hui si elle a été édifiée au Xe, au XIe ou au XIIe siècle, et par suite de son influence artistique sur les constructions byzantines à coupoles, élevées dans l'ouest et le centre de la France vers cette époque.

Chancelade possède la belle église de l'antique abbaye augustine de *Cancellata,* — et BRANTÔME, dans un site pittoresque sur la Dronne, les bâtiments d'une abbaye de bénédictins, fondée par Charlemagne. Aux environs, dolmen de la Pierre-Levée, magnifiques rochers de Subreroches et grottes fortifiées de Rochebrune. — *Bourdeilles*, également bien situé en aval, offre deux châteaux, dont l'un du xiv⁰ siècle, avec donjon octo-

Le général Daumesnil, né à Périgueux, défendant le château de Vincennes en 1815 ;
« Rendez-moi d'abord ma jambe perdue à Wagram, et je vous rendrai la place! »

gonal de 40 mètres de haut, et qui fut le siège d'une des quatre grandes baronnies du Périgord. Ferme-école de la Valade.

Excideuil, sur la Loue, montre les ruines d'un important château de Talleyrand-Périgord, la maison qu'habita Bugeaud de 1815 à 1830, et aux environs une grotte préhistorique. Minerai de fer et marbre.

Hautefort possède un château restauré du xi⁰ siècle, où naquit le troubadour Bertrand de Born. Riches minerais de fer.

Saint-Astier, sur l'Isle, doit son nom à un ermite du vi⁰ siècle, dont le tombeau fut longtemps desservi par une abbaye bénédictine. Joli château de Puyferrat. — A *Cubjac*, canton de SAVIGNAC, la moitié de l'Auvézère s'engouffre sous une colline pour aller reparaître à 4 kilomètres plus loin par une forte source qui fait mouvoir les forges de *Saint-Vincent-d'Excideuil*. — Au canton de THENON, *Azerat* présente de belles grottes à stalactites.

II. **NONTRON**, sous-préfecture de 3 700 âmes[1], s'élève à 208 mètres d'altitude sur un coteau très escarpé qui domine la profonde vallée du Bandiat. Autrefois siège d'une baronnie, cette petite ville est connue de nos jours par sa grande fabrication de petits couteaux communs dits « eustaches », reconnaissables à leur manche en buis et à leur virole mobile en cuivre. On y remarque le magnifique viaduc du chemin de fer sur le Bandiat.

Javerlhac, situé en aval, a une colonie agricole pénitentiaire. — *Piégut*, au canton de BUSSIÈRE-BADIL, tient de très importants marchés aux porcs et aux bestiaux. Donjon du XIIe siècle, qui domine une grande étendue de pays.

JUMILHAC-LE-GRAND, sur l'Isle, a des forges et hauts fourneaux, ainsi que des carrières de kaolin. Son intéressant château féodal fut le siège d'un marquisat de 1656 à 1789.

MAREUIL conserve les restes imposants du château de ses sires, premiers barons du Périgord. Loups nombreux dans les forêts environnantes. — SAINT-PARDOUX est situé sur la Dronne, qui forme en amont la charmante cascade du Chalard. Manganèse exploité. — Au sud-est de *Saint-Saud*, ruines intéressantes de l'abbaye cistercienne de la Peyrouse, fondée en 1153.

THIVIERS, dans un site agréable, est une petite ville qui possède des papeteries, des faïenceries, et fait un grand commerce de bestiaux et de fromages estimés. — *Saint-Jean-de-Côle* conserve la belle église et le cloître d'un ancien prieuré d'augustins.

III. **SARLAT** est une sous-préfecture de 7 300 âmes[2], située dans un étroit vallon à 136 mètres d'altitude. On y remarque l'église Saint-

[1] Arrondissement de NONTRON : 8 *cantons*, 80 communes; 83110 habitants.
Cantons et communes principales : 1. *Nontron*, 3 660 habitants; Abjat, 1 690; Augignac, 1 350; Javerlhac, 1 470; Saint-Estèphe, 1 190. — 2. *Bussière-Badil*, 1 820; Busserolles, 1 920; Champniers, 1 150; Piégut, 1 770. — 3. *Champagnac-de-Bélair*, 1 950; Villars, 1 530. — 4. *Jumilhac-le-Grand*, 3 130; Coquille (la), 1 520; Saint-Jory, 1 540; Saint-Paul, 1 320; Saint-Priest, 1 080. — 5. *Lanouaille*, 1 790; Angoisse, 1 350; Dussac, 1 040; Paysac, 2 560; Saint-Sulpice, 1 140; Sarlande, 1 270; Sarrazac, 1 540; Savignac, 1 710. — 6. *Mareuil*, 1 480. — 7. *Saint-Pardoux-la-Rivière*, 1 760; Champs-Romain, 1 030; Firbeix, 1 010; Mialet, 2 100; Milhac, 1 510; Saint-Saud, 2 690. — 8. *Thiers*, 3 380; Corgnac, 1 110; Nantheuil, 1 170; Saint-Jean-de-Côle; Saint-Pierre, 1 000.

[2] Arrondissement de SARLAT : 10 *cantons*, 133 communes, 77 280 habitants.
Cantons et communes principales : 1. *Sarlat*, 7 230 habitants; Beynac; Roque-Gageac (la); Proissans, 1 010. — 2. *Belvès*, 1 990; Siorac, 1 090. — 3. *Bugle* (le), 2 640. — 4. *Carlux*, 950; Sainte-Mondane. — 5. *Domme*, 1 560; Cénac, 1 270; Daglan, 1 540; Saint-Pompont, 1 230. — 6. *Montignac*, 3 440; Plazac, 1 420; Rouffignac, 2 220. — 7. *Saint-Cyprien*, 2 060; Coux, 1 540; Tayac, 1 220. — 8. *Salignac*, 1 260; Saint-Geniès, 1 410. — 9. *Terrasson*, 3 740; Bachellerie (la), 1 290; Beauregard, 1 340; Cassagne (la); Villac, 1 120. — 10. *Villefranche-de-Belvès*, 1 510.

Serdot, jadis cathédrale; la tour des Maures, ancienne chapelle sépulcrale, et la maison où naquit, en 1530, le moraliste de la Boëtie. Cette ville se forma autour d'une abbaye bénédictine d'origine mérovingienne, et à laquelle succéda en 1317 un évêché qui subsista jusqu'à la Révolution. Les protestants l'assiégèrent vainement en 1587. Commerce de truffes et d'huile de noix. — Au sud, on visite *la Roque-Gageac* pour sa situation singulièrement pittoresque : c'est un village accroché contre un rocher à pic dominant la rive droite de la Dordogne. — En aval, *Beynac* est bâti au pied d'escarpements encore plus abrupts, que couronne un beau château des XIVe-XVe siècles, flanqué de tours carrées.

Belvès offre les restes d'un monastère de Templiers. — Le Bugue, sur la Vézère, est l'entrepôt des fers, céréales, vins et denrées du pays; il expédie les meilleures truffes du Périgord. — Au canton de Carlux, se voit près de *Saint-Mondane* le château de la Motte-Fénelon, où naquit l'illustre Fénelon, mort en 1715 archevêque de Cambrai.

Domme, ancienne place forte bâtie en 1282 par Philippe le Hardi, s'élève sur le rebord d'un plateau qui domine la Dordogne d'une hauteur presque verticale de 150 mètres. L'Anglais Chandos tenta inutilement de la prendre en 1368.

Montignac, sur la Vézère, fabrique de l'huile de noix, — et *Rouffignac* des conserves alimentaires. A quatre kilomètres sud de ce dernier s'ouvre, au-dessus d'un ruisseau, la fameuse **grotte de Miremont**, appelée dans le pays *Grau* ou *Trou de Granville*. « D'une espèce de vestibule, que la tradition prétend avoir été fortifié par les Anglais, un couloir où il faut marcher courbé, sur la terre glaise, conduit à des galeries immenses dont les voûtes sont constellées de merveilles. Dans la première chambre à droite se voit une stalagmite conique, haute de 4^{m}50, dite le *Cas de la Vieille*. Plus loin est la *chambre des Gâteaux*, longue de 10 mètres, haute de 3, ornée d'un entrelacement de rameaux de silex, dont la symétrie et la couleur jaune doré représentent diverses pâtisseries. Une salle plus petite, la *grotte Brillante*, tout étincelante de spath trièdre transparent, que mutile à plaisir le marteau des visiteurs, conduit, en passant par le *Parapluie* et par *Saint-Front*, haute et profonde coupole qui rappelle la cathédrale de Périgueux, à la *chambre des Coquillages*, roc bas et ruisselant d'où la main peut détacher des huîtres et des coquillages fossiles incrustés dans la glaise. Une galerie, large en quelques endroits de 6 mètres, dont la voûte présente des effets admirables d'architecture naturelle, mène, en passant devant la *Table* et la *Tombe de Gargantua*, à la *Halle de la Labenche*, constellée de stalactites semblables à des choux-fleurs de diamant. Une pente rapide, traversant une salle d'entrée étroite, aboutit au *Foirail* ou *Place du Marché*, d'où l'on sort, sur un sol humide et argileux, dans la *Grande-Branche*, toute bordée d'une série nouvelle de salles étincelantes, et qui à elle seule contient autant de merveilles que le reste de la grotte. Des marches d'une descente pénible donnent passage entre d'étroits rochers jusqu'à une espèce d'entonnoir dans la glaise, d'une dizaine de mètres de profondeur, qui semble le lit desséché d'un rapide ruisseau dont on suit le rebord. La marche devient de plus en plus difficile et n'est plus sans quelque danger; il est prudent de remonter avant même d'arriver à l'éboulement droit et inabordable qui défie toute escalade. La Grande-Branche mesure 1 067 mètres, et la totalité de ses ramifications offre un développement de 4229 mètres. Une visite complète demande au moins huit heures de marche intérieure. » (C. PORT.)

Au canton de SAINT-CYPRIEN, le village des Eyzies, commune de *Tayac*, possède également des grottes célèbres, grâce surtout aux découvertes paléontologiques qui y ont été faites à partir de 1862. Ces grottes s'étagent sur le flanc des énormes rochers qui surplombent le confluent de la Vézère et de la Beune. Celle de Cro-Magnon fournit notamment cinq squelettes entiers, dont l'étude a permis de déterminer le caractère anatomique de la race qui habitait cette région à l'époque préhistorique. Au groupe des Eyzies se rattachent les alignements de Laugerie-Haute et de Laugerie-Basse, longs d'environ 850 mètres.

SALIGNAC est une ancienne baronnie, que possédait au XVIIᵉ siècle la famille de Fénelon. Au sud, le vieux château de Tougou vit naître l'écrivain La Calprenède, mort en 1663.

TERRASSON, sur la Vézère, qui y devient navigable, exploite un petit bassin houiller et fait un grand commerce de bois, de noix et de truffes. Belle église du XVᵉ siècle et restes d'une abbaye de bénédictins. — Près de la *Cassagne*, magnifique source de la Doux, qui donne naissance au Coly et fait aussitôt marcher une minoterie. — A la *Bachellerie*, joli château moderne. — VILLEFRANCHE-DE-BELVÈS fut fondé par Alphonse de Poitiers en 1260.

IV. **BERGERAC**, sous-préfecture de 15 600 âmes [1], est bâtie à 32 mètres d'altitude sur la rive droite de la Dordogne, qui forme un peu en aval une chute magnifique. On y remarque encore la belle église moderne de Notre-Dame, surmontée d'un clocher à flèche de 80 mètres de haut, et l'ancienne maison forte dite le « palais des rois de France ». — D'origine incertaine, Bergerac fut érigé en commune en 1260 et appartint à diverses reprises aux Anglais, qui ne l'abandonnèrent définitivement qu'en 1450. Son commerce la rendit tellement prospère aux XVᵉ et

---

[1] Arrondissement de BERGERAC : 10 cantons, 172 communes, 102 500 habitants.
Cantons et communes principales : 1. *Bergerac*, 15 640 habitants; Monleydier, 1010. — 2. *Beaumont*, 1520; Saint-Avit, 1010. — 3. *Cadouin*, 600; Buisson (le), 1220. — 4. *Eymet*, 1530. — 5. *Issigeac*, 850. — 6. *Laforce*, 1160; Fleix (le), 1260; Prigonrieux, 1240; Saint-Pierre, 1380. — 7. *Lalinde*, 2150. — 8. *Monpazier*, 810; Biron; Capdrot, 1000. — 9. *Saint-Alvère*, 1580. — 10. *Sigoulès*, 660; Lamonzie, 1140; Monbazillac. — 11. *Vélines*, 890; Moncaret, 1070; Port-Sainte-Foy, 1100; Saint-Antoine, 1320; Saint-Michel. — 12. *Villamblard*, 1240. — 13. *Villefranche-de-Longchapt*, 900; Saint-Méard, 1280.

XVIᵉ siècles, qu'elle devint la rivale de Bordeaux et compta, dit-on, jusqu'à 50 000 habitants. Les calvinistes y signèrent un traité de paix avantageux en 1577, et l'obtinrent ensuite comme place de sûreté; mais Louis XIII la démantela en 1721, et la révocation de l'édit de Nantes la dépeupla en partie. Du reste, les protestants sont encore nombreux dans la ville et les

MONTAIGNE.

environs. — Les vins de la côte de Bergerac passent pour être les meilleurs du département; extraction de pierres meulières.

BEAUMONT, ancienne bastide anglaise créée en 1272, produit aussi des meulières et des vins estimés, ainsi que du minerai de fer. Église fortifiée du XIVᵉ siècle et château de Banne, du XVᵉ. — A *Saint-Avit*, belle église à coupoles du XIIᵉ siècle, ancienne dépendance d'une abbaye fondée sur le tombeau d'un saint ermite mort en 570.

CADOUIN possède une église romane et un cloître ogival remarquables, restes d'une importante abbaye cistercienne, qui renfermait le saint suaire de Notre-Seigneur.

Eymet, sur le Drot, est une bastide (ville bâtie sur un plan régulier ou symétrique avec quatre portes); fondée en 1271, elle fut fortifiée dans la suite.

Laforce, près de la Dordogne, est la patrie du maréchal de Caumont, pour qui la terre de Laforce fut érigée en duché-prairie en 1637, et de Mgr de Belsunce, évêque de Marseille, qui s'illustra par son dévouement durant la peste de 1729. — *Le Fleix*, situé en aval, montre un château gothique où fut signé le traité du 26 novembre 1580, qui mit fin à la septième guerre de religion.

Lalinde, bastide régulière d'origine anglaise, s'élève en face d'une colline abrupte sur la rive droite de la Dordogne et sur un canal; celui-ci, long de 15 kilomètres, supplée la rivière, encombrée de rapides. Jolies sources, faisant mouvoir plusieurs usines. — Monpazier, près de la source du Drot, est un bourg que les Anglais bâtirent également sur un plan régulier au xiiie siècle. — Au sud, *Biron* possède un important château féodal avec chapelle servant d'église paroissiale. Autrefois siège d'une des quatre grandes baronnies du Périgord, ce château vit naître au xvie siècle les maréchaux de Biron, père et fils.

Saint-Alvère. Malgré l'usage officiel qui a récemment prévalu, on devrait continuer d'écrire Sainte-Alvère, le nom venant d'une vierge chrétienne. — Au canton de Sigoulès, *Monbazillac*, sur un coteau dominant la Dordogne, produit des vins blancs liquoreux renommés, les meilleurs des vins dits de Bergerac.

Saint-Michel, au canton de Vélines, montre le château de Montaigne, où naquit en 1533 l'auteur des *Essais*.

« Montaigne, dit M. Bouillet dans son dictionnaire, écrivait sans ordre, sans plan, à mesure que l'occasion lui suggérait des réflexions; aussi traite-t-il des sujets les plus divers. Les plus remarquables de ses Essais sont ceux sur l'Amitié, sur l'Instruction des enfants, sur l'Affection des pères, et le douzième chapitre du deuxième livre, intitulé *Apologie de Raimond Sebond*. Dans tous ces chapitres, l'auteur se montre curieux et fin observateur, et mêlant sans cesse à son développement des anecdotes antiques, tirées souvent de Plutarque et de Sénèque, ses auteurs favoris, il étale une érudition qui n'a cependant rien de pédantesque : c'est par le style surtout qu'il charme et captive, par un style ondoyant, rempli d'images, d'une souplesse et d'une fraîche naïveté que la langue a perdues depuis. Comme philosophe, Montaigne doit être rangé parmi les sceptiques; il avait pris pour devise : *Que sais-je?* et en maint endroit il expose la faiblesse incurable de l'esprit humain, la contradiction de nos jugements, tous les motifs que nous avons pour nous défier des lumières naturelles de notre raison. La morale qu'il professe incline vers l'égoïsme et se fait un idéal trop peu élevé de la vertu, en voulant nous y conduire par des « routes gazonnées et doux-fleurantes ». Cette doctrine a du reste été très bien jugée par Pascal dans son célèbre *Entretien avec M. de Sacy.* »

VILLEFRANCHE-DE-LONGCHAPT, bâtie par Philippe le Bel, conserve ses remparts du XIVᵉ siècle.

V. **RIBÉRAC**, située par 65-103 mètres d'altitude près de la Dronne, est une ancienne ville de 3 700 âmes, qui n'a de remarquable que son titre de sous-préfecture [1]. Elle fabrique des conserves alimentaires et fait le commerce de porcs.

MONPONT, sur l'Isle, montre dans ses environs la chartreuse de Vauclaire; — *Tocane-Saint-Apre*, au canton de MONTAGRIER, le joli château de Fayolle, — et *Grand-Brassac*, une belle église à coupoles du XIIᵉ siècle.

MUSSIDAN, sur l'Isle, est une ancienne place forte qui fut démantelée par Louis XIII, après avoir été prise et reprise quatre fois durant les guerres de religion. — *Sourzac* montre une fontaine incrustante qui sort en gracieuse cascade d'une caverne; — NEUVIC, un beau château de la Renaissance, — et VERTEILLAC, celui de la Méfrenie.

[1] Arrondissement de RIBÉRAC : 7 *cantons*, 87 communes, 64 860 habitants.
Cantons et communes principales : 1. *Ribérac*, 3710 habitants; Vanxains, 1400. — 2. *Monpont*, 2240; Ménestrol, 1160; Pizou (le), 1100; Saint-Martial, 1120. — 3. *Montagrier*, 770; Brassac (Grand-), 1300; Celles, 1270; Toçane, 1890. — 4. *Mussidan*, 2220; Saint-Laurent, 1150; Saint-Médard, 1020; Sourzac, 1180. — 5. *Neuvic*, 2160; Douzillac, 1010. — 6. *Saint-Aulaye*, 1300; Roche-Chalais (la), 1510; Saint-Michel-l'Écluse, 1290. — 7. *Verteillac*, 1050; Champagne, 1110.

LOT

3 ARRONDISSEMENTS, 29 CANTONS, 327 COMMUNES, 240 400 HABITANTS

Géographie. — Ainsi nommée de la sinueuse rivière qui le traverse au sud, le département du *Lot* comprend la plus grande partie de l'ancien *Quercy*, qui avait pour capitale Cahors et dépendait du gouvernement de Guyenne-et-Gascogne. Sa superficie est de 5 226 kilomètres carrés, ce qui le place au 72º rang sous ce rapport.

Généralement accidenté, ce territoire est couvert au nord-est par les masses granitiques du Massif central : là se trouve son point culminant, la Bastide-du-Haut-Mont (781 mètres), situé au nord-est de la Tronquière, sur la limite du Cantal. Ailleurs règnent les plateaux calcaires et arides appelés *causses* (du latin *calx*), d'une altitude variant entre 200 et 400 mètres; ces causses, dits du Quercy, sont sillonnés de vallées profondes et remplis de failles, de gouffres et de cavernes (*avens, tindouls, cloups, igues*), où se perdent les eaux pour aller rejaillir en belles sources vives sur la Dordogne ou vers le Lot. La sortie de ce dernier marque le point le plus bas : 65 mètres. Cahors est à 122 mètres, Figeac à 200, Gourdon à 260; l'altitude moyenne est d'environ 250 mètres.

Compris dans le bassin de la Garonne, ce département est arrosé : 1º par la *Dordogne* (54 kilomètres, dont 24 navigables), qui reçoit la *Cère*, la *Bave* et le *Céou*, recueillant les eaux de Gourdon; 2º par le *Lot* (166 kilomètres, tous navigables), dont la vallée est très pittoresque, de même que celle de son tributaire le *Célé*, baignant Figeac.

Le **Lot**, de son vrai nom *Olt*, entre dans le département qu'il dénomme par 167 mètres d'altitude et en ressort par 165 mètres, après y avoir coulé de l'est à l'ouest avec force détours. C'est une des rivières les plus tortueuses qu'il y ait : tel de ses méandres, celui de Cahors, a 5 kilomètres de circuit et moins de 700 mètres de corde ; celui de Luzech, 5 kilomètres aussi et 100 à 150 mètres seulement de corde ; celui de Puy-l'Évêque, près de 7 kilomètres avec moins de 700 mètres de corde. Il n'appartient d'abord au département que par sa rive droite pendant 45 kilomètres, la rive gauche étant aveyronnaise, et sur ce parcours on ne peut guère citer parmi les bourgs assis à son bord que « l'altière » Capdenac, perchée sur une haute roche, dans un repli du cours d'eau. C'est à partir de Cajarc qu'il est tout entier dans le département.

Excepté au nord-est, où le froid est rigoureux, le Lot jouit du *climat* dit girondin, qui est doux et agréable ; la salubrité y est générale. Année commune, il reçoit 80 centimètres de pluie.

Le Lot produit du froment, du maïs et des fruits en abondance, de bons vins, mais beaucoup moins qu'avant l'invasion du phylloxéra, d'excellentes truffes et du tabac ; il possède 117 000 hectares de bois et élève des moutons renommés. Une ferme-école existe *au Montat*, près Cahors.

Ce département exploite un peu de houille, du minerai de fer, du marbre, de la meulière, des phosphates de chaux et des eaux minérales du canton de Gramat. Son industrie manufacturière, peu importante, comprend le travail de la laine, du coton, des cuirs, du fer, la fabrication des farines, des huiles de noix et des eaux-de-vie.

Les habitants. — En 1896, le Lot comptait 240 400 habitants ou 46 au kilomètre carré, soit une diminution de 41 000 depuis 1871 ou de 55 800 depuis 1851 : jusqu'à cette dernière époque il s'était accru à partir de sa constitution définitive en 1808, alors qu'on le diminua de l'arrondissement de Montauban. C'est le 76e département pour la population absolue et le 71e pour la densité kilométrique. On y compte à peine 40 protestants et 200 étrangers ; les campagnards parlent un certain patois.

Personnages. — Le pape Jean XXII et le poète Clément Marot, nés à Cahors, morts en 1334, 1544. Le bienheureux Jean de la Barrière, né à Saint-Céré, mort en 1600. Le maréchal de Bessières, duc d'Istrie, né à Prayssac, mort en 1813. Joachim Murat, roi de Naples, né à Labastide-Murat, mort en 1815. Champollion, interprète des hiéroglyphes, né à Figeac, mort en 1832. Le tribun Gambetta, né à Cahors, mort en 1882. Le maréchal Canrobert, né à Saint-Céré, mort en 1895.

Administrations. — Ce département forme le diocèse de Cahors, ressortit à la cour d'appel d'Agen, à l'académie de Toulouse, à la 17e division militaire (Toulouse), à la 9e région agricole (Sud-Central) et à la

28ᵉ conservation forestière (Aurillac). Il comprend 3 arrondissements : *Cahors, Gourdon, Figeac,* avec 29 cantons et 327 communes.

I. **CAHORS**, chef-lieu du département[1], est une ville de 14500 âmes, très pittoresquement bâtie à 125 mètres d'altitude dans une presqu'île formée par le Lot. Divisée en ville haute et en ville basse, on y remarque notamment la cathédrale Saint-Étienne, du XIIᵉ siècle, avec un intéressant portail et plusieurs coupoles; le palais en ruines du pape Jean XXII; le beau pont fortifié de Valentré, du XIVᵉ siècle, et le monument de Gambetta. Remarquable aussi est la fontaine des Chartreux, ancienne source Divonne, dont les eaux limpides et très abondantes jaillissent d'un gouffre profond pour tomber presque aussitôt en cascades dans le Lot. C'est à cette source que, sous les Romains, Cahors dut de s'appeler *Divona,* avant de reprendre définitivement le nom des anciens Cadurques dont elle était la capitale. Saint Genulphe paraît avoir été au IIIᵉ siècle l'apôtre et le premier évêque de Cahors, qui, trois cents ans plus tard, fut gouverné par l'illustre saint Didier ou Géry. Le traité de Brétigny livra aux Anglais la cité devenue capitale du Quercy, et Henri de Navarre, plus tard Henri IV, la prit d'assaut en 1580. Le pape Jean XXII l'avait dotée vers 1320 d'une université qui rivalisa pendant cinq siècles avec celle de Toulouse : Fénelon en suivit le cours.

Cahors. — Cathédrale Saint-Étienne.

Mercuès possède un ancien château des évêques de Cahors, — et *le Montat* une ferme-école.

Castelnau, sur une haute colline près de la Lutte, produit des vins estimés. Fortifié au moyen âge, il fut pris par Simon de Montfort et par les Anglais. Aux environs, tumulus de Maurélis entouré de fossés, et ruines d'un château des Templiers.

Blars, dans le canton de Lauzès, montre une belle grotte composée de trois chambres, d'une longueur totale de 460 mètres.

L'**oppidum de Murcens**, dans la commune de *Cras,* le mieux

---

[1] Arrondissement de Cahors : 12 cantons, 133 communes, 95 020 habitants.
Cantons et communes principales : 1-2. *Cahors,* 14500 habitants; Mercuès; le Montat. — 3. *Castelnau,* 3150. — 4. *Catus,* 1210. — 5. *Cazals,* 810. — 6. *Lalbenque,* 1710; Belfort, 1140. — 7. *Lauzès,* 400; Blars; Cras. — 8. *Limogne,* 1240; Géneviéres. — 9. *Luzech,* 1540; Albas, 1280. — 10. *Montcuq,* 1870. — 11. *Puy-l'Évêque,* 1990; Duravel, 1070; Prayssac, 1720. — 12. *Saint-Géry,* 870; Saint-Circq, 1170.

conservé peut-être de la France, s'élève sur une colline de 320 mètres dominant le ruisseau du Vers. Il présente un développement de murs de 6 200 mètres.

« Ces murailles gauloises ont un intérêt tout particulier, car les fouilles ont permis de constater leur mode de construction : elles furent établies ainsi que César nous l'a fait connaître à propos du siège d'Avaricum (Bourges). Des poutres étaient posées horizontalement sur le sol, dans

Cahors. — Le pont de Valentré.

une direction perpendiculaire au tracé de l'enceinte, à deux pieds d'intervalle l'une de l'autre; elles étaient reliées, du côté de la ville, par des traverses ayant habituellement quarante pieds de long, fortement fixées au sol, le tout recouvert de beaucoup de terre, excepté sur la partie extérieure, où les intervalles étaient garnis de gros quartiers de rochers qui formaient un revêtement. Cette première couche bien établie et bien compacte, on la surmontait d'une seconde absolument pareille, en ayant soin que les poutres ne fussent pas exactement au-dessus les unes des autres, mais correspondissent aux intervalles garnis de pierres dans lesquelles elles étaient comme enchâssées. On continuait ainsi l'ouvrage jusqu'à ce que le mur eût atteint la hauteur voulue. Ces couches successives, où les poutres et les pierres alternaient régulièrement, offraient, par leur variété même, un aspect assez régulier à l'œil. Cette construction avait de grands avantages pour la défense des places : la pierre la préservait du feu, le bois du bélier ; maintenues par les traverses, les poutres ne pouvaient ni être arrachées ni être enfoncées. A ces murailles élevées dans les points où l'attaque était plus facile, par la nature même du sol, les Gaulois en ajoutaient même de plus simples, — levées de terre ou de pierres sèches, destinées à empêcher l'escalade des parties abruptes.

« César employa deux méthodes toutes différentes pour l'attaque des villes gauloises. 1º Tous les oppidums dont les murs, par leur position, étaient d'une approche facile sur quelques points, étaient attaqués de la même manière. Aborder les murailles d'enceinte au moyen d'allées couvertes, de terrasses et de tours roulantes, lancer des projectiles dans la place pour éloigner les assiégés des remparts, détruire ces derniers ouvrages par le feu ou les renverser à l'aide de la tortue et du bélier, qui étaient les plus puissantes machines de siège des anciens, tel était le système des Romains pour attaquer les places fortes, toutes les fois que la nature des lieux n'y faisait pas obstacle. 2º Au contraire, lorsqu'il s'agissait de réduire une ville fortifiée placée sur une hauteur, et dont les remparts étaient protégés à la base par des escarpements ou des pentes abruptes, César n'employait plus la même tactique. Il se contentait d'investir la place pour obliger ses défenseurs à se rendre par famine, ou bien il lui offrait le combat en dehors de l'enceinte. »

(*Le Midi pittoresque.*)

LIMOGNE s'élève sur le causse du même nom, qui est une des régions où les dolmens sont encore le plus nombreux. — A *Cénevières*, près du Lot, château des XIIIᵉ et XVᵉ siècles, sur un roc à pic fort élevé. Vins de Prémiac, réputés les meilleurs du Quercy ; phosphates de chaux.

LUZECH, sur l'isthme d'une presqu'île du Lot, est une des localités qui revendiquent l'honneur d'occuper l'emplacement de l'antique *Uxellodunum*. — MONTCUQ, sur une hauteur, est une ancienne place forte qui fut souvent prise et reprise durant la guerre des Albigeois, et demantelée après le siège qu'elle soutint contre Louis XIII en 1621.

PUY-L'ÉVÊQUE, sur l'isthme d'une presqu'île du Lot, était jadis un bourg fortifié qui appartenait aux évêques de Cahors et fut pris par les Anglais en 1428 ; il reste un vieux donjon. Pierre de taille estimée.

En aval, *Duravel*, sur le versant d'une colline escarpée, est l'antique *Diolidunum*, qui devint au moyen âge une place forte, dont ne put s'emparer le fameux capitaine anglais Knolles. Église romane avec crypte du VIIIᵉ siècle. — *Prayssac*, sur le Lot, a élevé une statue au plus célèbre de ses enfants, le maréchal de Bessières, duc d'Istrie.

II. **GOURDON**, sous-préfecture de 4500 âmes, s'élève à 260 mètres d'altitude sur le penchant d'une colline, dont le sommet portait jadis un château fort[1]; alors aussi la partie haute de la ville actuelle était entourée de remparts. De l'esplanade remplaçant le château on jouit d'une vue étendue. Église Saint-Pierre, du xive siècle, avec façade remarquable, et aux environs chapelle Notre-Dame-des-Neiges, but de pèlerinage. Gourdon est le berceau de la famille Cavaignac, et c'est un de ses anciens seigneurs qui blessa mortellement Richard Cœur-de-Lion au siège de Châlus en 1199.

Gramat, sur le causse de ce nom, exploite une source bicarbonatée

Puy-l'Évêque.

ferrugineuse (13°). Dans les environs, se trouvent la belle cascade de l'Alzou, haute de 10 mètres; de nombreuses tombelles et plusieurs gouffres absorbant des ruisseaux : celui de Padirac, profond de 105 mètres, donne naissance à une rivière souterraine de trois kilomètres.

Notre-Dame de Rocamadour. — Au canton de Gramat, le pèlerinage de *Rocamadour*, si célèbre et si fréquenté au moyen âge, rappelle deux saints bien connus : Zachée le publicain, qui reçut un jour le Sauveur dans sa maison, et la pieuse Véronique, qui lui essuya le visage pendant sa passion.

[1] Arrondissement de Gourdon : 9 *cantons*, 79 communes, 67640 habitants.
 Cantons et communes principales : 1. *Gourdon*, 4450 habitants; Vigan (le), 1460. — 2. *Gramat*, 3000; Rocamadour, 1250. — 3. *Labastide-Murat*, 1400; Montfaucon, 1540. — 4. *Martel*, 2240; Casillac, 1140; Cressensac, 1060; Sarrazac, 1070. — 5. *Puyrac*, 1070. — 6. *Saint-Germain*, 1950; Concorès, 1020; Peyrilles, 1020. — 7. *Salviac*, 1830; Dégagnac, 1520. — 8. *Souillac*, 3070; Gignac, 1420. — 9. *Vayrac*, 1760; Bétaille, 1400; Carennac.

« Zachée était, à ce que l'on croit, l'époux de Véronique; ils vinrent tous deux dans notre pays avec Lazare et les autres apôtres de la Gaule. Tandis que Véronique travaillait à la conversion des peuples de l'Aquitaine, Zachée s'établit, vers l'an 70, dans une solitude profonde qui dépend aujourd'hui du diocèse de Cahors. C'était un labyrinthe de roches qui s'élevaient au-dessus d'un ravin étroit, peuplé de bêtes fauves et profondément creusé par les eaux torrentielles de l'Alzou. Sur le versant abrupt de la montagne, il creusa dans le roc un sanctuaire en l'honneur de la Mère de Dieu. C'est le plus curieux et peut-être le plus pittoresque du monde entier. Zachée y plaça une petite statue de la sainte Vierge qu'il avait façonnée lui-même, et que l'on croit être la Vierge noire actuelle. La consécration de l'autel fut faite par saint Martial, évêque de Limoges. Les habitants donnèrent à Zachée le nom d'Amateur de la Roche, qui se traduisit dans le langage du pays par celui de *Roc-Amadour*. Saint Amadour ou Amateur fut enseveli à l'entrée de la chapelle de Notre-Dame. Bientôt les chrétiens vinrent en pèlerinage à ce sanctuaire, « fondé dès l'origine de notre sainte Mère l'Église. » Les maisons construites sur les flancs du rocher donnèrent naissance à la bourgade de Rocamadour, dont l'unique rue part de la base de la montagne et va jusqu'au plateau. Les pèlerins fervents montent à genoux l'escalier de deux cents degrés qui conduit à la chapelle de Notre-Dame. On y voit encore la voûte de rocher creusée par le saint. »

(I. Verny, *les Saints de France*.)

Au nom de Notre-Dame-de-Rocamadour se rattache une des plus importantes victoires qui aient illustré les armes d'Espagne luttant contre la férocité musulmane. En 1212, au moment où Alphonse de Castille va engager contre les Sarrasins une lutte formidable pour les chasser des terres qu'ils avaient usurpées dans la péninsule, la Vierge apparaît à un religieux de Rocamadour; elle tient à la main un étendard ployé et lui ordonne de le porter de sa part au roi castillan. La déroute des Sarrasins est complète, et les peuples reconnaissants rendent, après Dieu, hommage de cette délivrance à l'auguste Vierge, qui devait en 1571, à la bataille de Lépante, humilier encore davantage l'orgueil musulman et sauver la chrétienté tout entière.

Au XVIe siècle, le pèlerinage de Rocamadour reçut un nouvel éclat du grand pardon du jubilé accordé à son oratoire par Martin V, et qui fut célébré en 1546 avec une pompe extraordinaire.

Rocamadour n'avait vu jusque-là que des jours glorieux, mais de grandes douleurs lui étaient réservées. En 1562, les huguenots, qui avaient juré d'anéantir le culte de Marie et des saints, s'emparèrent de Rocamadour. Leurs fureurs s'exercèrent d'abord sur le corps du saint patron, qui avait résisté à la corruption et qu'ils mirent en pièces. Les croix furent brisées, les images mises en lambeaux, les statues des saints abattues et détruites. L'image miraculeuse échappa seule à la commune dévastation : ornements, reliquaires, ex-voto, tout fut pillé ou détruit. — La Révolution acheva l'œuvre des huguenots et détruisit même ce que leur vandalisme avait respecté. Aussi, pendant de longues années, le silence et l'abandon régnèrent seuls en ces lieux si vénérables.

Récemment restauré, le sanctuaire se divise en deux étages : l'église

Rocamadour et la chapelle Notre-Dame.

inférieure, dite souterraine, et l'église supérieure ou du Saint-Sauveur, à laquelle est attenante la chapelle de la Vierge. En même temps le pieux évêque de Cahors et les dignes chapelains de Rocamadour ont su rapprendre aux foules le chemin de l'antique pèlerinage. Les chapelains ont leur résidence dans l'ancien château qui surmonte le rocher, et où l'on accède par un escalier de deux cents marches.

Outre de nombreux ex-voto, on voit suspendue dans la chapelle une cloche sans corde, qui passe à bon endroit pour être miraculeuse; car bien des fois, comme les registres en témoignent, elle sonna toute seule alors que des gens en péril de mer invoquaient la Vierge de Rocamadour.

Dans une chapelle contiguë, on remarque accrochée au mur une épée gigantesque que l'on dit être la Durandal de Roland, ce qui n'est pas impossible, car le célèbre paladin y vint lui-même l'offrir à Notre-Dame; mais comme il ne pouvait se passer de cette arme dans la guerre sainte qu'il allait entreprendre en Espagne, il la racheta et la paya de son poids d'argent. Elle y aurait été rapportée dans la suite.

Il serait trop long de nommer tous les personnages illustres, monarques ou princes de l'Église, qui vinrent à Rocamadour implorer le secours de Marie. L'auguste protectrice de la France a opéré des miracles éclatants en faveur de ceux qui la prient dans ce sanctuaire.

LABASTIDE-MURAT est la patrie de Joachim Murat, que Napoléon Ier créa maréchal de France, puis roi de Naples. Détrôné après sa défaite de Tolentino, le 2 mai 1815, il chercha à reconquérir son royaume sur Ferdinand IV, qui le remplaçait; mais, ayant été pris, il fut traduit devant une commission militaire, condamné à mort et fusillé le 13 octobre de la même année.

MARTEL, à trois kilomètres de la Dordogne, doit son origine et son nom à Charles Martel. On y voit la maison où le prince anglais Henri au Court-Mantel mourut en 1183, d'une blessure reçue au siège de Limoges.

A SOUILLAC, près de la Dordogne, on remarque une belle église romane à coupoles des XIIe-XIIIe siècles, restes d'une puissante abbaye fondée en 962, et à 4 kilomètres nord le gouffre de Grand-Blagour, qui déverse en tout temps une vraie riviérette.

A l'ouest de VAYRAC, entre deux affluents de la Dordogne, se trouve l'étroit plateau elliptique du *Puy-d'Issolu*, bordé de restes de remparts gaulois, et que l'opinion commune admet être l'oppidum cadurque d'*Uxellodunum*, le dernier boulevard de l'indépendance gauloise : c'est là qu'en 51 avant Jésus-Christ, le Cadurque Luctérius et le Sénon Drappès essayèrent de tenir tête à César, qui, en tarissant la source où ils allaient puiser de l'eau, les obligea à se rendre. — *Carennac*, sur la Dordogne, possède les bâtiments d'un prieuré qui fut donné en commende à Fénelon.

III. FIGEAC, sous-préfecture de 6 300 âmes[1], s'élève à 200 mètres d'altitude sur la très pittoresque rivière du Célé. Cette ville a conservé en partie son aspect du moyen âge par le grand nombre de ses maisons des XIIIe et XIVe siècles. Son église principale, dédiée au Sauveur, est une ancienne abbatiale de style roman, couronnée de deux clochers du XVIIIe siècle. Sur les hauteurs voisines se dressent deux obélisques du

---

[1] Arrondissement de FIGEAC : 8 *cantons*, 115 communes, 77750 habitants.
Cantons et communes principales : 1-2. *Figeac*, 6 810 habitants; Bagnac, 1 850; Béduer, 1 030; Capdenac, 1 040; Lissac, 1 000. — 3. *Bretenoux*, 890; Cornac, 1 240; Gagnac, 1 570. — 4. *Cajarc*, 1 660. — 5. *Lacapelle-Marival*, 1 310; Aynac, 1 060; Cardaillac, 1 080; Leyme, 1 240. — 6. *Latronquière*, 550; Gorses, 1 130; Saint-Cirgues, 1 250; Sousceyrac, 1 800; Terrou; 1 060. — 7. *Livernon*, 770; Assier. — 8. *Saint-Céré*, 3 380; Loubressac, 1 030.

xiie siècle, nommés les « aiguilles », lesquels portaient des fanaux destinés à guider les voyageurs. Mais l'obélisque le plus remarquable est celui que la ville a élevé à l'un de ses enfants, Champollion le jeune, le savant interprète des hiéroglyphes (1790-1832). — Figeac se forma autour de la célèbre abbaye de Saint-Sauveur, fondée en 755 par Pépin le Bref. Prise et saccagée par les calvinistes en 1576, elle appartint plus tard à Sully et fut démantelée par Louis XIII en 1622. — Grand commerce de prunes, de noix et de bestiaux.

Capdenac est un vrai nid d'aigle situé au sommet d'un rocher escarpé, qui domine le Lot de 150 mètres; aussi est-il de ceux qui prétendent à l'honneur d'occuper l'emplacement d'*Uxellodunum*; du reste, ce fut jadis une forteresse redoutable.

Bretenoux, sur la Cère, est une bastide régulière du xiiie siècle qui a conservé les quatre portes de son enceinte. Près de là, sur un rocher, ruines féodales de Castelnau-de-Bretenoux, comptées parmi les plus belles du centre de la France.

Cajarc, agréablement situé sur le Lot, est une ancienne place forte démantelée en 1622. Extraction de phosphates de chaux. — Lacapelle-Marival est située près de la Therminette, l'un des ruisseaux qui s'engouffrent dans les fissures du causse de Gramat pour aller former les magnifiques sources de l'Ouysse, près de Rocamadour.

A *Leyne*, l'abbaye cistercienne de la Grâce-Dieu, fondée en 1313, a été convertie en un hospice d'aliénés pour 5 à 600 malades.

Livernon, sur un causse, offre de curieuses grottes préhistoriques; — *Assier*, une belle église de la Renaissance et les ruines imposantes du château de Genouillac.

Saint-Céré, sur la Bave, est une jolie petite ville qui s'est bâtie autour d'une chapelle dédiée à la vierge-martyre sainte Espérie, dont le nom a servi à former celui de Saint-Céré.

« Le maréchal **Canrobert**, qui vient de terminer par une mort chrétienne une vie consacrée tout entière au service de la France, était un enfant de Saint-Céré. Le maréchal avait toujours fait profession ouverte de sa foi. Pendant la guerre de Crimée, il s'était préoccupé avec zèle d'assurer à nos soldats les secours religieux, et l'on se souvient encore de l'énergie avec laquelle il protesta au Sénat impérial contre l'éloge qui fut fait par Sainte-Beuve de certaines théories antireligieuses. « Ce n'est pas « dans cette assemblée, dit l'illustre soldat, qu'on peut faire l'apologie « de celui qui a nié la divinité du Christ, et qui s'est posé comme l'en-« nemi acharné de la religion de nos pères. Quant à moi, je proteste « formellement contre les doctrines émises dans le livre de M. Renan, et « je suis persuadé que ma voix aura ici beaucoup d'écho. »

« Quelques jours avant de rejoindre l'armée d'Italie, Canrobert causait avec l'impératrice de cette guerre qu'il n'approuvait pas, parce qu'il en

redoutait les conséquences. « Je ne sais ce qu'il adviendra, dit-il à la
« souveraine, mais je suis certain que notre brave armée cueillera de
« nouveaux lauriers. » L'impératrice lui serra la main, et, lui présentant
une médaille de la Vierge, de grand module, elle lui dit : « Tenez,
« monsieur le maréchal, prenez cette médaille, portez-la constamment
« sur la poitrine, elle vous portera bonheur. » La prédiction se réalisa
à la bataille de Solférino. Ce fut le corps d'armée de Canrobert qui enleva
la ferme de Casa-Nuova; au plus fort de la mêlée, une balle vint frapper
par ricochet la poitrine du maréchal, et elle s'aplatit sur la médaille,
laquelle a été pieusement conservée.

« Autre anecdote. Un jour de solennité religieuse, le maréchal entre
dans une église, escorté de son brillant état-major, pour assister à l'office. Le maréchal, à peine dans l'enceinte sacrée, aperçoit les tambours
qui se taisaient immobiles. « Pourquoi donc, dit le maréchal, ce silence
« des tambours en ma présence? » Le chanoine qui l'introduisait lui
répondit : « Maréchal, les tambours ne battent aux champs qu'au pas-
« sage du supérieur. — Eh bien! reprit Canrobert, ne suis-je pas ici le
« chef commandant? — Non, monsieur le maréchal; le chef supérieur,
« le voilà, » répliqua le chanoine en lui montrant le crucifix. Le maréchal sourit, et s'inclinant profondément : « C'est très juste, monsieur le
« chanoine. »

« Maintenant, ajoute le *Bulletin de la jeunesse* auquel nous emprun-
tons ce récit, maintenant le très chrétien maréchal de France a comparu
devant son supérieur, qui assurément aura accueilli dans sa miséricorde
celui qui fut son serviteur fidèle. »

AVEYRON

5 ARRONDISSEMENTS, 43 CANTONS, 302 COMMUNES, 389 500 HABITANTS

Géographie. — Ainsi nommé du très sinueux cours d'eau qui le traverse de l'est à l'ouest, le département de l'*Aveyron* correspond à peu près à l'ancien *Rouergue*, dont la capitale était Rodez; ses 8 770 kilomètres carrés lui donnent le 5e rang pour l'étendue.

Très accidenté et généralement incliné vers l'ouest, le territoire aveyronnais présente au nord-est le massif de la Viadène et les monts volcaniques d'Aubrac, qui renferment le pic de Mailhebiau, 1 471 mètres, point culminant situé sur la frontière de la Lozère. Vers le sud se succèdent le causse de Séverac, le causse Noir et celui du Larzac, plateaux calcaires de 800 à 900 mètres d'altitude, auxquels se rattachent à l'ouest les plateaux schisteux dits du Ségala (927 mètres), les monts granitiques du Levezou (1 157 mètres au Pal) et les Cévennes méridionales (1 100 mètres au Mar cou). Au nord-ouest se trouvent les terrains houillers d'Aubin et de Decazeville, ainsi que le point le plus bas du pays : la sortie de l'Aveyron par 125 mètres. Rodez est à 633 mètres, Saint-Affrique à 325; l'altitude moyenne est de 500 mètres environ.

Sauf les sources de l'Orb et d'un sous-affluent de l'Hérault, les ruisseaux et rivières font tous partie du bassin de la Garonne; ce sont : le *Lot*, qui arrose Espalion et se grossit de la *Truyère* et du *Dourdou septentrional;* le *Tarn*, qui baigne Millau et recueille la *Dourbie*, le *Dourdou méridional*, augmenté de la *Sorgues*, rivière de Saint-Affrique, le *Rancé* et l'**Aveyron**. Celui-ci naît dans le département qu'il dénomme, « à deux kilomètres sud-est de Sévérac-le-Château, au pied de montagnes de 800 à 900 mètres, qui sont un rebord du causse de Sauveterre. Rivière des granits, des schistes, des lias et, comme telle, point transparente, il marche très longtemps vers l'ouest d'abord dans un val de plateau, val sans profondeur, le cours d'eau étant peu abondant, et ses affluents pauvres comme lui; mais, après avoir côtoyé la forêt des Palanges, il s'encagnonne à partir de Rodez, et dès lors se tord, eau très sombre, en replis éternels, ne rencontrant que hameaux et petits villages et ne recevant que de courts et pauvres tributaires. Et cela dure jusqu'à Villefranche-de-Rouergue, où la rivière tournant au sud, les défilés s'élargissent en vallée, pour quelques kilomètres seulement, jusqu'à Monteils, où les gorges recommencent : gorges merveilleusement tournantes et pittoresques, entre roches dures que le chemin de fer de Paris à Toulouse perce de continuels tunnels au bout de chacun desquels il rencontre un pont sur la rive; le plus beau de ce long passage est au bas et autour de la haute colline qui porte le bourg et le château de Najac. Arrivé à Laguépie, il y rencontre son autre lui-même, plus beau que lui, le *Viaur*, par environ 125 mètres d'altitude; là il quitte le département pour s'aller perdre, loin de là, dans le Tarn, au nord-ouest de Montauban, après de nouveaux et superbes étroits. Son cours dans le département est de 171 kilomètres. » (P. Joanne, *Dict.*)

La température, très douce dans les vallées abritées, est au contraire très froide dans les montagnes et sur les hauts plateaux, où les neiges séjournent longtemps et où les vents soufflent avec une extrême violence : c'est le *climat* dit du Plateau central. L'air est généralement sain, et la hauteur moyenne des pluies annuelles d'environ 1 mètre 10.

Peu fertile en général, le département récolte principalement des châtaignes, des pommes de terre et du seigle, surtout dans le Ségala, mais aussi du blé en quantité croissante, tandis qu'au contraire ses vignobles sont en partie détruits par le phylloxéra. L'Aubrac est célèbre par ses pâturages, sa race bovine et ses fromages de Laguiole. De même, le Larzac nourrit des brebis, dont le lait sert à fabriquer le fromage encore plus renommé de Roquefort. Le bétail, qui est nombreux, comprend 760 000 moutons, 150 000 bêtes à cornes et 130 000 porcs.

L'Aveyron exploite les eaux minérales des cantons de Camarès et de Cransac, divers minerais et surtout les importantes mines de houille d'Aubin, de Decazeville, de Firmy, etc., qui fournissent annuellement 800 000 tonnes de combustible. Aussi l'industrie métallurgique a-t-elle

Rodez. — Cathédrale Notre-Dame.

d'importantes usines dans ces mêmes localités et ailleurs. Millau est renommé pour ses cuirs *veaux minces* et ses gants de peau d'agneau. Notons encore la coutellerie de Laguiole, les draps de Rodez, de Saint-Affrique, etc.

Les habitants. — En 1896, le département comptait 389 500 habitants, dont 400 étrangers seulement, soit un gain de 63 000 âmes sur 1801, ou une perte de 13 000 sur 1871, de 26 360 sur 1886, par suite de l'émigration vers Paris notamment. C'est le 36e département pour la population absolue et le 72e pour la densité, qui est de 45 habitants par kilomètre carré. Il renferme environ 3 000 protestants, et à la campagne on parle un patois qui se rapproche beaucoup de celui de l'Auvergne. L'Aveyronnais a le corps musclé et nerveux, de l'esprit pratique et une volonté très tenace; il est franc, bon et même pacifique... « quand le vin est cher. »

Personnages. — Saint Amans et le bienheureux François d'Estaing, évêque de Rodez, leur ville natale, morts, l'un au Ve siècle, l'autre en 1529. Dieudonné de Gozon, grand maître de Rhodes, né près de Saint-Affrique, XIVe siècle. Le maréchal de Belle-Isle, né à Villefranche, mort en 1761. Le philosophe Laromiguière, né à Livinhac, mort en 1837. L'écrivain catholique de Bonald, né près de Millau, mort en 1840. Le prédicateur de Frayssinous, né à Curières, mort en 1841. Mgr Affre, archevêque de Paris, né à Saint-Rome-de-Tarn, tué sur les barricades en 1848. L'historien Alexis Monteil, né à Rodez, mort en 1850. Le cardinal de Bonald, archevêque de Lyon, né à Millau, mort en 1869.

Administrations. — L'Aveyron forme le diocèse de Rodez, ressortit à la cour d'appel de Montpellier, à l'académie de Toulouse, à la 16e division militaire (Montpellier), à la 8e région agricole (Sud-Ouest) et à l'arrondissement minéralogique de Rodez. Il comprend 6 arrondissements : *Rodez, Espalion, Millau, Saint-Affrique, Villefranche*, avec 43 cantons et 302 communes.

I. **RODEZ**, chef-lieu du département[1], peuplé de 16 300 âmes, est agréablement situé par 633 mètres d'altitude au-dessus de la vallée de l'Aveyron. Des beaux boulevards qui l'environnent, on jouit de points de vue magnifiques; mais ce que l'on y admire surtout, c'est la belle **cathédrale** gothique de Notre-Dame. Son clocher, qu'on aperçoit à 72 kilomètres, n'est pas moins célèbre par sa beauté que par son élévation, qui

---

[1] Arrondissement de RODEZ : 11 *cantons*, 80 communes, 111 440 habitants.
Cantons et communes principales : 1. *Rodez*, 16 300 habitants; Moyrazès, 2240; Vors. — 2. *Bozouls*, 2250; Rodelle, 1500. — 3. *Cassagnes-Bégonhès*, 1430; Arvieu, 1580; Calmont, 1570; Comps. — 4. *Conques*, 1120; Saint-Cyprien, 1650. — 5. *Marcillac*, 1620; Clairvaux, 1790; Salles-la-Source, 2570. — 6. *Naucelle*, 1470; Centrès, 1580; Quins, 2170; Saint-Just, 1570. — 7. *Pont-de-Salars*, 1230. — 8. *Requista*, 2820; Lédergues, 2270; Selves (la), 1720. — 9. *Rignac*, 2060; Auzits, 1950. — 10. *La Salvetat*, 3530. — 11. *Sauveterre*, 1780; Colombiès, 2320.

est de 77 mètres, y compris la statue de la Vierge qui le couronne. Il fut construit au xvie siècle par les soins du bienheureux François d'Estaing, et nous citerons, pour en faire la description, les paroles d'un autre évêque de Rodez, Mgr Guiraud.

« Vous connaissez tous, disait le savant prélat dans une lettre pastorale sur les cloches, vous connaissez tous cette superbe tour de notre église cathédrale, chef-d'œuvre de l'art chrétien, noble couronne de Rodez, honneur de la province, merveille du Midi, immortel témoignage du goût éclairé et de la riche munificence d'un de vos plus grands et de vos plus saints évêques, devant laquelle s'inclinent les plus fiers clochers de vos églises, comme d'humbles vassaux qui rendent un hommage à un puissant et redouté suzerain. Dans le pieux orgueil que vous inspire la possession de ce monument incomparable, vous en parlez avec enthousiasme à vos enfants dès qu'ils sont capables de sentir et de comprendre, et vous leur faites désirer comme une récompense l'heureux jour où ils pourront satisfaire cette ardente curiosité que vos récits ont éveillée dans leur jeune imagination. Vous en portez l'image dans vos cœurs quand vous quittez vos foyers, et, dans vos pérégrinations lointaines, nationaux et étrangers également émerveillés prêtent à vos discours une oreille charmée, lorsque vous leur racontez sa hauteur fabuleuse, le luxe de ses galeries en dentelle, la richesse et le fini des ornements qui la décorent. Le voyageur qui la contemple pour la première fois s'arrête immobile d'admiration devant cette masse prodigieuse, pourtant légère, qui, par la hardiesse de sa construction et la délicatesse de ses ouvrages, semble justifier la légende naïve où nous lisons que les anges, aux heures de repos des ouvriers, se partageaient ce beau travail au bruit des concerts célestes; l'habitant même de la cité, que l'assiduité de son aspect devrait avoir durci aux émotions qu'il fait naître, ne passe point sous son ombre vénérable sans lever sur elle un regard où se peint visiblement l'émotion d'une surprise toujours nouvelle. »

Rodez est l'antique cité des Ruthènes, dont il a conservé le nom quelque peu modifié, après avoir toutefois porté celui de *Segodunum* sous les Romains. Il devint au ive siècle le siège d'un évêché, et au ixe le chef-lieu d'un comté, qui finit par appartenir à la maison d'Albret et fut réuni à la couronne par Henri IV. Dès lors Rodez fut la capitale effective du Rouergue, comme il l'était nominalement depuis l'antiquité. Cette ville exploite un petit bassin houiller et fabrique des couvertures de laine, des draps et cadis pour l'armée.

Vors possède un aqueduc romain restauré, qui alimente encore Rodez d'eau potable.

Bozouls est très pittoresquement situé au bord d'un rocher à pic, qui domine, à une grande hauteur, le gouffre ovoïde appelé Gour d'Enfer, où le Dourdou plonge par une belle cascade. — A *Calmont*, chapelle

Notre-Dame-de-Ceignac, but de pèlerinage, — et à *Comps,* récente abbaye de trappistes de Bonnecombe.

Conques, sur le Dourdou, possédait avant la Révolution une célèbre abbaye de bénédictins, dont il reste la belle église romane de Sainte-Foy, avec un trésor fort intéressant au point de vue archéologique.

Au canton de Marcillac, *Salles-la-Source* possède des eaux sulfureuses; mais il est surtout connu pour sa position pittoresque dans un cirque du causse et pour ses nombreuses curiosités naturelles : rochers, cascades, abîmes et grottes.

Bournazel, au canton de Rignac, montre un château de la Renaissance, « la construction féodale la plus pure de ce style qui existe dans le Midi. »

Sauveterre, sur un plateau, a conservé dans toute sa pureté et sa régularité le plan caractéristique des bastides ou villes neuves du XIIIe siècle: rues à angles droits, place centrale entourée d'arcades, enceinte rectangulaire.

II. **ESPALION**, sous-préfecture de 3800 âmes [1], est situé à 330 mètres d'altitude sur le Lot, au pied d'une montagne que couronnent les belles ruines d'un château. Cette petite ville, qui est très ancienne, mais ne possède aucun monument remarquable, prépare des basanes pour les relieurs et fabrique des cuirs estimés. — Dans ses environs, l'antique abbaye cistercienne de Bonneval abrite un couvent de trappistes depuis sa restauration en 1875.

Entraygues, « entre les eaux, » doit son nom à sa situation dans l'angle formé par le confluent de la Truyère et du Lot, qui y devient navigable.

Estaing, sur le Lot, est dominé par un ancien château, aujourd'hui occupé par les Sœurs de Saint-Joseph.

Laguiole, sur le penchant d'une roche basaltique, à 1150 mètres d'altitude, élève un grand nombre de vaches de la race renommée dite d'Aubrac, et tient d'importants marchés pour la vente de ces animaux. Fabrique de coutellerie et d'excellents fromages de Laguiole.

Au territoire de Saint-Chély, le hameau d'*Aubrac* montre les ruines de la célèbre abbaye ou « domerie » Notre-Dame-des-Pauvres, de l'ordre hospitalier d'Aubrac, fondée en 1120 pour secourir les pèlerins et voyageurs qui traversaient cette contrée sauvage.

Saint-Geniez-d'Olt, dans un joli vallon sur le Lot, est une petite ville très industrielle et commerçante, qui possède des filatures de laine cardée et des fabriques de drap, de flanelle, de molleton et de couvertures. Dans l'église paroissiale, tombeau de Mgr de Frayssinous.

---

[1] Arrondissement d'Espalion : 9 *cantons,* 49 communes, 57600 habitants.
Cantons et communes principales : 1. *Espalion,* 5790 habitants; Castelnau, 1650; Saint-Côme, 1810. — 2. *Entraygues,* 1860; Saint-Hippolyte, 1880. — 3. *Estaing,* 1400. — 4. *Laguiole,* 1870; Montpeyroux, 1530. — 5. *Mur-de-Barres,* 1580; Lacroix, 1680. — 6. *Saint-Amans,* 1190. — 7. *Saint-Chély,* 1590. — 8. *Sainte-Geneviève,* 1670. — 9. *Saint-Geniez,* 3290; Prades, 1660.

III. **MILLAU**, sous-préfecture de 18 800 âmes[1], s'étale à 370 mètres d'altitude, dans une charmante vallée dominée par les créneaux du Larzac et du causse Noir, un peu au-dessus du confluent du Tarn et de la Dourbie. C'est la ville la plus peuplée et surtout la plus industrielle du département. Outre que son bassin houiller donne 50 000 tonnes de charbon par an, elle possède notamment de nombreuses tanneries et mégisseries, et environ 75 fabriques importantes de gants de peau d'agneau et de chevreau. — Cette jolie petite ville a pour monument principal l'église romane de Notre-Dame, que surmonte un clocher ogival. Elle existait à l'époque romaine sous le nom d'*Æmilianum*, et fut au moyen âge une place très forte. Malheureusement elle embrassa la Réforme, dont elle resta l'un des boulevards jusqu'à ce que Richelieu eût complètement rasé ses fortifications, en 1629.

En aval, *Creissels* est situé à l'issue d'un profond vallon, qui se termine au pied de montagnes de 700 à 860 mètres par de superbes rochers à pic, d'où tombe une cascade de 23 mètres. Mines de cuivre et de plomb argentifère. — Au canton de CAMPAGNAC, *Saint-Laurent-d'Olt*, dans une presqu'île du Lot, possède un séminaire arabe fondé par le cardinal Lavigerie, pour la formation des prêtres destinés à l'Algérie et à la Tunisie, ainsi qu'aux missions africaines. — A *Sévérac-l'Église*, canton de LAISSAC, une houillère est en combustion lente depuis trois siècles, dit-on.

NANT, dans la profonde vallée de la Dourbie, a une belle église romane du XIIe siècle, reste d'une abbaye de bénédictins. Magnifique source du Dourzon. — En amont, *Saint-Jean-du-Bruel* extrait de la houille et fabrique des étoffes communes. Nombreuses grottes.

SÉVÉRAC-LE-CHATEAU, près des sources de l'Aveyron, est dominé par les ruines d'un château qui fut pris par Simon de Montfort en 1214. Ancien duché-pairie, érigé en 1660. — A quatre kilomètres de *Ségur*, canton de VÉZINS, église de Lacapelle-Bergonhoux, but de pèlerinage.

Montpellier-le-Vieux. — « C'est au canton de PEYRELEAU, à quinze kilomètres à l'est de Millau, que se trouve un des sites les plus étranges de l'Europe, Montpellier-le-Vieux, assemblage inouï de rochers auxquels les cataclysmes et l'action des eaux ont donné l'aspect d'une gigantesque ville en ruines. La grande cité de la région, la cité idéale, la capitale pour les habitants des Causses, c'est Montpellier; voilà pourquoi ils ont donné à ces ruines naturelles le nom de Montpellier-le-Vieux, nulle dénomination à leurs yeux ne pouvant exprimer une idée plus monumentale, plus grandiose. Cette cité, aux édifices colossaux, juchée sur le rebord du causse Noir, à 400 mètres au-dessus de la Dourbie, est presque

---

[1] Arrondissement de MILLAU : 9 *cantons*, 50 communes, 64 900 habitants.
Cantons et communes principales : 1. *Millau*, 18 750 habitants; Creisseils. — 2. *Campagnac*, 1 090; Saint-Laurent-d'Olt, 1 770. — 3. *Laissac*, 1 310; Sévérac-l'Église. — 4. *Nant*, 2 170; Saint-Jean, 2 230. — 5. *Peyreleau*, 800. — 6. *Saint-Bauzély*, 860; Viala, 1 690. — 7. *Salles-Curan*, 2 550. — 8. *Sévérac-le-Château*, 3 250. — 9. *Vezins*, 1 630; Ségur, 1 600.

de toutes parts invisible, et sa découverte est toute récente. Comment décrire Montpellier-le-Vieux, cette ville surprenante de colonnades, de repaires féodaux de seigneurs géants, de tours de 100 mètres? Ici des quartiers cubiques, paraissant des maisons, forment des rues et des avenues qui semblent tirées au cordeau; là, une forêt de mégalithes dont l'imagination ferait sans effort un domaine des druides; plus loin, des hémicycles, des amphithéâtres comme ceux de Rome antique, des forteresses titanesques, des labyrinthes dédaliques, des évidements, des souterrains voûtés, des viaducs, des ponts, des arcades, des obélisques; à côté, une forêt de champignons tourmentés, hauts de 50 mètres : c'est bien « la ville du diable », la capitale détruite d'un peuple de géants, un enchevêtrement de rues et de carrefours où le regard fatigué croit être le jouet d'un rêve.

« Autour d'un massif central, dit M. Martel, l'un des premiers explorateurs de Montpellier-le-Vieux, se groupent en cercle cinq dépressions en cirques : le « Lac », les « Amats », la « Citerne », les « Rouquettes » et la « Millière », profonds de 80 à 100 mètres. Cette acropole et ces cinq cirques sont enfermés du côté des ravins dans une circonvallation rocheuse percée d'étroites brèches. En dehors, des édifices rocheux et des colonnades naturelles s'écroulent en tumultueuse cascade de pierres.

« Montpellier-le-Vieux possède une véritable ceinture de forts détachés au delà des profonds ravins qui lui servent de fossés; à l'ouest ce sont les « rocs de Caussou », suite de courtines, de redoutes et de fortins, qui dominent la rive droite du Valat-Nègre; au nord, derrière Maubert, on trouve dans les chaos appelés le « Ronc » et le « Pet-de-Loup » deux magnifiques arcades et des tours de guet; à l'est, sur la rive gauche du Riou-Sec, « Roquesaltes » est un énorme château fort, haut de 60 mètres, tronçonné par la foudre en trois donjons isolés. »

(J. MONNIER, *Notre belle Patrie*.)

IV. **SAINT-AFFRIQUE**, sous-préfecture de 7000 habitants[1], est située par 325 mètres d'altitude, sur la Sorgues et au pied de l'imposant rocher de Caylus, que couronnait jadis un château fort. Formée autour du tombeau de saint Africain, évêque de Comminges, dont elle prit le nom, cette ville fut fortifiée au Xe siècle et devint au XVIe, comme Millau, une place des protestants. Elle résista au prince de Condé en 1628, mais Louis XIII la prit l'année suivante et la fit démanteler. Aujourd'hui elle a des filatures de laine, des fabriques de drap, de molleton, et fait un grand commerce de fromages de Roquefort.

Roquefort, sur le versant oriental du Combalou, est un village qui

---

[1] Arrondissement de SAINT-AFFRIQUE : 6 *cantons*, 58 communes, 54120 habitants.
Cantons et communes principales : 1. *Saint-Affrique*, 7030 habitants; Roquefort; Vabres. — 2. *Belmont*, 1500. — 3. *Camarès*, 2160; Gissac; Sylvanès. — 4. *Cornus*, 1200. — 5. *Saint-Rome-du-Tarn*, 1510; Broquiès, 2080. — 6. *Saint-Sernin*, 1110.

doit sa renommée à ses caves à fromages. Faits de lait de brebis mélangé d'un peu de lait de chèvre, les fromages dits de Roquefort sont fabriqués pour la plupart dans les fermes environnantes et sont achetés par les propriétaires des 35 caves, presque toutes naturelles, creusées dans les flancs calcaires du Combalou. Grâce aux fissures de la roche, ces

Caves à fromages de Roquefort.

caves sont soumises à d'incessants courants d'air appelés *fleurines*, qui y maintiennent une température égale et concourent ainsi à donner aux fromages de Roquefort ce marbré, ce piquant et cette qualité particulière qui les distinguent. Pratiquées au fond d'une gorge où le soleil pénètre à peine quelques instants dans les plus longs jours, les caves de Roquefort ont parfois jusqu'à trois étages. On y porte les fromages aussitôt qu'ils sont secs, et on les sale sur les deux faces l'une après l'autre, à vingt-quatre heures de distance, avec du sel fin. Au bout de deux jours on les frotte avec un gros linge, et plus tard on les ratisse avec un couteau. Ces opérations terminées, on les empile par huit à dix, et tous les quinze jours on a soin d'enlever la moisissure qui se forme. Cette moisissure, d'abord blanche, passe en deux mois à un ton verdâtre, puis rougeâtre; c'est alors que le fromage est assez fait et qu'on le livre au commerce. La fabrication annuelle de ce produit dépasse huit millions de francs.

Vabres, au confluent du Dourdou et de la Sorgues, se forma autour d'une abbaye de bénédictins, qui fut le siège d'un évêché de 1317 à 1799.

BELMONT, sur une colline dominant la Rance, a une église surmontée d'un clocher de 74 mètres de haut, avec statue de saint Michel au sommet. Petit séminaire.

CAMARÈS, au bord du Dourdou, fabrique des draps et couvertures pour la troupe. Grives renommées. — Aux territoires de *Gissac* et de *Sylvanès*, établissements thermaux dans de jolis sites.

CORNUS a des filatures de laine et des papeteries. Belle source de la Sorgues; abîme du Mas-Raynal. — SAINT-ROME, sur le Tarn, profondément encaissé, a élevé une statue au plus célèbre de ses enfants, Denis-Auguste Affre, archevêque de Paris, tué aux barricades en 1848. Belle cascade, grottes profondes, restes de fortifications. Fabrication de draps, ainsi qu'à SAINT-SERNIN, sur le Rancé.

V. **VILLEFRANCHE**-DE-ROUERGUE, sous-préfecture [1], est une ville de 9800 âmes, régulièrement bâtie par 267 mètres d'altitude, au confluent de l'Aveyron et de l'Alzou. On y remarque la belle église Notre-Dame, des XIVe-XVe siècles, avec une imposante tour et un joli porche, ainsi que la Chartreuse, tout entière telle qu'elle fut construite au XVe siècle, bien que convertie aujourd'hui en hospice. Dans les environs, qui sont très pittoresques, se trouvent des sources sulfureuses et des mines d'étain et de plomb argentifère. Villefranche possède des fabriques de toiles et des fonderies de cloches; c'est la ville la plus commerçante de l'Aveyron. Fondée en 1252 par Alphonse de Poitiers, comte de Toulouse, elle devint bientôt très prospère, grâce à ses « franchises »; mais, ayant ensuite été fortifiée, elle eut à souffrir des sièges, notamment en 1554 par Blaise de Montluc, et en 1648 par les insurgés Croquants. Elle fut aussi ravagée par la peste à diverses reprises. Avant 1790, elle était le siège d'un comté-pairie.

ASPRIÈRES exploite des mines de plomb, de zinc, et des carrières de phosphates. Aux environs, gare importante de *Capdenac*.

Aubin, situé entre de hauts escarpements, est une ville toute moderne

[1] Arrondissement de VILLEFRANCHE : 8 *cantons*, 65 communes, 101 420 habitants. *Cantons* et communes principales : 1. *Villefranche*, 8430 habitants; Martiel, 1650. — 2. *Asprières*, 1090; Capdenac, 3540. — 3. *Aubin*, 9780; Cransac, 5960; Firmy, 2480; Viviez, 1730. — 4. *Decazeville*, 9630; Boisse-Penchot. — 5. *Montbazens*, 1540; Maleville, 4920; Peyrusse; Privezac, 1610. — 6. *Najac*, 1720; Fouillade (la), 2000; Sanvenza, 1540. — 7. *Rieupeyroux*, 2800; Bastide-l'Évêque (la), 2390. — 8. *Villeneuve*, 2830.

de 9 800 âmes, qui doit sa prospérité à ses importantes mines de houille. Le bassin houiller dont elle est le centre occupe en effet plusieurs milliers d'ouvriers, qui extraient annuellement environ 750 000 tonnes de charbon. On y exploite en outre des mines de fer qui alimentent les hauts fourneaux et les usines du *Gua*, gros village dépendant de sa commune. Au-dessus de la ville, ruines d'un château couronnées d'une statue colossale de la Vierge.

Bienfaits de la houille. — « C'était en 1769 ; le bois coûtait très

Houillère. Extérieur d'un puits de mine.

cher à Paris, comme aujourd'hui. Quelques marchands eurent l'idée de faire venir des mines anglaises des chargements de charbon de pierre pour suppléer à la rareté du bois. Les bateaux, partis de Newcastle, remontèrent la Seine et arrivèrent bientôt à Paris.

« Le charbon que nous envoyaient les Anglais fut essayé par les gens du peuple, dans les poêles et les cheminées des antichambres. Ce fut bientôt un cri général. On accusa le fossile de vicier l'air, de ternir le linge jusque dans les armoires, de provoquer des maladies de poitrine, et d'altérer, « crime impardonnable ! » la fraîcheur des visages féminins. Les plaintes ne tarissaient pas. L'Académie de médecine, l'Académie des sciences, furent chargées de donner leur avis dans ce grave débat, et se déclarèrent favorables au charbon britannique. Nombre d'années avant 1769, le noir minéral n'avait pas été mieux accueilli par les Parisiens. En 1714, ils l'avaient une première fois expulsé. Sous Henri II, les docteurs de Sorbonne l'avaient excommunié pour ses vapeurs malignes, sulfureuses; un édit royal avait défendu aux maréchaux d'employer, *sous peine de prison et d'amende, le charbon de terre ou de pierre.* Plus tard l'interdit fut levé, et Henri IV exempta la houille de la dîme que les exploitants payaient à la couronne en vertu du droit régulier.

« La houille fait aujourd'hui la fortune de courageux et patients chercheurs, de compagnies nombreuses d'exploitants, de pays tout entiers. L'Angleterre ne lui doit-elle pas en grande partie sa puissance industrielle

Mineurs des houillères.

et maritime? N'est-ce pas la houille qui anime désormais toutes les machines, celles des usines, des ateliers, des manufactures, aussi bien que les machines marines et les locomotives? Matière pesante, elle forme pour les navires marchands une cargaison avantageuse au lieu de lest; elle alimente pour moitié le mouvement des canaux et des chemins de fer. Aujourd'hui que la marine militaire s'est transformée par la vapeur, la houille n'intervient plus seulement dans la prospérité, mais encore dans la défense des États, si bien qu'elle a été déclarée contrebande de guerre. La houille, n'est-ce pas elle qui éclaire les villes, qui chauffe presque tous les foyers, ceux des fabriques comme ceux des particuliers? n'est-elle pas le combustible du pauvre? n'est-ce pas elle qui est le grand réducteur de tous les minerais métalliques? Et comme si rien ne devait manquer à des emplois si divers, n'est-ce pas de la houille que d'habiles chimistes ont retiré les plus vives et les plus solides couleurs? celles qui sont connues sous les noms de *magenta, solférino, havane,* ont fait le tour du monde avec les nouveautés de Lyon et de Paris. N'est-ce pas enfin de la houille qu'on extrait ce merveilleux produit dont la médecine

Descente dans la mine. (Ancien système.)

s'est emparée : l'acide phénique, qui a le pouvoir de prévenir la gangrène, de tanner les plaies, nouveau secret de la chimie? »

(Louis SIMONIN, *le Monde souterrain.*)

On sait que le charbon fossile est l'accumulation du carbone des plantes, et les plantes elles-mêmes l'ont puisé dans l'air par l'action du soleil. « Le charbon n'est donc que le soleil en cave, » comme disent les Anglais, et Stephenson ajoute : « Ce n'est pas la vapeur qui entraîne la machine ou la locomotive, c'est la chaleur solaire, dont les machines sont les chevaux. » En effet, les recherches récentes des savants sur l'équivalent chimique de la chaleur démontrent que la force communiquée à la machine à vapeur n'est que le produit de la chaleur solaire condensée dans le carbone qui a formé la houille. Disposition admirable de la Puissance créatrice ! C'est donc pour nous que cette splendide végétation des temps primitifs, loin d'être inutile, a été enfouie dans les entrailles protectrices

Galerie d'une mine de houille : extraction et transport, wagons sur rails

de la terre, nous préparant ainsi d'inépuisables trésors de combustible.

Cransac, à l'est d'Aubin, exploite aussi de la houille; mais il est surtout connu par ses eaux sulfatées magnésiennes (15°) et par sa montagne brûlante du Montet. Cette montagne, qui a l'aspect d'un véritable volcan, est un vaste cratère d'où s'élève dans le jour une intense fumée, et d'où émergent pendant la nuit une multitude de flammes multicolores, faisant l'effet d'un embrasement de montagne. Lorsque souffle la brise âpre, le feu redouble d'intensité. La lueur produite sous l'horizon, au milieu de l'obscurité profonde de la nuit, est celle d'un grand incendie. Par moments la flamme s'élève à plusieurs mètres, faisant l'effet des éclairs pendant l'orage. Détail à noter, c'est en vain qu'on a essayé d'enrayer les

Decazeville. — Usines métallurgiques (installations primitives).

progrès de cet incendie. Tout ce qu'on a fait pour étouffer le feu n'a servi qu'à activer le foyer en combustion : ses progrès sont incessants et vont toujours grandissant.

Une autre montagne brûlante du voisinage est celle de Fontaines. « En s'approchant de l'endroit où se montre le feu, dit l'historien Monteil, on sent la terre résonner sous ses pas; si, bravant la fumée et la forte chaleur qu'on éprouve à la plante des pieds, on veut regarder dans les soupiraux, la vue plonge dans des gouffres de braise dont l'incandescence est très vive. Les bâtons qu'on y enfonce sont, au bout de quelques minutes, enflammés et souvent brûlés. Lorsqu'on tente d'élargir l'orifice, on augmente la fumée et on fait jaillir des aigrettes de feu. Ce sont des houillères embrasées depuis des siècles peut-être. »

On a utilisé la chaleur de la montagne brûlante en creusant des excavations qui constituent des espèces de cuves. Les rhumatismes et les sciatiques rebelles ont souvent été guéris par cinq ou six bains de ces étuves.

A *Firmy* et *Viviez*, exploitation de houille et usines métallurgiques.

Decazeville, à quatre kilomètres nord d'Aubin, est également bien pourvue de mines de houille et de fer. De création récente, cette localité de 9 600 âmes doit son origine et son importance à ses usines métallurgiques, fondées en 1830, en un lieu presque désert, par le duc Decazes, qui lui a laissé son nom. La Société des mines et forges de l'Aveyron occupe, tant à Decazeville qu'à Firmy, environ 4500 ouvriers. Tous les secours qui peuvent leur être nécessaires au point de vue religieux, intellectuel et matériel, sont intelligemment mis à leur portée. On peut citer notamment des écoles gratuites, un ouvroir, une société de secours mutuels. Quant aux usines desservies, elles fournissent en moyenne 26 000 tonnes de fonte brute par an, ainsi que des rails, des fers en feuilles et en barres. — A *Boisse-Penchot* existent des verreries.

Une usine métallurgique. — « S'il est au monde quelque chose de saisissant, qui étonne, qui impose, qui donne une idée éblouissante de ce que peut produire l'homme, c'est sans contredit une usine à fer de premier ordre. De loin vous pressentez sa présence : la suie, les parcelles de houille délaissées par le transport, le laitier concassé jeté sur les chemins, font que les routes en sont toutes noires et qu'elles se déroulent devant vous en longues bandes noires de crêpe. Noires sont aussi les maisons, les champs, les arbres, les hommes, tout ce qui est soumis à l'action de ces cheminées sans cesse fumantes. — Mais vous approchez, et bientôt vous entendez comme le bruit lointain du vent qui s'engouffre dans les gorges des montagnes. Ce sont les machines soufflantes des hauts fourneaux qui produisent cette illusion : vous entrez, et alors se présente à vos yeux le tableau complet de cet antre de cyclopes.

« Le bruit des soufflets, l'échappement strident de la vapeur, le va-et-vient des pistons de machines, le battement des marteaux, la voix enrouée des forgerons, la fumée dense et continue, les feux ardents, ou rouges, ou blancs, ou bleuâtres dont vous apercevez la flamme s'échapper au-dessus des cheminées, cette pluie d'étincelles brillantes qui jaillit des blocs de fer soumis à l'action des marteaux-pilons, tout donne à ce tableau un aspect étrange et qui interdit; on est ébloui, stupéfait de cette activité incroyable, de la multiplicité des opérations, de ce mélange de travaux différents, de ce désordre apparent qui est une méthode, de ces appareils ingénieux, puissants, qui centuplent les forces humaines, de cette application intelligente de l'esprit, qui fait réellement de l'homme le roi de la nature. — Ces salamandres humaines vivent dans le feu comme dans leur élément, et dans un milieu où tout paraît de fer : le sol est couvert de paillettes de fer et sillonné en tous sens de rails sur lesquels passent et repassent des wagons chargés de tôle, de fer gros et petit, de minerai, de castine, d'outils, de sable, d'hommes...

« Là, les hauts fourneaux, volcans faits de main d'homme, vomissent dans ces canaux une lave brûlante qui va se figer sous mille formes diverses; plus loin des houilleurs s'échappent des fosses à charbons, comme des diablotins d'une boîte à malice, déchargent des flots de ce combustible noir qui fait la richesse des nations; ici, des voies ferrées, de nombreux bateaux apportent le minerai, le fondant; une longue ligne de fours calcine la houille et en fait du coke; à côté, des courants d'eau lavent le minerai et le purifient; sous ce vaste hangar, dont le sol est brûlant comme le parquet de l'enfer, sont les fours à puddler, à réchauffer, à affiner, à blanchir, les cubilots et toutes ces machines qui servent à fabriquer le fer, à le marteler, à l'étendre en barres, en feuilles, à l'étirer en fils ténus, à lui donner les mille formes réclamées par les besoins de l'industrie, machines qui s'appellent masses, marteau, pilon, martinet, compresseur, marteau-pilon, machine à cingler, cisaille, laminoir, cylindre, etc. L'imagination s'effraye et se perd dans ce dédale de travaux de toute sorte, que le curieux peut à peine analyser et dont il lui est presque impossible de se rendre compte. » (CERFBEER.)

Au canton de MONTBAZENS, *Peyrusse* est l'antique *Petruccia*, une des places les plus fortes du Rouergue au moyen âge. Elle servit de refuge aux Albigeois et fut démantelée par ordre de saint Louis; toutefois elle conserve encore son aspect féodal.

NAJAC, sur l'Aveyron, est un bourg que dominent les magnifiques ruines d'un château fort, reconstruit en partie vers 1252 par Alphonse de Poitiers. Préparation de jambons renommés dits de Villefranche. — *La Bastide-l'Évêque,* au canton de RIEUPEYROUX, possède des martinets à cuivre et des papeteries.

VILLENEUVE-D'AVEYRON fut fondée au XIIIe siècle sur l'emplacement d'un village détruit pendant la guerre des Albigeois. Curieuse et ancienne église, chapelle Notre-Dame-de-la-Joie, belle porte féodale.

LOT-ET-GARONNE

4 ARRONDISSEMENTS, 35 CANTONS, 326 COMMUNES, 286 400 HABITANTS

Géographie. — Le département de Lot-et-Garonne tire son nom des deux principaux cours d'eau qui l'arrosent : la *Garonne* et son affluent le *Lot*. Il a été formé de parties de l'*Agenais*, capitale Agen; du *Bazadais*, du *Condomois* et de la *Lomagne*, pays des anciennes provinces de Guyenne et de Gascogne. Sa superficie est de 5 384 kilomètres carrés, ce qui le place au 66ᵉ rang sous ce rapport.

Excepté au sud-ouest, où règnent les landes, le territoire est sillonné de collines calcaires séparées par de belles et fertiles vallées, dont les principales sont celles de la Garonne, du Lot et du Drot. Son point le plus bas, 6 mètres, est l'endroit où le fleuve passe en Gironde; le plus élevé, 175 mètres, est la colline de Bel-Air, située au nord de Fumel, sur la frontière de la Dordogne. Agen est à 44 mètres, Marmande à 24; l'altitude moyenne est de 90 mètres environ.

Entièrement compris dans le bassin de la *Garonne*, le département est traversé par ce fleuve, lequel arrose Agen, Marmande, et reçoit la Séoune, le *Gers*, la *Bayse*, qui baigne Nérac et se grossit de la *Gélise*; le *Lot*, qui arrose Villeneuve et s'augmente de la Lède; l'Avance; puis, en dehors du territoire, le *Drot* et le Ciron. — La Garonne, la Bayse, le Lot et le Drot sont plus ou moins navigables, et c'est pourquoi un canal accompagne ici constamment le fleuve lui-même.

Le val de Garonne et le val du Lot. — « Le *val de Garonne* est un des plus beaux, des plus riches de France. Des collines élevées, rapides, généralement couvertes de vignobles et de vergers, se dressant le plus souvent loin et quelquefois très près de la rivière, permettent d'embrasser dans son ensemble le spectacle de ces superbes campagnes. Tels sont le *Pech-Joly* (132 mètres), au nord-ouest de Layrac; la colline d'Agen (161 mètres) ou *Côte de l'Ermitage*, hardiment découpée, couverte de villas, de vignobles, et d'où le regard embrasse la ville d'Agen aux toits de tuiles rouges, dont la verdeur des jardins et des promenades fait ressortir la vive couleur, puis le large lit de la Garonne avec ses deux ponts pittoresques, et une vaste plaine mamelonnée, parsemée de fermes et de villages. Citons aussi et surtout la colline de Port-Sainte-Marie (215 mètres, 200 au-dessus du fleuve), belvédère naturel dominant un amas de maisons et de rues pittoresques, et la colline de Nicole ou *Pech de Beyre* (165 mètres), fort abrupte, qui commande le confluent de la Garonne et du Lot.

« Le *val du Lot*, dont l'étendue en Lot-et-Garonne est de 18500 hectares environ, est large et, surtout vers Clairac, d'une fécondité proverbiale dans une des contrées les plus prospères pourtant du Midi; il est dominé par des collines raides, à pans élevés de près de 150 mètres au-dessus de la rivière. Du sommet de ces collines, mais principalement de celles de Castelmoron (194 mètres) et de Laparade, le regard est comme ébloui par un magnifique panorama de champs, de prairies, vignobles, de verdure et de villages. » (Vivien.)

Essentiellement « girondin », le *climat* de Lot-et-Garonne est merveilleusement beau, doux et salubre, sauf dans les landes marécageuses du sud-ouest. Année commune, il tombe en moyenne 80 centimètres de pluie.

Les vallées de l'Agenais, étant des plus fertiles de France, produisent en abondance les céréales, le chanvre, le lin, le tabac, les légumes et les fruits de toute espèce. Il en était ainsi du vin avant l'invasion du phylloxéra. Les prairies nourrissent une belle race de bêtes à cornes dite agenaise, et les pommes de terre servent à engraisser une grande quantité de porcs; les 77000 hectares de bois se trouvent surtout dans les landes, plantées de pins et de chênes-lièges.

Pauvre en minéraux, le Lot-et-Garonne exploite cependant la pierre de Mauvezin, le marbre de Thézac, le minerai de fer de Fumel, les eaux minérales de Casteljaloux et de Lasserre. Son industrie manufacturière, assez active, comprend la fabrication du fer, des cuirs, des bouchons de liège et de la résine, des toiles et draps, du tabac, du papier et des eaux-de-vie, ainsi que la préparation des pâtés ou terrines de Nérac et des fruits secs, principalement la prune d'ente ou d'Agen.

Prunes d'ente et tabac. — C'est dans les arrondissements de Marmande et de Villeneuve-sur-Lot que se récoltent les meilleures prunes et en plus grande quantité. La plantation du prunier se fait indifféremment dans les champs de vignes ou de céréales, et cela sans nuire trop sensiblement aux autres récoltes; rarement cette plantation est condensée en vergers. On peut évaluer à quatre millions le nombre de pruniers d'ente du département. La valeur des fruits récoltés, cuits, préparés et vendus annuellement, varie entre 10 et 15 millions de francs. Les prunes d'ente sont très belles, d'une finesse de goût supérieure, défiant toute comparaison avec n'importe quelle autre espèce de prunes. On les exporte non seulement dans tous les pays d'Europe, mais encore dans les autres parties du globe; les États-Unis d'Amérique seuls en achètent près des trois cinquièmes, pour les répandre dans tout le nouveau monde. Du reste, de grands marchés de prunes se tiennent d'août en octobre dans la plupart des localités importantes du département; telles sont : Marmande, Villeneuve, Tonneins, Clairac, Sainte-Livrade, Monflanquin, etc.

Le **tabac** de Lot-et-Garonne est l'un des plus renommés de l'Europe. Semé au mois de mars, il est ensuite transplanté dans de vastes champs préparés à cette fin. Les pieds sont alors repiqués dans des sillons espacés de 70 centimètres, puis décimés, c'est-à-dire qu'on ne laisse à chacun que neuf ou dix feuilles, nombre prescrit par la loi. Arrivés à maturité, ils sont coupés, liés deux à deux et suspendus pour sécher. Une fois secs, ils demeurent en tas pendant une quinzaine de jours; puis, d'après les diverses qualités, on en fait des paquets de vingt-cinq feuilles appelées *manoques*, qu'on lie en balles pour être portées à la manufacture. Là, après avoir été mouillées dans de grandes cuves, séchées dans des étuves, les feuilles sont transformées en cigares et en tabac à fumer ou à priser, prêts à être livrés à la consommation.

Les habitants. — La population de Lot-et-Garonne, qui s'était élevée de 300 000 âmes en 1801 à 347 000 en 1841, n'a cessé ensuite de décroître à cause de l'excédent des décès. En 1896, elle n'était plus que de 286 400 habitants, dont 6 500 étrangers. A ce point de vue, le département est le 65e de la France; pour la densité il est le 56e, avec 53 habitants par kilomètre carré. On y compte environ 6 000 protestants; les campagnards parlent un certain patois gascon.

Personnages. — Sainte Foi, vierge-martyre du IIIe siècle, née à Agen. Saint Sulpice-Sévère, historien ecclésiastique, né à Lauzun, mort en 410. L'empereur Louis le Débonnaire, né à Casseneuil, mort en 840. Le capitaine Xaintrailles, né au château de ce nom, mort en 1461. Bernard Palissy, le célèbre potier, né à Lacapelle-Biron, mort en 1589. Le philologue Scaliger, né à Agen (mort en 1609), ainsi que le maréchal d'Estrades, le naturaliste Lacépède et le poète gascon Jasmin, morts en 1686, 1825, 1864.

Administrations. — Le département forme le diocèse d'Agen, ressortit à la cour d'appel d'Agen, à l'académie de Bordeaux, à la 17e division militaire (Toulouse), à la 9e région agricole (Sud-Central).

Il comprend 4 arrondissements : *Agen, Marmande, Villeneuve-sur-Lot, Nérac*, avec 25 cantons et 326 communes.

I. **AGEN,** chef-lieu du département[1], peuplé de 23 000 âmes, s'élève à 43 mètres d'altitude sur la rive droite de la Garonne et sur son canal latéral, au pied du célèbre coteau de l'Ermitage. Généralement mal bâtie et mal percée, cette ville offre cependant plusieurs belles églises : la cathédrale Saint-Caprais, des XIIe et XIXe siècles; Notre-Dame, à deux

Agen. — Pont-canal traversant la Garonne.

nefs égales; Saint-Hilaire, bien décorée et surmontée d'un joli clocher; en outre, la passerelle sur la Garonne, d'une seule travée de 178 mètres; le magnifique pont-canal de 23 arches, la belle promenade du Gravier, le musée archéologique, les statues de la République et de Jasmin, ainsi que la boutique de coiffeur de ce dernier. — Située à peu près à égale distance entre Toulouse et Bordeaux, Agen a été de bonne heure et reste encore une cité commerçante; aujourd'hui ce commerce consiste en grains, volailles, bestiaux, vins et fruits, principalement en excellentes prunes d'ente, dites aussi prunes d'Agen. Antique *Aginnum*, métropole des Nitiobriges, cette ville reçut au IIIe siècle un évêché dont saint Phœbade fut le premier titulaire. Les Barbares la ravagèrent fréquemment sous les derniers empereurs romains; après quoi elle appartint successivement aux rois de France, aux ducs d'Aquitaine, aux rois d'Angleterre (1152) et aux comtes de Toulouse (1196). Capitale de l'Agenais, elle devint au XIIIe siècle un des centres de la résistance catholique contre

[1] Arrondissement d'AGEN : 9 *cantons*, 72 communes, 73 190 habitants.
Cantons et communes principales : 1-2. *Agen*, 22 780 habitants; Boé, 1190; Bon-Encontre, 1250; Colayrac, 1520; Foulayronnes, 1008; Passage (le), 2280. — 3. *Astaffort*, 3060; Layrac, 2590. — 4. *Beauville*, 1040. — 5. *Laplume*, 1310; Estillac. — 6. *Laroque-Timbaut*, 1117. — 7. *Port-Sainte-Marie*, 2210, Aiguillon, 2090. — 8. *Prayssas*, 1180. — 9. *Puymirol*, 1140.

les Albigeois, et fut définitivement conquise sur les Anglais en 1439. Au xvie siècle elle repoussa la Réforme, grâce au zèle impitoyable de Montluc, et ne se soumit à Henri IV qu'en 1594.

Sainte Foi, martyre. — « Agen, ville d'Aquitaine, fut le lieu qui vit naître et grandir cette jeune vierge, destinée au martyre. Elle reçut au baptême le beau nom de Foi, et jamais nom ne fut mieux porté; elle devint plus illustre encore par la splendeur de ses vertus qu'elle ne l'était par la noblesse du sang et par les biens de la fortune. Ayant connu la vérité dès l'enfance, elle eut le bonheur d'aimer Dieu et de le servir avec une scrupuleuse fidélité. Elle s'accoutuma de bonne heure à partager ses moments entre la prière et les bonnes œuvres : les charmes du monde la trouvèrent toujours insensible.

« L'Empire romain avait alors pour maîtres Dioclétien et Maximien, et Dacien était gouverneur des Gaules. Ce cruel ennemi des chrétiens alluma contre eux le feu de la persécution : se trouvant à Agen, il informa contre les fidèles, et il ordonna, en particulier, d'arrêter la vierge qui portait le nom de Foi, et de l'amener à son tribunal. La jeune épouse du Sauveur ne fit aucune résistance; elle forma le signe de la croix sur elle-même, et se livra sans dire un seul mot à ses persécuteurs. Seulement elle s'écria : « Seigneur Jésus, secourez-moi, fortifiez-moi, daignez « m'accorder la grâce de me montrer digne de vous! »

« Dacien, la voyant en sa présence, prit un ton plein de douceur et lui dit : « Quel est votre nom? — Je m'appelle Foi, et je tâche d'être « fidèle à mon nom. — Quelle est votre religion? — Je suis chrétienne. — « Croyez-moi, mon enfant, ayez égard à votre jeunesse et à votre beauté; « laissez là cette religion, et sacrifiez à Diane : c'est une divinité conve- « nable à votre sexe. — Les dieux des Gentils sont des démons; comment « leur offrirai-je des sacrifices? — Quoi! dit le juge irrité, vous appelez « nos dieux des démons? Il faut cependant leur offrir des sacrifices, ou « périr dans les tourments. — Non seulement, s'écria la jeune fille, je « suis prête à souffrir, mais je brûle de mourir pour mon Dieu! »

« Le juge, mis en fureur par une telle réponse, fit apporter un lit d'airain, dépouiller la jeune fille, l'étendre dessus et la lier avec des chaînes de fer; on alluma sous elle un ardent brasier, qu'on attisa encore en arrosant d'huile les charbons. Foi demeura immobile au milieu de cet affreux tourment, absorbée en son Dieu qui la fortifiait. Cette constance convertit plusieurs des assistants, qui s'écriaient, saisis d'horreur : « Comment peut-on traiter ainsi une vierge innocente, dont le seul crime « est d'adorer un seul Dieu? » Dacien les fit arrêter, et, comme ils refu- sèrent d'offrir de l'encens aux idoles, ils furent décapités.

« Cependant un jeune chrétien de la ville, nommé Caprais, qui s'était retiré dans une caverne, au sein des rochers de la montagne dominant la ville, vit dans les airs une colombe tenant une belle couronne de perles et secouant ses ailes, d'où tombait une douce rosée sur le lit embrasé où la vierge souffrait. Animé par cette vue, poussé par l'esprit de Dieu, il descendit aussitôt, accourut au lieu où l'on tourmentait la jeune chrétienne, et s'écria : « Moi aussi, je suis chrétien! » Dacien ordonna de le saisir et de le charger de chaînes.

« Comme il le vit très jeune et de très bonne mine, il voulut essayer de le séduire par des promesses magnifiques et par des menaces effrayantes; mais il n'y gagna rien. La constance de cet adolescent, jointe à celle de la jeune vierge, fit sur la foule une étrange impression. Le gouverneur, voyant le résultat de ses vains efforts et craignant que le peuple ne se convertît, se hâta de leur faire trancher la tête. Ce martyre eut lieu le 6 octobre, vers l'an 300. » (L'abbé CHAPIAT.)

A *Bon-Encontre*, belle église moderne renfermant une Vierge célèbre, but de pèlerinage très fréquenté.

ASTAFFORT, sur le Gers, rappelle une défaite des huguenots commandés par Condé, en 1567. Tanneries et foires importantes. — En aval, *Layrac* a une belle église du XIᵉ siècle, reste d'un prieuré cluniste.

BEAUVILLE, sur la Séoune, était autrefois une place forte, — et LAPLUME, sur une colline escarpée, la capitale « de la vicomté de Brullois ». — *Estillac* possède un château bâti par **Blaise de Montluc**, qui y a son tombeau. Né près de Condom en 1501, ce célèbre capitaine se distingua dans quatre circonstances principales. Et d'abord c'est à lui que revient en grande partie le gain de la bataille de Cérisoles, en Piémont (1544). Avant le combat, d'Enghien, qui commandait dans ce pays, le dépêcha vers le roi. La requête présentée au conseil fut rejetée à la pluralité des voix. Montluc, qui était présent, forcé de se taire, trépignait d'impatience et s'agitait comme un possédé. Enfin, ayant obtenu la permission de parler, il peignit la situation de l'armée, son ardeur, son courage; puis, s'abandonnant à son ardeur de jeune chevalier et de Gascon, il s'expliqua avec tant de chaleur, qu'il fit passer son enthousiasme dans le plus grand nombre des membres du conseil. Le roi lui-même, ébranlé, se découvre; puis joignant les mains et levant les yeux vers le ciel : « O Dieu, s'écrie-t-il, daignez m'inspirer ce que je dois faire aujourd'hui pour l'honneur de votre nom et le salut de mon peuple! » Cette prière achevée, il reste quelques moments comme absorbé dans une profonde méditation; puis, se levant tout à coup, il s'écrie : « Qu'ils combattent! qu'ils combattent! » A ces paroles, Montluc, bondissant de joie, gagne aussitôt la porte de la salle. En traversant les appartements, il aperçoit un groupe de jeunes seigneurs impatients de connaître le résultat de la délibération : « Bataille! leur crie-t-il, bataille! que ceux qui en veulent tâter se dépêchent. » A ces mots, tous font leurs préparatifs et volent en Italie. La victoire est remportée, d'Enghien arma chevalier Blaise de Montluc; ce fut la dernière cérémonie de ce genre dont l'histoire fasse mention.

Le second fait de guerre de Montluc fut sa brillante défense de Sienne, qu'il ne rendit aux Impériaux qu'à la dernière extrémité (1555). Plus tard, en sa qualité de lieutenant du roi, il se distingua contre les protestants en Guyenne et en Languedoc, où par sa vigilance, sa vigueur et la célérité de ses opérations, il réussit à préserver Bordeaux et Toulouse du joug des calvinistes; mais il souilla ses exploits par de sanglantes exécutions et ses pendaisons. « On peut connaître par où je passe, dit-il lui-même, car par les arbres, sur les chemins, on trouve les enseignes. » Enfin, en 1573, quatre ans avant sa mort, il prit une part très active au siège de la Rochelle, et fut en récompense fait maréchal de France. Montluc a laissé des *Commentaires*, où il raconte sa vie et surtout ses faits militaires.

Laroque-Timbaut conserve les restes de ses remparts et d'un château fort. Chapelle Saint-Germain, but de pèlerinage.

Port-Sainte-Marie, autrefois fortifié, s'étage pittoresquement sur la rive droite de la Garonne. Grand commerce de fruits, surtout de chasselas. — *Aiguillon*, sur le Lot, près de son confluent avec la Garonne, cultive en grand le tabac et tient des foires au chanvre renommées. Antique bourgade romaine d'*Acillio*, dont il reste plusieurs vestiges, c'était au moyen âge une place très forte, que le dauphin Jean assiégea inutilement en 1345-46. Du Guesclin fut plus heureux en 1370. Cette ville fut érigée en duché-pairie en 1599 pour la famille de Lorraine, et en 1638 pour celle de Richelieu.

Puymirol, sur la Séoune, est une ancienne bastide assez régulière, bâtie en 1246 par Raymond, comte de Toulouse. Restes des fortifications et du château fort.

II. **MARMANDE**, sous-préfecture de près de 10 000 habitants[1], s'élève à 24 mètres d'altitude sur la rive droite de la Garonne. Cette ville assez jolie n'a d'autre monument que son église, construite du XIIe au XVe siècle. Elle était déjà considérable au VIIIe siècle, lorsque les Sarrasins la détruisirent. Rebâtie en 1185 par Richard Cœur-de-Lion, elle fut reprise en 1212 et 1219 aux Albigeois, et en 1442 aux Anglais. Henri de Navarre l'assiégea inutilement en 1577, et Condé en 1652. Pendant l'invasion de 1314, une troupe de 800 hommes y résista pendant un mois à la division anglaise de lord de Dalhousie. Grand commerce de denrées agricoles. — *Gontaud*, jadis orthographié Gontaut, fut au moyen âge le centre d'un fief important, uni à celui de Biron au XIIe siècle. — *Sainte-Bazeille*, près de la Garonne, — et Castelmoron, sur le Lot, sont d'anciennes places fortes que prirent les Anglais en 1345. — Duras et Lau-

---

[1] Arrondissement de Marmande : 9 *cantons*, 102 communes, 82 710 habitants.
Cantons et communes principales : 1. *Marmande*, 9 890 habitants; Gontaud, 1 190; Sainte-Bazeille, 2 080; Virazeil, 1 060. — 2. *Bouglon*, 610. — 3. *Castelmoron*, 1 650. — 4. *Duras*, 1 630. — 5. *Lauzun*, 1 120; Miramont, 2 030. — 6. *Mas-d'Agenais* (le), 1 850; Caumont; Samazan, 1 020. — 7. *Meilhan*, 1 930; Cocumont, 1 440. — 8. *Seyches*, 1 080; Lévignac, 1 110. — 9. *Tonneins*, 6 800; Clairac, 320.

zun, non loin du Drot, possèdent de beaux châteaux qui furent le siége de duchés-pairies, créés l'un pour la famille de Durfort en 1689, l'autre pour le maréchal de Lauzun en 1692. — Au sud-ouest, *Miramont* se distingue par son grand commerce de prunes d'ente.

Le Mas-d'Agenais, sur la Garonne, est une ville fort ancienne, qui se montra dévouée à la religion catholique et au roi de France durant toutes les guerres du xiii° au xvii° siècle, si ce n'est peut-être pendant la croisade contre les Albigeois. Antiquités gallo-romaines. — En aval, Caumont est le berceau de l'illustre famille de ce nom.

Meilhan, en amphithéâtre sur la Garonne, est dominé par une tour féodale en ruines qui s'aperçoit de très loin; d'où le proverbe : « Qui voit Meilhan n'est pas dedans. »

Tonneins, sur une falaise de la rive droite de la Garonne, est une ville de 7 000 âmes, longue et étroite, mais bien bâtie. Fondée au viii° siècle par Tonnance Féréol, qui lui laissa son nom, elle forma longtemps deux localités distinctes, Tonneins-Dessus et Tonneins-Dessous, qui, ayant embrassé le parti calviniste, furent détruites par Louis XIII et remplacées par la cité actuelle; Louis XV l'érigea en duché-pairie de Vauguyon, en 1758. Industrie active, fruits abondants, importante manufacture de tabac.

Fabrication des tabacs. — Tout le monde sait qu'en France le gouvernement s'est réservé le monopole de la fabrication et de la vente des tabacs. Seize établissements portant le titre de *Manufactures nationales* sont chargés de cette fabrication. Les manufactures de l'État emploient, tantôt des tabacs indigènes, tantôt des tabacs étrangers et tantôt des mélanges de ces divers tabacs, suivant l'espèce de produits qu'elles veulent obtenir. A leur arrivée dans les manufactures, les feuilles sont déballées et déliées (boucardage), puis triées et assorties (époulardage). Au triage succède la mouillade, qui consiste à les arroser avec une dissolution de sel marin appelée *sauce*, pour leur rendre la souplesse qu'elles ont perdue par la dessiccation et les disposer aux préparations subséquentes. L'écôtage, qui vient ensuite, est destiné à enlever les côtes et les nervures excédant une certaine grosseur. Les opérations manufacturières que subissent alors les feuilles de la nicotiane ont pour objet direct de les transformer principalement en scaferlati, en cigares et en poudre ou tabac à priser.

« La fabrication du *scaferlati*, ou tabac à fumer, est assez simple. On commence par hacher les feuilles au moyen de machines munies de couteaux. Après le *hachage*, le tabac passe à la *torréfaction*, laquelle consiste à le maintenir quelques instants, soit sur des plaques de fer chauffées presque jusqu'au rouge, soit sur de longues tables horizontales formées de tuyaux de cuivre juxtaposés, où circule de la vapeur chauffée à 120°. Cette opération qu'on nomme aussi *frisage*, à cause de l'aspect frisé qu'elle donne au tabac, a pour objet d'empêcher la fermentation. On achève de débarrasser le scaferlati de son humidité en l'étalant dans des séchoirs; puis on le met en paquets du poids de 100, 200 et 500 grammes.

« On appelle *cigares* de petits cylindres formés d'une feuille de tabac roulée sur elle-même, ou de brins de tabac enveloppés dans une feuille. La fabrication des cigares est celle qui modifie le moins la nature du tabac, car les feuilles n'y subissent aucune altération. Des femmes roulent les plus petites entre les doigts, et lorsqu'elles en ont fait un rouleau de la grosseur et de la forme voulues, elles le revêtent d'une *robe*, c'est-à-dire d'une feuille choisie parmi les plus grandes et les plus belles, ne présentant aucune déchirure et convenablement découpée. Elles fixent ensuite les bords de cette feuille avec un peu de colle de pâte, et le cigare se trouve terminé. Toutefois, après qu'on a *robé* les cigares, on les fait séjourner pendant une huitaine de jours dans un séchoir, dont la température est maintenue à 22°.

« La fabrication du *tabac à priser* est plus compliquée que celle des espèces précédentes. Elle diffère surtout en ce que la fermentation y est indispensable. Après la mouillade et le hachage, les feuilles ou plutôt les lanières sont transportées dans de grandes salles où on les met en tas rectangulaires de 4 mètres de hauteur sur 4 à 5 de largeur et 6 à 7 de profondeur. La fermentation ne tarde pas à s'y établir, et la température s'y élève jusqu'à 70°. Une partie de la nicotine disparaît, soit en se décomposant, soit en se volatilisant à la faveur du carbonate d'ammoniaque, qui se forme par la décomposition des matières azotées que contient le tabac. Au bout de 5 à 6 mois, on démolit les masses et on procède au *râpage* ou *moulinage*, qui s'exécute au moyen d'espèce de grands moulins à café. A sa sortie du moulin, on verse la poudre dans de vastes tamis animés par un moteur mécanique d'un mouvement de va-et-vient continu. Le tabac est alors livré à une nouvelle fermentation, qui achève de lui donner les qualités requises en développant son arome. Cette opération, qui n'est complète qu'au bout de 7 à 8 mois, s'exécute dans des caisses de 20 à 30 mètres cubes appelées *cases*, où la température s'élève jusqu'à 40°. Il ne reste plus qu'à enlever le tabac pour le distribuer dans des tonneaux ou en faire des paquets de 100, 200 et 500 grammes. » (D'après Vore-pierre, *Dict.*)

Clairac, dans une plaine fertile sur le Lot, produit notamment des vins blancs liquoreux très estimés, dits « vins pourris ». Cette ville, qui doit son origine à une abbaye de bénédictins, détruite par les protestants au xvie siècle, soutint un siège contre les catholiques en 1574, et un autre contre Louis XIII, qui la démantela.

III. **VILLENEUVE-SUR-LOT**, naguère ausssi Villeneuve-d'Agen, est une sous-préfecture de 13 600 âmes, située par 55 mètres d'altitude dans une des plus belles et des plus fertiles parties de la vallée du

Lot[1]. Elle comprend deux quartiers principaux, Sainte-Catherine et Saint-Étienne, reliés par un pont très hardi qui date en partie du XIII° siècle, ainsi que les deux portes fortifiées restées debout et les arcades entourant la grand'place. Statue de Bernard Palissy. — Villeneuve, dont le plan est régulier, fut bâtie d'un seul jet en 1264 par le comte Alphonse de Poitiers, sur l'emplacement d'un simple village nommé Gajac. Pendant la

Villeneuve-sur-Lot. — Statue de Bernard Palissy.

Fronde, elle résista aux troupes royales et ne se rendit qu'en 1653. Industrie active et grand commerce de prunes d'ente. — Aux environs, l'ancienne abbaye bénédictine d'*Eysses* est transformée en prison centrale; sur un promontoire, restes du château et des fortifications de *Pujols*.

[1] Arrondissement de VILLENEUVE-SUR-LOT : 10 *cantons*, 90 communes, 70 070 habitants.
Cantons et communes principales : 1. *Villeneuve-sur-Lot*, 13 560 habitants; Pujols, 1 010. — 2. *Cancon*, 1 270; Cassaneuil, 1 650; Monbagus, 1 270. — 3. *Castillonnès*, 1 920. — 4. *Fumel*, 3 830; Blanquefort, 1 170; Cuzorn, 1 080; Monsempron, 1 090; Saint-Front; Sauveterre, 1 080. — 5. *Monclar*, 1 500. — 6. *Monflanquin*, 3 090. — 7. *Penne*, 2 840; Saint-Sylvestre, 1 260. — 8. *Sainte-Livrade*, 2 570. — 9. *Tournon-d'Agenais*, 1 080; Montayral, 1 020; Sainte-Vite, 1 010. — 10. *Villeréal*, 1 620; Saint-Eutrope, 1 150.

— Au canton de CANCON, *Casseneuil*, sur le Lot, doit son origine à un château bâti par Charlemagne et dans lequel naquit Louis le Débonnaire. Simon de Montfort l'incendia en 1214. Fabriques de drap.

CASTILLONNÈS, près du Drot, est une bastide assez régulière construite en 1250 par Alphonse de Poitiers et par un abbé de Cadouin.

FUMEL, sur le Lot, est une petite ville industrielle ayant des papeteries, des hauts fourneaux et des ateliers de construction mécanique. Belle église moderne. — Près de *Saint-Front*, ruines imposantes de la forteresse de Bonaguil, sur un promontoire abrupt.

MONFLANQUIN, sur une haute colline contournée par la Lède, est une ancienne place forte, dont le protestant Thoiras s'empara et incendia les maisons des catholiques, ainsi que le couvent des religieux augustins, qu'il fit périr. Église avec portail remarquable.

Bernard Palissy. — C'est à *Lacapelle-Biron* que naquit, vers 1510, le célèbre potier de terre Bernard Palissy. « De bonne heure, dit M. Poiré, il sentit se développer en lui les instincts de l'artiste. Il étudia les maîtres de l'école italienne et entreprit une longue suite de voyages dans les Pyrénées, les provinces du Midi et de l'Est, dans la basse Allemagne, le Luxembourg et les Flandres. Il en rapporta les connaissances les plus variées et s'éleva au-dessus des idées de son siècle. En 1539 il s'établit à Saintes, et se mit à la recherche des procédés, employés déjà en Italie, pour émailler les faïences : il y épuisa toutes ses ressources, construisit lui-même ses fourneaux, broyant des matières sans nombre, cuisant à grands frais des tessons de poterie enduits de substances qu'il croyait devoir le conduire à la découverte de l'émail. Poursuivi par ses créanciers, n'ayant plus de combustible, on le voit briser ses meubles et en jeter les débris dans le foyer de son four pour entretenir la flamme. Enfin il finit par atteindre le but si longuement et si chèrement poursuivi. La réputation qu'il acquit le fit bientôt appeler à Paris, où il perfectionna ses qualités d'artiste. » Palissy fut ingénieur, naturaliste, agronome, physicien et chimiste. Il apprit la science « avec les dents », aux dépens de sa santé, de sa nourriture même, et la nature fut son maître unique : « Je n'ai pas eu d'autre livre, disait-il, que le ciel et la terre, lequel est connu de tous, et est donné à tous de connaître et de lire ce beau livre, écrit de la main même du Créateur. »

PENNE, près du Lot, est dominé par les débris d'un important château, qui fut souvent pris dans les guerres du XIIIe au XVIe siècle; petit port sur la rivière; chapelle, but de pèlerinage. — SAINTE-LIVRADE, sur le Lot, produit et exporte d'énormes quantités de prunes d'ente.

Au canton de TOURNON-D'AGENAIS, ancienne baronnie, *Thézac* exploite une carrière de marbres de couleur. — VILLERÉAL, c'est-à-dire ville royale, sur le Drot, fut régulièrement bâtie en 1265 par Alphonse de Poitiers. Église de cette époque; filatures de laine.

IV. **NÉRAC**, sous-préfecture de 6800 âmes[1], est située à 60 mètres d'altitude sur la Baïse, qui la divise en deux parties : celle de droite est la ville vieille, escarpée, mal bâtie et entourée de ses anciennes murailles. Outre deux églises modernes et un bâtiment du xve siècle, restes du château des sires d'Albret, on y remarque la statue d'Henri IV, qui passa à Nérac une grande partie de sa jeunesse, et surtout la belle promenade de la Garenne, célèbre par ses sites pittoresques, ses grottes, ses fontaines, ses pavillons ruinés et même ses débris romains : longue de deux kilomètres, elle aboutit au château de Nazareth, dans un paysage des plus charmants. Jadis capitale des sires d'Albret, Nérac embrassa la Réforme ainsi que ses chefs, et devint le séjour favori de Marguerite de Navarre, acharnée calviniste autant que spirituel écrivain. Louis XIII démantela ses fortifications, et la révocation de l'édit de Nantes en chassa l'élément protestant. Fabrication de bière, d'eaux-de-vie d'Armagnac, de pâtés truffés, dits terrines, et de bouchons de liège.

CASTELJALOUX, sur l'Avance, fait le commerce de vins et de produits des landes; eaux minérales assez fréquentées. Mairie, jadis commanderie, et restes d'un château des sires d'Albret. Cette ville fut prise et démantelée par Louis XIII, ainsi que *Monheurt*, au canton de DAMAZAN, et *Moncrabeau* (*mons capreoli*, montagne des chèvres), dans celui de FRANCESCAS. En 1574, les protestants avaient éprouvé une sanglante défaite sous les murs de cette dernière place. Aux environs, belles ruines de la villa romaine de Bapteste, que l'on croit être celles d'*Ebromagus*, résidence au ive siècle de saint Paulin de Nole.

LAVARDAC, sur la Baïse, possède des minoteries, des fabriques d'eau-de-vie et de bouchons de liège. — A *Barbaste*, sur la Gélise, moulin fortifié du xive siècle, avec quatre tours inégales bâties, dit-on, par quatre sœurs; Henri IV, qui le possédait, s'appelait plaisamment le « meunier des tours de Barbaste ». — *Vianne*, sur la Baïse, est un joli bourg encore entouré de ses murailles flanquées de tours et percées de portes. — *Xaintrailles*, à l'ouest, montre un château du xive siècle où naquit le vaillant capitaine de ce nom.

MÉZIN, sur la Gélise, eut à souffrir des guerres de Cent ans et de religion; église en partie du xie siècle; grande fabrication de bouchons. — En amont, *Sos*, entouré de débris antiques et traversé par une voie romaine, occupe, selon la plupart des érudits, l'emplacement de la cité des Sotiates.

---

[1] Arrondissement de NÉRAC : 7 *cantons*, 62 communes, 53420 habitants.
Cantons et communes principales : 1. *Nérac*, 6680 habitants. — 2. *Casteljaloux*, 3580. — 3. *Damazan*, 1570; Buzet, 1510; Monheurt; Puch, 1530. — 4. *Francescas*, 870; Moncrabeau, 1760. — 5. *Houeillès*, 1190. — 6. *Lavardac*, 2530; Barbaste, 1930; Feugarolles, 1150; Vianne; Xaintrailles. — 7. *Mézin*, 2600; Sos, 1250.

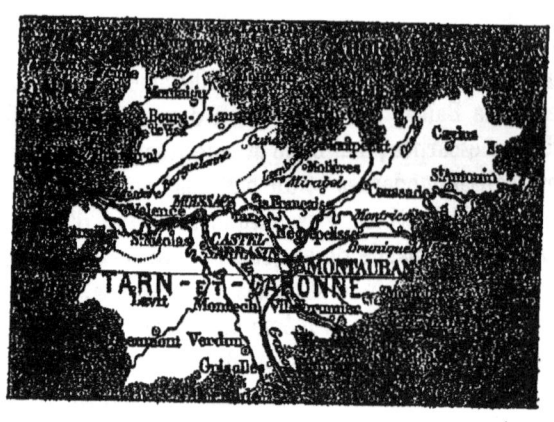

TARN-ET-GARONNE

3 ARRONDISSEMENTS, 24 CANTONS, 194 COMMUNES, 200400 HABITANTS

Géographie. — Le département de Tarn-et-Garonne est ainsi nommé de ses deux principaux cours d'eau : le *Tarn*, qui baigne Montauban et Moissac; la *Garonne*, qui passe près de Castelsarrasin. Le moindre après ceux de la Seine, du Rhône et de Vaucluse (3730 kilomètres carrés), il a été formé en 1808 aux dépens de ses voisins, de sorte qu'il comprend des portions du Quercy, du Rouergue, de l'Agenais, de l'Armagnac; de la Lomagne et du Toulousain, pays qui dépendaient de la Guyenne, de la Gascogne et du Languedoc.

De forme très irrégulière, ce territoire est composé vers le centre des plaines alluviales de la Garonne, du Tarn, du bas Aveyron, et ailleurs de plateaux et de collines calcaires, dont la plus élevée (498 mètres) se trouve à l'est de Caylus, au sud de Castanet, frontière de l'Aveyron. Tout à l'opposé, la sortie de la Garonne est le lieu le plus bas : 50 mètres. Montauban est à 90 mètres, Castelsarrasin et Moissac à 70; l'altitude moyenne est de 140 mètres environ.

Le département fait partie du bassin de la **Garonne**. Ce fleuve capricieux y parcourt environ 80 kilomètres dans la direction du nord-ouest, entre deux berges peu élevées qui favorisent ses inondations, malheureusement trop fréquentes; aussi la plupart des localités, Castelsarrasin notamment, se tiennent-elles à distance. Elle est classée comme navigable, mais la navigation y est à peu près nulle : elle se fait par le *canal latéral* (65 kilomètres), qui envoie un embranchement sur Montauban et dessert Castelsarrasin et Moissac.

Le **Tarn**, principal affluent de la Garonne dans le département, est une rivière large et puissante, qui y effectue ses 61 derniers kilomètres. Coulant au nord-ouest, parallèlement au fleuve, ce grand cours d'eau rougeâtre passe devant Villebrumier, puis sous le vieux pont de Montauban, et reçoit l'*Aveyron*, dont le val est d'abord si pittoresque. Au pied de la haute colline de Lafrançaise, il incline à l'ouest pour aller baigner Moissac, sa dernière ville riveraine, et gagner, quatre kilomètres plus bas, la rive droite de la Garonne par 60 mètres au-dessus des mers. Il est classé comme navigable, mais le mouvement des transports y est à peu près nul. Outre l'Aveyron, il reçoit encore le Tescou, le Candé et le Lemboulas, de même que la Garonne recueille aussi la Gimone, l'Arrats, la Barguelonne et la Séoune, rivières d'ailleurs très peu abondantes.

Le Tarn-et-Garonne appartient au *climat* girondin, beau, doux et tempéré, mais assez variable. Année moyenne, il tombe 70 centimètres de pluie dans la plaine de Montauban.

Essentiellement agricole et généralement fertile, le département produit en abondance du blé, du maïs, des légumes et des fruits, principalement des prunes dites d'Agen; mais sa principale richesse est la vigne, qui, malgré le phylloxéra, fournit encore une grande quantité de vins à l'exportation. Les animaux domestiqués sont relativement nombreux, et dans la vallée du Tarn on élève des vers à soie; les bois occupent 50 000 hectares.

Le Tarn-et-Garonne, pauvre en minéraux, n'exploite que quelques carrières de pierres de taille, de phosphates et de gypse ou pierre à plâtre. Son industrie manufacturière a une certaine activité dans les villes. Elle comprend les minoteries de Montauban et de Moissac, quelques forges et fonderies, des tanneries et poteries, des filatures de soie et de laine, des fabriques de toile et de cadis, de chapeaux de paille et de balais.

Les habitants. — En 1896, le département comptait 200 400 habitants, dont 800 étrangers, presque tous espagnols. C'est le 83ᵉ pour la population absolue et le 54ᵉ pour la densité, avec 54 habitants par kilomètre carré. Du reste, en diminution constante, il a perdu 21 000 âmes depuis le recensement de 1871, qui lui-même accusait un déchet de 6 700 personnes sur celui de 1808. Les protestants y sont au nombre de 8 à 10 000. Les patois gascon, languedocien et rouergat, se partagent les habitants de la campagne.

Personnages. — Jean de la Valette Parisot, grand maître des chevaliers de Malte, né près de Saint-Antonin, mort en 1568. Le géomètre Fermat, né à Beaumont, mort en 1665. Lefranc de Pompignan, poète lyrique, et le peintre Ingres, nés à Montauban, morts en 1784, 1867.

Administrations. — Le Tarn-et-Garonne forme le diocèse de Montauban, ressortit à la cour d'appel et à l'académie de Toulouse, à la

17ᵉ division militaire (Toulouse) et à la 9ᵉ région agricole (Sud-Central).

Il comprend trois arrondissements : *Montauban, Moissac, Castelsarrasin,* avec 24 cantons et 194 communes.

I. **MONTAUBAN**, chef-lieu du département[1], est une jolie ville de près de 30 000 âmes, située par 95 mètres d'altitude sur le Tarn et à l'extrémité d'un embranchement du canal latéral à la Garonne. Coupée en deux parties par le profond ravin de sa rivière, la cité communique avec son faubourg de Villebourbon par un beau pont de sept arches, très élevé au-dessus des eaux, et qui fut construit de 1303 à 1316. La

Montauban. — La cathédrale.

cathédrale, achevée en 1739, a la forme d'une croix grecque; entre autres objets, on y remarque un tableau d'Ingres, le *Vœu de Louis XIII,* qui représente ce prince consacrant la France à la Mère de Dieu. L'église Saint-Jacques conserve du xɪvᵉ siècle un haut clocher en briques. L'hôtel de ville, ancien palais des comtes de Toulouse, renferme un important musée, composé surtout d'œuvres d'Ingres; le grand peintre montalbanais, à qui ses concitoyens ont érigé un monument très curieux. Notons encore la charmante promenade des Terrasses, d'où l'on jouit d'une vue magnifique, qui, par un temps clair, s'étend jusqu'aux Pyrénées. Montauban (*Mons Albanus*) doit moins son origine à l'abbaye de Saint-Théodard ou de Montauriol, fondée au vɪɪɪᵉ siècle, qu'à une bastide créée de toutes pièces en 1144 par Jourdain, comte de Toulouse. Ce fut la seconde en

---

[1] Arrondissement de Montauban : 11 *cantons,* 63 communes, 94 500 habitants.
Cantons et communes principales : 1-2. *Montauban,* 29 470 habitants; Lamothe-Capdeville. — 3. *Caussade,* 4050; Mirabel, 1240; Réalville, 1360; Septfonds, 2198. — 4. *Caylus,* 4030; Saint-Projet, 1100. — 5. *Lafrançaise,* 3140; Honor-de-Cos (l'), 1290. — 6. *Molières,* 2010; Vazerac, 1280. — 7. *Monclar,* 1670; Bruniquel, 1110. — 8. *Montpezat,* 2000; Puylaroque, 1570. — 9. *Négrepelisse,* 2500; Albias, 1100; Montricoux, 1110; Vaïssac, 1260. — 10. *Saint-Antonin,* 4030; Feneyrols; Ginals; Laguépie, 1280; Parisot, 1370; Varen, 1580. — 11. *Villebrumier,* 620.

date de ces ville « neuves » qui devinrent tant à la mode au XIIIe siècle dans tout le Midi. Elle reçut un évêché en 1317; mais de même qu'elle avait défendu la cause albigeoise au temps de Louis VIII, ses habitants embrassèrent la Réforme au XVIe siècle, et cela avec tant d'ardeur, qu'ils se constituèrent en république. Ce fut en vain que Louis XIII les assiégea

Montauban. — Monument d'Ingres.

en 1621; mais après la chute de la Rochelle ils se soumirent spontanément, et Richelieu démolit leurs fortifications. Montauban possède l'unique faculté de théologie protestante établie dans notre pays. Son industrie, très active, comprend des minoteries, des filatures de soie, des fabriques de lainage et de soie à bluter.

Lamothe-Capdeville, sur l'Aveyron, fabrique des faïences et conserve des restes de l'oppidum de Cos.

Caussade, sur la Lère, est une jolie petite ville entourée de beaux boulevards, qui remplacent les anciennes fortifications. Grand commerce de grains et de volailles renommées; fabrication importante de chapeaux de paille, ainsi qu'à *Septfonds*, dont le territoire contient de nombreux dolmens. — Près de *Mirabel*, abbaye cistercienne de la Garde-Dieu, fondée en 1150.

Caylus, sur la Bonnette, est une ville d'aspect antique, jadis siège d'un comté. Carrières de phosphates et de pierres lithographiques: pèlerinage à Notre-Dame-de-Livron. (Voir p. 345.)

Lafrançaise, sur une colline à deux kilomètres du Tarn, est une ville neuve au plan régulier, créée vers 1270. Chapelle Notre-Dame-de-Lapeyrouse, autre pèlerinage. — Au canton de Monclar, *Bruniquel*, sur l'Aveyron profondément encaissé, extrait des pierres de taille et du minerai de fer; il possède des usines métallurgiques et un célèbre château des XIIe et XVIe siècles. Grottes préhistoriques aux environs.

Montpezat, sur une hauteur, a une belle église du XIVe siècle, où l'on remarque de magnifiques tapisseries figurant la vie de saint Martin.

Nègrepelisse, sur l'Aveyron, était jadis une place importante des protestants, que Louis XIII prit et incendia en 1622. — *Montricoux*, en amont, conserve en grande partie son enceinte et son château fort du XIIIe siècle.

Saint-Antonin, sur l'Aveyron, est une localité des plus curieuses du Midi, non seulement par son site très pittoresque, mais encore par ses nombreuses constructions du moyen âge, notamment son hôtel de ville de style roman. Cette ville doit son origine et son nom à l'abbaye de Saint-Antonin, fondée par Pépin le Bref; elle devint le siège d'une vicomté au Xe siècle, et une place forte des huguenots sous Louis XIII, qui s'en empara et la démantela. Filatures et fabriques d'étoffes de laine; grande exploitation de phosphates pour engrais. Aux environs, ruines du château de la Valette, où naquit le célèbre Jean de la Valette Parisot, grand maître de Malte, qu'il défendit héroïquement contre les Turcs en 1565.

Feneyrols possède des sources ferrugineuses, utilisées dans un bel établissement; — *Ginals*, l'abbaye cistercienne de Beaulieu, fondée en 1144, — et *Parisot*, la chapelle Saint-Clair, fréquentée pour la guérison des maux d'yeux.

II. **Moissac**, sous-préfecture de 8 800 âmes[1], est située par environ 70 mètres d'altitude sur le Tarn et le canal latéral à la Garonne, au pied de coteaux couverts de vignes et d'arbres fruitiers. Assez bien bâtie, cette ville a pour monument principal l'église Saint-Pierre, dont le

---

[1] Arrondissement de Moissac : 6 *cantons*, 50 communes, 45 520 habitants. *Cantons* et communes principales : 1. *Moissac*, 8 780 habitants. — 2. *Auvillar*, 1 220; Dunes, 1 000. — 3. *Bourg-de-Visa*, 790. — 4. *Lauzerte*, 2 270; Cazes, 2 280; Durfort, 1 110. — 5. *Montaigu*, 2 520; Valeilles. — 6. *Valence*, 3 430; Castelsagrat, 1 030; Lamagistère, 1 620.

célèbre portail, du xıı⁰ siècle, est un véritable musée de sculpture romane. Le cloître y attenant est également remarquable par ses arcades ogivales étroites, qui reposent sur de belles colonnettes, dont les chapiteaux sculptés offrent chacun un épisode biblique ou légendaire. Ces deux édifices faisaient partie d'une célèbre abbaye fondée sous Dagobert par saint Amand, et à laquelle la ville doit son origine. Celle-ci fut dans la suite ravagée par les Normands et, en qualité de place forte, prise par Simon de Montfort aux Albigeois, puis par les Anglais. Aujourd'hui c'est un marché considérable pour les grains, et l'on y fabrique une grande quantité de farine qui s'expédie jusqu'en Asie et dans les colonies.

Le portail et le cloître de Moissac. — « Le grand *portail,* qui donne accès au porche par le sud, est une des pages d'iconographie chrétienne les mieux remplies que nous ait laissées l'époque romane; c'est en même temps une œuvre magistrale de sculpture décorative et d'architecture. Les deux baies, d'une largeur inusitée relativement à leur hauteur, sont séparées par un trumeau et surmontées d'un large linteau formant la zone inférieure d'un vaste tympan; le tout s'inscrit dans une arcade à cintre brisé, à triple voussure, elle-même abritée par une voûte en berceau ou avant-porche reposant sur deux pieds-droits. Ces derniers sont garnis chacun de deux arcatures accouplées, renfermant à leur tour chacune deux sujets sculptés et surmontées d'une frise sur laquelle les sujets se continuent. Ces sculptures latérales de l'avant-porche ont leur célébrité particulière, non par leur valeur esthétique à peu près nulle, mais par l'étrangeté et l'énergie avec lesquelles l'artiste les a traitées. A droite, les sujets sont tirés du Nouveau Testament; à gauche, ils sont consacrés à la réprobation des vices. Plusieurs de ces sculptures sont taillées dans des marbres provenant de monuments antiques; pour l'une d'elles on a certainement utilisé le couvercle d'un sarcophage. Entre les pieds-droits de l'avant-porche et les jambages latéraux découpés en lobes, l'espace est occupé par les effigies en plein relief de saint Pierre et du prophète Isaïe. Leurs corps sont d'une longueur tout à fait démesurée, et il en est de même des prophètes, logés tant bien que mal le long des lobes du trumeau à l'entrados. A la face antérieure du trumeau, dont l'analogie avec celui de l'église de Souillac (Lot) est frappante, sont trois rangs superposés de lions, dont les corps, se détachant sur un fond de rosaces, se croisent deux par deux. Le linteau contient une série complète ininterrompue de rosaces, dont la sculpture est mise de pair par Viollet-le-Duc avec les plus belles œuvres grecques de ce genre; taillées dans trois pièces de marbre, elles sont bien romanes, puisque les motifs s'en retrouvent intimement mêlés à des représentations d'animaux en style roman, soit dans le trumeau qui contribue à les supporter, soit dans le portail de l'église de Beaulieu-sur-Dordogne, prototype probable du portail de Moissac. Il est à observer que la sculpture purement ornementale est, à Moissac, d'une exécution incomparablement supérieure à la sculpture historiée : inégalité qui, du reste, n'est pas sans d'autres exemples. Les sculptures du tympan proprement dit, relatives à la scène du jugement dernier, ne donnent lieu qu'à une remarque d'ordre purement esthétique, portant sur la longueur choquante des deux anges qui accompagnent le Fils de Dieu; les proportions des autres personnages assistant le Christ sont généralement mieux étudiées. » (Anthyme SAINT-PAUL.)

« Le *cloître*, qui s'étend au nord de l'église, n'a de rival en France, dit M. P. Joanne, que le cloître d'Arles; un peu moins riche que celui-ci, il est plus complet; à part les arcades, assez pauvrement refaites en briques et en tiers-point au XIIIe siècle, il est demeuré tel que le fit construire en 1100, d'après une belle inscription encore en place, l'abbé Anquetil. Les côtés parallèles à l'église ont chacun 18 arcades; les deux autres, 20; les arcs reposent alternativement sur une colonne isolée et sur deux colonnes jumelles. Aux angles et au milieu des galeries, un pilier carré remplace les colonnes; sur les faces de ces piliers regardant le couloir sont sculptées, en grande proportion, les figures de huit Apôtres et de l'abbé Durand. Les chapiteaux sont extrêmement remarquables; les sujets en sont presque tous empruntés aux deux Testaments; souvent les sculptures envahissent les tailloirs. La sculpture et l'architecture de ce cloître ont un caractère toulousain très prononcé, alors que le portail voisin, par son architecture surtout, est de facture limousine. »

AUVILLAR, sur la Garonne, fabrique de la faïence et des vins estimés. Chapelle Sainte-Catherine, bâtie au XIVe siècle par le pape Clément V.

A BOURG-DE-VISA, fontaine de Saint-Quirin, réputée pour la guérison des ophtalmies.

LAUZERTE, sur la Petite-Barguelonne, était autrefois la seconde châtellenie du Quercy, — et *Durfort*, sur la Grande-Barguelonne, le siège d'une importante seigneurie, qui fut presque toujours unie au marquisat, puis duché de Duras. — *Cazes* montre l'ancien château de Lauture restauré, — et *Valeilles*, au canton de MONTAIGU, une église du XIIe siècle avec beau portail roman. — VALENCE, sur le canal latéral à la Garonne, est une bastide ou ville régulière fondée vers la fin du XIIIe siècle. Elle fait un grand commerce de grains, — tandis que *Lamagistère*, sur la Garonne, fait surtout le commerce des vins.

III. **CASTELSARRASIN**, sous-préfecture de 7 900 âmes[1], s'élève par 78 mètres d'altitude sur le canal latéral à la Garonne, à un kilomètre d'un bras de ce fleuve. C'est une jolie ville, où l'on remarque l'église

---

[1] Arrondissement de CASTELSARRASIN : 7 *cantons*, 81 communes, 60 380 habitants.
Cantons et communes principales : 1. *Castelsarrasin*, 7 870 habitants. — 2. Beaumont, 3 660. — 3. *Grisolles*, 2130; Labastide, 1 030; Pompignan. — 4. *Lavit*, 1 520. — 5. *Montech*, 2450; Escatalens, 1 030; Finhan, 1 350; Saint-Porquier, 1 100. — 6. *Saint-Nicolas*, 2 580; Castelmayrans; Cordes. — 7. *Verdun*, 3 100; Bouillac; Mas-Granier, 1 290.

Saint-Sauveur, du style de transition (XIIIe siècle), et la grande usine Sainte-Marguerite, comprenant : fonderies, laminoirs à cuivre et fabrique d'étain en feuilles. Importants marchés au blé et aux bestiaux. Le nom de Castelsarrasin est une corruption de *Castrum Ceruccium,* que la ville portait au IXe siècle, et n'a aucun rapport avec les Sarrasins. Au nord, vaste camp de Gandalou, attribué aux Vandales.

Beaumont, sur la Gimone, est une ville régulière construite en 1279 par l'abbé de Grandselve; son église, fortifiée au XVe siècle, est surmontée d'un curieux clocher octogonal. Fabrication de toiles, cuirs et faïences.

Grisolles, sur le canal latéral à la Garonne, possède une église moderne dont le portail, du XIIe siècle, est fort remarquable. Grande fabrication de balais. — A *Pompignan,* beau château qu'habita le poète Lefranc de Pompignan. — Lavit était, avant le XIVe siècle, la capitale de la Lomagne.

Montech, bastide créée en 1228, domine le canal latéral à la Garonne et son embranchement sur Montauban. Les protestants l'assiégèrent vainement en 1569. Fabrique de papier; belle forêt dans les environs.

Saint-Nicolas, près de la Garonne, que traverse un beau pont suspendu, conserve un château du XIIe siècle, bâti par Richard Cœur-de-Lion. — A *Castalmayran,* grande motte féodale dans une enceinte retranchée de 400 mètres de diamètre et de 15 mètres de haut. — A *Cordes,* restes de l'abbaye cistercienne de Belleperche, fondée en 1143.

Verdun, sur la Garonne, fut du XIVe siècle à la Révolution le chef-lieu d'une circonscription judiciaire, qui s'étendait jusques et y compris Saint-Gaudens et Montrejeau. — A Grandselve, commune de *Bouillac,* ruines d'une célèbre abbaye fondée en 1117 par le bienheureux Géraud de Salles, et affiliée en 1147 à l'ordre de Cîteaux.

Notre-Dame de Livron. — « L'arrondissement de Montauban compte deux sanctuaires célèbres de la Mère de Dieu, où les fidèles se rassemblent en pèlerinage pour offrir leurs hommages à Celle qu'ils aiment comme une mère : Notre-Dame de Livron, dans le canton de Caylus, et Notre-Dame de Lapeyrouse, dans le canton de Lafrançaise.

« Notre-Dame de *Livron,* c'est-à-dire de la *Délivrance,* est une antique chapelle, située au fond d'une petite vallée, et dont l'origine paraît remonter au delà des croisades. A une époque très reculée, dit la tradition locale, une bête féroce (un dragon, sorte de reptile), qui avait établi son repaire dans une caverne, près de l'endroit où est la chapelle actuelle, ravageait tout le pays. En vain plusieurs chasseurs, réunissant leurs efforts, avaient essayé de la tuer, toujours leur fer s'émoussait sur les écailles qui recouvraient sa peau. Enfin un homme se rencontra, le chevalier de Lagardelle, qui jura de délivrer la contrée du monstre qui la désolait. Informé par les observations des chasseurs que le ventre de la bête était la seule partie vulnérable de son corps, parce que c'était la seule qui ne fût pas recouverte d'écailles, il organisa des chasses préalables, où il formait ses chiens à poursuivre un simulacre de la bête, traîné par des chevaux lancés au grand galop, après avoir eu la précaution d'attacher sous le ventre de ce simulacre des pièces de viande propres, par leur odeur, à allécher leur voracité, et recouvertes d'une peau semblable à celle du dragon. La course finie, le simulacre s'arrêtait, et les chiens, lui déchirant le ventre, s'exerçaient ainsi à attaquer et déchirer le monstre dans sa partie vulnérable. La meute ainsi bien préparée, le chevalier prend ses meilleures armes, avec son coursier de guerre, va s'agenouiller, au milieu de tous les habitants, devant Notre-Dame de Bon-Secours, qu'on vénérait à Caylus, et promet par vœu de lui élever une chapelle sur le repaire même de la bête, s'il vient à bout de lui donner la mort. Ceci fait, il part plein de confiance. A peine est-il arrivé près de la caverne, que le monstre en sort, s'élance furieux sur les chiens; le chevalier, de son côté, précipite son coursier sur la bête; le cheval est renversé, et alors s'engage entre le dragon et le chevalier une lutte horrible, où celui-ci allait succomber, si les chiens, s'acharnant avec fureur au ventre de la bête, ainsi qu'ils y avaient été dressés, ne l'eussent forcée à se retourner contre eux. Le chevalier, profitant promptement de la diversion, enfonce à plusieurs reprises son épée tout entière dans les entrailles du terrible animal, qui tombe mort à ses pieds. »

Quoi qu'il en soit de cette légende symbolisant la lutte du christianisme contre l'esprit du mal, et qu'on retrouve d'ailleurs en divers pays, les habitants, fidèles à leur vœu, jetèrent aussitôt, sur l'endroit même où avait été tué le monstre, les fondements d'une chapelle à Notre-Dame de Bonne-Délivrance. Un tableau représentant le combat du chevalier de Lagardelle se trouve derrière le maître-autel.

« La chapelle ainsi élevée, on s'occupait à asseoir la base du maître-autel, lorsque tout à coup jaillit une source d'eau d'une limpidité remarquable et d'une abondance merveilleuse, qui a depuis opéré beaucoup de guérisons. Ce phénomène, venant s'ajouter au fait qui avait motivé la construction de l'édifice, concilia à la chapelle la vénération universelle, et en peu de temps elle devint, sous le vocable de Notre-Dame de Livron, un lieu de grand pèlerinage. La reine Blanche, mère de saint Louis, et Louis XIII y vinrent eux-mêmes et dotèrent le sanctuaire de pieuses fondations, qu'on acquittait encore en 1789. Malheureusement les chartes qui énonçaient ces royales largesses furent brûlées dans les guerres de religion. Cependant, aujourd'hui encore, la vénération des peuples pour Notre-Dame de Livron est la même que dans les siècles anciens. Aux fêtes de la Pentecôte et au 8 septembre, les paroisses en masse y viennent en procession, et souvent on en compte jusqu'à vingt dans la même journée; dans la nuit du vendredi saint, beaucoup descendent à genoux le chemin escarpé et raboteux, qui, de la hauteur, conduit à la chapelle; arrivés en ce saint lieu, ils prient dévotement Notre-Dame de Livron, et de là vont laver leurs membres malades avec l'eau qui jaillit du pied de la chapelle.

« Un peu à l'ouest s'élève, dans le canton de Lafrançaise, l'oratoire de **Notre-Dame de la Peyrouse**, ainsi appelée en patois, soit du mot français la *pierreuse,* soit des deux mots la *pierre rouge,* nom donné à la Vierge de cet endroit, ou parce qu'elle est située sur une éminence pierreuse, ou parce que, selon une tradition locale, elle remplace une pierre sacrée des druides, qu'on croit exister encore sous l'autel de Marie.

« Les alentours de cette chapelle sont toujours restés inhabités; la solitude et le silence en font le charme religieux. Les populations environnantes, se persuadant que Notre-Dame de la Peyrouse se plaît dans cet isolement, vont rarement frapper à la porte de sa chapelle et se bornent à la prier du milieu des champs. Seulement une fois l'an, le lundi de la Pentecôte, qu'on appelle le « jour du vœu », on y accourt en foule; la chapelle et la prairie qui l'entoure sont encombrées, et quatre à cinq cents personnes s'y font inscrire au registre de ceux qui se vouent à Notre-Dame de la Peyrouse. Dans le courant de l'année, ils y font offrir pour eux le saint sacrifice par leurs pasteurs respectifs. S'il survient quelque maladie, si quelque accident les jette dans un état de détresse, ils invoquent aussitôt la Vierge de la Peyrouse; les mères lui vouent leurs enfants et ne manquent pas de les ceindre d'un cordon bénit à son autel; enfin c'est par la cloche de ce sanctuaire, comme par la voix de Marie, que les habitants tiennent à faire annoncer la mort ou les funérailles des personnes qui leur sont chères, comme ils tiennent à ce que, trois fois le jour, cette même cloche leur parle de Marie par le son si populaire de l'*Angelus* : tant est grande la dévotion des peuples pour ce sanctuaire! Et si l'on en cherche la raison, on la trouve tout naturellement dans les nombreuses guérisons qui, à différentes époques, y ont été obtenues. Aussi la Révolution de 1793 elle-même, qui pilla toutes les églises des environs, respecta ce sanctuaire; elle y laissa tout intact : statue, autel et boiseries. La lampe seule fut emportée; mais elle fut bientôt remplacée, et elle continue encore de brûler chaque jour, entretenue par la piété des fidèles, qui veillent à ce que jamais sa lumière, symbole de leur dévouement, ne cesse de briller devant l'autel de Marie. »

(*Notre-Dame de France.*)

FIN

TABLE DES MATIÈRES [1]

Province de BRETAGNE. — Historique	7
— Département d'ILLE-ET-VILAINE. — Géographie [2]	14
I. Rennes, Châteaugiron, Janzé	16
II. Saint-Malo, Saint-Servan, Cancale, Dinard-Saint-Enogat, Dol	18
III. Fougères, Antrain, Saint-Aubin-du-Cormier	22
IV. Vitré, la Guerche, Rétiers, Essé	24
V. Redon, Bain, Guichen, Guipry	25
VI. Montfort-sur-Meu, Saint-Pern et la Tour-Saint-Joseph, Montauban, Paimpont, Saint-Méen	26
— Département des COTES-DU-NORD. — Géographie	28
I. Saint-Brieuc, Lamballe, Moncontour, Paimpol, Quintin	30
II. Dinan, Broons, Evran, Saint-Cast, Corseul, Saint-Jacut-de-la-Mer	33
III. Loudéac, Coëtlogon, Mur-de-Bretagne, Uzel	35
IV. Guingamp, Bégard, Bourbriac, Pontrieux	36
V. Lannion, Lézardrieux, Tonquédec, la Roche-Derrien, Tréguier	38
— Département du FINISTÈRE. — Géographie	41
I. Quimper-Corentin, Concarneau, Douarnenez, Audierne, Plogoff, Sein (île de), Pont-l'Abbé, Penmarch	44
II. Quimperlé, Clohars-Carnoët, Pont-Aven	49
III. Chateaulin, Carhaix, Châteauneuf, Crozon, Huelgoat, Pleyben	50
IV. Brest, Lambézellec, Plougastel, Rumengol, Landerneau, le Folgoët, île d'Ouessant	51
V. Morlaix, Landivisiau, Saint-Paul-de-Léon, Roscoff, Saint-Thégonnec	56
— Département du MORBIHAN. — Géographie	61
I. Vannes, Questembert, la Roche-Bernard, Rochefort, Saint-Gildas-de-Rhuis	63
II. Lorient, Plœmeur, Auray, Locmariaker, Hennebont, Belle-Isle, Port-Louis, Groix, Quiberon, Carnac	65
III. Pontivy, Baud, Pluméliau, le Faouet, Guéméné	72
IV. Ploermel, Josselin, Malestroit, Rohan, Saint-Jean-Brévelay	73
— Département de la LOIRE-INFÉRIEURE. — Géographie	75
I. Nantes, Chantenay, Rezé, Clisson, Machecoul, Saint-Philbert-de-Grandlieu	78
II. Ancenis, Couffé, Joué-sur-Erdre, Varades	85
III. Chateaubriant, la Meilleraye, Nort, Nozay (Grand-Jouan)	86
IV. Saint-Nazaire, le Croisic, Batz, Guérande, Savenay	87
V. Paimbœuf, Bourgneuf, le Pellerin, Pornic	89
Province d'ANJOU. — Historique	91
— Département de MAINE-ET-LOIRE. — Géographie	93
I. Angers, Trélazé, Chalonnes, les Ponts-de-Cé	94
II. Segré, Candé, Brissarthe, le Lion-d'Angers, Pouancé	98
III. Baugé, Beaufort, Durtal, Longué	99
IV. Cholet, Beaupréau, Champtoceaux, Chemillé, Saint-Florent	100
V. Saumur, Fontevrault, Doué, Montreuil-Bellay, Brézé	101

[1] Cette table ne donne que la division générale et les principales localités décrites. On trouvera les autres localités soit dans le texte, soit dans un tableau des cantons, en tête des arrondissements.

[2] La géographie comprend : l'orographie, l'hydrographie, le climat, l'agriculture, l'industrie; en outre, les habitants (statistique), les personnages et les divisions administratives.

TABLE DES MATIÈRES

Province de TOURAINE. — Historique............ 104

— Département d'**INDRE-ET-LOIRE**. — Géographie............. 106

I. Tours, Luynes, Amboise, Bléré (Chenonceaux), Châteaurenault, Vouvray............ 108
II. Chinon (Jeanne d'Arc), Azay-le-Rideau, Bourgueil, Langeais, Richelieu, Sainte-Maure, Sainte-Catherine-de-Fierbois............ 114
III. Loches, Beaulieu, le Grand-Pressigny, la Haye-Descartes, Montrésor, Preuilly............ 117

Province de l'ORLÉANAIS. — Historique............. 119

— Département du **LOIRET**. — Géographie............ 121

I. Orléans (Jeanne d'Arc), Olivet, Beaugency, Châteauneuf, Cléry, Jargeau, Meung, Coulmiers, Patay....... 124
II. Pithiviers, Beaune-la-Rolande, Malesherbes, Puiseaux............ 130
III. Montargis, Châteaurenard, Courtenay, Lorris............ 131
IV. Gien, Briare, Saint-Benoît, Sully.. 132

— Département d'**EURE-ET-LOIR**. — Géographie............ 134

I. Chartres (druidisme, Notre-Dame), Brétigny, Maintenon, Épernon... 136
II. Dreux, Anet, Senonches........ 140
III. Nogent-le-Rotrou, Villebon, Thiron. 141
IV. Châteaudun, Bonneval, Loigny... 143

— Département de **LOIR-ET-CHER**. — Géographie............ 146

I. Blois, Chambord, Mer, Chaumont, Pontlevoy, Bourré, Saint-Aignan.. 148
II. Vendôme, Mondoubleau, Montoire, Fréteval............ 153
III. Romorantin (Sologne), la Motte-Beuvron............ 155

Province du BERRY. — Historique............ 158

— Département du **CHER**. — Géographie............ 160

I. Bourges (cathédrale, Jacques Cœur), Mehun, Vierzon, Nançay....... 164
II. Sancerre, Blancafort, Henrichemont. 169
III. Saint-Amand-Montrond, Châteaumeillant, Châteauneuf, Dun, Lignières. 170

— Département de l'**INDRE**. — Géographie............ 172

I. Châteauroux, Déols, Argenton, Buzançais, Levroux, Valençay..... 174
II. Issoudun (Notre-Dame du Sacré-Cœur), Chabris, Vatan............ 177
III. La Châtre, Neuvy-Saint-Sépulcre, Sainte-Sévère............ 178
IV. Le Blanc, Saint-Michel-en-Brenne (Saint-Cyran), Fongombault.... 179

Province du POITOU. — Historique (guerres de Vendée)........ 182

— Département de la **VIENNE**. — Géographie............ 188

I. Poitiers (bataille), Ligugé, Lusignan, Nouaillé (Maupertuis), Vouillé... 190
II. Loudun, Moncontour........... 195
III. Chatellerault, la Roche-Posay, Vouneuil............ 196
IV. Montmorillon, Chauvigny, Lussac, Saint-Savin, la Trimouille....... 198
V. Civray, Savigné, Charroux...... 199

— Département des **DEUX-SÈVRES**. — Géographie............ 200

I. Niort, Champdeniers, Frontenay, Saint-Maixent............ 202
II. Bressuire, Argenton, Châtillon, Thouars............ 204
III. Parthenay, Saint-Jouin, Saint-Loup, Maisontiers............ 207
IV. Melle, Chizé, Chef-Boutonne, la Mothe-Sainte-Héraye........ 208

— Département de la **VENDÉE**. — Géographie............ 209

I. La Roche-sur-Yon, Chantenay, les Herbiers, Mortagne, Tiffauges... 212
II. Les Sables-d'Olonne, Beauvoir, îles d'Yeu et de Noirmoutier, Saint-Gilles, Talmont............ 214
III. Fontenay-le-Comte, Luçon, l'Aiguillon-sur-Mer, Saint-Michel, Maillezais, Pouzauges............ 215

Provinces de LIMOUSIN et MARCHE. — Historique............ 218

— Département de la **HAUTE-VIENNE**. — Géographie............ 221

I. Limoges (porcelaine), Solignac, Aixe, Eymoutiers, Saint-Sylvestre (Grandmont), Chaptelat (saint Éloi), Saint-Léonard............ 223
II. Bellac, Châteauponsac, le Dorat, Magnac-Laval............ 228
III. Rochechouart, Saint-Junien, Saint-Mathieu............ 229
IV. Saint-Yrieix, Coussac-Bonneval, Châlus, la Roche-l'Abeille...... 230

— Département de la **CORRÈZE**. — Géographie............ 231

I. Tulle, Argentat, Treignac (saut de la Virolle), Uzerche............ 234
II. Ussel, Bort, Meymac........... 237
III. Brive, Noailles, Beaulieu, Aubazine, Arnac-Pompadour, Ségur, Turenne. 238

TABLE DES MATIÈRES

— Département de la **CREUSE**. — Géographie.................. 240

I. Guéret, Ahun, Crozant, la Souterraine................ 243
II. Boussac, Toulx-Sainte-Croix, Chambon................ 244
III. Aubusson (tapis), Crocq, Évaux, Feletin.................. 245
IV. Bourganeuf, Bénévent-l'Abbaye, Saint-Martin (cascade du Gouf des Jarreaux)............. 247

Province de l'ANGOUMOIS. — Historique............ 248

— Département de la **CHARENTE**. — Géographie............ 249

I. Angoulême (cathédrale), la Couronne, Ruelle, la Rochefoucauld...... 252
II. Ruffec, Nanteuil, Villefagnan.... 255
III. Confolens, Chabanais, Chassenon.. 256
IV. Barbezieux, Aubeterre, Chalais... 257
V. Cognac (eau-de-vie), Châteauneuf, Jarnac................ 257

Provinces d'AUNIS et de SAINTONGE. — Historique........ 259

— Département de la **CHARENTE-INFÉRIEURE**. — Géographie....... 260

I. La Rochelle (siège), Esnandes, île de Ré, Marans............. 263
II. Rochefort, Surgères, Tonnay-Charente.................. 268
III. Saint-Jean-d'Angély, Aulnay, Saint-Savinien, Taillebourg........ 269
IV. Saintes, Pons, Saint-Porchaire, Saujon................. 270
V. Marennes, île d'Oleron, Royan, la Tremblade.............. 273
VI. Jonzac, Mirambeau, Montendre, Montguyon............. 274

Province de GUYENNE. — Historique............. 266

— Département de la **GIRONDE**. — Géographie (vins de Bordeaux)....... 279

I. Bordeaux, Blanquefort, la Teste, Arcachon................ 287
II. Lesparre, Pauillac, Vieux-Soulac.. 296
III. Blaye, Bourg.............. 298
IV. Libourne, Saint-Émilion, Castillon, Coutras, Fronsac, Guîtres, Sainte-Foy-la-Grande............ 298
V. La Réole, Saint-Macaire, Verdelais (Notre-Dame)............ 299
VI. Bazas, Langon, Sauternes, Villandraut............... 301

— Département de la **DORDOGNE**. — Géographie............. 302

I. Périgueux, Brantôme, Bourdeilles, Excideuil.............. 304
II. Nontron, Piégut, Jumilhac, Mareuil, Thiviers.............. 308
III. Sarlat, le Bugue, Rouffignac (grotte de Miremont), Tayac (les Eyzies).. 308
IV. Bergerac, Beaumont, Cadouin... 310
V. Ribérac, Mussidan.......... 313

— Département du **LOT**. — Géographie.................. 314

I. Cahors (oppidum de Murcens).... 316
II. Gourdon, Gramat, Rocamadour (Notre-Dame de)............ 318
III. Figeac, Capdenac, Saint-Céré.... 322

— Département de l'**AVEYRON**. — Géographie.............. 325

I. Rodez, Conques, Sauveterre..... 328
II. Espalion, Laguiole, Saint-Geniez-d'Olt................. 330
III. Millau, Montpellier-le-Vieux.... 331
IV. Saint-Affrique, Roquefort (les caves). 332
V. Villefranche-de-Rouergue, Aubin (la houille), Cransac, Decazeville (une usine métallurgique)......... 334

— Département du **LOT-ET-GARONNE**. — Géographie........ 342

I. Agen (martyre de sainte Foi), Estillac (Blaise de Montluc)........ 345
II. Marmande, Tonneins (le tabac)... 348
III. Villeneuve-sur-Lot, Lacapelle-Biron (Bernard Palissy)......... 350
IV. Nérac, Casteljaloux.......... 353

— Département du **TARN-ET-GARONNE**. — Géographie........ 354

I. Montauban, Caussade, Saint-Antoine. 356
II. Moissac (portail et cloître)..... 358
III. Castelsarrasin, N.-D.-de-Livron, N.-D.-de-Lapeyrouse.......... 360

Table des matières................ 365

28903. — Tours, Impr. Mame.

www.ingramcontent.com/pod-product-compliance
Lightning Source LLC
Chambersburg PA
CBHW070842170426
43202CB00012B/1917